SPINOZA
OBRA COMPLETA IV

ÉTICA E COMPÊNDIO DE
GRAMÁTICA DA LÍNGUA HEBRAICA

Coleção Textos

Dirigida por:

João Alexandre Barbosa (1937-2006)
Roberto Romano
Trajano Vieira
João Roberto Faria
J. Guinsburg

Equipe de realização – Preparação de texto: Marcio Honorio de Godoy; Revisão: Iracema A. de Oliveira; Ilustração: Sergio Kon; Projeto de capa: Adriana Garcia; Produção: Ricardo W. Neves, Luiz Henrique Soares, Elen Durando, Adriano C.A. e Sousa, Sergio Kon e Lia N. Marques.

SPINOZA
OBRA COMPLETA IV
ଓ
ÉTICA E COMPÊNDIO DE GRAMÁTICA DA LÍNGUA HEBRAICA

J. GUINSBURG E NEWTON CUNHA
TRADUÇÃO E NOTAS

J. GUINSBURG, NEWTON CUNHA E ROBERTO ROMANO
ORGANIZAÇÃO

CIP-Brasil. Catalogação na Publicação
Sindicato Nacional dos Editores de Livros, RJ

S742
v. 4

Spinoza, Benedictus de, 1632-1677
  Spinoza : obra completa IV : Ética e Compêndio de gramática
da língua hebraica / Barukh Spinoza ; organização J. Guinsburg,
Newton Cunha, Roberto Romano; tradução J. Guinsburg, Newton
Cunha. – 1. ed. – São Paulo : Perspectiva, 2014.
  560 p. : il. ; 21 cm. (Textos ; 29)

  ISBN 978-85-273-1016-1

  Spinoza, Benedictus de, 1632-1677. 2. Ética. 3. Filosofia.
I. Guinsburg, J. (Jacó), 1921- . II. Cunha, Newton, 1949- . III.
Romano, Roberto, 1946-. IV. Título. V. Série.

14-15868   CDD: 128.7
                                             CDU: 17

11/09/2014   16/09/2014

[PPD]
Direitos reservados em língua portuguesa

EDITORA PERSPECTIVA LTDA.

Av. Brigadeiro Luís Antônio, 3025
01401-000 São Paulo SP Brasil
Telefax: (11) 3885-8388
www.editoraperspectiva.com.br

2018

SUMÁRIO

Nota da Edição..9
Cronologia Política e Principais Fatos Biográficos.................13
Acerca Desta Tradução – *J. Guinsburg e Newton Cunha*.......19

ÉTICA,
DEMONSTRADA À MANEIRA DOS GEÔMETRAS

Na Ética, a Política – *Roberto Romano*...............................23

Parte Primeira:
De Deus... 87
Parte Segunda:
Da Natureza e da Origem da Mente.................................. 133
Parte Terceira:
Da Natureza e da Origem das Afecções............................. 195
Parte Quarta:
Da Servidão Humana ou da Força das Afecções..............269
Parte Quinta:
Da Potência do Intelecto ou da Liberdade Humana.......345

COMPÊNDIO DE GRAMÁTICA
DA LÍNGUA HEBRAICA

Prefácio à Edição Brasileira do *Compêndio*
de Gramática da Língua Hebraica de Barukh Spinoza –
Alexandre Leone 383

Advertência ao Leitor 397
Capítulo I: Das Letras e das Vogais em Geral 398
Capítulo II: Da Forma, do Valor, dos Nomes,
   das Classificações e das Propriedades das Letras 399
Capítulo III: Das Vogais, de Suas Formas Conhecidas,
   Nomes, Valores e Propriedades 403
Capítulo IV: Dos Acentos 408
Capítulo V: Do Nome 418
Capítulo VI: Da Flexão dos Nomes do Singular
   Para o Plural 420
Capítulo VII: Do Gênero Masculino e Feminino 427
Capítulo VIII: Do Regime dos Nomes 430
Capítulo IX: Do Duplo Uso do Nome
   e de Suas Declinações 441
Capítulo X: Da Preposição e do Advérbio 449
Capítulo XI: Do Pronome 452
Capítulo XII: Do Nome Infinitivo, de Suas Diferentes
   Formas e Espécies 466
Capítulo XIII: Da Conjugação 469
Capítulo XIV: Da Primeira Conjugação dos Verbos 474
Capítulo XV: Do Verbo Passivo 481
Capítulo XVI: Do Verbo Pontuado Com *Dag[u]esch*
   ou Intensivo e na Sua Forma Ativa 484
Capítulo XVII: Do Verbo Intensivo Passivo 488
Capítulo XVIII: Do Verbo Derivado Com Significação
   Ativa 490
Capítulo XIX: Do Verbo Derivado Passivo 493
Capítulo XX: Do Verbo Reflexivo Ativo 495

Capítulo xxi: Do Verbo Reflexivo Passivo 499

Capítulo xxii: Dos Verbos da Segunda Conjugação 501

Capítulo xxiii: Dos Verbos da Terceira Conjugação.......506

Capítulo xxiv: Dos Verbos da Quarta Conjugação 514

Capítulo xxv: Dos Verbos da Quinta Conjugação 516

Capítulo xxvi: Dos Verbos Compostos a Partir
da Quinta Conjugação e das Três Precedentes 522

Capítulo xxvii: Dos Verbos da Sexta Conjugação 524

Capítulo xxviii: Dos Verbos da Sétima Conjugação 531

Capítulo xxix: Dos Verbos da Oitava Conjugação 536

Capítulo xxx: Dos Verbos Defectivos.............................. 537

Capítulo xxxi: De Outro Tipo de Verbos Defectivos 542

Capítulo xxxii: Dos Verbos Depoentes e dos Verbos
Quadrilíteros e, de Passagem, dos Verbos, Modos e
Tempos Compostos 550

Capítulo xxxiii: Do Nome Particípio............................... 553

NOTA DA EDIÇÃO

A intenção da editora Perspectiva ao publicar a obra completa de Barukh (ou Bento de) Spinoza fundamenta-se em duas razões de maior valor e interesse: de um lado, a importância do pensador como um dos construtores da filosofia moderna e, de outro, a ausência de traduções em língua portuguesa de certos textos como o *(Breve) Tratado de Deus, do Homem e de Sua Felicidade*, os *Princípios da Filosofia Cartesiana*, a *Correspondência Completa*, a biografia do filósofo (de Johannes Colerus) e o *Compêndio de Gramática da Língua Hebraica*, que permite compreender a análise bíblica de caráter histórico-cultural que Spinoza inaugurou no *Tratado Teológico-Político*.

Dois outros textos, o assim chamado *Tratado do Arco-Íris* (*Iridis computatio algebraica* ou *Stelkonstige Reeckening van den Reegenboog*) e um sobre o cálculo das probabilidades, embora figurassem em muitas edições da obra spinoziana, particularmente no século XIX, vêm sendo considerados pelos estudiosos, já a partir dos anos de 1980, obras de outro autor. Dado o problema que criam e a polêmica suscitada, optamos por não inseri-los aqui, opção já adotada por edições mais recentes da obra completa do filósofo holandês.

As obras completas foram divididas em quatro volumes, o que permite ao leitor maior flexibilidade de escolha, na dependência de um interesse mais amplo ou mais restrito.

O primeiro volume inclui aqueles textos que, na verdade, permaneceram inacabados, mas que serviram a Spinoza para desenvolver suas concepções e realizá-las em seus escritos mais conhecidos e realmente finalizados. Assim sendo, nele se encontram reunidos: *(Breve) Tratado de Deus, do Homem e de Sua Felicidade*, *Princípios da Filosofia Cartesiana*, *Pensamentos Metafísicos*, *Tratado da Correção do Intelecto* e o *Tratado Político*. Já o segundo volume nos traz a sua *Correspondência Completa* e a primeira grande biografia de Spinoza, escrita logo após a sua morte, além de comentários de outros pensadores a seu respeito. O terceiro volume é dedicado ao *Tratado Teológico-Político*, e o quarto, à *Ética* e ao *Compêndio de Gramática da Língua Hebraica*.

Várias fontes foram utilizadas para as traduções e colações aqui efetuadas. A primeira delas foi a edição latina de Heidelberg, agora digitalizada, *Baruch de Spinoza opera*, datada de 1925, levada a efeito por Carl Gebhardt. A segunda, as traduções francesas completas de Charles Appuhn, de 1929, *Œuvres de Spinoza* (disponíveis em hyperspinoza.caute.lautre.net), acompanhadas dos respectivos originais latinos. Outras traduções em separado, igualmente utilizadas, foram a versão inglesa de R.H.M. Elwes, publicada em 1901, e a espanhola de Oscar Cohan, realizada em 1950, ambas para a correspondência, a edição da Pléiade das *Œuvres complètes*, de 1955, a *Complete Works* da Hackett, de 2002, assim como a versão brasileira de quatro livros, inserida na coleção Os Pensadores, de 1973, editada pela Abril Cultural.

Que se registrem aqui também os nossos mais sinceros agradecimentos à professora Amelia Valcárcel, renomada filósofa espanhola, por ter aceitado escrever o prefácio do terceiro volume, e ao professor Roberto Romano que, além de nos oferecer a sua contribuição analítica, também muito nos auxiliou com suas orientações e propostas, assim como o havia feito nas publicações das obras de Descartes e Diderot.

J. Guinsburg e Newton Cunha

CRONOLOGIA POLÍTICA
E PRINCIPAIS FATOS BIOGRÁFICOS

1391 Os judeus espanhóis, que desde o século x tinham sido protegidos pelos monarcas católicos (eram seus súditos diretos, ou *servi regis*), são forçados à conversão "para o bem da uniformidade social e religiosa".

1478 Estabelecimento da Inquisição Espanhola, encarregada, entre outras coisas, de deter e julgar os judaizantes.

1492 Os judeus não convertidos são expulsos da Espanha. Cerca da metade deles se dirige a Portugal, incluindo a família Spinoza, nome que revela a origem da cidade onde vivia: Spinoza de Monteros, na região cantábrica da Espanha.

1497 Comunidades judaicas portuguesas, sobretudo cristãos-novos (entre os quais muitos praticavam o judaísmo privadamente, em família), dão início a uma leva progressiva de refugiados, entre eles os ancestrais de Spinoza. Os destinos mais comuns foram o Brasil, o norte da África, as Províncias Unidas (Holanda) e a Alemanha. A família Spinoza permaneceu em Portugal, adotando o cristianismo, até o final do século XVI, sabendo-se que o pai do filósofo, Miguel (ou Michael), nasceu na cidade de Vidigueira, próxima a Beja.

1609 Início de uma década de paz entre as Províncias Unidas e a Espanha, com a qual se reconhece a independência das sete províncias protestantes do norte.

1615	Chega à Holanda, vindo do Porto, Uriel da Costa, importante pensador judeu que nega a imortalidade da alma e diz ser a lei de Moisés uma criação puramente humana.
1618	Começo da Guerra dos Trinta Anos.
1620	Os cristãos-novos que viviam em Nantes, na França, durante o reinado de Henrique IV, são expulsos, entre eles a família Spinoza, que houvera saído de Portugal em fins do século anterior. O avô de Spinoza, Isaac, decide então transferir-se para Roterdã, na Holanda.
1621	Retomam-se as hostilidades entre a Espanha e as Províncias Unidas.
1622	Ano em que, provavelmente, a família Spinoza chega a Amsterdã.
1625	Morte de Maurício de Nassau, sucedido por seu irmão Frederick, que consolida a autoridade da Casa de Orange na Holanda.
1626	Fundação de Nova Amsterdã na América do Norte, na ilha de Manhattan, futura Nova York, cujo terreno foi comprado pelos holandeses dos índios algonquinos.
1628	Miguel de Spinoza se casa, em segundas núpcias, com Ana Débora, futura mãe de Barukh e de seus irmãos Miriam, Isaac e Gabriel.
1629	Descartes se transfere para a Holanda.
1632	Nascimento de Barukh Spinoza em 24 de novembro, em Amsterdã, já sendo seu pai um próspero comerciante. Nascem no mesmo ano: Antonie van Leeuwenhoeck, em Delft, mais tarde considerado o "pai da microbiologia", Jan Vermeer e John Locke. Galileu é denunciado pela Inquisição.
1634	Aliança entre as Províncias Unidas e a França, contra a Espanha.
1638	Manasseh ben Israel, sefaradita nascido em Lisboa, é indicado para a *ieschivá* de Amsterdã, denominada "Árvore da Vida" (*Etz ha-Haim*). Ele e o asquenazita proveniente de Veneza, Saul Levi Morteira, serão professores de Spinoza em assuntos bíblicos e teológicos.
1639	Derrota da marinha espanhola para a armada holandesa, comandada pelo almirante Tromp.
1640	Morte de Rubens, em Antuérpia.
1642	Morte de Galileu e nascimento de Isaac Newton.
1643	É criada uma segunda escola na comunidade judaica de Amsterdã, a "Coroa da Torá" (*Keter Torá*), ou Coroa da Lei, na qual Spinoza fez estudos sob a orientação de Morteira.
1646	Nascimento de Gottfried Wilhelm von Leibniz, em Leipzig.
1648	O Tratado de Westfália termina com a Guerra dos Trinta Anos. A Holanda obtém a completa independência da Espanha, assim como a Confederação Suíça passa a ser oficialmente reconhecida.

CRONOLOGIA POLÍTICA E PRINCIPAIS FATOS BIOGRÁFICOS 15

1650 Sob a proteção de Franciscus (Franz) van den Enden, adepto da teosofia, segundo a qual nada existe fora de Deus, Spinoza passa a estudar latim, ciências naturais (física, mecânica, química, astronomia) e filosofia. Provavelmente tem contatos com a filha de Enden, Clara Maria, também ela professora de latim, por quem se apaixona. Morte de Descartes. Morte de Henrique II, conde de Nassau, príncipe de Orange.

1651 A Holanda coloniza o Cabo da Boa Esperança. O governo de Cromwell decreta a Lei da Navegação, proibindo que navios estrangeiros conduzam cargas em direção à Comunidade da Inglaterra (Commonwealth of England).

1652/1654 Primeira das quatro guerras marítimas anglo-holandesas pelo controle de novos territórios e de rotas comerciais.

1652 Mesmo com a oposição de seu pai, Spinoza passa a se dedicar à fabricação de lentes (corte, raspagem e polimento).

1653 Nomeação de Jan de Witt como conselheiro pensionário das Províncias Unidas por seu tio materno e regente de Amsterdã, Cornelis de Graeff, ambos politicamente estimados por Spinoza.

1654 Morre o pai de Spinoza. O filho assume a direção dos negócios familiares.

1655 Spinoza é acusado de heresia (materialismo e desprezo pela *Torá*) pelo Tribunal da Congregação Judaica.

1656 Excomunhão (*Herem*) de Spinoza da comunidade judaica. Após o banimento, Spinoza mudou seu primeiro nome, Baruch, na grafia da época, para Bento (Benedictus). No mesmo ano, um édito do governo proíbe o ensino da filosofia de Descartes na Holanda.

1660 A Sinagoga de Amsterdã envia petição às autoridades laicas municipais denunciando Spinoza como "ameaça à piedade e à moral". Escreve o (*Breve*) *Tratado*.

1661 Spinoza deixa Amsterdã e se transfere para Rijnsburg; começa a escrever a *Ética* e tem seu primeiro encontro com Henry (Heinrich) Oldenburg. Convive com os Colegiantes, uma irmandade religiosa bastante livre e eclética, na qual se discutem os Testamentos. Tornam-se seus amigos e discípulos Simon de Vries, que lhe deixou, ao morrer, uma pensão, Conrad van Beuningen, prefeito de Amsterdã e também embaixador da Holanda, assim como Jan Hudde e seu editor Jan Rieuwertsz.

1662 Provável ano em que escreve o inacabado *Tratado da Correção do Intelecto*. Morte de Pascal.

1663	Spinoza se muda para Voorburg, nos arredores de Haia (Den Haag), e ali divide uma residência com o pintor Daniel Tydemann. Nova Amsterdã é capturada pelos ingleses e recebe o nome de Nova York.
1664	Publicação dos *Princípios da Filosofia Cartesiana*, trazendo como anexos os *Pensamentos Metafísicos*.
1665	Começo da Segunda Guerra Anglo-Holandesa.
1666	Newton divulga sua teoria da gravitação universal e o cálculo diferencial. Luís xiv invade a Holanda hispânica. Morte de Franz Hals.
1667	O almirante Michiel de Ryuyter penetra no Tâmisa e destrói a frota inglesa ali ancorada. O Tratado de Breda põe fim à segunda Guerra Anglo-Holandesa.
1668	Leeuwenhoeck consegue realizar a primeira descrição dos glóbulos vermelhos do sangue. A Tríplice Aliança (Províncias Unidas, Suécia e Inglaterra) impede a conquista da Holanda Hispânica pelos franceses.
1669	Morte de Rembrandt em Amsterdã. Spinoza muda-se mais uma vez, então para Haia.
1670	É publicado o *Tratado Teológico-Político* em Hamburgo, sem indicação de autor.
1671	Leibniz e Spinoza trocam publicações e correspondência. Clara Maria, filha de Van den Enden, casa-se com o renomado médico Kerckrinck, discípulo de Spinoza. O *Tratado Teológico-Político* é denunciado pelo Conselho da Igreja de Amsterdã (calvinista) como "obra forjada pelo renegado judeu e o Diabo".
1672	Sabotando o pacto com a Tríplice Aliança, a França invade novamente as Províncias Unidas. Os holandeses abrem os diques para conseguir deter os franceses. Os irmãos De Witt são responsabilizados pelos calvinistas pela invasão e assassinados em 20 de agosto por uma multidão, episódio que Spinoza definiu com a expressão *Ultimi barbarorum*. Willem van Oranje (Guilherme i, o Taciturno, príncipe de Orange) é feito Capitão Geral das Províncias Unidas.
1673	Spinoza é convidado pelo eleitor palatino para ser professor de filosofia na Universidade de Heidelberg e declina a oferta, alegando lhe ser indispensáveis as liberdades de pensamento e de conduta. Os franceses são expulsos do território holandês.
1674	Willem van Oranje assina um édito banindo o *Tratado Teológico-Político* do território holandês.

1675 Spinoza completa a *Ética*. Recebe a visita de Leibniz em Haia. Morte de Vermeer.

1677 Morte de Spinoza em 21 de fevereiro, de tuberculose. Em dezembro, seus amigos publicam sua *Opera posthuma* em Amsterdã: *Ethica, Tractatus politicus, Tractatus de intellectus emendatione, Epistolae, Compendium grammatices linguae hebreae*. No mesmo ano, as obras são traduzidas para o holandês.

ACERCA DESTA TRADUÇÃO

Tivemos a preocupação, neste trabalho, de não apenas cotejar traduções em línguas diferentes (francês, inglês e espanhol), mas também de nos mantermos o mais próximo possível dos originais latinos de Spinoza. Essa preocupação pareceu-nos importante não pela tentativa de recriar uma atmosfera literária de época (o que também seria justificável), mas tendo-se em vista não modificar em demasia os conceitos ou os entendimentos dados pelo pensador a determinadas palavras, ou seja, conservar a terminologia utilizada em sua filosofia.

Para que o leitor possa perceber mais claramente esse objetivo, Spinoza sempre deu nítida preferência, em duas de suas obras principais, a *Ética* e o *Tratado Político*, ao termo potência (*potentia*), mesmo quando, eventualmente, pudesse ter utilizado a palavra poder (*potestas* ou, ainda, *imperium*). Ocorre que o vocábulo potência tem um significado particular para o filósofo, o que nos parece dever ser mantido nas traduções.

A potência é aquilo que define e manifesta o fato ontológico de algo existir, de perseverar em seu ser e agir. Considerando inicialmente que "a potência de Deus é sua própria essência"

(*Dei potentia est ipsa ipsius essentia*, *Ética* I, XXXIV) e que pela potência de Deus "todas as coisas são e agem", todos os modos de existência, isto é, os entes singulares, só podem manifestar-se por essa força constituinte e natural. Assim, "poder não existir é impotência e, ao contrário, poder existir é potência" (*Ética* I, outra Demonstração). Ainda que diferentes em extensão ou abrangência, a potência infinita de Deus, ou da Natureza (substância), e a potência finita das coisas singulares (modos) jamais se separam.

Por conseguinte, tudo o que está relacionado à existência, ao esforço contínuo de preservação de si (*conatus*), às afecções sofridas e ao agir se congrega no conceito de potência. Por exemplo: "Entendo por afecções aquelas do corpo pelas quais a potência de agir desse corpo aumenta ou diminui, é favorecida ou coagida, e, ao mesmo tempo, as ideias dessas afecções" (*Ética* III, III). Daí também ser a razão considerada "a potência da mente", ou "a verdadeira potência de agir do homem, quer dizer, sua virtude" (*Ética* IV, LII). Por isso mesmo é que só agindo virtuosamente pode o homem expressar o livre-arbítrio ou a liberdade pessoal, ou, em outras palavras, "num homem que vive sob o ditame da razão, [o apetite] é uma ação, quer dizer, uma virtude chamada moralidade" (*Ética*, V, IV).

O mesmo entendimento de potência pode ser observado no *Tratado Político*, pois todo ser da natureza tem o mesmo direito que sua potência de existir e agir, o que para Spinoza não é outra coisa senão a potência de Deus na sua liberdade absoluta, daí que

o direito natural da natureza inteira e, consequentemente, de cada indivíduo, se estende até onde vai sua potência e, portanto, tudo o que um homem faz segundo as leis de sua própria natureza, ele o faz em virtude de um direito soberano de natureza, e ele tem tanto direito sobre a natureza quanto tem de potência (Capítulo II, parágrafos 3 e 4).

Optamos ainda por utilizar o termo *mente*, quando encontrado no original (*mens, mentis*), em primeiro lugar como

ACERCA DESTA TRADUÇÃO

tradução direta, tal como o próprio filósofo o utiliza e entende, ou seja, como coisa pensante: "Entendo por ideia um conceito da mente que a mente forma porque é uma coisa pensante" (*Per ideam intelligo mentis conceptum quem mens format propterea quod res est cogitans, Ética*, II, Definição III). Com isso lembramos que, por influência das traduções francesas ou alemãs, já foi ele vertido entre nós como *alma* (*âme, Seele*), o que lhe dá uma conotação fortemente teológica. Em algumas obras iniciais isso realmente ocorre, como no *Tratado de Deus, do Homem e de sua Felicidade*, ou ainda nos *Princípios da Filosofia Cartesiana*. Quando não, devemos nos lembrar que, por motivos históricos, as línguas francesa e alemã não preservaram o vocábulo, mas apenas o adjetivo *mental* (no caso francês) e o substantivo *mentalité, Mentalität* (em ambas as línguas). Ora, encontrava-se nas intenções de Spinoza examinar a natureza da mente em suas múltiplas e complexas relações com o corpo, o que se depreende de uma proposição como a seguinte (*Ética* II, XIII): "O objeto da ideia constituinte da mente humana é o corpo, isto é, certo modo da extensão existente em ato e nenhum outro" (*Objectum ideæ humanam mentem constituentis est corpus sive certus extensionis modus actu existens et nihil aliud*). Essa intenção insinua-se já no primeiro de seus escritos, o (*Breve*) *Tratado de Deus, do Homem e de sua Felicidade*, em que se pode ler ainda sob o nome de *alma* (Capítulo XXIII):

Por já termos dito que a mente é uma ideia que está na coisa pensante e que nasce da existência de uma coisa que está na Natureza, resulta daí que, igualmente da mudança e da duração da coisa, devem ser a mudança e a duração da mente. Observamos, além do mais, que a mente pode estar unida ou ao corpo, da qual é uma ideia, ou a Deus, sem o qual ela não pode existir nem ser concebida.

Disso se pode ver facilmente: 1. que se a mente estiver unida só ao corpo e esse corpo perecer, ela também deve perecer, pois se estiver privada do corpo que é o fundamento de seu amor, ela deve também morrer com ele; 2. mas se a alma estiver unida a outra coisa que permanece inalterada, ela deve também permanecer inalterada.

Ou ainda, no mesmo livro, no Apêndice II: "A essência da mente consiste unicamente, portanto, em ser, dentro do atributo pensante, uma ideia ou uma essência objetiva que nasce da essência de um objeto realmente existente na Natureza". Nesse momento inaugural do pensamento de Spinoza, cremos que o uso do termo *anima* ou *animus* acompanha a tradição greco-latina, em que a *alma* (o *thymós* grego) é o lugar não apenas de movimentos (*motus*), de impulsos (*impetus*), de afetos (*affectus*), mas sobretudo da *mente*, a quem cabe regular e se impor, por ação e virtude morais, às paixões constituintes do ser humano.

Logo, se de um lado temos uma doutrina da mente como conjunto de faculdades cognitivas (memória, imaginação, raciocínio, entendimento) e de afecções (alegria, ódio, desejo e as daí derivadas), todas elas naturais, esse mesmo exame nos permite entender a mente (conservado o original latino) em termos contemporâneos, ou seja, como estrutura de processos cognitivos e aparato psíquico.

Vários outros termos latinos foram traduzidos de maneira direta, tendo em vista existirem em português e oferecerem o mesmo entendimento da autoria, como *convenire* (convir), no sentido de algo que aflui e ocorre simultaneamente, junta-se, reúne-se e se ajusta, como também no de quadrar-se; *tollere* (tolher), com o significado de suprimir, retirar ou impedir, ou ainda *scopus* (escopo) e libido.

J. Guinsburg e Newton Cunha

NA ÉTICA, A POLÍTICA

Roberto Romano

> *Ao senhor Jarig Jelles*
> *Vós me pedis para dizer que diferença*
> *existe entre mim e Hobbes quanto à política:*
> *tal diferença consiste em que sempre mantenho*
> *o direito natural e que não reconheço direito*
> *do soberano sobre os súditos, em qualquer cidade,*
> *a não ser na medida em que, pelo poder,*
> *aquele prevaleça sobre estes; é a continuação*
> *do direito de natureza.*[1]

Spinoza define o direito natural como liberdade, mas em semelhante tarefa não parte dos indivíduos e de seus fins. Ele começa com a potência infinita, necessária e absolutamente livre, a substância divina[2]. As bases de sua política podem ser encontradas, sobretudo, na *Ética*. Ali são expostas, das premissas às

---

1. Carta 50: Spinoza a Jarig Jelles (2 de junho de 1674), *Obra Completa II*, p. 218. Quando não referido diferentemente, todas as traduções livres dos trechos citados de autores estrangeiros são de minha autoria.

2. Cf. Christian Lazzeri, Spinoza et le problème de la raison d'État, em Yves Charles Zarka (ed.), *Raison et déraison d'État*, Paris: PUF, 1994, p. 359s. Boa parte das noções aqui expressas são extraídas desse trabalho.

24 SPINOZA: OBRA COMPLETA IV

consequências, as teses sobre o ser humano em sociedade e no Estado. Com o sistema ancorado na substância divina, causa imanente de si mesma e da natureza, elimina-se toda finalidade no direito natural. A definição deste último pode ser lida no *Tratado Político*:

Portanto, uma vez que o princípio pelo qual elas existem não pode decorrer de sua essência, a manutenção de sua existência tampouco decorre dela; elas têm necessidade, para continuar a ser, do mesmo poder que era necessário para que começassem a existir [Deus]. Daí essa consequência de que a potência, pela qual as coisas da natureza existem e também agem, não poderia se conservar ela mesma e, por conseguinte, não poderia tampouco conservar as coisas naturais, mas ela mesma teria necessidade, para perseverar na existência, da mesma potência que era necessária para que ela fosse criada.[3]

O direito de Deus se identifica à potência absolutamente livre. Esta produz segundo a necessidade interior de sua essência, regulada por leis de sua natureza, sem que nada de externo a leve a agir. Tal potência absoluta se desdobra em atributos infinitos, nos quais se ordena o impulso, o *conatus* de todas as coisas existentes no interior da natureza.

Da consideração dos seres finitos Spinoza se eleva ao conceito da substância pelos conceitos dos atributos. São categorias irredutíveis de seres, cada uma das quais remete para a unidade infinita, mas qualitativamente determinada; e estas unidades, por sua vez, são aspectos qualitativos da verdadeira unidade, a substância. Os atributos são, de certo jeito, uma só coisa com a substância; eles são a substância sob um dos seus aspectos. Não é de espantar que eles sejam definidos, como a substância, *quod concipitur per se et in se adeo ut ipsius conceptus non involvat conceptum alterius rei*[4].

---

3. *Spinoza: Obra Completa III, Tratado Teológico-Político*, Capítulo II, Parágrafo 2, p. 74. Ver, também, na *Ética*, infra, p. 113.

4. Ver Carta 2: Spinoza a Oldenburg, op. cit., p. 41 ("defino Deus como um ser constituído por uma infinidade de atributos dos quais cada um é infinito em seu gênero. É preciso notar que entendo por atributo tudo o que se concebe por si e em si,

Cada um deles é, por natureza, uma afirmação infinita que exclui a negação, a autolimitação. A verdadeira diferença entre substância e atributos está em que a substância reúne em si todos os aspectos qualitativos expressos pelos atributos e, como totalidade absoluta, implica em seu conceito a existência. O nosso intelecto só colhe alguns desses aspectos qualitativos e exprime com eles a natureza, na realidade infinita mesmo qualitativamente, da substância. Deus, ser absolutamente infinito, que de infinitas maneiras exprime sua essência inexaurível, não é a unidade abstrata e vazia que absorve em si e anula todas as distinções dos seres. A mesma fecundidade, pela qual a essência divina se traduz num infinito número de atributos, faz com que cada um destes se diversifique em número infinito de determinações, os modos.

Modos são as afecções da substância, diz a definição v da *Ética*, "mas porque a substância se revela a nós nos seus atributos, os modos são determinações dos atributos. Os modos da extensão chamam-se corpos, os do pensamento, ideias"[5]. Só conhecemos, dos infinitos atributos, os dois modos, a extensão e o pensamento. Mas toda a natureza ao nosso alcance é constituída pelos dois modos. E neles, a base da existência e da essência de cada um e de todos os seres é a Substância. Isso confere a Deus um direito sobre tudo. Cada coisa natural tem em Deus a potência, o direito de existir livremente e agir segundo as leis de sua própria natureza. Mas a natureza implica em infinidade de leis, todas relacionadas com a ordem eterna. Assim,

de modo que o conceito não envolva o conceito de qualquer outra coisa. A Extensão, por exemplo, se concebe em si e por si, mas não o movimento, que se concebe em uma outra coisa e cujo conceito envolve a extensão. Que tal seja a verdadeira definição de Deus, isso resulta daquilo que entendemos por Deus: um ser soberanamente perfeito e absolutamente infinito") e Carta 4: Spinoza a Oldenburg, op. cit., p. 47 ("da definição de uma coisa qualquer não segue a existência dessa coisa; isso segue apenas [...] da definição ou da ideia de algum atributo [...] se o pensamento não pertence à natureza da Extensão, então a Extensão não poderia ser limitada pelo Pensamento [...] Concedei-me, pois, que a Extensão não é infinita de modo absoluto, mas apenas em seu gênero").

5. Cf. Piero Martinetti, Modi primitivi e derivati, infiniti e finiti, *La religione di Spinoza: Quatro saggi*, Milão: Ghibli, 2002. O referido texto é reproduzido no site *Foglio Spinoziano*, disponível em: <http://www.fogliospinoziano.it/0>.

o direito de cada coisa depende dos seus elos com as demais. Nesses vínculos, ela produz segundo a sua natureza própria (as suas leis) sendo determinada pelas demais leis da natureza, que obstaculizam ou ajudam sua produção.

No campo humano, cada indivíduo se esforça por perseverar em seu ser, sem levar em conta nenhuma outra coisa, mas apenas a si mesmo[6]. O seu direito natural não se define pela razão, mas pelo desejo e potência:

De onde se segue que o direito e a regra natural sob os quais nascem todos os homens e sob os quais vivem a maior parte do tempo, nada interdizem senão aquilo que ninguém tem o desejo ou o poder de interdizer: eles não são contrários nem às lutas, nem aos ódios, nem à cólera, nem ao dolo, nem absolutamente a nada do que o apetite aconselha. Não há nada de surpreendente nisso, pois a natureza não é de modo algum submetida às leis da razão humana que tendem unicamente à verdadeira utilidade e à conservação dos homens. Ela compreende uma infinidade de outras que concernem à ordem eterna, à natureza inteira, da qual o homem é uma partícula, e, observando-se essa ordem eterna, é que todos os indivíduos são determinados de certa maneira a existir e a agir. Tudo aquilo, portanto, que na natureza nos parece ridículo, absurdo ou mau, não tem essa aparência senão porque nós conhecemos as coisas em parte somente, e ignoramos a ordem inteira da natureza e a máxima coerência entre as coisas, de modo que desejamos que tudo seja dirigido de uma maneira conforme à nossa razão e, no entanto, aquilo que a razão afirma ser mau não o é de modo algum se considerarmos a ordem e as leis do universo, mas somente se tivermos em vista as exclusivas leis de nossa natureza.[7]

A determinação ontológica do direito natural, da Substância infinita aos indivíduos, exige a mudança de perspectiva quando se examina a transferência do direito. Spinoza apresenta uma nova forma de vislumbrar a gênese da sociedade política. Os homens conservam sua potência, mas a põem sob o comando coletivo, tendo em vista o que permite conservar o ser

---

6. Ver *Tratado Teológico-Político*, Capítulo XVI, op. cit., p. 279.
7. Ver *Tratado Político*, Capítulo II, § 8, *Spinoza: Obra Completa I*, p. 377-378.

e expandi-lo. Se essa condição deixa de se realizar efetivamente (o que sempre ocorre tendo como prenúncio o medo e a esperança), o indivíduo recobra inteiramente o seu direito e volta a ser *sui juris*, e não mais vive *alterius juris*, como no Estado. Onde se encontra o limite da transferência? Nas leis da natureza, própria a cada indivíduo. Este não pode se erguer contra a sua própria essência, desejar não desejar o que deseja, pensar contra o que pensa, amar o que odeia, odiar o que ama etc. Tal visão se choca com as teses cristãs e patriarcais da política, exemplificadas em Bossuet (a política deduzida da Escritura)[8] ou nos jansenistas[9] como Pascal. Segundo este último, na trilha de Agostinho, sendo o homem submetido à tripla concupiscência (*libido dominandi, libido sentiendi, libido sciendi*)[10], ele deve ser humilhado pela força.

Spinoza também se distancia da corrente maquiavélica que predomina na primeira metade do século XVII francês, a qual determina a força e astúcia, em momentos excepcionais ou de modo permanente, como a base do Estado, sendo a justiça algo que vem após, com o costume[11]. Se não aceita a posição

---

8. Bossuet "deu o clássico resumo dos princípios da monarquia absoluta legitimada pela sanção religiosa. A virtude cristã exige submissão ao rei paternal, a quem seus súditos são obrigados a obedecer. A autoridade real tem quatro características essenciais: ela é 'sagrada', 'paterna', 'absoluta' e 'guiada pela razão'"; e "Reis devem respeitar sua própria autoridade e só usá-la para o bem público".Ver J.B. Bossuet [1709], *Politique tirée des propres paroles de l'Ecriture sainte*, Genebra: Droz, 1967, livro III, artigo I, p. 64; p. 70-71. "Monarquia absoluta não pode degenerar em despotismo, mas nenhuma salvaguarda existe para garantir a integridade do rei, salvo sua consciência. Ele deve ser responsável diante de Deus, mas se não governa com justiça, seus súditos não têm recurso legítimo senão aceitar sua autoridade." Marisa Linton, *The Politics of Virtue in Enlightenment France*, Basingstoke: Palgrave, 2001, p. 27.

9. Sigo as análises de C. Lazzeri, Spinoza et le problème de la raison d'État, op. cit., p. 364s.

10. "Tudo o que existe no mundo é concupiscência da carne, concupiscência dos olhos, orgulho da vida. Terra infeliz de maldição, que esses três rios de fogo inflamam, em vez de regar"; ver *Pensamentos*, Artigo XVI – Pensamentos Diversos Sobre a Religião, XXXIII. Para análise do tema, cf. Vincent Carraud, Des Concupiscences aux ordres des choses, em Martine Perchaman-Petit (org.), Les "trois ordres" de Pascal, em *Revue de Métaphysique et de Morale*, Paris, n. 1, mar. 1997, p. 41-66.

11. Como na exposição de Naudé: "Luís XI violou a fé dada [...] enganava todo mundo, sob aparência religiosa, e [...] fazia morrer muitas pessoas sem nenhuma forma de processo; Francisco I causou a descida do Turco na Itália e não quis observar

28 SPINOZA: OBRA COMPLETA IV

paternalista ou humilhante para o homem, Spinoza teria uma percepção jurídica que pode se enquadrar no assim chamado "contratualismo"? Tal é a leitura de autores antigos e recentes, como é o caso de Otto von Gierke[12], Norberto Bobbio[13] etc. Para certos analistas, Spinoza modifica profundamente o contratualismo no *Tratado Político*. Tal é a posição de Alexandre Matheron, Christian Lazzeri e outros[14].

Tanto no Capítulo XVI do *Tratado Teológico-Político* quanto no Capítulo II,12 do *Tratado Político* o contrato é visto em relação ao seu fundamento, a obrigação de respeitá-lo. Se o indivíduo assume o pacto para conseguir um bem ou evitar prejuízo, ele é dirigido pelas leis do seu próprio ser. Se o pacto lesa um deles, este permanece determinado pelas leis de sua natureza, o que significa que não respeitará o pacto. E se tem o poder de quebrar o pacto, possui o direito, desde que tal ruptura não lhe seja ainda mais prejudicial. A astúcia é permitida na conclusão dos pactos. É o que enuncia o Capítulo XVI do *Tratado Teológico-Político*:

Observemos que é uma lei universal da natureza que ninguém renuncie ao que julga ser bom, a não ser pela esperança de um bem maior ou pelo receio de um dano também maior, nem aceite um mal senão para

o Tratado de Madri; Carlos IX ordenou essa memorável execução da Noite de São Bartolomeu e ordenou o assassinato secreto de Lignerolles e Buffy; Henrique III se desfez dos senhores de Guise; Henrique IV fez a Liga ofensiva e defensiva com os Holandeses, para nada dizer de sua conversão à fé católica; Luís, o Justo, do qual todos os atos são miraculosos e os golpes de Estado efeitos de sua justiça, cometeu dois feitos notáveis com a morte do Marques de Ancre etc." *Considérations politiques sur les coups d'État*, Paris: Centre de Philosophie Politique et Juridique-Université de Caen, 1989, p. 115-116. O rol e sua sequência definem perfeitamente o fundamento do Estado, segundo Naudé.

12. "Hobbes e Spinoza, ao assumir um contrato singular de sujeição, aplica sua conclusão ao ato deliberado de todos os indivíduos", mas Spinoza, "usando a mesma base de Hobbes, extrai conclusões muito diferentes na busca de construir uma teoria que fizesse a liberdade moral e espiritual do indivíduo o fim derradeiro, controlando a autoridade do Estado". *Natural Law and the Theory of Society*, Cambridge: Cambridge University Press, 1958, p. 108 e 112.

13. Il giusnaturalismo, em L. Firpo (ed.), *Storia delle idee politiche, economiche e sociali*, Turim: Utet, 1980, v. IV, t. I, p. 259.

14. Ver, de A. Matheron, o clássico *Individu et communauté chez Spinoza*, Paris: Minuit, 1969, em especial as páginas 318s.

evitar outro pior ou pela esperança de um grande bem. Isso quer dizer que cada um escolherá, dos dois bens, aquele que julga ser o maior, e de dois males, aquele que lhe parecer o menor. Digo explicitamente: aquele que sua escolha lhe pareça maior ou menor; não digo que a realidade seja necessariamente conforme seu julgamento.

Essa enunciação deve ser posta entre as verdades eternas que ninguém pode ignorar, diz o filósofo.

A ciência verdadeira assegura o seu objeto para sempre. A opinião e o imaginário não conseguem chegar até semelhante estabilidade. Se os homens conhecessem de modo científico o que é útil e necessário no Estado, ninguém praticaria ou deixaria de detestar o dolo. Mas os homens não vivem sob o signo da razão, seguem a paixão. Logo, repousar na boa fé dos outros é perigoso porque todos usam de astúcia e dolo. Assim, só é possível assumir um pacto coletivo que instaure o Estado se a massa partilhar: "Sendo os homens conduzidos, como dissemos, mais pela afecção do que pela razão, segue-se daí que se uma multidão convir em ter uma só mente, não é pela condução da razão, mas antes por uma afecção comum, tal como a esperança, o temor ou o desejo de tirar vingança de um dano"[15]. O direito político equivale ao natural, não existem diferenças ontológicas entre ambos:

Segundo o § 15 do Capítulo precedente, é evidente que a prerrogativa (*imperii*) daquele que tem o máximo poder (*summarum potestarum*), isto é, a do soberano, não é outra coisa senão o direito de natureza, o qual se define pelo poder não de cada um dos cidadãos, tomado à parte, mas da multidão conduzida como se por um só pensamento. Isso redunda dizer que o corpo e a mente do Estado inteiro possui um direito que tem por medida o seu poder, assim como cada indivíduo no estado de natureza: cada cidadão ou súdito tem, portanto, tanto menos direito quanto a cidade prevalece sobre ele em poder (ver § 16 do Capítulo anterior) e, em consequência, cada cidadão não pode nada fazer nem possuir senão aquilo que lhe é garantido por decreto

15. *Tratado Político*, Capítulo VI, § 1, op. cit, p. 402.

comum, decreto da cidade [...] O homem, com efeito, tanto no estado natural como no estado civil age segundo as leis de sua natureza e vela pelo que lhe é útil, pois em cada um desses dois estados é a esperança ou o temor que o conduz a fazer ou não fazer isto ou aquilo, e a principal diferença entre os dois estados é que, no estado civil, todos têm os mesmos temores, e que a segurança tem para todos as mesmas causas, do mesmo modo que a regra de vida é comum, o que não suprime, longe disso, a faculdade de julgar própria a cada um.[16]

São conhecidas as críticas ao pensamento spinoziano formuladas por filósofos conservadores e progressistas (se esta divisão ainda possui algum sentido). É o caso de Leo Strauss[17]. Já para F. Neumann, a política spinoziana, democrática, visa construir um modelo de Estado no qual os cidadãos possam ter o benefício de uma esfera de liberdade individual extensa. Mas a noção de potência no direito e de soberania como potência "reduzem o fim a um voto piedoso, sem consistência, pois a razão de Estado dispõe de uma preeminência sobre todo o resto"[18]. Os dois últimos capítulos do *Tratado Teológico-Político* falam muito em "imaginação". Uma nota relevante determina que o povo entende como divino apenas o discurso que nega o curso da natureza. Assim, a ciência permanece longe dos que integram o comum dos homens. As religiões do livro, em especial o judaísmo e o cristianismo, se edificam pela e para a imaginação, partem de textos que usam palavras e são compostas segundo certa disposição corporal. Elas usam uma língua antropomórfica que torna obedientes quem acredita. Até aí nenhuma novidade. Para Spinoza, a política é jogo da imaginação. Nela, o medo e a esperança, paixões mescladas de imagens, tornam-se o grande instrumento de controle, pois uma paixão obstaculiza sempre uma outra paixão. E sempre a imaginação

---

16. *Tratado Político*, Capítulo III, § 2,3, op. cit., p. 385-386.

17. Ver o artigo de Ricardo Caporali, Un moderno alla maniera degli antichi: Suillo Spinoza di Leo Strauss, publicado em *Isonomia – Rivista di Filosofia*, em 2004 e disponível em: < http://www.uniurb.it/Filosofia/isonomia/2004caporali.pdf. >.

18. *The Rule of Law: Political Theory and the Legal System in Modern Society*, citado por C. Lazzeri, Spinoza et le problème de la raison d'État, op. cit., p. 386.

gera figuras do pavor e da felicidade, sem que nenhum daqueles ícones tenha alguma efetividade ou existência fora da mente. Citando o filósofo: "nenhuma afecção pode ser contrariada, senão por uma afecção mais forte e contrária àquela que se quer contrariar"[19]. O Estado deve mover paixões fortes o bastante para controlar as paixões dos indivíduos despreocupados com o coletivo e só preocupados consigo mesmos. Cito novamente:

uma sociedade poderá firmar-se se ela vindica para si mesma o direito que cada um tem de se vingar e de julgar o bom e o mau, e que ela tem, por consequência, o poder de prescrever uma regra comum de vida, de instituir leis e de mantê-las, não pela razão, que não pode reprimir as afecções (pelo Escólio da Proposição XVII), mas por ameaças. Ora, esta sociedade, firmada pelas leis e pelo poder de se conservar, chama-se cidade, e aqueles que estão sob a proteção do seu direito, chamam-se cidadãos[20].

Quando Spinoza diz que o Estado não surge com a racionalidade, mas no impulso das paixões, ele não afasta o elemento racional da política: o determina com forte realismo. A razão, adianta ele,

não postula contra a natureza, ela postula, pois, que cada um ame a si próprio, procure o útil que é seu, isto é, o que é realmente útil para ele, e que ele deseje tudo aquilo que conduz realmente o homem à maior perfeição e, falando absolutamente, que cada um se esforce para conservar o seu ser, o quanto depende dele. E isso é tão necessariamente verdadeiro quanto o todo é maior do que a parte (vide proposição IV, Parte III). Depois, como a virtude (pela Definição VIII) não é nada mais senão o agir pelas leis de sua própria natureza, e como ninguém (pela Proposição VII, Parte III) pode conservar seu ser senão pelas leis de sua própria natureza, segue-se daí: primeiro, que o princípio da virtude é o próprio esforço para conservar seu próprio ser, e que a felicidade consiste naquilo em que o homem pode conservar seu ser; segundo, que a virtude deve ser desejada por si mesma, e que não há nenhuma coisa que valha mais do que ela ou que nos seja mais útil, razão pela qual ela

19. *Ética*, Parte IV, Proposição XXXII, Escólio 2, p. 306.
20. Ibidem, p. 306-307.

deverá ser desejada; terceiro, enfim, aqueles que se dão à morte têm a alma impotente e são inteiramente vencidos pelas causas exteriores em oposição a sua natureza. [...] segue-se que nos é sempre impossível não ter necessidade de coisa alguma externa a nós para conservar nosso ser, e viver sem ter nenhum comércio com as coisas que estão fora de nós; se, no entanto, considerarmos nossa mente, nosso entendimento, com certeza será mais imperfeito se a mente estivesse só e não inteligisse nada fora de si mesma. Há, pois, fora de nós, muitas coisas que nos são úteis, e que por essa razão é preciso desejar. Entre elas, não se pode excogitar nada melhor do que aquelas que concordam com a nossa natureza. Com efeito, se, por exemplo, dois indivíduos totalmente da mesma natureza estão unidos um ao outro, eles compõe um indivíduo duas vezes mais potente do que se estivessem separados. Nada é mais útil ao homem do que o homem; os homens, digo eu, não podem desejar nada que valha mais para a conservação do seu ser, do que estarem todos de acordo em todas as coisas, de modo que as mentes e os corpos componham uma só mente e um só corpo, e que eles se esforcem, todos ao mesmo tempo, tanto quanto possam para conservar seu ser, e que procurem, todos ao mesmo tempo, o que é útil a todos; daí segue-se que os homens que são governados pela razão, isto é, os homens que procuram o que lhes é útil, sob a conduta da razão, não desejam nada para si próprios que não desejem aos outros homens e, por consequência, eles são justos, de boa fé e honestos[21].

Os indivíduos e grupos justos (*fidos, atque honestos*) integram os quadros dos "piedosos", algo que vem do Império Romano, com antecedentes gregos. Mesmo Rousseau usa o conceito, essencial na sua percepção do mundo antigo. Na ordem grega, o termo para a atitude ética respeitosa da justiça era *eusébeia*. No imaginário helênico, a *eusébeia* liga-se à Justiça. Os significados do termo incluíam o respeito aos genitores, aos velhos, aos amigos. Como sequência, ele indica a obediência da lei, ou o amor pela própria terra, com risco de morte em batalhas para defendê-la. *Eusébeia* também possui a gradação do *decorum*, do controle da fala indiscreta, evitando-se a maledicência. O imperativo, então, é redigido com a ordem de "falar bem de todos"

---

21. *Ética*, Parte IV, Proposição XVIII, Escólio, p. 288-289.

NA ÉTICA, A POLÍTICA 33

ou não procurar falhas nos demais, ser justo e amável com os amigos, não falar mal de um ausente, não rir dos vencidos ou mortos. Pode-se, desse modo, verificar a origem do célebre mote spinoziano: "não rir, não chorar, compreender".

Pietas retoma os valores de beleza e utilidade presentes na fala e nos atos. O vocábulo se aproxima de *Aidós*, pudor ou vergonha, uma das grandes virtudes políticas. *Aidós* e medo reverencial unem-se na *República* (465 a-b). Ali, trata-se de respeitar o genitor, num contexto em que Sócrates indica as relações, na cidade ideal, entre os mais jovens e os mais velhos dentre os guardiões, pois ninguém conheceria o próprio pai. *Aidós* significa reverência pelas falas dos antigos, laço de amizade (*philia*) e honra. Outro sentido de *Aidós*, na Carta VII (337a): os vencidos numa guerra civil sentem ao mesmo tempo medo pela força maior dos vencedores e superioridade na *eusébeia*, ou *Aidós*, porque se mostraram capazes de dominar os seus desejos de vingança, e prontos para obedecer a lei. *Aidós* se aproxima também da *sophrosyne*, a virtude dirigida pela sabedoria do *Logos*[22].

Voltando a Spinoza, diz ele,

Essa vontade ou apetite de fazer o bem, que nasce de nossa comiseração a respeito da coisa a que queremos fazer o bem, chama-se benevolência e, assim, a benevolência outra coisa não é do que um desejo nascido da comiseração.[23]

[...]

Ademais, como o bem supremo que os homens apetecem, devido a uma afecção, é tal que somente um pode possuí-lo, segue-se que aqueles que amam não estão em si mesmos de acordo com eles próprios e, ao mesmo tempo que se alegram em cantar os louvores da coisa amada, temem ser acreditados. Mas, ao contrário, aquele que se esforça em conduzir os outros pela razão, não age por impulso, mas com humanidade e benevolência, e permanece em si mesmo perfeitamente de acordo consigo próprio.[24]

---

22. Cf. Douglas L. Cairns, *Aidós: The Psychology and Ethics of Honour and Shame in Ancient Greek Literature*, Oxford: Clarendon, 1993, p. 320s.

23. *Ética*, Parte III, Proposição XXVII, Corolário 3, Escólio, p. 222.

24. *Ética*, Parte IV, Proposição XXXVII, Escólio 1, p. 304.

O Estado permite reverter o controle do mundo exterior e seguir para o campo da cooperação entre indivíduos.

Ora, esta sociedade, firmada pelas leis e pelo poder de se conservar, chama-se cidade (*civitas*), e aqueles que estão sob a proteção do seu direito, chamam-se cidadãos; daí se compreende facilmente que, no estado natural, não há nada que seja bom ou mau pelo consenso de todos, pois cada qual, no seu estado natural, pensa somente no que lhe é útil e, segundo sua índole e na medida em que tem como razão a utilidade, decreta o que é bom e o que é mau, e que, enfim, ele não é obrigado por nenhuma lei a obedecer a ninguém mais senão a si próprio; e assim, no estado natural não se pode conceber o pecado (*peccatum*).[25]

Repisemos o termo. No direito romano da era republicana são definidas as infrações em públicas e privadas, segundo exigiam, ou não, um *judicium publicum*. A expressão *crimen* aplica-se às primeiras, *delictum* às últimas. Mais tarde, as duas palavras foram com frequência trocadas uma pela outra. As duas, no entanto, se distinguem de termos como *maleficium*, que indica todo malfeito, *flagitium*, ato vergonhoso, *peccatum*, falta moral. Se no estado de natureza não existe falta moral, no estado de sociedade, no entanto,

em que se decreta por consenso de todos qual coisa é boa e qual é má, cada um é obrigado a obedecer à cidade. O pecado não é, portanto, outra coisa senão a desobediência, que, por essa razão, é punida em virtude do exclusivo direito da cidade e, ao contrário, a obediência é contada como mérito, para o cidadão, porque ele é por isso mesmo julgado digno de fruir das vantagens da cidade. Ademais, no estado natural, ninguém é, por consenso comum, senhor de qualquer coisa, e não há nada na natureza que se possa dizer que pertence a este e não àquele; mas tudo é de todos; por conseguinte, no estado natural, não podemos conceber vontade alguma de atribuir a cada um o que é seu, ou de tirar de alguém o que é dele; isto é, que, no estado natural, não há nada que possa ser dito justo ou injusto; mas é o contrário no estado civil, em que por consenso comum é decretado qual coisa pertence a um e qual a

25. Ibidem, p. 307.

outro. Por isso parece claro que o justo e o injusto, o pecado e o mérito sejam noções extrínsecas, e não atributos que expliquem a natureza da mente. Mas é o suficiente sobre isso[26].

Spinoza morreu antes de terminar o *Tratado Político*, exatamente ao redigir o Capítulo XI, consagrado ao regime democrático. Sobra uma só linha do Capítulo XII, no qual o pensador anuncia a análise das leis. Em todo o texto não aparecem termos como "razão de Estado", "razão de interesse", muito comuns em seu tempo. Mas temas ligados ao assunto surgem ao longo dos seus escritos. Pergunta Spinoza se é possível tratar dos assuntos comuns da sociedade civil de maneira idêntica aos regidos pelas regras morais das relações entre indivíduos. No relativo aos políticos,

estima-se que estão mais ocupados em estender armadilhas aos homens do que a velar por seus interesses, e julga-se que são hábeis [*callidi*] mais do que sábios. A experiência, com efeito, ensinou-lhes que haverá vícios enquanto houver homens; eles se esforçam, portanto, em prevenir a malícia humana, e isso por meios cuja eficácia uma longa experiência deu a conhecer, e que homens movidos pelo temor mais do que guiados pela razão costumam aplicar; agindo nisso de uma maneira que parece contrária à religião, sobretudo aos teólogos: segundo estes últimos, com efeito, os soberanos deveriam conduzir os negócios públicos em conformidade com as regras morais que o particular deve manter. Não é duvidoso, entretanto, que os Políticos tratem, em seus escritos, da Política com muito mais felicidade do que os filósofos: tendo a experiência por mestra, eles nada ensinaram, com efeito, que fosse distante da prática[27].

Em primeiro lugar, sublinhemos o sentido do termo *callidus* quando aplicado aos políticos. Spinoza conhece a fundo os trabalhos de René Descartes. Ele é mesmo, muito impropriamente, conhecido como "cartesiano". A estrutura da passagem assinalada acima é inequívoca, quando se trata de examinar a sua base, pois os elementos do *Tratado Político*, o poder, a

26. Ibidem.
27. *Tratado Político*, Capítulo I, § 2, op. cit., p. 370.

astúcia, a força de gerar armadilhas para os homens, emprestam muito da Segunda Meditação de *Meditações*, uma das mais célebres escritas por Descartes, no átimo em que o filósofo descreve o embate contra o gênio malicioso. Cito Descartes:

Mas eu, o que sou eu, agora que suponho que há alguém que é extremamente poderoso e, se ouso dizê-lo, malicioso e ardiloso, que emprega todas as suas forças e toda a sua indústria em enganar-me? Posso estar seguro de possuir a menor de todas as coisas que atribuí há pouco à natureza corpórea? Detenho-me em pensar nisto com atenção, passo e repasso todas essas coisas em meu espírito, e não encontro nenhuma que possa dizer que exista em mim.[28]

O gênio malicioso partilha a potência que me engana, impedindo-me de assegurar até mesmo a propriedade do corpo. Ao vencê-lo, chego ao *Cogito*, substância pensante da qual parto para a conquista do mundo noético e físico. Ao cobrir os políticos com as marcas do gênio malicioso, a astúcia ardilosa, Spinoza sabe muito bem que tal é o signo do maquiavelismo combatido na política cristã e mesmo na maior parte da literatura e do teatro da época. Basta recordar, em *Otelo*, o personagem Iago, mestre em jogar armadilhas contra os demais homens. Ou Ricardo III, o astucioso monarca retratado por Tomás Morus e entenebrado por Shakespeare. Ou Lúcifer, no *Paraíso Perdido*, que se esmera em deliciar os homens com o delírio da luz, da qual jorram apenas sombras. Passemos ao segundo ponto do trecho citado: quando Spinoza afirma que os políticos sabem, por experiência, prevenir e administrar a malícia dos homens.

Recordemos antes a posição de Hobbes sobre as regras do jogo político e jurídico:

Ao surgirem controvérsias sobre um cálculo as partes precisam, por mútuo acordo (*by their own accord*) recorrer à razão certa de um árbitro

---

28. *Descartes: Obras Escolhidas*, Segunda Meditação, São Paulo: Perspectiva, 2010, p. 144.

NA ÉTICA, A POLÍTICA 37

ou juiz, a cuja sentença se submetem [...]. Quando os que se julgam mais sábios do que todos os demais gritam e exigem uma razão certa para juiz, só procuram garantir que as coisas sejam asseguradas não pela razão dos outros homens, mas pela sua. É tão intolerável agir assim na sociedade dos homens como no jogo, escolhido o trunfo, usar como trunfo em todas as outras ocasiões a série de que se tem mais cartas na mão.[29]

No autor do *Leviatã*, o grande problema é de, após o pacto, garantir a *res publica*. No entanto, e se as leis podem ser interpretadas e, pior, interpretadas com fraude pelos particulares ou, mesmo, por juízes e advogados? Hobbes afasta a fraude no "jogo" da sociedade civil, mas em proveito do soberano não preso a regras. Os particulares não têm mais direito (pois assumiram o pacto) de cometer fraudes. O soberano, cuja função é salvar o povo, não sofre semelhante obstáculo.

Apuremos a imagem do jogo, muito presente nos textos hobbesianos. O jogo opera com a inteligência e a imaginação dos indivíduos. Na sociedade civil, se todos jogarem sem regras, desaparece o jogo e nenhum jogador parte da igualdade das oportunidades, porque o truque se esconde e não se indica quem o usa (caso contrário, ele se transforma em guerra). O jogador sem regras usa o segredo, a simulação e a dissimulação. Ele finge seguir as regras, mas guarda para si mesmo o fato de que as desrespeita, simula aceitá-las, dissimula truques. O jogador comum opera com a imaginação e a discrição: ele deseja ganhar, imagina-se no instante em que vence (pode imaginar os frutos do ganho como riquezas, amores etc.) e ao mesmo tempo não pode revelar as cartas. O soberano não segue regras (não é jogador) e usa a discrição, a imaginação, a simulação e a dissimulação. Ele opera em pleno direito natural.

Em Spinoza, a astúcia fraudulenta não é descartada para o cidadão, em proveito do soberano, sem precauções estratégicas.

---

29. *Leviathan*, 5. ed. Com introdução de C.B. Macpherson, Harmondsworth: Penguin, 1968, p. 111-112.

Assim, diz ele ainda no *Tratado Teológico-Político*, que "ninguém prometerá, senão por astúcia (dolo) abandonar alguma coisa do direito que tem sobre tudo"[30]. O jogo spinoziano gera suas regras na flutuação da alma, entre o medo e a esperança. Das probabilidades trazidas por uma ou outra paixão, no relativo ao objeto desejado, o jogador sempre escolherá o que lhe parece mais vantajoso. Trata-se, como é previsível, do jogo operado pela imaginação, dado que o saber efetivo não joga nem é incerto[31].

Deve-se afastar a fraude? Com certeza, mas é preciso analisar prudentemente o jogador que enfrentamos. Spinoza dá um exemplo extremo, o do ladrão que me põe a faca no pescoço. Posso lhe prometer o que ele desejar, mas por direito natural posso concluir com ele um pacto doloso em meu benefício. Mesmo em caso de ausência de fraude (*absque fraude*, diz o latim) prometo a alguém me abster por vinte dias de comida e vejo que a promessa é insensata e perigosa para mim. De dois males, escolho o menor, falho ao pacto. Assim, nenhum pacto tem força se não for útil (ou considerado útil em minha imaginação). Tirada a utilidade, ele cessa. É louco quem pede a outro para que empenhe sua fé pela eternidade se não se esforça ao mesmo tempo de tornar a ruptura do pacto mais danosa ao faltoso do que o seu cumprimento.

Agora, em vez de Descartes, é diretamente a Maquiavel que o *Tratado Político* se refere. O trecho mais célebre, muito conhecido por Spinoza, é aquele em que o escritor florentino afirma ser "necessário a um príncipe, se deseja se conservar,

---

30. Capítulo XVI, 6, p. 283.

31. Ver *Spinoza: Obras Completas I, Tratado da Correção do Intelecto*, p. 327: "vi que todas as coisas que eram para mim causa ou objeto de receio não contêm em si nada de bom ou de mau, a não ser enquanto o ânimo se deixava por elas mover, e resolvi indagar se existia algum objeto que fosse um bem verdadeiro, capaz de se comunicar, e pelo qual a alma, renunciando a qualquer outro, pudesse ser unicamente afetada, um bem cuja descoberta e possessão tivessem por fruto uma eternidade de alegria contínua e suprema". Os bens incertos são captados pela imaginação, o bem duradouro é conhecido pela razão. No mundo social e político, a maioria vive segundo as representações do imaginário, cuja certeza é quase nula. Daí o jogo.

NA ÉTICA, A POLÍTICA

aprender a não poder ser bom, e usar dela [a bondade] segundo a necessidade [*secondo la necessita*]"[32]. E mais:

Estando o príncipe necessitado de usar a besta, deve escolher dentre elas a raposa e o leão, porque o leão não se defende dos laços e a raposa não se defende dos lobos. Necessita, pois, o príncipe, ser raposa para conhecer os laços e leão para espantar os lobos. Os que se apoiam apenas no leão não entendem [a arte de governar].[33]

Isso basta, imagino, para mostrar a familiaridade entre o início do *Tratado Político* e o *Príncipe*. A indicação dos laços e armadilhas tem exatamente o mesmo sentido em Maquiavel e Spinoza. Mas sigamos:

Não pode, nem deve, portanto, um senhor prudente observar a fé jurada quando tal observância se torna contrária e passou a ocasião que obrigou a fazer a promessa. Se os homens fossem bons, este preceito não o seria; mas como eles são perversos e não guardaram sua fé jurada consigo, não tens por que guardá-la em relação a eles. Nunca faltam a um príncipe ocasiões legítimas de coonestar a inobservância.[34]

E finalmente:

para manter o Estado, o príncipe, sobretudo se for novo, precisará operar contra a fé, contra a caridade, contra a humanidade, contra a religião. E se necessita que tenha um ânimo disposto a tornar-se segundo mandem os ventos e as mudanças da fortuna e não separar-se do bem se puder fazê-lo, mas saber entrar no mal se é necessário[35].

A diferença, aqui, entre o enunciado de Spinoza e o de Maquiavel é que para o primeiro o político "parece", sobretudo aos teólogos, ser contra a religião. No segundo, ele deve ser contra os mandamentos religiosos e sua escala de valores. Esse mesmo ponto ressoa nos *Discursos Sobre a Primeira Década de Tito Lívio*:

32. *O Príncipe*, Capítulo 15.
33. Ibidem.
34. Ibidem.
35. Ibidem.

SPINOZA: OBRA COMPLETA IV

quando se delibera acerca da saúde da pátria, não se deve deixar que prevaleçam considerações de justiça ou injustiça, piedade ou crueldade, honra ou ignomínia mas, deixando de lado qualquer consideração outra, seguir por inteiro o partido que salve a vida e conserve a liberdade[36].

A corrupção dos homens é constante e universal, mesmo nos educados para o bem. Há uma persistência das paixões:

em todas as cidades e em todos os povos há e sempre houve os mesmos desejos e humores, de tal modo que é fácil, para quem examina com diligência as coisas passadas, prever em toda república o futuro e aplicar os remédios empregados pelos antigos ou, caso não encontre nenhum empregado por eles, imaginar outros novos segundo o parecido dos acontecimentos[37].

O povo adere às práticas e valores antigos. Para mudar hábitos sólidos é preciso dissimular, fingir que a essência permanece quando medidas para a sua mudança são implementadas pelos governantes. Se o príncipe fosse contra os hábitos populares, dificilmente ele se manteria. Mas se pouco a pouco mudam as formas e as instituições, consegue mudar a ética do povo. Assim, diz Maquiavel:

quem deseja reformar o estado de uma cidade e ser aceito, manter a satisfação de todo mundo, necessita conservar pelo menos a sombra dos modos antigos, de tal modo que pareça ao povo que não houve mudança nas ordens, embora na realidade as novas sejam inteiramente distintas das velhas. Porque a grande maioria dos homens se contenta com as aparências como se fossem realidades e amiúde se deixa influenciar mais pelas coisas que parecem do que por aquelas que são"[38].

Uma outra questão no pensamento político de Spinoza: podem os governantes, quando se trata da salvação comum, se desligar sem "pecado" do conjunto do direito positivo mantido no mundo político? Vejamos o *Tratado Político*:

36. *Discursi sopra la prima deca di Tito Livio*, livro I.
37. Ibidem.
38. Ibidem.

Costuma-se, entretanto, perguntar se o soberano está submetido às leis e se, em consequência, ele pode pecar. Uma vez que, embora as palavras "lei" e "pecado" não se apliquem tanto à legislação da cidade, mas às leis comuns de toda natureza e particularmente às regras da razão, não podemos dizer, falando de modo absoluto, que a cidade não esteja submetida a nenhuma lei e não possa pecar. Se, de fato, a cidade não tivesse nem leis nem regras, nem mesmo aquelas sem as quais ela não seria uma cidade, seria preciso vê-la não como algo pertencente à natureza, mas como quimera. A cidade peca, portanto, quando age ou permite agir de tal maneira que sua própria ruína possa ser a consequência dos atos efetuados: diremos então que ela peca no sentido que os filósofos e também os médicos dizem que a natureza pode pecar quando age contrariamente ao ditame da razão. É, sobretudo, quando ela se conforma ao ditame da razão (pelo § 7 do Capítulo precedente), que a cidade é senhora de si mesma. Portanto, quando ela age contrariamente à razão e, na medida em que o faz, ela falta a si mesma e pode-se dizer que ela peca. Isso será compreendido mais claramente se considerarmos que, ao dizer que cada um pode estatuir sobre um negócio que é de sua alçada e decidir como ele quiser, esse poder que temos em vista deve ser medido não somente pela potência do agente, mas também pela atitude do paciente. Se, por exemplo, eu digo que tenho o direito de fazer desta mesa o que eu desejar, certamente não entendo com isso de modo algum que posso fazer esta mesa comer capim. Da mesma maneira também, embora digamos que os homens dependem não deles próprios, mas da cidade, não entendemos com isso, de forma alguma, que os homens possam perder sua natureza humana e se revestir de uma outra, nem, por consequência, que o Estado tenha o direito de fazer com que os homens tenham asas para voar, ou, o que é igualmente impossível, que eles considerem com respeito o que provoca sua risada ou seu desgosto; mas nós entendemos que, sendo dadas certas condições, a cidade inspira aos súditos respeito e temor; se estas mesmas condições cessam de ser dadas, não há mais temor nem respeito, de sorte que a própria cidade deixa de existir. Portanto, a cidade, para permanecer senhora de si mesma, é obrigada a manter as causas do temor e do respeito, sem o que ela não é mais uma cidade. Àquele (ou àqueles) que detém o poder público, é, pois, igualmente impossível se apresentar em estado de ebriedade ou de nudez com prostitutas, bancar o histrião, violar ou menosprezar abertamente as leis por eles estabelecidas, e, agindo assim, conservar sua majestade; isto é tão igualmente impossível como ser e ao mesmo tempo não ser. Levar à morte os súditos, despojá-los, usar de violência contra as virgens, e outras coisas seme-lhantes, é transformar o temor em indignação e, consequentemente, o estado civil em estado de guerra.[39]

Vejamos o outro lado da mesma experiência. O trecho do *Tratado Político* que menciono a seguir tem todos os elementos para a explicação do Capítulo xx do *Tratado Teológico-Político*:

É preciso considerar, em segundo lugar, que os súditos não pertencem a si mesmos, mas à cidade, na medida em que temem sua potência ou ameaças, ou então na medida em que eles amam o estado civil (§ 10 do Capítulo precedente). Daí esta consequência de que todas as ações às quais ninguém pode ser incitado nem por promessas nem por ameaças não pertencem ao direito da cidade. Ninguém, por exemplo, pode des-pojar-se de sua faculdade de julgar; por quais promessas ou por quais ameaças um homem poderia ser levado a crer que o todo não é maior do que a parte, ou que Deus não existe, ou que um corpo que ele vê que é finito é um ser infinito?[40]

Entre os traços fundamentais do Capítulo xx do *Tratado Teológico-Político* encontra-se a tese da liberdade para pensar, escrever, agir dentro do Estado. Como garantir tais direitos se o Estado tiver segredos para com os cidadãos e seguir a polí-tica dos *arcana imperii*, mesmo com a desculpa de que alguns cidadãos tornam-se muito poderosos no interior da república? A razão de Estado incorpora o segredo para garantir o gabi-nete real, lugar onde não são admitidos os homens comuns. Se o secretário (a origem do termo é marcada pela própria pala-vra do segredo) e o governante devem ocultar tudo o que for possível aos que não têm acesso aos gabinetes, eles, no entanto, devem descobrir tudo o que estiver para além das fronteiras do seu Estado e na mente e no coração dos dirigidos. O governante acumula segredos e deseja que os súditos sejam expostos a uma luz perene. Desse modo se estabelece a heterogeneidade entre governados e dirigentes. Na aurora dos tempos modernos,

39. Capítulo iv, §4, op. cit., p. 395-397.
40. Capítulo iii, §8, op. cit., p. 388-389.

a verdade do Estado é mentira para o súdito. Não existe mais espaço político homogêneo da verdade; o adágio é invertido: não mais *fiat veritas et pereat mundus* ["que haja a verdade, ainda que o mundo pereça], mas *fiat mundus et pereat veritas*. As artes de governar acompanham e ampliam um movimento político [...] que separa o soberano dos governados. O lugar do segredo como instituição política só é inteligível no horizonte desenhado por essa ruptura [...] que constitui o poder moderno. Segredo vem de *secernere*, separar, apartar[41].

No mesmo período surgem as guerras de religião ocasionadas pela Reforma. As revoltas alemãs e francesas (Noite de São Bartolomeu) atingem a Inglaterra. Para espanto do clero e da aristocracia, os populares aprenderam a desobedecer às ordens dos príncipes. É conhecido o texto de Etienne de La Boétie, *O Discurso da Servidão Voluntária*[42]. Pouco se analisou o escrito do mesmo autor, *Mémoires sur l'Édit de janvier 1562* (Dissertação Sobre o Edito de Janeiro de 1562)[43]. Com as lutas religiosas na Guiana, a corte envia o magistrado aos locais para recolher sugestões jurídicas. É clara a cautela de La Boétie frente ao povo. Seria preciso impedir que o populacho tivesse ilusões de poder. As guerras religiosas espalham "um ódio e maldade quase universais entre os súditos do rei"; o pior é que

o povo se acostuma a uma irreverência para com o magistrado e com o tempo aprende a desobedecer voluntariamente, deixando-se conduzir pelas iscas da liberdade, ou licença, o mais doce e agradável veneno do mundo. Isso ocorre porque o elemento popular, tendo sabido que não é obrigado a obedecer ao príncipe natural na religião, faz péssimo uso dessa regra, a qual, por si mesma, não é má, e dela tira a falsa consequência de que só é preciso obedecer aos superiores nas coisas boas por si mesmas, e se atribui o juízo sobre o que é bom e o ruim. Ele chega afinal à ideia de que só existe a lei da sua consciência, ou seja, na maior parte, a persuasão de seu espírito e suas de fantasias [...] nada é

41. Jean-Pierre Chrétien-Goni, Institutio Arcanae, em C. Lazzeri; Dominique Reynié, *Le Pouvoir de la raison d'État*, Paris: PUF, 1992, p. 137.

42. *Le Discours de la servitude volontaire*, Paris: Payot, 1976.

43. Cf. Une Oeuvre inconnue de La Boétie: Les "Mémoires sur l'Édit de janvier 1562", editado por Paul Bonnefon, *Revue d'Histoire littéraire de la France,* ano 24, n. 2, 1917, Paris, p. 307-319.

44 SPINOZA: OBRA COMPLETA IV

mais justo nem mais conforme às leis do que a consciência de um religioso temente a Deus, probo e prudente, nada é mais louco, mais tolo e monstruoso do que a consciência e a superstição da massa indiscreta[44].

Assim,

o povo não tem meios de julgar, porque desprovido do que fornece ou confirma um bom julgamento, as letras, os discursos e a experiência. Como não pode julgar, ele acredita em outrem. Ora, é comum que a multidão creia mais nas pessoas do que nas coisas, e seja mais persuadida pela autoridade do orador do que pelas razões enunciadas[45].

Gabriel Naudé, defensor do príncipe e dos golpes de Estado quando surge a "necessidade", fala (em *Considerações Políticas Sobre os Golpes de Estado* [1639]) do segredo e da desconfiança universal que obrigam o governante a se preservar "dos engodos, ruindades, surpresas desagradáveis" da massa inquieta. Na crise de legitimidade é preciso cautela contra o animal de muitas cabeças, "vagabundo, errante, louco, embriagado, sem conduta, sem espírito nem julgamento [...] a turba e laia popular joguete dos agitadores: oradores, pregadores, falsos profetas, impostores, políticos astutos, sediciosos, rebeldes, despeitados, supersticiosos"[46].

Spinoza refere-se à "monarquia" que rege uma população livre. Esse é um traço essencial de seus escritos, ligados ao de Maquiavel e discutidos quando o filósofo elogia o realismo dos políticos. Em vez de exigir a democracia de imediato, e apenas a democracia, o pensador examina com lentes finas as formas de poder político, nelas salienta os pontos fracos e fortes, a sua possibilidade de conservar o Estado ou conduzi-lo à ruína. Assim, é possível a monarquia em povos livres, mas cautela com a massa popular e com os seus costumes. Se ela está habituada a um regime de escravidão, poderá dissolver aquele movido pelas vontades livres. No exame da multidão, sempre atacada pelos

44. Ibidem, p. 12.
45. Ibidem.
46. Apud J.-P. Chrétien-Goni, Institutio Arcanae, em C. Lazzeri; D. Reynié, op. cit., p. 141.

NA ÉTICA, A POLÍTICA

representantes da razão de Estado e dos regimes opostos à liberdade, Spinoza distingue entre plebe e vulgo. E defende o povo. Sabe perfeitamente que essa tese é acolhida pelo riso "daqueles que restringem à plebe somente os vícios inerentes a todos os mortais"[47]. Seguindo os autores da razão de Estado, vimos o caso de La Boétie e de Gabriel Naudé[48], segue Spinoza, "ela é temível se não treme [de medo]; é uma escrava humilde ou uma dominadora soberba; não há para ela verdade, ela é incapaz de ajuizamento". Contra essa visão negativa da plebe, Spinoza arrazoa:

A natureza é a mesma ou comum para todos. Mas nós nos deixamos enganar pelo poder e pela cultura; daí esta consequência de que, dois homens agindo da mesma maneira, nós dizemos amiúde que isso era permitido a um e vedado a outro: os atos não são dessemelhantes, mas os agentes o são.[49]

Essa discriminação de pessoas, qual nome fornece Spinoza para ela? Soberba. E acrescenta que ela é natural nos seres humanos.

O filósofo cita um fato conhecido por todos os que vivem no Estado e na sociedade civil. Quando alguém ocupa um cargo, público ou privado, que o coloca ligeiramente acima dos demais, eis a soberba que nasce. Desse modo, se a "designação por um ano basta para orgulhar os homens, o que dizer dos nobres que pretendem honras perpétuas?"[50] Aqui é estratégica a discriminação spinoziana entre plebe, povo e vulgo. Na verdade, o vulgo autêntico encontra-se nos que, ricos ou poderosos, vestem as roupas da soberba:

sua arrogância se paramenta de fausto, de luxo, de prodigalidade, de certo concurso de vícios, de uma espécie de desrazão sapiente e de uma

47. *Tratado Político*, Capítulo VII,§27, op. cit., p. 432.
48. Para uma análise desse pensador, cf. Adrianna E. Bakos, "Qui nescit dissimulare, nescit regnare", em *Images of Kingship in Early Modern France: Louis XI in Political Thought*, 1560-1789, London/New York: Routledge, 1997, p. 122s.
49. *Tratado Político*, Capítulo VII, §27, op. cit., p. 432-433.
50. Ibidem, p. 433.

46 SPINOZA: OBRA COMPLETA IV

elegante imoralidade, se bem que vícios que, considerados separadamente, aparecem em toda a sua hediondez e sua ignomínia, parecem
às pessoas ignorantes e de pouco juízo ter certo brilho[51].

Em vez de atribuir a falta de medida ao povo, é no vulgo, o
número pequeno de ricos e poderosos, que deve se localizar a des-
mesura. Aquelas pessoas vulgares são temíveis, se não tremem.
Quanto à plebe, a culpa de sua falta de julgamento deve-se aos
governantes que nos "grandes assuntos do Estado" agem de modo
a escondê-los do povo, que nada pode saber devido ao segredo,
que só deixa o rastro das coisas "que são impossíveis de dissimular". Querer tratar todos os assuntos pelas costas da cidadania
e pedir ao mesmo tempo que ela não ajuíze de modo errado, é
"pura loucura" dos governantes que seguem a política do segredo
e da razão de Estado. O fato, diz Spinoza, é que "em toda parte a
verdade é deformada por aqueles que são irritados ou culpados,
sobretudo quando o poder pertence a um só ou a um pequeno
número, e quando nos processos não se leva em consideração o
direito nem a verdade, mas a grandeza das riquezas"[52].

No Estado proposto pelo filósofo, as formas democráticas
exigem a igualdade plena dos cidadãos[53]. Para perceber o radi-
calismo da ideia, precisamos tecer algumas considerações sobre
o direito natural em seus livros e discutir as suas teses sobre os
vínculos dos homens com Deus e entre si. A doutrina jurídica
e política de Spinoza, repitamos, é contrária à teoria de Hobbes. O próprio pensador enunciou as principais oposições entre
ambos: "tal diferença consiste em que sempre mantenho o direito
natural e que não reconheço direito do soberano sobre os súditos em qualquer cidade, a não ser na medida em que, pelo poder,
prevaleça sobre estes; é a continuação do direito de natureza"[54].

51. Ibidem, p. 433.
52. Ibidem.
53. *Tratado Teológico-Político*, Capítulo XVII. Para a história e os fundamentos gregos da igualdade, ver Ada Neschke-Hentschke, *Platonisme politique et théorie du droit
naturel: Contributions à une archéologie de la culture politique européenne*, Louvain/
Paris: Institut Supérieur de Philosophie-La Neuve/Peeters, 1995. 2 v.
54. Carta 50: Spinoza a Jarig Jelles (2 de junho de 1674), op. cit., p. 218.

NA ÉTICA, A POLÍTICA

Ao contrário de Hobbes, no instante em que se institui a soberania nenhum indivíduo abdica do direito natural em prol de um árbitro posto acima da reunião societária. A igualdade entre dirigidos e dirigentes é garantida, modificando-se apenas o âmbito e a força das pessoas e funções. No Estado democrático

ninguém transfere seu direito natural a outro, de tal maneira que não tenha mais que ser consultado em seguida; ele o transfere à maioria da sociedade da qual ele mesmo faz parte. E nessas condições, todos permanecem iguais, como o eram antes no estado de natureza. Em segundo lugar, quis falar expressa e unicamente desse governo porque é o que melhor se presta ao meu objetivo: mostrar a utilidade da liberdade no Estado[55].

Democracia no sentido spinoziano não significa um regime ideal, mas algo construído pelos homens ao longo dos tempos históricos. Essa é uma determinação metodológica ligada diretamente a Maquiavel[56]. A vida política não se define, de início, como um sistema racional. Segundo Spinoza, as paixões geram a vida em comum[57]. Segundo a análise de uma especialista dos escritos spinozianos, Maria Luísa Ribeiro Ferreira, "para manter os homens há que os subordinar a uma paixão forte. [...] A passagem do estado de natureza à sociedade civil prende-se com um trabalho sobre instâncias não racionais"[58]. Esse é também o parecer de outro especialista, Alexandre Matheron: "a teoria spinozista das paixões permite dar conta do que Spinoza chama 'as causas e fundamentos' da sociedade política e dos principais tipos de instituição que ela comporta"[59].

Spinoza, longe de exigir o combate às paixões, ou de recusar a sensibilidade humana, afirma a preponderância das mesmas

---

55. Cf. *Tratado Teológico-Político*, Capítulo XVI, § 11, op. cit., p. 287.

56. *Tratado Político*, Capítulo V, § 7.

57. Ibidem, Capítulo VI, § 5, p. 404.

58. *A Dinâmica da Razão na Filosofia de Espinosa*, Lisboa: Calouste Gulbenkian / Junta Nacional de Investigação Científica e Tecnológica, 1997, p. 492.

59. Cf. Passions et institutions selon Spinoza, em C. Lazzeri; D. Reynié, *La Raison d'État: Politique et rationalité*, Paris: PUF, 1992, p. 141.

na vida e na política. A paixão do medo não será atenuada por uma ascese ou exercício racional. Ela apenas será afastada com o aumento da potência de uma outra paixão, a trazida pela alegria. Combater o medo com a esperança é permanecer no mesmo campo, não mudar o terreno das opções que o desejo encontra na vida natural e na sociedade civil ou política. Para o pensador, se quisermos pensar a política precisamos reunir no intelecto os extremos da tristeza e da alegria. Quando temos a imagem de algo, o consideramos presente, mesmo que ele não exista. E o imaginamos como passado ou futuro, apenas enquanto a sua imagem está unida à imagem do tempo pretérito ou que virá. Considerada em si mesma, a imagem de algo é a mesma, seja unida ao passado, seja ao futuro, ou ao presente. Em qualquer daquelas situações, a alegria ou tristeza será a mesma. Coisa passada ou futura: enquanto somos ou seremos afetados por ela, se algo que comemos nos fez mal, ou nos fará etc. Nosso corpo não experimenta nenhuma afecção que exclua a existência da coisa, porque ele é afetado pela imagem da coisa, como se ela estivesse presente. Como temos várias experiências, quando consideramos uma coisa passada ou presente flutuamos e não conseguimos nos manter firmes, vendo como duvidosa a resolução do dilema que nos ameaça. As afecções nascidas das imagens que flutuam em nós também flutuam segundo as imagens de coisas diversas, até que tenhamos adquirido alguma certeza para a solução do nosso relacionamento com a coisa.

Assim, podemos conhecer a esperança, o medo (*metus*), a segurança (*securitas*), o desespero, o contentamento (*gaudium*) e o remorso.

A esperança nada é senão uma alegria inconstante, nascida de uma coisa futura ou passada, de cujo evento duvidamos. O medo, ao contrário, é uma tristeza inconstante, igualmente nascida da imagem de uma coisa duvidosa. Agora, se dessas afecções se retira a dúvida, a esperança se torna segurança, e o medo, desespero; quer dizer, uma alegria ou uma tristeza nascida da imagem de uma coisa que nos afeta com medo ou esperança. Em seguida, o contentamento é uma alegria nascida da imagem de uma

NA ÉTICA, A POLÍTICA 49

coisa passada, cujo termo nos foi tido por duvidoso. A dor de consciência, enfim, é a tristeza oposta ao contentamento.[60]

A partir desse conceito de flutuação da alma, vejamos o que enuncia, logo no seu portal, o *Tratado Teológico-Político*:

Se os homens pudessem regrar todos os seus assuntos seguindo um propósito irrevogável ou, ainda, se a fortuna lhes fosse sempre favorável, jamais seriam prisioneiros da superstição. Mas reduzidos com frequência a um extremo tal que não sabem o que resolver, e condenados por seu desejo desmedido dos bens incertos da fortuna a flutuar sem trégua entre a esperança e o medo, têm a alma naturalmente inclinada à mais extrema credulidade; se em dúvida, o mais leve impulso a faz pender num ou noutro sentido, e sua mobilidade cresce mais ainda quando suspensa entre o medo e a esperança, ao passo que nos momentos de segurança ela se enche de vaidade e se infla de orgulho.[61]

E novamente no *Tratado Teológico-Político*:

Com efeito, ninguém viveu entre os homens sem ter observado que, nos dias de prosperidade, quase todos, por grande que seja sua inexperiência, estão cheios de sabedoria, a ponto de fazer-se-lhe injúria ao se permitir dar-lhe um conselho. E que na adversidade, ao contrário, não sabendo para onde voltar-se, suplicam conselhos a todos e estão prontos a seguir todos os que lhes forem dados, por mais ineptos, absurdos ou ineficazes que possam ser. Observa-se, além disso, que os mais ligeiros motivos lhes bastam para esperar a volta da fortuna ou a recaída nos piores temores. Com efeito, se quando estão em situação de medo produzir-se um incidente que lhes recorde um bem ou um mal passados, pensam ser o anúncio de uma saída feliz ou infeliz e, por tal razão, embora cem vezes enganados, o chamam de um presságio favorável ou funesto. Que lhes aconteça agora de ver com surpresa algo de insólito, creem ser um prodígio manifestando a cólera dos deuses ou da suprema divindade; desde então, não conjurar esse prodígio com sacrifícios e votos torna-se uma impiedade a seus olhos de homens sujeitos à superstição e contrário à religião. Desse modo, forjam inúmeras ficções e, quando interpretam a Natureza, nela descobrem milagres, como se ela delirasse com eles.[62]

60. *Ética*, Parte III, Proposição XVIII, Escólio 2, p. 215.
61. *Tratado Teológico-Político*, Prefácio, p. 43.
62. Ibidem, p. 43-44.

O medo é desejo de evitar o mal maior que tememos por outro menor. (*Ética*, Parte III, Proposição XXXIX). Assim, definem-se todos os passos seguintes na *Ética*, como a audácia, desejo que excita alguém a fazer alguma ação, correndo o perigo que os seus semelhantes temem enfrentar; a pusilanimidade é o desejo reduzido pelo medo do perigo que as pessoas semelhantes ousam enfrentar. A pusilanimidade é só o medo de um mal que a maioria não costuma temer. Por isso, Spinoza não a coloca entre as afecções do desejo. Explica-a apenas por que ela se opõe realmente à audácia, tendo em vista o desejo que ela reduz.

A consternação diz-se daquele cujo desejo de evitar um mal é restringido pela admiração do mal que teme (*Consternatio dicitur de eo cujus cupiditas malum vitandi coercetur admiratione mali quod timet*).

Explicação: A consternação, assim, é uma sorte de pusilanimidade. Mas como a consternação se origina de um duplo temor, pode ser definida mais facilmente: *o medo que mantém o homem de tal modo estupefato ou hesitante que não pode repelir o mal*. Digo estupefato por entender que o desejo de repelir o mal é constrangido pela admiração. E digo hesitante por conceber que seu desejo é constrangido pelo medo de outro mal, medo que o tortura simultaneamente e que faz com que não saiba qual dos dois repelir.[63]

É útil aos homens atar relações entre si, forjar liames que os tornem mais aptos a constituir, juntos, um só todo e fazer sem restrições o que contribui para afirmar as amizades[64]. A concórdia nasce da justiça, da equidade, da honestidade. Os homens suportam dificilmente, além do que é iníquo e injusto, o que se considera vergonhoso. Eles suportam mal testemunharem o desprezo dos costumes recebidos no Estado. Na mesma Ética lemos: a "concórdia é ainda produzida pelo medo, mas sem confiança"[65]. Acrescentemos que o medo nasce da impotência da alma e não pertence ao uso da razão, não mais do

---

63. *Ética*, Parte III, Definições Fundamentais, XLII, p. 264-265.
64. Ibidem, Parte IV, Apêndice, Proposição XII, p. 339.
65. Ibidem, Parte IV, Apêndice, Proposição XVI, p. 340.

NA ÉTICA, A POLÍTICA 51

que piedade, embora esta última tenha a aparência da moral. Retenhamos a expressão "sem confiança". Ela é estratégica para entender a tese de Spinoza, eivada de maquiavelismo na questão do pacto social e do direito natural. O pacto, para ser válido e durável, deve seguir algumas condições.

Observemos que é uma lei universal da natureza que ninguém renuncie ao que julga ser bom, a não ser pela esperança de um bem maior ou pelo receio de um dano também maior, nem aceite um mal senão para evitar outro pior ou pela esperança de um grande bem. Isso quer dizer que cada um escolherá, dos dois bens, aquele que julga ser o maior, e de dois males, aquele que lhe parecer o menor. Digo explicitamente: aquele que sua escolha lhe pareça maior ou menor; não digo que a realidade seja necessariamente conforme seu julgamento. E essa lei está tão firmemente escrita na natureza humana que se deve dispô-la entre as verdades eternas e ninguém pode ignorá-la.[66]

Consequência: ninguém pode prometer, sem engodo, alienar-se do direito do qual goza em todos os domínios[67], nem se decidir a manter essa promessa, a menos que tenha um medo de um mal maior ou da esperança de um bem:

suponhamos que um ladrão obrigue-me a lhe prometer entregar meus bens onde ele quiser. Como o meu direito natural é limitado unicamente pela minha potência, como mostrei, é certo que, se puder por alguma artimanha me livrar do assaltante, prometendo-lhe o que ele

---

66. *Tratado Teológico-Político*, Capítulo XVI, § 6, p. 282-283.

67. "Spinoza considera cada indivíduo como tendo transferido todo o seu poder, e portanto *omne jus suum*, à comunidade, a qual possui absoluto poder sobre todos os homens (*Tratado Teológico-Político*, Capítulo XVI; *Tratado Político*, Capítulos III e IV). Mas a autoridade do Estado é limitada, pelo menos pela lei natural, com seu próprio poder. Não pode ser o caso realmente de nenhuma ordem, nem pode o dirigido realmente transferir tudo, porque ele permanece homem, um ser espiritual e moralmente livre. Mais especialmente, o indivíduo reserva para si mesmo o poder de pensar o que gosta e expressar suas opiniões oralmente ou por escrito. Mas onde o poder de Estado acaba, acaba também o seu direito; e a razão, que sempre considera seu próprio interesse, impele o Estado a limitar a si mesmo, para que ele não perca o seu poder, e o seu direito, devido à resistência. Nessa via o Estado consegue um conhecimento do 'ditame da razão'– o seu verdadeiro objeto não é a dominação, mas a liberdade. Otto Gierke, *Natural Law and the Theory of Society 1500 to 1800*, Boston: Beacon, 1957, p.306. Cf. *Tratado Teológico-Político*, Capítulos XVI, XVII, XX; *Tratado Político*, III.

quiser, pelo direito natural me é permitido fazê-lo, ou, dito de outra forma, concluir astutamente o pacto que ele quiser. Ou então imaginemos que, sem intenção de fraude, prometi a alguém abster-me de qualquer alimento durante vinte dias e que, em seguida, veja que fiz uma promessa insensata e que não posso cumpri-la sem grandes danos[68].

Insisto: entre as fontes de Spinoza, neste passo, uma é certa: Maquiavel, nos *Discursos Sobre a Primeira Década de Tito Livio* (Livro 3, Capítulo 42): "não existe vergonha em violar as promessas arrancadas pela força. Serão rompidas sem desonra as convenções pelas quais se empenhou a nação todas as vezes que a força que a obrigou a contratá-la não existir mais".

No *Tratado Político*, pode-se ler que as relações entre os homens, ou a unidade em forma social, trazem o selo de origem das paixões. A piedade, ambição de glória, ambição de dominação, inveja.

É uma coisa certa, com efeito, e em nossa *Ética* nós o demonstramos, que os homens são necessariamente submetidos a afecções, que são feitos de tal modo que sentem piedade por aqueles que vivem na desventura e inveja daqueles que vivem na ventura; que são mais levados à vingança do que à piedade; ademais, cada um deseja que os outros vivam de conformidade com sua própria compleição, aprovem o que ele próprio aprova e rejeitem o que ele próprio rejeita. De onde resulta, por quererem todos ser igualmente os primeiros, que eclodam conflitos entre eles, que eles se esforcem em esmagar uns aos outros, e que o vencedor se glorifique mais por ter triunfado sobre seu rival do que por ter conseguido para si mesmo algum bem. E, sem dúvida, todos estão persuadidos de que, ao contrário, seguindo os preceitos da religião, cada um deve amar seu próximo como a si mesmo, isto é, defender como seu próprio o direito de outrem; mas nós mostramos que essa persuasão possui pouco poder sobre as afecções. Ela triunfa, na verdade, quando se está a ponto de morrer, isto é, quando a doença venceu as paixões e quando o homem jaz inerte ou, ainda, nos templos, onde os homens não pensam em defender seus interesses; mas ela não tem eficácia perante os tribunais ou na Corte, onde seria mais necessário que a tivesse. Nós mostramos, além disso, que a razão pode muito bem conter e governar

68. *Tratado Teológico-Político*, Capítulo xvi, § 6, p. 283.

as afecções, mas vimos, ao mesmo tempo, que o caminho que a razão ensina é muito difícil; aqueles que, por consequência, persuadem-se de que é possível levar a multidão ou os homens ocupados com os negócios públicos a viver segundo os preceitos da razão, sonham com a idade de ouro dos poetas, isto é, se comprazem com a ficção.[69]

As paixões que definem a política têm origem comum naquilo que Alexandre Matheron chama, seguindo o próprio Spinoza, "imitação afetiva", deduzida na *Ética*. O item imediatamente anterior à Proposição XXVII refere-se ao orgulho, alegria que nasce do fato de que um indivíduo se estime de modo mais do que o justo, considerando-se melhor do que é. Aliás, o orgulho é definido como delírio, porque nele o homem sonha com os olhos abertos. Nele o indivíduo julga poder tudo o que abarca a sua imaginação. A partir daí, Spinoza diz que "se imaginamos que uma coisa semelhante a nós, e que a respeito da qual não experimentamos qualquer afeição, prova algum afeto, então, por isso mesmo, experimentamos uma afecção similar"[70]. Para demonstrar essa tese, Spinoza indica que as imagens são afecções do corpo humano, cujas ideias nos representam os corpos externos como se fossem presentes a nós. Essas ideias envolvem a natureza de nosso corpo e ao mesmo tempo (*simul*) a natureza presente de um corpo exterior. Se a natureza de um corpo exterior é semelhante à de nosso corpo, a ideia do corpo exterior que imaginamos envolverá uma afecção de nosso corpo semelhante à do corpo exterior. Por conseguinte, se imaginarmos alguém semelhante a nós afetado de alguma afecção, essa imaginação envolverá uma afecção semelhante de nosso corpo. Pelo próprio fato de imaginarmos que alguma coisa semelhante a nós experimenta alguma afecção, experimentamos uma afecção semelhante à sua. Se, ao contrário, odiássemos uma coisa semelhante a nós, experimentaríamos, na medida de nosso ódio, uma afecção contrária e não semelhante à sua. E no Escólio:

---

69. Capítulo I, § 5.

70. *Ética*, Parte III, Proposição XXVII, p. 220.

Essa imitação das afeições, quando ocorre com respeito a uma tristeza, chama-se comiseração (ver Escólio da Proposição XXII); mas se for a respeito de um desejo, torna-se emulação, que outra coisa não é senão o desejo de uma coisa engendrada em nós por aquilo que imaginamos que outros seres semelhantes a nós têm como desejo"[71].

A imaginação opera no mimetismo social e político:

Com efeito, se quando estão em situação de medo produzir-se um incidente que lhes recorde um bem ou um mal passados, pensam ser o anúncio de uma saída feliz ou infeliz e, por tal razão, embora cem vezes enganados, o chamam de um presságio favorável ou funesto. Que lhes aconteça agora de ver com surpresa algo de insólito, creem ser um prodígio [*prodigium*] manifestando a cólera dos deuses ou da suprema Divindade; desde então, não conjurar esse prodígio com sacrifícios e votos torna-se uma impiedade a seus olhos de homens sujeitos à superstição e contrário à religião. Desse modo, forjam inúmeras ficções e, quando interpretam a Natureza, nela descobrem milagres, como se ela delirasse com eles."[72]

Se a imitação é regra política, social e religiosa, resta o problema da dissidência, o famoso caso da heresia. O debate no século anterior ao de Spinoza, sobretudo entre católicos e protestantes, gira ao redor do direito que teriam os crentes de uma ou outra igreja de queimar os dissidentes. A fogueira, portanto, é o limite da imitação, pois ela separa os que, nas outras seitas, devem ser mortos. O Estado deveria aceitar semelhante mimetismo assassino? Os humanistas, de modo geral, ao contrário dos líderes da reforma e do catolicismo, negavam tal possibilidade. E aqui temos uma chave preciosa para entendermos o que diz Spinoza na mesma obra:

Até o presente, nossa preocupação foi a de separar a filosofia da teologia e mostrar a liberdade de filosofar que a teologia reconhece a todos. [*Quare tempus est ut inquiramus quousque haec libertas sentiendi, etqua eun*

71. Ibidem, Escólio, p. 221.
72. *Tratado Teológico Político*, Prefácio, op. cit., p. 44.

NA ÉTICA, A POLÍTICA 55

usquisquesentit, dicendi in optima Republica se extendat.] É tempo agora de nos perguntarmos até onde deve se estender, no melhor dos Estados, essa liberdade deixada ao indivíduo de pensar e dizer o que pensa. Para examinar essa questão com método, é-nos preciso esclarecer a questão dos fundamentos do Estado e, em primeiro lugar, tratar do Direito Natural do indivíduo, sem ter em vista, para começar, o Estado e a religião.[73]

E temos a questão do direito natural,

as regras da natureza de cada indivíduo, regras segundo as quais concebemos cada ser como determinado a existir e a se comportar de uma certa maneira. Por exemplo, os peixes estão determinados pela natureza a nadar, e os grandes a comer os pequenos; por conseguinte, os peixes aproveitam a água e os grandes comem os pequenos, em decorrência de um direito natural soberano [*summonaturali jure*]. De fato, é certo que a natureza, considerada absolutamente [*absolute*], tem direito soberano [*jus summum*] sobre tudo[*omnia*] que se encontra em seu poder [*potentia*]; isso quer dizer que o direito de natureza estende-se também até onde se estende sua potência, pois o poder da natureza é a própria potência de Deus, que tem sobre todas as coisas um direito soberano [*naturae enim potentia ipsa Dei potentia est, qui summum jus ad omnia habet*]. [74]

Agora precisamos dar toda atenção às linhas de Spinoza:

Mas não estando o poder universal da natureza fora da potência de todos os indivíduos [*individuum*], tomados em conjunto, segue-se daí que cada indivíduo tem um direito soberano[*jus summum*] sobre o que está em seu poder; dito de outra forma, o direito de cada um estende-se até onde se estende a potência determinada que lhe pertence. E sendo a lei suprema da natureza a de que cada coisa se esforce em perseverar em seu estado, na medida em que ele nela está, e isso sem considerar qualquer outra coisa, mas apenas ela mesma, segue-se que cada indivíduo tem o direito soberano de perseverar em seu estado, quer dizer, existir e se comportar como lhe é naturalmente determinado a fazer.

Não reconhecemos aqui qualquer diferença entre os homens e os demais indivíduos da natureza, não mais do que entre homens dotados

73. Ibidem, Capítulo XVI, § 1, p. 279.
74. Ibidem.

56 SPINOZA: OBRA COMPLETA IV

de razão e outros que ignorem a verdadeira razão; entre os imbecis [*fatuos*], os demente e pessoas de espírito são. [75]

O preceito jurídico que une os indivíduos, simultaneamente, tem fundamento epistemológico e político. Vejamos a *Ética*:

Tais são os princípios da mente, sem relação com a existência do corpo, que me propus considerar. Por eles e pela Proposição XXI, parte I, e ainda outros, aparece que nossa mente, na medida em que compreende, é um modo eterno de pensar, determinado por um outro modo eterno de pensar, e assim ao infinito, de maneira que todos eles, simultaneamente, constituem o intelecto eterno e infinito de Deus.[76]

Reparemos: as mentes, quando consideradas *simul* e na totalidade (*omnia*), constituem o intelecto divino. Algo próximo ocorre com o Estado e a soberania. Quando todos são reunidos, *simul*, temos a soberania e o Estado. Mas cada indivíduo entra na reunião, pois sem cada um o todo não tem sentido. E na Ética (Parte II, Proposição XLIII, Demonstração): "Quem tem uma ideia verdadeira sabe ao mesmo tempo (*simul*) ter uma ideia verdadeira e não pode duvidar da verdade do seu conhecimento".

Do ponto de vista epistemológico, o *simul* é fundamental. Sabemos que para Spinoza a "verdade é índice de si mesma e do falso". O que é uma ideia verdadeira? É a adequada em Deus, explicada pela natureza da mente humana.

E também sigamos o que diz a *Ética* (Parte II, Proposição XL): todas as ideias que, na mente, se seguem de ideias que nela são adequadas, são igualmente adequadas. O que nos conduz para as noções comuns (*notionum, quae communes vocantur*). Elas são os fundamentos de nossa capacidade de raciocínio. Os termos ditos transcendentais, tais como ente (*ens*), coisa (*res*), algo (*aliquid*), surgem porque o corpo, limitado, é capaz de formar certas imagens distintas e simultâneas (*simul*). Mas ele pode fazer tal coisa apenas em certo número preciso de imagens

75. Ibidem.
76. Parte V, Proposição XL, Escólio, p. 377.

NA ÉTICA, A POLÍTICA   57

(Parte II, Escólio da Proposição VII). Se tal número é ultrapassado, as imagens começam a se confundir. E se ele for muito ultrapassado, todas as imagens se confundirão inteiramente.

Se a imaginação política ultrapassa o número, ela pode tender, diremos, a fundir todos os indivíduos diferentes numa só massa confusa, o todo estatal ou social, onde imperaria o universal abstrato, para usar a língua de Hegel e de Marx. O uso do imaginário sem limites pode ser o que chamamos ideologia. Para Macherey, citando Spinoza, não temos a "essência do corpo apreendida em geral e de maneira indeterminada", como algo abstrato (por exemplo, o "Homem" de Feuerbach), mas da "essência deste ou daquele corpo humano, considerado em seu ser próprio e determinado, e, pode-se dizer, individuado"[77]. Vejamos também o que adianta a *Ética*:

A mente e o corpo são uma só e mesma coisa, concebida ora sob o atributo do pensamento, ora sob o da extensão. Donde vem que a ordem ou encadeamento das coisas é o mesmo, seja a natureza concebida sob um ou outro atributo. Consequentemente, a ordem das ações e das paixões de nosso corpo concorda com a ordem das ações e das paixões da mente.[78]

Somos, simultaneamente, pensamento e corpo, não um depois do outro, ou um ao lado do outro, ou um abaixo ou acima do outro. Como todos integramos ao mesmo tempo a divindade ou a natureza, a conclusão política é imperativa: a democracia, de fato, é o mais natural de todos os regimes. Claro que os sistemas de pensamento opostos à democracia, como o nazismo, recusam a simultaneidade livre dos indivíduos, tese essencial à filosofia spinoziana. Do imaginário ao pensamento, deste aos corpos, o ato simultâneo forma a natureza, a sociedade, o Estado. Negar tal elemento é instituir regimes de servidão sem saída.

Importa sublinhar o *simul* entre pensamento e corpo, indivíduo e coletivo, entes e Deus. A causa da minha insistência

---

77. Pierre Macherey, *Introduction à l'Ethique de Spinoza: La Cinquième partie*, Paris: PUF, 1994.

78. Parte III,Proposição II, Escólio, p. 200.

reside em leituras de Spinoza, feitas por teóricos que negam as teses do *Tratado Teológico Político* e do *Tratado Político* sobre a liberdade individual e as formas de Estado neles ancoradas. É o caso de Carl Schmitt, autor estratégico para a justificação jurídica do totalitarismo, hoje em grande voga nas áreas políticas ligadas ao direito. A crítica de Schmitt incide sobre uma divisão entre "exterior" e "interior" no pensamento de Spinoza. Ora, como vimos, não subsiste nos textos spinozianos nenhuma divisão entre "interior" (pensamento) e "exterior" (corpo). Ambos são unidos, *simul*.

Indica um comentador italiano de Spinoza (Tiziano Salari, em "Spinoza e il mimetismo del desiderio")[79] a grande superioridade da intuição spinoziana sobre as cartesianas paixões da alma, a de sujeitar as paixões, que eram discutidas como separadas uma da outra, a um princípio unificador: o desejo (*cupiditas*), como "a própria essência do homem, enquanto ela é concebida como determinada a fazer algo por um afeto qualquer, dado nela". Desejo é o apetite com consciência de si mesmo, é o fazer coisas que sirvam para a conservação de si. (*Ética*, Parte III, Definição das Afecções). O mimetismo do desejo funda a comunidade política e nesta fundação o medo adquire relevo. Segundo Lucia Nocentini, em "I fondamenti naturali della civitas: La concezione spinoziana dello Stato, individuo di individui", a união estatal forma uma individualidade, só distinta das individualidades que a compõem em quantidade e força. O indivíduo Estado (*Imperium*) e o complexo da individualidade político-social (*Civitas*) se enlaçam segundo um duplo relacionamento. Ao mesmo tempo que as subjetividades concretas determinam a existência do Estado e do setor governante e institucional, segundo uma linha ascendente, de modo paralelo os institutos descem até às subjetividades concretas segundo uma comunicação biunívoca,

---

79. Este e outros importantes textos do autor, assim como de Lucia Nocentini, podem ser encontrados no site italiano que se dedica ao estudo de Spinoza, reunindo especialistas das mais diversas áreas, o *Foglio Spinozano*: < http://www.fogliospinoziano.it/articoli.htm >.

NA ÉTICA, A POLÍTICA 59

de cujo equilíbrio dependem a sobrevivência e a estabilidade de todo o corpo social.

Há uma relação de simultaneidade: para conservar a si mesmos os indivíduos precisam uns dos outros; devem, pois, ser conduzidos, através da busca de seus próprios interesses, a desejar a conservação do Estado[80]. Sua constituição natural, diz Spinoza, conduz os homens a procurar apaixonadamente o interesse próprio e a julgar a justiça das leis com parcialidade, segundo elas contribuam ou não para preservar o crescimento de seus bens. Sabe-se também que eles só se tornam campeões da causa alheia na medida em que acreditam, por esse meio, defender seus próprios negócios. E reciprocamente o Estado, para se conservar, deve tender a conservar os indivíduos, garantindo-lhes a segurança que é a condição fundamental da obediência cívica: em um Estado dominado pela anarquia, ou sujeito à potência dos seus inimigos, desaparece a lealdade (*Tratado Político*, x, 9-10). Em verdade, se um corpo político pode assegurar sua eterna conservação, diz Spinoza, quando analisa a aristocracia, será necessariamente aquele cuja legislação, uma vez estabelecida sob forma conveniente, permanece protegida contra todo atentado. Pois a legislação é a alma do Estado. Se ela dura, o Estado, por seu lado, preserva-se. Ora, qual deve ser a legislação para resistir a todas as mudanças? Ela deve se apoiar ao mesmo tempo sobre a razão e sobre a disposição apaixonada própria aos humanos. Se ela só tivesse o sustento da razão, seria fraca e sucumbiria facilmente. Jogo das paixões. Um sentimento é vencido por outro.

Pois não há afecção que não possa ser vencida por uma afecção contrária; o medo da morte é visivelmente vencido amiúde pelo apetite do bem de outrem. Àqueles que se apavoram à vista do inimigo, nenhum outro temor pode detê-los: eles se jogam na água, se precipitam no fogo para escapar ao ferro do inimigo. Por mais bem regrada que seja a Cidade, por excelentes que sejam suas instituições, nos momentos de

---

80. Ver *Tratado Político*, Capítulo VII, § 4 e 22; Capítulo 8, § 24 e 31; Capítulo 10, § 6.

60 SPINOZA: OBRA COMPLETA IV

desgraça, quando todos, como ocorre, são tomados de terror e pânico, então todos se rendem ao único partido a que o medo se acomoda, sem se preocupar nem com o futuro nem com as leis, todos os semblantes se voltam para o homem que as vitórias trouxeram à luz. Colocam-no acima das leis, prolongam seu poder (o pior dos exemplos), confiam-lhe toda a coisa pública. É isso que causou a perda do Estado romano. Para responder a esta objeção, eu digo em primeiro lugar que, numa República bem constituída, um terror assim nunca aparece, a não ser por uma justa causa; semelhante terror, semelhante perturbação só podem proceder de uma causa contra a qual toda prudência humana é impotente.[81]

O corpo político, como os demais corpos vivos, é sujeito a coisas externas e à instabilidade interna. Essas ações podem aumentar o seu *conatus* ou diminuí-lo. Este é o tema do Capítulo x do *Tratado Político*.

Segundo Lucia Nocentini, que mencionei acima[82], todas as causas possíveis das crises políticas são conduzidas, em geral, a exemplo de Maquiavel, ao distanciamento e separação diante do principio originário constitutivo. É a perda ou acréscimo de elementos ao corpo político que produzem o desequilíbrio ou reequilíbrio do todo.

A primeira causa possível é aquela que observa o agudíssimo florentino [Maquiavel] em seu *Discurso Sobre o Terceiro Livro de Tito Lívio*:

81. Ibidem, Capítulo x, § 10, p. 481.

82. A autora cita Matheron, que diz no seu já citado *Individu et communnauté chez Spinoza* (p. 348-350): "Nenhuma diferença, por conseguinte, entre as leis jurídicas e as leis físicas: umas e outras são as regras uniformes pelas quais se exprime a vida de uma essência individual [...] o *imperium*, não mais do que o homem, não é império num império; mas, como o homem, e como não importa qual ser, ele constitui uma totalidade fechada em si e é dotada, por essa razão, de uma autonomia relativa [...] compreendemos, assim, as relações entretidas pelo indivíduo humano com o indivíduo Estado onde ele se integra. Essas relações são duplas. De uma parte, os súditos são a causa imanente da sociedade política [...]. Este movimento ascensional pode se efetuar mais ou menos bem, mas sua parada completa significaria a destruição do corpo social. Se o Estado existe, em definitivo, é apenas na medida em que os seus membros o desejam; que eles deixem de aceitá-lo, e logo ele desaparecerá. Mas de outro lado, o Estado, uma vez produzido, apresenta-se aos súditos sob a forma da transcendência [...]. Transcendência e imanência [...] devem achar um justo equilíbrio. Tal é o papel das instituições [...]. Um excesso de imanência nos conduziria ao estado de natureza. Um excesso de transcendência igualmente, pois ele significaria tirania, descontentamento e revolta."

NA ÉTICA, A POLÍTICA 61

em um Estado, *todos os dias*, assim como no corpo humano, *há certos elementos que se associam a outros, e cuja presença requer, de vez em quando, tratamento médico*; é, portanto, necessário, diz ele, que, às vezes, uma intervenção reconduza o Estado aos princípios sobre os quais ele foi fundado.

O trecho de Maquiavel citado por Spinoza[83] assume claramente a metáfora médica para manter a saúde do corpo político. Mais particularmente, o florentino retoma o enunciado que diz *quod quotidie aggregatur aliquid, quod quando que indiget curation* ("Que se acumula cada dia algum humor maligno o qual, de tempos em tempos, precisa ser purgado"). No décimo Capítulo do *Tratado Político* são especificadas as causas possíveis da desagregação dos organismos políticos. A crise estatal não é definida unilateralmente face aos cidadãos, mas, sobretudo, diante da legitimidade do mando, a partir do *metron* trazido pelo consenso. A vida do Estado só vale na medida em que simultaneamente valem a vida dos que o compõem, esta é a sua razão de ser, esta é a soberania do corpo social. Quanto mais ampla a alegria, mais diminui o medo. A democracia efetiva é, de fato, o único remédio eficaz contra o pavor mútuo dos indivíduos. Essa é a grande réplica de Spinoza ao pensamento dos que, a exemplo de Hobbes, multiplicam o pânico e a insegurança, por força de reprimir a liberdade pública dos cidadãos.

Quais paixões entram, portanto, em jogo no espaço político, quando este último se instaura? A piedade, a ambição da glória, a ambição do domínio e a inveja. Todas possuem uma origem comum: a imitação afetiva, cuja dedução encontra-se na parte III da *Ética*[84]. Quando imaginamos – como já vimos, a imaginação possui estatuto privilegiado na política de

---

83. O debate sobre o "maquiavelismo" de Spinoza consome imensos rios de tinta. Para uma discussão mais ampla, leia-se Paolo Cristofolini, "Spinoza e l'acutissimo fiorentino" (2001) publicado no já mencionado *Foglio Spinoziano*. Ali também pode-se encontrar a consideração crítica desse trabalho em Wim Klever, Imperium Aeternum: Spinoza's Critique of Machiavelli and It's Source in Van den Enden.

84. Cf. A. Matheron, op. cit., p. 143. As ilações que faço a seguir são retomadas totalmente desse comentador.

Spinoza[85] – que um ser igual a nós experimenta certo sentimento, também o experimentamos. Quando vemos alguém sofrer, partilhamos a sua dor e queremos aliviá-lo. Se o fazemos com sucesso, ele se alegra e nos alegramos com ele, ou melhor, nos alegramos com a imagem que está em nossa mente de que somos a causa de sua alegria. Tal sentimento é agradável e desejamos repeti-lo, o que nos joga na tentativa de sempre ajudar os outros. Aqui temos a base da busca incessante da glória, uma ambição primitiva. Mas se queremos ajudar, também queremos atingir nossa própria felicidade. E isso pode ser algo contraditório. Entre os desejos dos demais e os nossos, imaginamos que os últimos são eminentes. Assim, de pessoas que fazem o bem aos outros desejamos, como segundo passo, convertê-los aos nossos desejos e tentamos obrigá-los a gostar do que gostamos e odiar o que odiamos. A ambição de glória se transmuta em ambição de mando, com a sua corrente de males como a intolerância, o pior deles na vida em comum. Se não conseguimos dobrar o desejo alheio em proveito do nosso, passamos a odiar quem assim resiste a nós. Se conseguimos vencê-lo, caso ele se aproprie de uma coisa que prezamos e se alegre com isso, desejamos a sua posse para nós mesmos e dele retirar o gozo. Estamos jogados em plena inveja, a qual se manifesta, sobretudo, nas matérias econômicas. Quando conseguimos privar o indivíduo dos bens que invejamos, ele se entristece, temos dele piedade e o círculo das paixões recomeça, definindo cada vez mais ódio, inveja, desejos em relações complexas, que se tornam como que elementos *a priori* de uma vida comum. A quantidade de paixões em jogo na política obscurece alguns fatos essenciais para a manutenção da república, e nela a racionalidade ocupa lugar mínimo.

Se a corrente apaixonada conduz ao inferno da intolerância, da inveja, do mandonismo, o único passo eficaz para atenuar o círculo enunciado acima, e que permite entender a instauração

---

85. Cf. Henri Laux, *Imagination et religion chez Spinoza: La Potentia dans l'histoire*, Paris: Vrin, 1993.

NA ÉTICA, A POLÍTICA   63

pública, também se encontra na paixão. Os indivíduos concordam em viver na comunidade porque todos têm medo. Esse ponto é comum em Hobbes e Spinoza[86]. O medo impulsiona, no plano da imitação afetiva, as pessoas a se indignarem ao perceber que alguém prejudica um ser que é seu igual. Sentimos indignação por *mimesis* dos sentimentos da vítima, como vimos acima. Se no estado de natureza um homem sente fome, um ou vários, por piedade ou ambição de glória, o ajudam. Se o auxílio é eficaz, a piedade ou a ambição de glória se transformam em dominação e inveja. Define-se melhor a agressividade. E os que enxergam essa agressividade se indignam e começa o ciclo das indignações que movem os indivíduos. Nele, ou alguém é visto como vítima da agressão ou agressor que merece indignação. Neste circuito violento cada um teme o outro e quer obter ajuda de todos os demais. O limite do círculo encontra-se na esperança de todos no auxílio do coletivo inteiro contra seu direto agressor ou suposto inimigo. Assim, todos imaginam que instaurar uma potência coletiva possibilita o seu melhor socorro.

A igualdade e a simultaneidade são pressupostos da instauração republicana, segundo Spinoza. Como afirma Matheron, no texto que sigo ao pé da letra:

a cada vez que dois indivíduos entrarem em conflito, cada um deles clamará pela ajuda de todos os demais, e cada um dos outros, respondendo ao chamado e imitando os sentimentos de alguns dos adversários que será o mais *semelhante a ele* [Matheron sublinha], se indignará e lutará contra o que lhe parecerá menos: contra aquele cujos valores serão mais divergentes dos seus ou que possuirá mais coisas do que as possuídas por ele. O adversário que mais se afastar da norma majoritária (o que menos se parecer aos outros) será pois esmagado e dissuadido de recomeçar[87].

Esse é o primeiro passo para a instauração da república. A igualdade define a base do Estado. Mas tal realidade apresenta

86. Os comentadores de Hobbes acentuam esse ponto na política do filósofo. No Brasil, leia-se o texto de Renato Janine Ribeiro, *Ao Leitor Sem Medo: Hobbes Escrevendo Contra Seu Tempo*, São Paulo: Brasiliense, 1984 (reedição Belo Horizonte: UFMG, 1999).

87. A. Matheron, op. cit., p. 145.

problemas, todos vinculados às paixões, de árdua resolução. A primeira aporia reside no mando.

O coletivo é força única, superior aos indivíduos. Quem dirige aquela força? Muitos desejam comandar e poucos obedecer. Com a força coletiva, a ambição do mando se expande e com ela a inveja do poder usufruído pelos demais. Nesse passo, não se trata apenas de impor aos outros os desejos e opiniões próprios ou de invejar seus bens materiais. Agora a paixão se complexifica, pois além dos desejos primordiais, ela é carregada de aspectos políticos. Como resolver as paixões contraditórias que se tornaram, assim, saturadas de sempre novos elementos? A solução torna-se ainda mais difícil porque não se trata apenas, na comunidade, de saber quem manda, mas o que ele manda. Torna-se preciso saber o que é o bem e o mal para a república. Assim, aparecem as lutas sobre as opiniões e para impor de modo estável, ao todo, ideias éticas, um sistema comum de valores. Como nesse momento primitivo da república todos são dominados pela imaginação, e não desenvolveram a racionalidade conceitual, todos pensam segundo os padrões imaginativos, todos são supersticiosos. Trata-se de escolher, dentre as superstições particulares ou grupais, a mais forte, a que será institucionalizada pelo coletivo em forma de culto e noções religiosas autorizadas.

Mas não ficamos apenas no plano da imaginação religiosa. O mais árduo é encaminhar a questão da propriedade, pois uma das fontes dos conflitos reside na inveja econômica. Os homens disputam as mesmas coisas quando elas não podem ser possuídas por um deles apenas (a questão da terra é a mais grave). A república só permanece se o soberano define com precisão quem tem direito a que, ou o que pertence a cada um e se ele impõe um regime da propriedade. Todos os problemas mencionados acima, pensa Spinoza, são resolvidos sempre de modo precário. O filósofo, que não pensa exibir um modelo ideal do Estado, indica alguns princípios de prudência política para garantir a estabilidade republicana. O primeiro princípio prudencial diz que os governantes devem ter consciência de que os homens, quando entram no plano político, não renunciam aos seus direitos naturais (como vemos na carta de Spinoza a Jarig Jelles) e que existem limites para o seu mando. Como só entram no campo da política movidos pelas paixões, e não por um cálculo racional (ao contrário do que expõe Hobbes), os indivíduos só obedecem ou desobedecem se forem incentivados pelo medo de castigos ou esperança de recompensas. Mas tanto o medo quanto a esperança devem ser relativos a algo que esteja ao seu alcance. Não é possível obrigar os dirigidos a voar (na época isto era uma ordem impossível de ser cumprida), ou a acreditar naquilo que lhes parece absurdo, ou a não querer o que amam, ou amar quem lhes faz mal e odiar quem lhes causa o bem. Resumo de Matheron: "é impossível ir contra a natureza humana e fazer com que os homens deixem de ser homens".

Se os governantes esquecem essa regra prudencial e exigem o impossível dos dirigidos, lhes causam medo. Mas o medo traz a tristeza e esta produz ódio pela pessoa que tememos. Se os dirigentes não assumem a prudência máxima na repressão (sobretudo neste caso, em que ela é desprovida de razões) o medo se transforma em ódio e indignação contra eles. Ou seja: o mecanismo que serviu para edificar a república serve também para dissolvê-la. Quando os dirigidos não percebem nenhuma segurança na política e constatam as injustiças mútuas impunes, e as injustiças dos dirigentes também impunes, sendo os dirigentes arrogantes e orgulhosos, eles não aceitam mais obedecer e sua indignação está pronta para se transformar em revolta, que pode destituir não só os dirigentes, mas dissolver o Estado.

Spinoza analisa as formas de regime que poderiam impedir o retorno ao estado de natureza, como resultado da arrogância ou imprudência dos governantes. No *Tratado Político* ele discute a monarquia, a aristocracia, a democracia, mostrando as suas forças e fraquezas. Para que o regime político seja eficaz e se mantenha (o ensino vem de Maquiavel), é preciso que ele seja capaz de se autorregular, remediando os erros dos governantes e do povo. São desse tipo as medidas prudenciais que podem servir para a diminuição dos conflitos. No setor econômico, Spinoza propõe a nacionalização do solo. Nacionalização não significa coletivização. O que Spinoza diz é que a terra pertencerá ao Estado e que este a alugará aos particulares, os quais a explorarão individualmente e venderão os produtos no mercado. Eles serão locatários, não proprietários. A diferença é enorme. Assim será evitada a imobilização dos capitais na compra de terras. Desse modo, o acesso ao solo será facilitado ao máximo. Mas será facilitado sob tal forma que a terra, deixando de ser objeto de um investimento financeiro, deixará ao mesmo tempo de ser objeto de um investimento afetivo.

Note-se que a marcha do pensamento político de Spinoza vai da igualdade natural simultânea à igualdade jurídica, com medidas de prudência que permitam sempre repor a igualdade. As medidas sobre a apropriação do solo marcam esse ponto. A igualdade não é atribuída ao Estado e ao soberano de modo absoluto e total. "A oposição do 'direito de natureza' (*jus naturale*) e da 'lei da natureza' (*Lex naturalis*), que constitui um dos núcleos da filosofia política hobbesiana (*Leviatã*, 14), é anulada por Spinoza. Nele, vida e razão, longe de se oporem mutuamente, se enriquecem"[88].

O perigo de dissolução do Estado é mais interno do que externo, devendo-se sobretudo à imprudente arrogância dos dirigentes que rompem a igualdade civil e política em seu proveito. Como, para Spinoza, o princípio e fundamento da virtude e da vida é a força possuída por todos os indivíduos de conservar a si mesmos e se expandir, o regime que mais garante essa segurança e expansão é a democracia.

O Estado democrático é a resposta racional às necessidades naturais. Na sua constituição, são determinantes quer a razão, quer a natureza. Mas só com a razão se constrói uma verdadeira solidariedade, só ela

88. Maria Luísa Ribeiro Ferreira, op. cit., p. 504.

estabiliza. Por ela percebemos que os diferentes poderes nada mais são do que manifestações parcelares de uma potência comum[89].

Conditio sine qua non dessa forma de Estado é a ideia spinoziana do divino e da natureza. Deus, ou natureza, é a substância única, com infinitos atributos, dentre os quais conhecemos a extensão e o pensamento (que nos constituem). Os atributos combinam-se de infinitos modos, o que é a nossa efetividade, pois somos indivíduos que existem naqueles atributos. Deus é imanente em toda a natureza e em nós. Não existe entre nós e Deus nenhuma transcendência e todos estamos – se fosse possível usar esta imagem – situados numa igual distância em relação à natureza comum e à divindade. A democracia é o regime mais natural porque não existe, nos vínculos entre a natureza e nós, nenhuma hierarquia metafísica, ao modo grego, cristão ou judaico.

Essa ideia da igualdade causou um abalo que persiste até hoje nas teorias políticas do Ocidente e produziu a má fama de Spinoza no pensamento moderno. Basta recordar que semelhante má fama une-se à suspeita frente à democracia e à soberania popular. Não por acaso, o pensamento spinoziano jaz sob as teses democráticas das Luzes[90]. Ao contrário do pensamento que afirma a igualdade radical dos entes humanos, na perspectiva spinoziana as doutrinas cristãs ergueram um sistema hierárquico que postula a desigualdade como fundamento e alvo do político. Um dos maiores pilares do pensamento católico é Tomás de Aquino. Nele, a noção do universo como imensa hierarquia verticalizada que desce do Senhor, atravessa os arcanjos e anjos, chega aos sacerdotes e passa aos leigos poderosos para atingir os ínfimos da natura, define a doutrina cósmica e cívica, espinha dorsal do catolicismo religioso e político. Essa doutrina tem origem neoplatônica, em Dionísio, o pseudoareopagita. Deus encontra-se além de todos os nossos sentidos e apenas pelos intermediários entre Ele e nós recebemos as suas bênçãos.

89. Idem, p. 517.
90. Cf. Paul Verniere, *Spinoza et la pensée française avant la révolution*, Paris: PUF, 1954.

68 SPINOZA: OBRA COMPLETA IV

A hierarquia encontra-se na mais funda determinação do ser. É o que diz o teólogo e filósofo Paul Tillich, ao citar em Dionísio o "sistema sagrado onde os graus referem-se ao saber e à eficácia". E arremata o pensador: "Isto caracteriza todo o pensamento católico em grande extensão; ele não é apenas ontológico, mas também epistemológico; existem graus não apenas no ser, mas também no conhecimento"[91].

Há, pois, uma via para cima e uma via para baixo da escala e cada ente encontra-se num lugar certo e determinado desde sempre. Deus está além de todos os nomes que a teologia lhe atribui, além do espírito, além do Bem, numa "indizível obscuridade". Dada esta transcendência absoluta, a hierarquia celeste é a emanação de sua luz. Quanto mais próxima d'Ele, mais a entidade se ilumina, quanto mais distante, mais torna-se escura. Os homens não podem perceber a luz divina, porque ela é tão intensa que os cega. Assim, os intermediários angélicos são o caminho para o fulgor Eterno. A Igreja Católica exibe na sua forma de governo e de pensamento social este imaginário metafísico[92]. É impossível quebrar a escala hierárquica dos anjos aos homens. Trata-se de responder à pergunta central de todo pensamento político sobre a teodiceia: "Por que, se Deus fez todas as coisas, ele não as fez todas iguais?" Agostinho apresentou a sua fórmula: *non essent omnia, si essent aequalia* (se todas as coisas fossem iguais, nada seriam). Cada coisa ocupa

---

91. Essa certeza foi enunciada de maneira peremptória por Jacques Maritain em sua obra maior intitulada *Distinguer pour unir, les degrés du savoir*. Cf. *A History of Christian Thought: From its Judaic and Hellenistic Origins to Existentialism*, Nova York: Touchstone, 1967.

92. Desde Lorenzo Valla, o estudo desse autor foi modificado a partir do seu próprio nome. A partir das análises filológicas de Valla, a lenda envolveu a suposta presença de Dionísio no areópago, quando Paulo de Tarso pregou aos incrédulos gregos o Cristo. Todo o tema é difícil e fascinante, mas não posso desenvolver, aqui, os seus meandros. Os leitores que desejem informações sobre o assunto leiam os textos do próprio Dionísio. Uso a edição dirigida por Maurice de Gandillac, *Oeuvres complètes du Pseudo-Denys, l'Aréopagite*, Paris: Aubier, 1943, e também a edição magistral da *Hierarquia Celeste*. Cf. René Roques; Günter Heil; Maurice Gandillac, *Denys l'Aréopagite, L'Hierarchie céleste*, Paris: Cerf, 1958. Para uma síntese compreensiva do problema, cf. Paul Tillich, op. cit.

NA ÉTICA, A POLÍTICA

um lugar na escada dos seres, da mais humilde à excelsa[93]. A queda do arcanjo luminoso apenas destrói na aparência, jamais na essência, a ordem universal. Lúcifer engana-se e procura enganar os homens sobre o poder divino.

Há um heliotropismo essencial no pensamento católico, em que a hierarquia insere-se com perfeição. Embora cada ser tenha o seu lugar natural, os homens possuem o livre-arbítrio (algo que trouxe lutas penosas para a Igreja, desde Agostinho até Jansenius e Pascal). Assim, retoma-se na Igreja a tese de Platão de que "o divino não é culpado" pelos nossos males. O mal não pode ser atribuído ao Absoluto. "Deus", afirma Tomás de Aquino, "não quer que se faça o mal, nem quer que não se faça; o que Ele quer é permitir que se faça, e isto é bom" (*Summa Theologica*, 1 q. 19 a 9). O espelho terrestre foi embaçado pelo hálito pestilento do mal, mas pode ser limpo e resplandecer novamente. As criaturas atingem a perfeição no campo iluminado pelo brilho divino. No Capítulo sobre a luz e a visão dos homens, Aquino refuta o símile entre os últimos e o morcego "que não pode ver o mais visível, o Sol, por causa precisamente do excesso de luz". Os homens não nasceram para a lamentável escuridão e seu alvo é a perfeita alegria da vista:

> como a suprema felicidade do homem consiste na mais elevada de suas operações, a do intelecto, se este nunca pudesse ver a essência divina, segue-se que o homem nunca alcançaria a felicidade, ou que esta é algo distinto de Deus, o que se opõe à fé [...] uma coisa é tanto mais perfeita, quanto mais se une ao princípio. [Assim,] os bem-aventurados veem a essência divina (*Summa* 1 q. 12 a 1).

Mas como pode o homem unir-se ao divino? Os anjos e a sua hierarquia, espelhada na hierarquia eclesiástica, dão a primeira resposta. A segunda (a que trouxe maiores violências no

---

93. Ainda hoje, um livro sugestivo é o escrito por Arthur O. Levejoy, *The Great Chain of Being*, Cambridge: Harvard University Press, 1936 e 1964. Para o assunto tratado neste ponto de minha exposição, cf. o Capítulo III, "The Chain of Being and Some Internal Conflicts in Medieval Thought", p. 67s.

SPINOZA: OBRA COMPLETA IV

debate cristão, sobretudo entre os jansenistas e calvinistas) é explicitada por Tomás de Aquino:

é indispensável que, em virtude da Graça, seja-lhe concedido o poder intelectual e esse acréscimo de poder é o que chamamos iluminação do intelecto, bem como chamamos luz ao objeto inteligível. Esta é a luz de que fala o Apocalipse referindo-se à sociedade dos bem aventurados que veem a Deus, que a claridade de Deus a ilumina e graças a esta luz se fazem deiformes, isto é, semelhantes a Deus (*id est Deo similes*) [*Summa*, 1 q. 12 a 5].

Os entes humanos, pela Graça, tornam-se iguais a Deus na contemplação beatífica, na transcendência eterna[94]. A igualdade entre eles não é possível, visto que em cada um dos indivíduos humanos há uma relação especial com Deus, mediada pela cooperação de cada um deles com a Graça divina, o que indica uma proximidade maior ou menor entre a consciência e Deus[95]. Para que possa existir visão divina, a luz deve ser percebida segundo graus, não de imediato.

A doutrina sobre o poder político exige a tese dos graus de visibilidade contemplativa, o que prepara o óbice maior que se instala entre o pensamento católico e as modernas ideias democráticas sobre a igualdade, em que o divino transcendente é posto

---

94. Um dos comentários mais belos sobre o assunto foi realizado por Erich Auerbach sobre a *Divina Comédia*. A unidade daquele poema que sintetiza o pensamento ético cristão, "descansa sobre o tema geral, sobre o *status animarum post mortem*; este deve ser, como sentença divina final, uma unidade perfeitamente ordenada, tanto como sistema teórico, quanto como realidade prática e, portanto, também como criação estética; deve representar a unidade da ordem divina de uma forma ainda mais pura e atual do que o mundo terreno, ou algo que nele acontece, pois que o Além, ainda que inacabado até o Juízo Final, não apresenta, na medida em que o faz o mundo terreno, desenvolvimento, potencialidade e provisoriedade, mas é o ato completo do plano divino. A ordem unitária do Além, assim como Dante no-la apresenta, é tangível da maneira mais imediata como sistema moral, na repartição das almas nos três reinos e suas subdivisões: o sistema segue em tudo a ética aristotélico-tomista". Cf. Farinata e Cavalcante, em *Mimesis: A Representação da Realidade na Literatura Ocidental*, São Paulo: Perspectiva, 1971, p. 161-162.

95. Uma análise mais ampla dessa problemática é feita por mim em trabalho já antigo. Cf. Lux in Tenebris: Franciscanos e Dominicanos, Utopia Democrática, em *Lux in Tenebris: Meditações Sobre Filosofia e Cultura*, São Paulo: Editora da Unicamp, 1987, p. 31s.

NA ÉTICA, A POLÍTICA 71

fora do trato político ou, como dizia Laplace a Napoleão Bonaparte quando este, ao folhear o texto sobre a Mecânica Celeste, perguntou ao cientista sobre Deus: "Je n'ai pas eu besoin de cette hypothèse" (Não tive necessidade dessa hipótese). O tema da secularização cultural e política produziu oceanos de livros e não pode ser discutido aqui. Mas certamente é preciso analisar, quando falamos da igualdade, a quebra com os pressupostos religiosos aristocráticos e a nova ordem democrática que se instaura com o Estado moderno, a partir do século XIV, pelo menos[96]. Que tenha existido uma corrosão do pensamento e da prática política cristã, ou que tenha ocorrido uma lenta passagem de símbolos, conceitos e práticas do mundo religioso para o secular, como pretende Ernst Kantorowicks[97], o fato é que a laicidade e a igualdade do Estado dependem de uma distância ponderável diante da concepção hierárquica do espiritual e do temporal.

Mas retomemos o pensamento cristão no seu aspecto mais agudo, o que define o mal e o poder, em Tomás de Aquino. Na *Summa Contra os Gentios*, ele comenta detalhadamente a idealização de Satã e acentua o mesmo aspecto hierárquico ensinado por Agostinho. O pecado maior é o desejo de igualar-se a Deus. E isso supõe

o desejo de ser a regra dos outros e não regular sua vontade pela de um outro superior, é querer o primeiro lugar e não querer submeter-se de algum modo: pecado do orgulho. Assim, diz-se com justeza que o primeiro pecado do demônio foi o do orgulho. Mas um erro no princípio é fonte de erros variados e múltiplos; esta primeira desordem da vontade no demônio é a origem de pecados múltiplos em sua vontade; ódio em relação a Deus que resiste ao seu orgulho e pune com justiça sua falta, inveja em relação ao homem e muitos outros semelhantes[98].

96. Para um debate interessante sobre o assunto, cf. Luigi Lombardi Vallauri; Gerhard Dilcher (orgs.), *Cristianesimo, secolarizzazione e Diritto Moderno*, Milano/Baden-Baden: Giuffrè/Nomos, 1981.

97. Cf. Ernst Kantorowicz, *The King's Two Bodies, A Study in Medieval Political Theology*, Princeton: Princeton University Press, 1957.

98. *Somme contre les Gentils*, trad. R. Bernier et al., Paris: Cerf, 1993, livro 3, CIX, p. 651-653.

Da hierarquia celeste, segue-se a terrestre e política. Repercutem no texto de Aquino os escritos de Dionísio, o pseudoareopagita, sempre pelo filtro de Agostinho:

um soldado está sujeito ao seu rei e ao seu chefe de exército; em sua vontade ele pode buscar o bem do seu chefe, e não o do seu rei, ou o contrário. Mas se o chefe recusa a ordem do rei, a vontade do soldado será boa se recusar a vontade do chefe em favor da real; ela será ao contrário má, se obedece a do chefe contra a do rei, pois a ordem de um princípio inferior depende da ordem do princípio superior.

As substâncias separadas, adianta Aquino, "não são apenas ordenadas em relação a Deus, mas umas em relação às outras, da primeira até a última"[99]. O universo inteiro segue, dos anjos aos governantes, a ordem hierárquica essencial.

A bondade da criação não seria perfeita sem uma hierarquia dos bens segundo a qual alguns seres são melhores que os demais; sem isso todos os graus do bem não seriam realizados e nenhuma criatura seria semelhante a Deus por sua preeminência sobre as outras. Assim, a bondade última dos seres desapareceria com a ordem feita de distinção e disparidade; bem mais a supressão da desigualdade dos seres arrastaria a supressão de sua multiplicidade: um é o efeito melhor do que o outro pelas próprias diferenças que distinguem os seres uns dos outros, como o vivente do inanimado e o racional do não racional.

A escala cósmica e ontológica (sobremodo axiológica) continua na soberania política:

a perfeição para todo governo é prover os seus súditos no que diz respeito à sua natureza, tal é a noção mesma de justiça nos governos. Do mesmo modo, pois, que para um chefe da cidade opor-se, se não for apenas de maneira momentânea, em função de certa necessidade, a que os súditos cumpram sua tarefa, seria contrário ao sentido de um governo humano, do mesmo modo a sua natureza seria oposta ao sentido do governo divino[100].

99. Idem, p. 653.
100. Idem, p. 550-551.

NA ÉTICA, A POLÍTICA

Aquino, com base na doutrina da hierarquia celeste, escreveu minuciosas observações sobre o livro de Jó[101]. As mais relevadoras, no vínculo entre poder e orgulho, encontram-se em notas sobre os derradeiros versículos do poema. Diz Tomás: "após o Senhor descrever as particularidades do diabo sob a imagem do elefante, o maior dos animais terrestres, ele o descreve na figura do Leviatã, ou da baleia, que é o maior animal marinho". O poder do Leviatã não pode ser evitado ao modo humano, pela lisonja ou ameaças. Assim, "o diabo não teme o homem". A potência de Satã é imensa. E Aquino enfrenta a seu modo o problema arcaico da teodiceia: Deus não é cruel por ter suscitado o poder demoníaco. "Por tê-lo suscitado não sou cruel". A onipotência divina não poupará o poderoso Leviatã: "todas as coisas sob o céu são minhas".

Tomás de Aquino segue para as linhas finais: "Nenhuma potência sobre a terra é-lhe comparável. Ele foi feito para não temer ninguém. Ele vê grande em tudo; ele mesmo é o rei de todos os filhos do orgulho". A versão latina, utilizada pelo doutor da Igreja, é a da Vulgata, a mesma que suscitou o imaginário hobbesiano sobre o poder terrestre: *non est super terram potestas quae comparetur ei, qui factus est ut nullum timeret. Omne sublime videt: ipse est rex super universos filios superbiae*[102]. Ao comentar esse passo, o filósofo cristão ressalta a incomparável e indizível força do Altíssimo, infinitamente superior à do Leviatã. Quando o diabo for vencido,

os anjos do Senhor temerão, admirando o poder divino; mas nessa admiração muitos efeitos da virtude divina são-nos conhecidos [e o autor de

101. Cf. Saint Thomas d'Aquin, *Job, un homme pour notre temps*, Paris: Pierre Téqui, 1980.

102. A *Septuaginta* (Stuttgart: Deutsche Bibelgesellschaft, 1979, p. 842) usa o termo *basileus* para indicar o Leviatã, o rei dos orgulhosos. A tradução de Lutero (*Lutherbibelerklärt*, Stuttgart: Deutsche Bibelgellschaft, 1987, p. 816) une o fato régio e a animalidade do poder: "erist Königüberallestolzen Tiere". ("ele é o rei de todas as feras arrogantes") Cf. Na Bíblia do rei Tiago 1 (*The New Scofield Reference Bible Authorized King James Version*, Nova York: Oxford University Press, 1967, p. 599) da Inglaterra, o enunciado diz "He beholdeth all high things; he is a king over all the children of pride" ("Ele contempla todas as coisas elevadas; ele é um rei sobre todos os filhos do orgulho").

Jó introduz aqui "e o terror os purificará"]; com efeito, como diz Dionísio no Capítulo 6 dos *Nomes Divinos* [na verdade, trata-se do tratado sobre as *Hierarquias Celestes*], os anjos são ditos purificados não de uma impureza, mas da ignorância; como toda criatura corporal, se comparada aos santos anjos é pouca coisa, não se indica por aí que os anjos celestes estão muito espantados com o cetáceo corporal, a menos que talvez se enxerguem homens nesses santos anjos; os anjos de que tratamos assistem a decadência de Satã, o Leviatã espiritual que foi transido pela justiça divina quando caiu do céu pelo pecado, então os anjos admiraram a majestade divina e se purificaram ao separar-se de sua companhia[103].

Finaliza Aquino

o intento do demônio é agarrar tudo o que é sublime. E como essas coisas são próprias do orgulho [...] o diabo não só em si mesmo é orgulhoso, mas ultrapassa todo o mundo em sua soberba e mostra-se como fonte de orgulho para os outros, [...] ele mesmo é rei de todos os filhos do orgulho, ou seja, dos escravos do orgulho e que o tomam por guia.

Que lições Jó (e cada ser humano após ele) tira da parábola do Leviatã? Responde Aquino: "o que mais deveria ser temido por Jó é que o diabo pedisse para lhe tentar, levando-o ao orgulho e ao seu reino; ser-lhe-ia necessário evitar as disposições e as palavras que respiram orgulho"[104].

Apesar dos muitos choques entre o ensino católico, representado por Tomás de Aquino e as doutrinas protestantes, na interpretação da origem do mal e do poder mundano, existe pouca discrepância nas duas percepções sobre a rebelião de Lúcifer. Tudo o que enunciei sobre o comentário tomista foi assumido nas várias igrejas e seitas reformadas. Mesmo autores que ajudaram poderosamente a separar o Estado de seus fundamentos religiosos, como Francis Bacon, usam o símile angélico para

---

103. Sait Thomas d'Aquin, op. cit., p. 568-569.
104. Idem, p. 571. Para um correto comentário sobre o livro de *Jó* e o problema do governo absoluto de Deus sobre o mundo, cf. Moshe Greenberg, "Jó", em Robert Alter; Frank Kermode, *Guia Literário da Bíblia*, São Paulo: Editora da Unesp, 1997, p. 305s, sobretudo páginas 321-322.

NA ÉTICA, A POLÍTICA 75

expor os nexos entre conhecimento e poder político. "O desejo de poder em excesso causou a queda dos anjos; o desejo de saber em excesso causou a queda do homem"[105]. Essa fórmula adquire um significado grave se aproximada do aforismo baconiano célebre: "knowledge and power meet in one" (conhecimento e poder são um só). Sim, desde que limites sejam respeitados.

Se o pensamento cristão condena o orgulho, sobretudo quando exibido pelos governantes – os quais são ditos, nesse contexto, tirânicos – ele não aceita, no entanto, a igualdade como base da política e da forma eclesiástica. A justiça, pois, supõe o Bem Comum como horizonte ideal e o conceito de participação de cada ente num movimento para Deus, movimento esse hierarquizado segundo os vários níveis do Ser (*Summa Theologica*, 1a, 2ae, qu. 90 e qu. 91 a.1; qu. 90 a.2). Unido à justiça, o conceito de participação determina a essência mesma da representação de uma lei natural[106] que ordena o mundo a partir da transcendência divina, de tal modo que apenas Deus é compreendido como sobrenatural. Assim, a ética extraída dessa idealização da justiça passa pela natureza, seja ela perfeita ou imperfeita, e se dirige para a sobrenatureza como um movimento de todos os entes para o seu fundamento último. Essa forma da lei natural possibilita a justificação metafísica da hierarquia existente como um todo, e permite também pensar o sistema da cristandade e de sua cultura, sobretudo a política,

105. Cf. Francis Bacon, Of Goodness & Goodness of Nature: "The desire of power in excess, caused the angels to fall; the desire of knowledge in excess, caused man to fall: but in charity there is no excess; neither can angel, nor man, come in danger by it. The inclination to goodness, is imprinted deeply in the nature of man; insomuch, that if it issue not towards men, it will take unto other living creatures." ("O desejo de poder em excesso causou a queda dos anjos; o desejo de conhecimento em excesso causou a queda do homem: mas na caridade não há excesso; nem pode, anjo ou homem, ver perigo nela A inclinação para o bem está impresso profundamente na natureza do homem, de tal maneira que se não passar pelo homem, será subtraído dos outros seres vivos.") Cf. *The Moral and Historical Works*, London: George Bell, 1874, p. 33.

106. "Participatio legis aeternae in rationali creatura Lex Naturalis dicitur. Unde patet quod lex naturalis nihil aliud est, quam participatio legis aeternae in rationali creatura." ("A participação da lei eterna na criatura racional dizemos ser a Lei Natural. E é claro que a lei natural nada mais é que a participação da Lei Eterna na criatura racional.") *Somme*, qu. 91 a.3.

76 SPINOZA: OBRA COMPLETA IV

como universal[107]. A hierarquia do todo, condição do Bem Comum, não pode ser realizada fora do campo político e dos sistemas de poder, lugar próprio do exercício da liberdade. O ato de legislar, a lei como cumprimento da justiça entre as partes ordenadas verticalmente, aparece nesse pensamento como o limite e a essência do poder. O Estado, pois, só adquire efetividade pela mediação do direito natural, realizando, no nível mais elevado da sociedade, os fins postos pela justiça e pelo Bem Comum[108].

A imanência divina em Spinoza põe em perigo as bases da transcendência e da hierarquia no pensamento ocidental. Quem deseja pensar o problema da igualdade e da justiça precisa descer às fontes doutrinárias, justamente no lugar em que elas indicam o fim e a base dos seus juízos de valor e da prudência política. A justiça, nos parâmetros spinozianos, exige a recusa da hierarquia e da transcendência divinas. É possível a busca da igualdade no pensamento cristão, mas os limites da igualdade são dados no sistema teológico e metafísico que a sustenta. Entre as propostas contraditórias de Spinoza e as de Tomás de Aquino (ou de Agostinho), as modernas teorias filosóficas sobre o Estado não conseguiram definir com profundidade o campo do que seria "igual".

Ao refutar os ideais das Luzes e da Revolução Francesa sobre a igualdade, Hegel indica que mesmo quando um Estado garante a igualdade para todos, deverá se oferecer uma Constituição e um governo. Caso contrário, ocorre o retorno à anarquia dos indivíduos, com o resultado da volta à natureza onde reina apenas o mais forte. Para assegurar a

---

107. É decisivo o juízo de Ernst Troeltsch sobre essa "lei natural": "Essa 'lei da natureza' não é revolucionária, não é uma teoria transformadora do mundo, a qual foi recentemente descoberta pela Razão humana, como lei natural do Iluminismo ou das modernas teorias do Estado e da sociedade; ela é uma concepção orgânica, conservadora e patriarcal da Lei da Natureza, a qual está sob a proteção da Igreja e só é inteiramente inteligível à razão cristã iluminada". Cf. *The Social Teaching of the Christian Churches*, London: George Allen and Unwin, 1931, p. 305-306.

108. Desenvolvo esses raciocínios mais amplamente em meu livro *Brasil: Igreja Contra Estado*, São Paulo: Kayrós, 1979, p. 53s.

igualdade, o Estado estabelece ordens, distinções, valores, hierarquias, o que o leva a atenuar ao máximo a reivindicação da igualdade. Com o Estado, enuncia Hegel, "ocorre uma desigualdade (*Ungleichheit*), a diferença entre forças: dos governantes e governados, poderes públicos, autoridades, presidências etc."[109] A igualdade levada ao infinito abole as diferenças e as existências individuais (vimos acima o argumento em Aquino e Agostinho), condição da liberdade: "Se é lógico consigo mesmo, o princípio da igualdade rejeita todas as diferenças (*Unterschiede*) e não deixa subsistir nenhuma espécie de Estado". Liberdade e igualdade, embora sejam as noções mais correntes na fala moderna, são para Hegel "as mais superficiais de todas". Ao par igualdade-liberdade, ele contrapõe liberdade e justiça (*Gerechtigkeit*). O filósofo explica que, segundo ele, a expressão "todos os homens são naturalmente iguais" confunde o natural (visível, exterior, mecânico) com o conceito (invisível, interior, orgânico). Ou seja, toma como existência (*Dasein*) uma ideia, ou toma uma ideia como existente de imediato. Ora, para que a ideia se manifeste visivelmente nas instituições, é preciso a longa mediação do tempo, a paciência e o trabalho do conceito. Assim, escreve Hegel, "por natureza, os homens são desiguais". Eles não vivem há milênios no interior da natureza, mas da sociedade. Apenas na sociedade o conceito de liberdade teria algum sentido, uma vez que a natureza é regida por leis (como a queda dos corpos) que enunciam a necessidade. Os discursos modernos sobre a igualdade, diz ele ainda, apresentam uma anfibologia: afirmam como natural uma determinação social e mais determinadamente uma categoria do direito: "O conceito de liberdade [...], sem outra determinação ou desenvolvimento, é a subjetividade abstrata como pessoa que é capaz de propriedade [...] Essa única determinação da personalidade constitui a igualdade efetiva entre os homens".[110]

---

109. *Enzyklopädie der Philososphischen Wissenschaften*, § 539, z.
110. Ibidem.

Desse modo, só podem ser livres os iguais, e só podem ser iguais os proprietários[111]. É apenas fora da natureza, e no interior da vida ética, que podem aparecer os conceitos jurídicos e abstratos ligados à igualdade. Todas aquelas noções são "um produto, um resultado da consciência do princípio mais profundo do Espírito e da universalidade na formação dessa consciência". A igualdade face à lei é pura tautologia; com aquela tese se afirma, diz Hegel, que num Estado jurídico as leis são soberanas. Para dar concretude a tais enunciados é preciso reconhecer que os cidadãos tornam-se iguais perante a lei nos mesmos campos em que eles são iguais fora da lei. Por exemplo, "só a igualdade de capital, idade, vigor físico, talento, destreza etc. [...] pode justificar que se trate com igualdade face à lei – do ponto de vista dos impostos, serviço militar, acesso às funções públicas etc." Mesmo no domínio jurídico, em senso estrito, as leis, "salvo na medida em que são relativas ao campo da personalidade", pressupõem efetivamente "estados desiguais e determinam competências e deveres desiguais, derivados desses estados desiguais".

A liberdade tende ao desigual, o senso comum procura, entretanto, expandir a noção de igualdade em termos exclusivos. Quanto mais a liberdade se afirma enquanto segurança do meu, adianta Hegel, como possibilidade para cada um tornar respeitados os seus talentos e qualidades próprias, mais parece que ela pode ser compreendida por si mesma. A consciência da liberdade e o valor que lhe é dado orientam-se para a sua significação subjetiva. E liberdade subjetiva requer "maior grau de formação educativa (*Ausbildung*) que possa receber o particular". O refinamento individual determina a dissemelhança entre os homens e, pela própria cultura, os torna ainda mais fortemente desiguais (*Enzyklopädie,* loc. cit.). A igualdade só pode ser entendida de modo concreto numa escala de valores

---

111. Lição extraída por Hegel da Economia Política inglesa e, mais particularmente, de J. Locke. Cf. Maria Sylvia Carvalho Franco, All the World Was America, em *Revista* USP, n. 17, 1993, p. 31-53.

NA ÉTICA, A POLÍTICA   79

hierárquicos, definidos pelo Estado, de modo orgânico. Ela é subsumida e conservada, elevando-se ao Todo espiritual, de modo a garantir as subordinações axiológica e política. Pode-se afirmar que esse pensamento sobre a igualdade é tudo, menos democrático.

Hegel define o Estado como "organismo, isto é, desenvolvimento da Ideia segundo o processo de diferenciação de seus diversos momentos". Com a Revolução Francesa, fruto das Luzes, pensa ele, o social se fragmentou justamente porque imperou no período o dogma da igualdade política, para salvar o social unitário após o Termidor. Hegel recorda a surrada fábula do estômago e dos membros: "O organismo é composto de tal natureza que se todas as partes não concordarem na identidade, se uma só delas torna-se independente das outras, ocorre a ruína do Todo". Não desaparece inteiramente em Hegel a hierarquia celebrada na cultura política religiosa. "É preciso venerar o Estado como um ser divino-terrestre". Como todo corpo, o ser estatal possuiria certa "irritabilidade" interior. Tal seria a marca do governo civil. O exterior dessa irritação volta-se contra os demais corpos reunidos em Estado, é "o poder militar". Na *Filosofia do Direito* encontram-se todos esses enunciados, cujo fruto é negar a igualdade e a liberdade dos indivíduos. Quem fala em igualdade ou liberdade neste plano, diz Hegel, "assume o ponto de vista da populaça".

O conceito de organismo, como lembra Norberto Bobbio[112], encontra-se na mais íntima concepção hegeliana do político, do jurídico e do social. A "populaça" é exorcizada do seguinte modo:

É opondo à soberania que está no monarca que se começou, numa época recente, a falar sobre a soberania do povo. Considerada nessa oposição, a soberania popular é integrante desses pensamentos confusos que se baseiam nas representações grosseiramente populares. Sem o seu monarca e sem a organização que a ele se liga necessariamente, e

---

112. Cf. *Estudos Sobre Hegel, Direito, Sociedade Civil, Estado*, São Paulo: Editora da Unesp, 1989.

de modo imediato, o povo é massa informe que já não é mais um Estado (*Filosofia do Direito* § 279 nota).

Para Spinoza a igualdade é a base do Estado, igualdade que se fundamenta na própria concepção do divino, própria ao autor. A democracia e a soberania popular são o resultado daquela doutrina. Passada a Revolução Francesa, com o Termidor, a igualdade foi levada ao seu ponto mínimo em favor da desigualdade. É o que define, por exemplo, as teses de um Boissy d'Anglas, termidoriano, para quem apenas os "melhores" (leia-se os "proprietários") poderiam dirigir o Estado. Em Hegel, temos uma ressurgência, em plano organicista, da hierarquia estatal, com a negação da soberania popular e da ideia de igualdade. Um autor ainda mais reacionário do que Hegel, Donoso Cortés, disse que "passado o poder real, não mais existe soberania, no sentido exato do termo". Os defensores irrestritos da República representativa, de "esquerda" ou "direita", guardaram a palavra e a noção, aplicando-a ao povo, aparentemente, mas visando apenas a si mesmos, sobretudo para reservar a sacralidade do seu mando. Se Donoso Cortés, em sentido conservador, aboliu a "soberania" sem Rei, a Comuna de Paris atacou o fantasma histórico da *Res publica Christiana*. Após a Comuna, ficou difícil manter o discurso sobre a "soberania" popular, sempre que o alvo real é impor o poder burocrático.

No século xx, as repúblicas invocaram a "soberania popular" e mantiveram um aparato burocrático que assumiu, *sine ira et studio*, poderes hierárquicos, transcendentes e soberanos. Ordens das "autoridades", como as do Rei, não se discutem, pois *tel est son bon plaisir*. Bancos Centrais possuem força maior do que a de Luis xiv e Napoleão. Os fascistas, como Carl Schmitt, sem pudor algum, elogiam o golpe de Estado e a força física, condenando os "românticos" palavrosos e os liberais não menos, que entoam loas à soberania do povo, mas que dela fogem quando seus bens periclitam. Para Carl Schmitt, "soberano é quem decide sobre o caso de exceção". Se falássemos em termos spinozianos, diríamos que o jurista propõe a hipótese, para Spinoza absurda, da perda do direito à humanidade... por certo período de tempo, justamente o tempo da arrogância e do terror máximo dos governantes. Não é preciso dizer mais sobre a igualdade e a liberdade. Os donos do mando atual, a pretexto de "globalização" e outros sinais sonoros vazios, recusam a democracia e as bases especulativas que as suportam, como as teses de Spinoza. Resulta que o Estado perece, torna-se cada vez mais um absurdo instrumento sem vida. Aumenta a insegurança coletiva e surgem os signos mais claros do retorno ao estado de natureza, tanto nas periferias pobres das urbes quanto nos bairros enriquecidos. A responsabilidade por uma catástrofe política e social e pelo fim inglório da república deve ser partilhada entre políticos e intelectuais arrogantes que se julgam superiores ao povo.

Por fim, creio ser importante assinalar: Spinoza é próximo de nossa cultura, um filho de Portugal (nem sempre paternidade significa afeto entre o genitor e seu fruto). No seu latim escutamos o sotaque da "última flor do Lácio, inculta e bela". A história dos judeus, em Portugal e Espanha, integra a nossa história. Apesar de tamanha intimidade, no Brasil ainda não existia uma coleção digna dos escritos spinozianos. Além de obras traduzidas isoladamente (*O Tratado da Reforma do Entendimento*, a *Ética*, o *Tratado Político*), algumas com bom nível técnico, pouco tinha o leitor brasileiro à sua disposição.

SPINOZA
OBRA COMPLETA IV

ETHICA

Ordine Geometrico demonstrata,

E·T

In quinque Partes distincta,
in quibus agitur,

I. De DEO.
II. De Naturâ & Origine MENTIS.
III. De Origine & Naturâ AFFECTUUM.
IV. De SERVITUTE Humanâ, seu de AFFECTUUM VIRIBUS.
V. De POTENTIA INTELLECTUS, seu de LIBERTATE Humanâ.

Página de rosto da edição em latim da Ética.

ÉTICA,
DEMONSTRADA À MANEIRA
DOS GEÔMETRAS

PARTE PRIMEIRA:
DE DEUS

(*Pars prima: De Deo*)

Definições

DEFINIÇÃO I

Por causa de si entendo aquilo cuja essência envolve a existência ou, em outras palavras, aquilo cuja natureza não pode ser concebida senão como existente.

DEFINIÇÃO II

Uma coisa dita finita em seu gênero é aquela que pode ser limitada por outra coisa da mesma natureza. Por exemplo: um corpo sempre se diz finito quando concebemos outro maior. Assim, um pensamento é limitado por outro pensamento. Mas um corpo não é limitado por um pensamento nem um pensamento por um corpo.

DEFINIÇÃO III

Por substância entendo o que é em si e por si é concebido, isto é, cujo conceito não tem necessidade do conceito de outra coisa, do qual deva ser formado.

DEFINIÇÃO IV

Por atributo entendo o que o intelecto percebe da substância como se constituísse sua essência.

DEFINIÇÃO V

Por modo entendo as afecções da substância, ou o que está em outra coisa, por meio da qual é concebida.

DEFINIÇÃO VI

Por Deus entendo o ente absolutamente infinito, uma substância que possui infinitos atributos, cada um dos quais exprime uma essência eterna e infinita.

Explicação: Digo absolutamente infinito, e não infinito em seu gênero, pois do que é apenas infinito em seu gênero podem ser-lhe negados infinitos atributos e, ao contrário, para aquilo que é absolutamente infinito, tudo o que expressa uma essência e não envolve qualquer negação pertence à sua essência.

DEFINIÇÃO VII

Essa coisa que se diz livre o é apenas pela necessidade de sua natureza e só por si é determinada a agir. A coisa dita necessária ou, antes, coagida, é determinada por outra a existir e a operar de certa e determinada maneira.

DEFINIÇÃO VIII

Por eternidade entendo a própria existência enquanto consequência necessária da simples Definição da coisa eterna.

Explicação: Uma tal existência é concebida como verdade eterna, da mesma maneira que a essência da coisa, e por isso não pode ser explicada pela duração ou pelo tempo da coisa, ainda que a duração careça de começo e fim.

Axiomas

AXIOMA I

Tudo o que existe, existe em si ou noutra coisa.

AXIOMA II

O que não pode por outra coisa ser concebido, deve ser concebido por si.

ÉTICA, DEMONSTRADA À MANEIRA DOS GEÔMETRAS

AXIOMA III

De uma causa determinada, segue-se necessariamente um efeito; e, ao contrário, se nenhuma causa determinada é dada, é impossível seguir-se um efeito.

AXIOMA IV

O conhecimento do efeito depende do conhecimento da causa e o envolve.

AXIOMA V

As coisas que nada têm em comum não podem ser compreendidas umas pelas outras; dito de outra forma, o conceito de uma não envolve o conceito de outra.

AXIOMA VI

Uma ideia verdadeira deve convir com seu ideato [coisa representada].

AXIOMA VII

Tudo aquilo que pode ser concebido como não existente, sua essência não envolve a existência.

Proposições

PROPOSIÇÃO I

A substância é anterior, por natureza, às suas afecções.

DEMONSTRAÇÃO

É evidente pelas definições III e V.

PROPOSIÇÃO II

Duas substâncias que possuam atributos diversos nada têm em comum.

OUTRA DEMONSTRAÇÃO

É evidente pela Definição III. Com efeito, cada uma deve existir por si mesma e por si deve ser concebida ou, ainda, o conceito de uma não envolve o conceito de outra.

PROPOSIÇÃO III

De coisas que nada tenham de comum entre si, uma não pode ser a causa da outra.

DEMONSTRAÇÃO

Se elas nada têm de comum entre si, logo (pelo Axioma v) não podem ser compreendidas uma pela outra e (pelo Axioma iv) uma não pode ser causa da outra.

PROPOSIÇÃO IV

Duas ou muitas coisas distintas distinguem-se entre si pela diversidade dos atributos das substâncias ou pela diversidade das afecções das substâncias.

DEMONSTRAÇÃO

Tudo o que é, é em si ou noutra coisa (pelo Axioma i), ou seja (pelas definições iii e v), nada é dado fora do intelecto, a não ser as substâncias e as afecções. Portanto, fora do intelecto nada se dá por meio do qual muitas coisas possam ser distinguidas, salvo as substâncias ou, o que é o mesmo (pela Definição 4), os seus atributos e suas afecções.

PROPOSIÇÃO V

Na natureza não podem ser dadas duas ou mais substâncias de mesma natureza ou atributo.

DEMONSTRAÇÃO

Se fossem dadas várias substâncias, elas deveriam distinguir-se entre si pela diversidade dos atributos ou pela diversidade das afecções (pela Proposição antecedente). Se se distinguem apenas pela diversidade dos atributos, concede-se então não se dar senão uma do mesmo atributo. Se for pela diversidade das afecções, como uma substância (pela Proposição i) é anterior por natureza às suas afecções, se pusermos à parte as afecções e a considerarmos apenas em si, quer dizer (pela Definição iii e o Axioma vi), em verdade, considerá-la como distinta de outra (pela Proposição antecedente), não poderão dar-se várias substâncias, mas apenas uma.

ÉTICA, DEMONSTRADA À MANEIRA DOS GEÔMETRAS 91

PROPOSIÇÃO VI

Uma substância não pode ser produzida por outra substância.

COROLÁRIO

Disso se segue que uma substância não pode ser produzida por outra [coisa ou substância]. Pois nada na natureza é dado senão as substâncias e suas afecções, como se evidencia pelo Axioma I e pelas definições I e V. Ora, uma substância não pode ser produzida por outra (pela Proposição precedente). Logo, uma substância não pode, absolutamente, ser produzida por outra.

DEMONSTRAÇÃO

Isso é mais facilmente demonstrado pelo absurdo do contraditório. Se uma substância pudesse ser produzida por outra, seu conhecimento deveria depender do conhecimento de sua causa (pelo Axioma IV) e, assim (pela Definição III), não seria uma substância.

PROPOSIÇÃO VII

Pertence à natureza de uma substância existir.

DEMONSTRAÇÃO

Uma substância não pode ser produzida por outra (pelo Corolário da Proposição precedente); ela será, portanto, causa de si, quer dizer (pela Definição I), que sua essência envolve necessariamente sua existência, ou que pertence à sua natureza existir.

PROPOSIÇÃO VIII

Toda substância é, necessariamente, infinita.

DEMONSTRAÇÃO:

Uma substância que possua um certo atributo não pode deixar de ser única (pela Proposição V) e pertence à sua natureza existir (pela Proposição VII). Logo, será de sua natureza existir como finita ou infinita. Mas não pode ser finita, pois (pela Proposição II) deveria ser limitada por outra de mesma natureza, que também deveria necessariamente existir (pela Proposição VII); haveria, pois, duas substâncias de um mesmo atributo, o que é (pela Proposição VII) absurdo. Logo, ela existe como infinita.

ESCÓLIO 1

Como o finito é, de fato, uma negação parcial, e o infinito uma afirmação absoluta da existência de alguma natureza, segue-se então, em virtude apenas da Proposição VII, que toda substância deve ser infinita.

ESCÓLIO 2

Não duvido que seja difícil, para todos aqueles que julgam as coisas confusamente e não têm o hábito de conhecê-las pelas primeiras causas, conceber a Demonstração da Proposição VII; eles não distinguem entre as modificações das substâncias e as próprias substâncias, e não sabem como as coisas são produzidas. Eis por que forjam para as substâncias o princípio que veem nas coisas da natureza. Aqueles que, na verdade, ignoram a causa das coisas, tudo confundem e, sem qualquer repugnância mental, inventam árvores falantes como os homens, homens que nascem de pedras como do sêmen, admitindo que toda forma possa mudar em outra qualquer. Da mesma maneira, aqueles que confundem a natureza divina com a humana facilmente atribuem a Deus as afecções da alma humana, sobretudo quando ignoram como na mente se produzem as afecções. Ao contrário, se os homens estivessem atentos à natureza da substância, de modo algum duvidariam da verdade da Proposição VII. Melhor, tal Proposição seria um Axioma para todos e a poriam entre as noções comuns. Pois se entenderia por substância o que é em si e por si concebido, quer dizer, aquilo cujo conhecimento não necessita do conhecimento de outra coisa; por modificações, o que está em outra coisa, formando-se o conceito das modificações do conceito da coisa em que elas estão. Eis por que podemos ter ideias verdadeiras de modificações não existentes. Embora não existam em ato, fora do entendimento, sua essência não é menos compreendida em uma outra coisa pela qual se pode concebê-la, enquanto a verdade das substâncias fora do entendimento reside nelas próprias, pois se concebem por si mesmas. Caso se diga, portanto, ter-se a ideia clara e distinta de uma substância, isto é, verdadeira, e apesar disso se duvide da existência dessa substância, isso equivaleria a dizer que se tem uma ideia verdadeira e se duvida se ela é falsa (o que é manifesto com um pouco de atenção). Ou, ainda, quem admitisse a criação de uma substância, admitiria imediatamente que uma ideia falsa se tornou verdadeira, e nada de mais absurdo se poderia conceber. É preciso, pois, reconhecer necessariamente que a existência de uma substância, assim como sua essência, é uma verdade eterna. E disso podemos concluir, de uma maneira nova, que só pode haver uma substância de uma certa natureza, o que acreditei que valia a pena ser mostrado aqui. Mas para fazê-lo com ordem, é preciso observar: 1. que a verdadeira Definição de cada coisa envolve e apenas exprime a natureza da coisa definida; de onde se segue: 2. que nenhuma Definição envolve ou exprime uma quantidade determinada de indivíduos, pois nada exprime a não ser a natureza da coisa definida. Por exemplo, a Definição do triângulo não exprime nada além da natureza do triângulo, como um número determinado de triângulos; 3. é preciso notar que para cada coisa existente há, necessariamente, uma certa causa, em virtude da qual ela existe; 4. por fim, é preciso notar que essa causa, em virtude da qual ela existe, deve estar contida na própria natureza e Definição da coisa existente (então pertence à sua natureza existir), ou existir fora dela. Isso posto, segue-se que, se na natureza existe um certo número de indivíduos, deve haver necessariamente uma causa em virtude da qual esses indivíduos, e não um número maior ou menor, existam. Se, por exemplo, existem na natureza vinte homens (para maior clareza, suponho que existam ao mesmo tempo, sem terem sido precedidos por outros), não bastará (para dar conta da existência desses vinte homens) que conheçamos a causa da natureza humana em geral; será preciso, além disso, que façamos conhecer a causa pela qual não existam menos ou mais, pois (em virtude da terceira observação) deve haver necessariamente uma causa para a existência de cada um. Mas essa causa (conforme as observações 2 e 3) não pode estar contida na própria natureza humana, uma vez que a verdadeira Definição de homem não envolve a quantidade vinte; assim (segundo a oberva-ção 4), a causa pela qual esses vinte homens existem, e cada um deles em particular, deve ser dada fora de cada um deles. Por tal motivo, deve-se concluir, de maneira absoluta, que para toda coisa da qual existam vários indivíduos deve haver necessariamente uma causa exterior em virtude da qual eles existem. Assim sendo, dado que pertence à natureza de uma substância existir (como já demonstrado neste Escólio), sua Definição deve envolver a existência necessária e, por conseguinte, sua existência deve ser concluída de sua Definição apenas. Mas de sua Definição (como se vê pelas observações 2 e 3) não se segue a existência de várias substâncias; segue-se necessariamene que existe uma só substância da mesma natureza, o que nos propúnhamos mostrar.

PROPOSIÇÃO IX

Quanto mais realidade ou ser uma coisa possui, mais atributos lhe pertencem.

DEMONSTRAÇÃO

É evidente pela Definição IV.

PROPOSIÇÃO X

Cada um dos atributos de uma substância deve ser concebido por si.

DEMONSTRAÇÃO

Um atributo é aquilo que o intelecto percebe de uma substância como constituindo sua essência (pela Definição IV) e, por consequência (pela Definição III), deve ser por si concebido.

ESCÓLIO

Disso se evidencia que, embora dois atributos sejam concebidos como realmente distintos, quer dizer, um sem auxílio do outro, não podemos, no entanto, concluir que constituam dois entes, quer dizer, duas substâncias diferentes, pois é da natureza de uma substância que cada um de seus atributos seja concebido por si. Tendo em vista que os atributos que ela possui sempre nela estiveram simultaneamente, e que um não pode ser produzido pelo outro, cada um deles exprime a realidade ou o ser da substância. Assim, está longe do absurdo se relacionarem vários atributos a uma mesma substância. Ao contrário, não há nada mais claro na natureza do que isso: cada ente deve ser concebido sob um certo atributo e quanto mais realidade ou existência ele possuir, haverá um número maior de atributos que exprimem uma necessidade ou, dito de outra maneira, uma eternidade e uma infinidade. E, consequentemente, isso também: um ser absolutamente infinito deve ser necessariamente definido (como dito na Definição VI) como um ser constituído por uma infinidade de atributos, dos quais cada um exprime uma certa essência eterna e infinita. Caso se pergunte agora por que sinal se poderia reconhecer a diversidade das substâncias, que se leiam as proposições seguintes; elas mostram não haver na natureza senão uma substância única, absolutamente infinita, o que faz com que procuremos inutilmente por tal signo.

PROPOSIÇÃO XI

Deus, ou a substância constituída por infinitos atributos, dos quais cada um exprime uma essência eterna e infinita, necessariamente existe.

DEMONSTRAÇÃO

Se negais isso, concebei, se for possível, que Deus não exista. Logo, sua essência (pelo Axioma VII) não envolve sua existência. Ora, isso é absurdo (pela Proposição VII). Logo, Deus existe necessariamente.

OUTRA DEMONSTRAÇÃO

Para toda coisa deve haver uma causa ou razão assinalável, por que existe ou não. Por exemplo, se um triângulo existe, deve haver uma razão ou causa de sua existência; se não existe, também deve haver uma causa ou razão que o impeça ou subtraia sua existência. Essa causa ou razão deve, além disso, estar contida ou na natureza da coisa ou em seu exterior. Por exemplo, a razão pela qual um círculo quadrado não existe, sua própria natureza o indica, pois envolve uma contradição. Ao contrário, porque uma substância existe isso é consequência de sua própria natureza, uma vez que envolve a existência necessária (pela Proposição VII). Difere da razão pela qual um círculo ou um triângulo exista ou não; não é consequência de sua natureza, mas de uma ordem inteiramente corporal; pois deve seguir dessa ordem ou que o triângulo exista atualmente por necessidade, ou que é impossível existir. E isso se manifesta por si. Segue-se que essa coisa existe necessariamente, pois não há nenhuma causa ou razão que a impeça de existir. Se não há nenhuma causa ou razão dada que impeça que Deus exista, ou tolha sua existência, não se poderá evitar de concluir que ele existe necessariamente. Mas para que uma causa ou razão pudesse ser dada, ela deveria estar contida ou na própria natureza de Deus ou fora de tal natureza, quer dizer, em uma outra substância de natureza diversa. Pois se fosse da mesma natureza, por isso mesmo se concordaria que Deus é. Mas uma substância que fosse de outra natureza não poderia ter nada em comum com Deus (pela Proposição II) e, portanto, não poderia pôr ou tolher sua existência. Assim, dado que a razão ou causa que subtrairia a existência divina não pode ser dada fora da natureza de Deus, ela deverá, necessariamente, caso se queira que ele não exista, estar contida em sua própria natureza, a qual teria, portanto, de envolver uma contradição. Ora, é absurdo afirmar isso de um Ser absolutamente infinito e soberanamente perfeito; logo, nem em Deus nem fora dele é dada qualquer razão ou causa que subtraia sua existência e, por conseguinte, Deus existe necessariamente.

OUTRA DEMONSTRAÇÃO

Poder não existir é impotência e, ao contrário, poder existir é potência (como se nota por si). Se, portanto, o que existe necessariamente no momento atual são entes finitos, os entes finitos serão mais potentes do que um Ser absolutamente infinito, o que (como se nota) é absurdo. Logo, ou nada existe ou um Ser absolutamente infinito existe necessariamente. Ora, nós existimos ou em nós mesmos ou em outra coisa que exista necessariamente (ver Axioma I e Proposição VII). Logo, um Ser absolutamente infinito, quer dizer Deus (pela Definição VI), necessariamente existe.

ESCÓLIO

Nesta última Demonstração, quis fazer ver a existência de Deus *a posteriori*, a fim de que a prova fosse mais facilmente percebida; não é que a existência de Deus não se siga, *a priori*, do mesmo princípio. Pois se poder existir é potência, segue-se que, quanto mais realidade houver na natureza de uma coisa, mais forças ela tem por si mesma para existir. Assim, um Ser absolutamente infinito ou, dito de outra maneira, Deus, tem em si mesmo uma potência absolutamente infinita para existir e, por conseguinte, ele existe absolutamente. No entanto, talvez muitos leitores não vejam com facilidade a evidência desta Demonstração, porque se acostumaram a considerar apenas as coisas que provêm de causas exteriores. E entre essas coisas, aquelas que se formam rapidamente, quer dizer, que existem com facilidade, eles também as veem facilmente perecer, enquanto aquelas concebidas como mais ricas em possessões, julgam mais difíceis de serem feitas, isto é, não acreditam que existam facilmente. Para os livrar desses preconceitos, todavia, não tenho precisão de mostrar em que medida é verdadeiro o ditado: "o que se faz com rapidez, rapidamente perece". Nem mesmo se, com relação à totalidade da natureza, todas as coisas são igualmente fáceis ou não. Basta notar apenas que não falo aqui de coisas que provêm de causas exteriores, mas apenas de substâncias que (pela Proposição VI) não podem ser produzidas por nenhuma causa exterior. Pois todas as coisas que provêm de causas exteriores, sejam elas compostas de muitas partes ou de uma pequena quantidade, tudo o que possuem de perfeição ou de realidades se deve à virtude da causa exterior, e assim sua existência provém apenas da perfeição da causa, não de si. Ao contrário, tudo o que uma substância possui de perfeição não se deve a nenhuma causa exterior; é porque apenas de sua natureza deve seguir sua existência, que outra coisa não é senão sua essência. A perfeição de uma coisa não tolhe, portanto, sua existência; ao contrário, a determina; é sua imperfeição que a tolhe. E assim não podemos mais estar certos da existência de algo, a não ser da existência de um Ser absolutamente infinito ou perfeito, quer dizer, de Deus. Pois, dado que sua existência exclui toda imperfeição, e envolve a perfeição absoluta, por isso mesmo ela subtrai toda razão de duvidar de sua existência e dá uma certeza soberana, como creio que verá toda pessoa mediocremente atenta.

PROPOSIÇÃO XII

De nenhum atributo de uma substância pode ser formado um conceito verdadeiro do qual se seguisse que a substância pode ser dividida.

DEMONSTRAÇÃO

Com efeito, ou as partes, nas quais a substância assim concebida estaria dividida, conservariam a natureza da substância ou não a conservariam. Na primeira hipótese, cada parte (pela Proposição VIII) deverá ser infinita e (pela Proposição VI) causa de si; e (pela Proposição V) ser constituída por um atributo diferente; assim, de uma só substância muitas

ÉTICA, DEMONSTRADA À MANEIRA DOS GEÔMETRAS 99

substâncias poderão ser formadas, o que (pela Proposição VI) é absurdo. Acrescente-se que as partes (pela Proposição II) não teriam nada em comum com o todo, e o todo (pela Definição IV e a Proposição X) poderia ser concebido sem suas partes, o que ninguém poderá duvidar ser absurdo. Seja agora a segunda hipótese, a saber, que as partes não conservam a natureza da substância; daí, se a substância inteira estivesse dividida em partes iguais, perderia sua natureza de substância e deixaria de ser, o que é absurdo (pela Proposição VII).

PROPOSIÇÃO XIII
Uma substância absolutamente infinita é indivisível.

DEMONSTRAÇÃO
Se fosse divisível, as partes nas quais estaria dividida ou reteriam a natureza de uma substância absolutamente infinita ou não a conservariam. Na primeira hipótese, haveria diversas substâncias de mesma natureza, o que (pela Proposição V) é absurdo. Na segunda, então (como acima), uma substância absolutamente infinita poderia deixar de ser, o que é igualmente absurdo.

COROLÁRIO
Segue-se disso que nenhuma substância, e por consequência nenhuma substância corporal, enquanto for uma substância, é divisível.

ESCÓLIO:
Que uma substância seja indivisível, isso se conhece com simplicidade, pois a natureza de uma substância não pode ser concebida de outra maneira que como infinita, e que por parte de uma substância não se pode entender senão que uma substância seja finita, o que (pela Proposição VIII) implica uma contradição manifesta.

PROPOSIÇÃO XIV
Com exceção de Deus, nenhuma substância pode ser dada ou concebida.

DEMONSTRAÇÃO

Dado que Deus é um ser absolutamente infinito, do qual nenhum atributo, que exprime a essência de uma substância, pode ser negado (pela Definição VI), e existe necessariamente (pela Proposição XI), se alguma substância além dele existisse, ela deveria ser explicada por algum atributo de Deus, e assim existiriam duas substâncias de mesmo atributo, o que (pela Proposição V) é absurdo; portanto, nenhuma substância, com exceção de Deus, pode ser dada e, consequentemente, concebida. Pois se pudesse ser concebida, deveria ser concebida necessariamente como existente, o que (pela primeira parte desta Demonstração) é absurdo. Logo, à exceção de Deus, nenhuma substância pode ser dada ou concebida.

COROLÁRIO 1

Segue-se daí, claramente, que: 1. Deus é único, quer dizer (pela Definição VI) que nas coisas da natureza não se dá exceto uma só substância e que ela é absolutamente infinita, como já o indicamos no Escólio da Proposição x.

COROLÁRIO 2

E 2. que a coisa extensa e a coisa pensante ou são atributos de Deus ou (pelo Axioma I) afecções dos atributos de Deus.

PROPOSIÇÃO XV

Tudo o que é, está em Deus e nada sem Deus é ou pode ser concebido.

DEMONSTRAÇÃO

À exceção de Deus, nenhuma substância pode ser dada ou concebida (pela Proposição XIV), ou seja (pela Definição III), a coisa que é em si e por si é concebida. Os modos, de outra parte (pela Definição V), não podem existir ou ser concebidos; pelo que, somente na natureza divina existem e por ela podem ser concebidos. Com efeito, fora das substâncias e dos modos nada é gerado (pelo Axioma I). Assim, nada sem Deus é nem pode ser concebido.

ESCÓLIO:

Há os que imaginam Deus à semelhança de um homem, composto de corpo e mente e submetido às paixões; o quanto estão longe do verdadeiro conhecimento de Deus, as demonstrações anteriores bastam para constatar. Abandono tais homens, pois aqueles que levaram um pouco em consideração a natureza divina estão de acordo em negar que Deus seja corpóreo. E eles provam muito bem essa verdade do que entendemos por corpo – qualquer quantidade longa, larga e profunda, limitada por uma certa figura, o que é a coisa mais absurda que se possa dizer de Deus, ser absolutamente infinito. Ao mesmo tempo, todavia, eles fazem ver claramente, tentando demonstrá-lo por outras razões, que distinguem inteiramente a substância corporal, ou extensão, da natureza divina, admitindo que ela é criada por Deus. Mas ignoram por qual poder divino ela foi criada, o que mostra claramente desconhecerem o que eles mesmos dizem. Eu, pelo menos, demonstrei muito claramente, tanto quanto posso julgar (Corolário da Proposição VI e Escólio 2 da Proposição VIII), que nenhuma substância pode ser produzida ou criada por outro ser. Além do mais, mostramos pela Proposição XIV que, à exceção de Deus, nenhuma substância pode se dar ou ser concebida, e disso concluímos que a substância extensa é um dos atributos infinitos de Deus. Tendo em vista, porém, uma explicação mais completa, refutarei os argumentos dos adversários, que a isso se reduzem: primeiramente, que a substância corpórea, enquanto substância, se compõe de partes; e por tal razão, negam que ela possa ser infinita e, consequentemente, que possa pertencer a Deus. Explicam isso com numerosos exemplos, dos quais trarei alguns. Se a substância corporal, dizem eles, é infinita, que se a conceba dividida em duas partes: cada uma delas será finita ou infinita. Na primeira hipótese, o infinito se compõe de duas partes finitas, o que é absurdo. Na segunda, haverá um infinito duplo, o que não é menos absurdo. Além disso, se uma quantidade infinita é medida por meio de partes, tendo o comprimento de um pé, ela deverá ser composta de uma infinidade dessas partes, e o mesmo se for medida por partes tendo o comprimento de uma polegada; por consequência, um número infinito será doze vezes maior que um outro número infinito. Enfim, caso se concebam que duas linhas AB e AC, de quantidade infinita, partindo de um mesmo ponto e situadas, no início, a uma certa distância, sejam protendidas ao infinito, é certo que a distância entre B e C aumentará

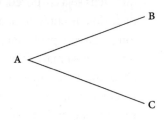

continuamente e, de determinada, a distância se tornará indeterminada. Depois, considerando que tais absurdos são, pelo que eles pensam, a consequência de se supor uma quantidade infinita, concluem que a substância corpórea deve ser finita e, em consequência, não pertencer à essência de Deus. Tais são os argumentos por mim encontrados nos autores, pelos quais se procura mostrar que a substância corporal é indigna da natureza de Deus e não lhe pode pertencer. Se, porém, se quiser prestar atenção, se reconhecerá que a isso já respondi, pois tais argumentos se fundamentam apenas quando se supõe a substância corporal composta de partes, o que já mostrei ser absurdo (pela Proposição XII com o Corolário da Proposição XIII). Em seguida, caso se queira examinar a questão, ver-se-á que todas as consequências absurdas (supondo-se que todas o sejam, ponto que deixo de fora da presente discussão), das quais querem concluir que uma substância extensa é finita, não decorrem minimamente de se supor uma quantidade infinita, mas de se supor essa quantidade mensurável e composta de partes finitas. Portanto, nada se pode concluir desses absurdos, a não ser que uma quantidade infinita não é mensurável e não pode ser composta de partes finitas. E foi justamente isso que já demonstramos acima (pela Proposição XII etc.). Por isso, o projétil que eles nos pretendem dirigir retroage, em realidade, contra eles mesmos. Aliás, se quiserem concluir pelo absurdo de sua própria suposição, a de que uma substância extensa deve ser finita, em verdade eles fazem como alguém que, por ter imaginado um círculo com as propriedades do quadrado, concluiria que um círculo não possui um centro do qual todas as linhas traçadas até a circunferência são iguais. Pois a substância corpórea, que não pode ser concebida senão como infinita, única e indivisível (pelas proposições VIII, V e XII), eles a concebem múltipla e divisível, para concluírem que é finita. É assim que outros, após terem imaginado que uma linha é composta de pontos, sabem encontrar numerosos argumentos para mostrar que uma linha não pode ser divisível ao infinito. Com efeito, não é menos absurdo supor que a substância corpórea é composta de corpos ou de partes, como imaginar o corpo formado de superfícies, a superfície de linhas e a linha, por fim, de pontos. E isso devem reconhecer os que sabem que uma razão clara é infalível, e em primeiro lugar os que negam que o vácuo seja dado. Pois se a substância corpórea pudesse ser dividida de tal maneira que suas partes fossem realmente distintas, por que uma parte não poderia ser aniquilada, conservando as demais as mesmas relações que antes? E por que devem elas convir entre si de maneira que não haja vácuo? Certamente, se as coisas são realmente distintas umas das outras, uma pode existir e conservar seu estado sem a outra. Depois, já que não há vácuo na natureza (de resto, nós nos explicamos a esse respeito), mas que todas as partes devem convir entre si, de maneira que ele não exista, segue-se daí que elas não podem realmente distinguir-se, ou seja, que a substância corpórea, enquanto substância, possa ser dividida. Entretanto, se nos perguntarmos por que nos inclinamos naturalmente a dividir a quantidade, respondo que a quantidade é por nós concebida de duas maneiras: abstratamente, quer dizer, superficialmente, tal como a representamos por imaginação, ou como uma substância, o que não é possível senão ao entendimento. Portanto, se levarmos em conta a quantidade, tal como ela está na imaginação, o que é o caso ordinário e mais fácil, nós a acharemos finita, divisível e composta de partes; ao contrário, se a considerarmos tal como é no entendimento e a concebermos como substância, o que é muito difícil, então, tal como o demonstramos, a encontraremos infinita, única e indivisível. Isso será evidente para todos aqueles que souberam distinguir entre imaginação e entendimento; principalmente se atentarmos que a matéria é a mesma em todos os lugares e nela não há partes distintas, só enquanto a consideramos como afetada de maneiras diversas. Donde se segue que entre suas partes há uma diferença apenas modal, e não real. Por exemplo, concebemos que a água, enquanto água, se divide e que suas partes se separam umas das outras, mas não na qualidade de substância corpórea; como tal, ela não sofre nem separação nem divisão. Da mesma maneira, a água, enquanto água, é gerada e se corrompe, mas, enquanto substância, não se engendra nem se corrompe. E por esse meio penso já ter respondido ao segundo argumento, pois que se baseia também em tal suposição, a de que a matéria, na qualidade de substância, é divisível e formada de partes. Haveria outro fundamento: não sei por que a matéria seria indigna da natureza divina, pois (pela Proposição xiv) não pode haver, além de Deus, nenhuma substância por ação da qual, enquanto matéria, ele sofreria. Todas, eu digo, estão em Deus, e tudo o que acontece, acontece apenas pelas leis da natureza infinita de Deus e segue-se da necessidade de sua essência (como logo o demonstrarei). Logo, não se pode dizer, sob qualquer consideração, que Deus sofra por ação de um outro ser ou que a substância

ÉTICA, DEMONSTRADA À MANEIRA DOS GEÔMETRAS

extensa seja indigna da natureza divina, ainda que a supuséssemos divisível, desde que se concorde que ela é eterna e infinita. No momento, é o bastante a respeito desse ponto.

PROPOSIÇÃO XVI

Da necessidade da infinita natureza divina devem seguir infinitos modos, isto é, tudo o que possa cair sob o intelecto infinito.

DEMONSTRAÇÃO

Essa Proposição deve ser evidente para qualquer um, considerando-se que o entendimento conclui, da Definição dada de uma coisa qualquer, várias propriedades que lhe são consequências necessárias (quer dizer, que se seguem da essência da própria coisa), e tanto mais que a Definição da coisa exprime, como que envolvida em sua essência, mais realidade. De resto, como a natureza divina contém uma infinidade absoluta de atributos (pela Definição VI), cada um deles exprimindo uma essência infinita em seu gênero, de sua necessidade deve seguir, numa infinidade de modos, uma infinidade de coisas, isto é, tudo o que pode cair sob o entendimento infinito.

COROLÁRIO 1

Disso se segue que Deus é a causa eficiente de todas as coisas que podem cair sob o intelecto infinito.

COROLÁRIO 2

Em segundo lugar, segue-se que Deus é causa por si, e não por acidente.

COROLÁRIO 3

Em terceiro lugar, Deus é absolutamente causa primeira.

PROPOSIÇÃO XVII

Deus só por sua natureza legisla, e por ninguém age coagido.

DEMONSTRAÇÃO

É somente da necessidade da natureza divina, ou unicamente das leis dessa mesma natureza, que resulta uma infinidade de coisas, como o expusemos na Proposição xvi; e na xv demonstramos que nada existe e pode ser concebido sem Deus; eis por que nada pode haver fora de Deus que lhe obrigue ou o determine a agir; de onde se segue que ele age apenas pelas leis de sua natureza e não é por ninguém coagido a agir.

COROLÁRIO 1

Segue-se daí, primeiro, não existir qualquer causa que, extrínseca ou intrínseca a Deus, o incite a agir, salvo a perfeição de sua própria natureza.

COROLÁRIO 2

Segue-se, em segundo lugar, que só Deus é causa livre. Pois Deus existe somente pela necessidade de sua natureza (pela Proposição xi e Corolário 1 da Proposição xiv), e age só pela necessidade de sua natureza. Por conseguinte, só ele é causa livre (pela Definição vii).

ESCÓLIO

Outros pensam que Deus é causa livre, porque pode fazer, a neles se acreditar, com que as coisas que dissemos seguir de sua natureza, ou que estão sob seu poder, não cheguem ou não sejam por ele produzidas. É como se dissessem: Deus pode fazer com que não decorra da natureza do triângulo que seus três ângulos sejam iguais a dois retos, ou que de uma causa não se siga o efeito, o que é absurdo. Além disso, mostrarei adiante, e sem recurso a essa Proposição, que nem o entendimento nem a vontade pertencem à natureza de Deus. Bem sei que muitos acreditam poder demonstrar que um entendimento supremo e uma vontade livre pertencem à natureza de Deus; com efeito, eles dizem nada conhecer que seja mais perfeito de ser atribuído a Deus do que aquilo que, em nós, é a mais alta perfeição. Ainda que concebam Deus como sendo um ser soberanamente ciente, não creem, porém, que ele possa tornar existente tudo do que se tem um conhecimento atual [em ato], pois acreditariam assim destruir a potência de Deus. Se ele houvesse criado, dizem eles, tudo o que está em seu entendimento, nada mais haveria a ser criado, o que, segundo eles, repugna a onipotência divina. E, por conseguinte, preferiram admitir um Deus indiferente a todas as coisas, nada criando a mais do que aquilo que, por uma certa vontade absoluta, decretou criar. Mas acredito ter mostrado bastante claramente (pela Proposição xvi) que da soberana potência de Deus, ou de sua infinita natureza, uma infinidade de coisas em infinitos modos, quer dizer, tudo, necessariamente decorreu, ou sempre se seguiu, com a mesma necessidade; da mesma forma que, de toda a eternidade e para toda a eternidade, segue-se da natureza do triângulo que seus três ângulos igualam dois retos. Eis por que a onipotência de Deus esteve em ato desde toda a eternidade e permanece, para toda a eternidade, na mesma atualidade [em ato]. De maneira que a onipotência de Deus é muito mais perfeita, ao menos em meu juízo. Mais ainda, meus adversários parecem (se me é permitido falar abertamente) negar a onipotência de Deus. Efetivamente, eles são obrigados a confessar que Deus tem a ideia de uma infinidade de coisas criáveis que, no entanto, jamais poderá criar. Pois, de outra maneira, isto é, se criasse tudo de que tivesse ideia, esgotaria, segundo eles, toda a sua potência e se tornaria imperfeito. Para lhe dar a perfeição, eles tiveram que admitir ao mesmo tempo que ele não pode fazer tudo a que se estende sua potência, e não vejo ficção mais absurda ou que concorde menos com a onipotência divina. Além disso, para dizer aqui alguma coisa do entendimento e da vontade que comumente atribuímos a Deus, se o entendimento e a vontade pertencem à sua essência eterna, é preciso entender por um e outro atributos algo certamente diverso do que os homens costumam fazer. Pois o entendimento e a vontade que constituiriam a essência de Deus deveriam diferenciar-se imensamente do nosso entendimento e de nossa vontade, e não poderia com eles convir a não ser pelo nome, quer dizer, como convêm entre si o cão, signo celeste, e o cão, animal que late. Eu o demonstrarei como se segue. Se um entendimento pertence à natureza divina, não poderá ser, como nosso entendimento, de natureza posterior (assim como quer a maioria) às coisas que conhece, ou existir ao mesmo tempo que elas, pois Deus é anterior a todas as coisas por sua causalidade (pelo Corolário 1 da Proposição XVI). Ao contrário, a verdade, a essência das coisas, é o que é porque existe objetivamente no intelecto de Deus. Assim, o entendimento de Deus, sendo concebido como constituinte da essência de Deus, é realmente a causa das coisas, tanto de sua essência quanto de sua existência. Isso parece ter sido percebido por aqueles que afirmaram que o entendimento de Deus, sua vontade e potência são uma e mesma coisa. Em seguida, dado que o entendimento de Deus é a única causa das coisas, quer dizer (como demonstramos), de sua essência e existência, deve diferenciar-se delas tanto em relação a uma quanto à outra. O causado difere de sua causa precisamente pelo que recebe de sua causa. Por exemplo, um homem é causa da existência de outro homem, mas não de sua essência, pois esta aqui é uma verdade eterna. Por outro lado, eles podem convir inteiramente quanto à essência, mas devem diferenciar-se quanto à existência. Por essa razão, se a existência de um vier a desaparecer, a do outro não o será por isso; mas se a essência de um pudesse ser destruída e tornada falsa, a outra seria igualmente falsa. Por consequência, uma coisa que é a causa de um certo efeito, e ao mesmo tempo de sua existência e de sua essência, deve diferir desse efeito tanto sob o aspecto da essência quanto da existência. Ora, o entendimento de Deus é a causa da existência e da essência da nossa. Logo, o entendimento de Deus, enquanto concebido como constituinte da essência divina, difere de nosso entendimento tanto sob o aspecto da existência quanto da essência, e a ele não se lhe assemelha

ÉTICA, DEMONSTRADA À MANEIRA DOS GEÔMETRAS

senão de maneira nominal, como se tratava de mostrar. Quanto à vontade, todos veem facilmente que se procederá da mesma maneira.

PROPOSIÇÃO XVIII

Deus é causa imanente de todas as coisas, mas não transitiva.

DEMONSTRAÇÃO

Tudo o que é está em Deus e por ele deve ser concebido (pela Proposição XV); e assim (pelo Corolário 1 da Proposição XVI), Deus é a causa das coisas que nele estão, o que é o primeiro ponto. Em seguida, nenhuma substância fora de Deus pode ser dada (pela Proposição XIV), ou seja, existe em si, o que é o segundo ponto. Logo, Deus é a causa imanente de todas as coisas, mas não a transitiva.

PROPOSIÇÃO XIX

Deus ou todos os atributos de Deus são eternos.

DEMONSTRAÇÃO

Deus (pela Definição VI) é com efeito uma substância que (pela Proposição XI) existe necessariamente, isto é, a cuja natureza pertence existir, ou de cuja afirmação segue-se por isso mesmo a existência, sendo assim eterno. Além do mais, é preciso entender por atributos de Deus aquilo que (pela Definição IV) exprime a natureza divina, quer dizer, pertence à substância. É isso o que deve estar envolvido nos atributos. Ora, a eternidade pertence à natureza da substância (como já demonstrado pela Proposição VII). Assim, cada um dos atributos deve envolver a eternidade, sendo todos eles eternos.

ESCÓLIO

Esta Proposição torna-se claríssima pelo modo como demonstrei a existência de Deus. Constata-se dessa Demonstração que a existência de Deus, assim como sua essência, é uma verdade eterna. Além do mais, demonstrei de outro modo (pela Proposição XIX dos *Princípios da Filosofia de Descartes*) a eternidade de Deus, e não é preciso aqui repetir.

PROPOSIÇÃO XX

A existência de Deus e sua essência são uma e mesma coisa.

DEMONSTRAÇÃO

Deus (pela Proposição precedente) e seus atributos são eternos, isto é (pela Definição VIII), que cada um de seus atributos exprime a existência. Assim, os mesmos atributos de Deus que explicam sua essência eterna (pela Definição IV), explicam em simultâneo sua existência eterna, ou seja: aquilo que constitui a essência de Deus constitui também sua existência; por conseguinte, a essência e a existência são uma e mesma coisa.

COROLÁRIO 1

Segue-se daí, primeiramente, que a existência de Deus, assim como sua essência, é uma verdade eterna.

COROLÁRIO 2

Em segundo lugar, que Deus é imutável, ou seja, que todos os seus atributos são imutáveis. Pois se viessem a mudar com relação à existência, mudariam também com relação à essência (pela Proposição precedente), quer dizer, resultariam falsos (como se nota por si) pela verdade que trazem, o que é absurdo.

PROPOSIÇÃO XXI

Tudo o que segue da natureza de um atributo de Deus, tomado absolutamente, deve sempre existir e é infinito, ou é infinito e eterno por esse mesmo atributo.

DEMONSTRAÇÃO

Caso o negais, concebei, se puderdes, que em um atributo de Deus qualquer coisa que seja finita e tenha uma existência ou duração determinada decorre da natureza absoluta desse atributo; por exemplo, a ideia de Deus no pensamento. O pensamento, pois se supõe que é um atributo de Deus, é, por sua natureza, necessariamente infinito (pela Proposição XI) e, na medida em que tem uma ideia de Deus, é considerado finito. Mas (pela Definição II) ele não pode ser considerado finito se não é limitado pelo próprio pensamento. Não pode sê-lo, no entanto, pelo pensamento enquanto este constitui a ideia de Deus, pois, assim considerado, o pensamento é tido por finito. Será, pois, pelo pensamento, enquanto não constitui a ideia de Deus, que, no entanto, existe necessariamente (pela Proposição xi). Há, portanto, um pensamento que não constitui a ideia de Deus e, por conseguinte, a ideia de Deus não decorre da natureza do pensamento enquanto tomado em absoluto (é concebido, efetivamente, como constituindo a ideia de Deus, e não a constituindo). Mas isso é contra a hipótese. Assim, se a ideia de Deus no pensamento, ou qualquer outra coisa que seja (pouco importa, pois a Demonstração é universal), resulta, em um atributo de Deus, da necessidade da natureza desse atributo, tomado absolutamente, essa coisa deve ser, necessariamente, infinita. Agora, o que resulta da necessidade da natureza de um atributo não pode ter uma duração determinada. Se o negais, suponde que uma coisa que decorra da natureza de um atributo seja dada em qualquer atributo de Deus, por exemplo a ideia de Deus no pensamento, e que essa coisa seja suposta não ter existido ou não dever existir em certo instante do tempo. Como, porém, se supõe ser o pensamento um atributo de Deus, ele deve necessariamente existir e ser imutável (pela Proposição xi e Corolário 2 da Proposição xx). Logo, para além dos limites da duração da ideia de Deus (que se supõe não ter existido ou não dever existir em certo instante do tempo), o pensamento deverá existir sem a ideia de Deus. Ora, isso é contra a hipótese, pois se supõe que, sendo dada essa ideia, a ideia de Deus segue-se necessariamente. Logo, a ideia de Deus no pensamento, não mais do que qualquer outra coisa que decorra necessariamente da natureza de um atributo de Deus, tomado absolutamente, não pode ter uma duração determinada. Mas pela virtude desse atributo, essa coisa é eterna. O que é o segundo ponto. Observar-se-á que o que é dito aqui deve ser afirmado de toda coisa que, num atributo de Deus, decorre necessariamente da natureza de Deus, tomada absolutamente.

PROPOSIÇÃO XXII

Tudo o que se segue de um atributo de Deus afetado por uma modificação que, pela virtude desse atributo, existe necessariamente e é infinito, deve também existir necessariamente e ser infinito.

DEMONSTRAÇÃO

A Demonstração desta Proposição se procede do mesmo modo que o da Demonstração precedente.

PROPOSIÇÃO XXIII

Todo modo que existe necessária e infinitamente deveu seguir-se necessariamente ou da natureza absoluta de um atributo de Deus ou de um atributo afetado por uma modificação que existe necessária e infinitamente.

DEMONSTRAÇÃO

Um modo existe em outra coisa além dele, pela qual deve ser concebido (pela Definição v), quer dizer, somente em Deus e só por ele concebido. Se, portanto, se concebe um modo que exista necessariamente e seja infinito, esses dois caracteres deverão ser concebidos ou percebidos necessariamente por meio de um atributo de Deus, enquanto este atributo exprime a infinidade e a necessidade da existência, ou a eternidade (o que vem a ser o mesmo conforme a Definição viii), quando concebida absolutamente. Logo, um modo que existe necessariamente e é infinito decorreu da natureza absoluta de um atributo de Deus, e isso imediatamente (é o caso da Proposição xxi), ou então por intermédio de alguma modificação que se siga dessa natureza absoluta, isto é, que existe necessariamente e é infinita (pela Proposição precedente).

ÉTICA, DEMONSTRADA À MANEIRA DOS GEÔMETRAS 113

PROPOSIÇÃO XXIV

A essência das coisas produzidas por Deus não envolve a existência.

DEMONSTRAÇÃO

Isso se evidencia pela Definição I. Pois aquilo cuja natureza (em si considerada) envolve a existência é causa de si e existe apenas por necessidade de sua natureza.

COROLÁRIO

Segue-se daí que Deus é não somente a causa que faz com que as coisas comecem a existir, mas também o que faz com que perseverem em sua existência, ou (para usar um termo escolástico) Deus é a causa do ser das coisas. Pois existindo ou não existindo, todas as vezes que consideramos sua essência, verifica-se que ela não envolve nem existência nem duração, e assim sua essência não pode ser causa nem de sua existência nem de sua duração, mas apenas Deus, a cuja natureza pertence existir (pelo Corolário I da Proposição XIV).

PROPOSIÇÃO XXV

Deus não é só causa eficiente da existência das coisas, mas também da essência.

DEMONSTRAÇÃO

Se o negais, então Deus não é causa da essência (pelo Axioma IV), e assim a essência das coisas pode ser concebida sem Deus: ora, isso é absurdo (pela Proposição XV). Logo, Deus é causa da essência das coisas.

ESCÓLIO

Esta Proposição acompanha claramente a Proposição XVI. Segue-se desta última, com efeito, que, dada a natureza divina, conclui-se necessariamente tanto a essência quanto a existência das coisas; em uma palavra, no sentido de que Deus é dito causa de si, deve-se também dizer que é causa de todas as coisas, o que será constatado ainda mais claramente pelo Corolário seguinte.

COROLÁRIO

As coisas particulares não são nada, a não ser afecções dos atributos de Deus; dito de outra forma, modos pelos quais os atributos de Deus se exprimem de uma maneira certa e determinada. Isso é claramente demonstrado pela Proposição XV e a Definição V.

PROPOSIÇÃO XXVI

Uma coisa que é determinada a operar de certa maneira foi necessariamente determinada por Deus ; e aquela que não foi determinada, não pode, por si mesma, determinar-se a operar.

DEMONSTRAÇÃO

Aquilo por intermédio do que as coisas são ditas determinadas a operar de certa maneira, é algo de positivo (como por si se nota). E assim, sua essência e existência têm Deus como causa eficiente (pelas proposições XXV e XVI), o que era o primeiro ponto. A segunda parte da Proposição segue-se claramente, pois, se uma coisa não é determinada por Deus, poderia determinar-se por si, e a primeira parte da Proposição seria falsa, o que é absurdo, como pusemos em evidência.

PROPOSIÇÃO XXVII

Uma coisa determinada por Deus a operar de certa maneira não pode tornar-se indeterminada.

DEMONSTRAÇÃO

Isso é evidente pelo Axioma III.

PROPOSIÇÃO XXVIII

Uma coisa singular qualquer, ou, dito de outra forma, toda coisa finita e de existência determinada, não pode existir e ser determinada a operar se não é determinada a existir e a operar por outra causa que é, ela mesma, finita, tendo existência determinada. Por sua vez, esta causa não pode mais existir e ser determinada se não for determinada a existir e a operar por outra igualmente finita e de existência determinada, e assim ao infinito.

ESCÓLIO

Como certas coisas, sem dúvida, deveram ser imediatamente produzidas por Deus, a saber, aquelas que seguem necessariamente de sua natureza, considerada absolutamente, e outras que não podem existir nem ser concebidas sem Deus, por intermédio das primeiras. Segue-se daí, em primeiro lugar, que a respeito das coisas imediatamente produzidas por ele, Deus é a causa próxima absoluta, mas não em seu gênero, como se diz, pois os efeitos de Deus não podem existir nem ser concebidos sem sua causa (pela Proposição xv e Corolário da Proposição xxiv). Em segundo lugar, Deus não pode ser dito propriamente causa afastada das coisas singulares, a não ser a fim de distingui-las daquelas produzidas imediatamente, ou antes, que se seguem de sua natureza, tomada absolutamente. Pois entendemos por causa afastada aquela que não esteja de modo algum ligada a seu efeito. E tudo o que é, está em Deus e dele depende, de tal sorte que, sem ele, não pode existir ou ser concebido.

PROPOSIÇÃO XXIX

Nas coisas da natureza nada é contingente, mas tudo aí está determinado a existir e a operar de algum modo pela necessidade da natureza divina.

DEMONSTRAÇÃO

Tudo o que é está em Deus (pela Proposição xv) e Deus não pode ser dito contingente, pois (pela Proposição xi) ele existe necessariamente e não de maneira contingente. Quanto aos modos da natureza de Deus, eles se seguiram também necessariamente dessa natureza, não de maneira contingente, e isso mesmo quando se considera a natureza divina absolutamente (Proposição xxi) e quando se a considera como determinada a agir de uma certa maneira (Proposição xxvii). De resto, Deus é causa desses modos não apenas enquanto simplesmente existem (Corolário da Proposição XXIV), mas também quando os consideramos determinados a operar de certa maneira (Proposição XXVI). Se não são determinados por Deus, é impossível, mas não contingente, que se autodeterminem (mesma Proposição); e se, ao contrário, são determinados por Deus, é impossível, mas não contingente, que se tornem indeterminados por si mesmos (Proposição XXVII). Assim, tudo é determinado pela necessidade da natureza divina, não somente a existir, mas também a existir e a operar de alguma maneira, nada havendo de contingente.

ESCÓLIO

Antes de passar adiante, quero explicar, ou antes fazer observar, o que entendemos por Natureza Naturante e Natureza Naturada. Já pelo que precede, deve-se entender por Natureza Naturante o que é em si e por si é concebido, ou seja, os atributos da substância que exprimem uma essência eterna infinita, ou seja (pelo Corolário 1 da Proposição XIV e Corolário 2 da Proposição XVII), Deus, enquanto considerado como causa livre. De outro lado, entendo por Natureza Naturada tudo o que se segue da necessidade da natureza de Deus ou de cada um de seus atributos, ou seja, todos os modos dos atributos de Deus, considerados como coisas que estão em Deus e não podem sem Deus existir ou ser concebidas.

PROPOSIÇÃO XXX

Um entendimento em ato, finito ou infinito, deve compreender os atributos e afecções de Deus, e nada mais.

DEMONSTRAÇÃO

Uma ideia verdadeira deve convir com o objeto ideado (pelo Axioma VI), ou seja (como por si se nota): o que está contido objetivamente no entendimento deve ser necessariamente dado na natureza. Ora, na natureza (pelo Corolário 1 da Proposição XIV) só há uma substância, a saber, Deus; e não há outras afecções senão as que estão em Deus (Proposição XV), e não podem existir ou ser concebidas sem ele. Logo, um entendimento finito ou infinito em ato deve compreender os atributos e afecções de Deus, e nada mais.

PROPOSIÇÃO XXXI

O entendimento em ato, seja finito ou infinito, assim como a vontade, a cupidez, o amor etc. devem referir-se à natureza naturada e não à natureza naturante.

DEMONSTRAÇÃO

Por entendimento (como se observa), entendemos não o pensamento absoluto, mas apenas um certo modo de cogitar, o qual difere dos demais, tal como a cupidez, o amor etc. e, por conseguinte (pela Definição v), deve ser pensado por intermédio do pensamento absoluto (Proposição xv e Definição vi), por um atributo de Deus que exprima a essência eterna e infinita do pensamento, e isso de tal maneira que não possa, sem tal atributo, nem existir nem ser concebido; e por essa razão (Escólio da Proposição xxix), deve referir-se à natureza naturada e não à natureza naturante, como os demais modos de pensar.

ESCÓLIO

A razão pela qual falo aqui de um entendimento em ato não é que esteja de acordo com a existência de um entendimento em potência; mas desejando evitar toda confusão, quis falar da coisa a mais claramente por nós percebida, a saber, a própria ação de conhecer, que é o que mais claramente percebemos. Pois nada podemos conhecer que não conduza a um conhecimento mais aperfeiçoado da ação de conhecer.

PROPOSIÇÃO XXXII

A vontade não pode ser chamada causa livre, mas apenas necessária.

DEMONSTRAÇÃO

A vontade, tanto quanto o entendimento, é um certo modo de pensar e, assim (pela Proposição xxviii), cada volição não pode existir nem ser determinada a operar senão por uma causa determinada, sendo esta causa determinada por outra e assim ao infinito. Se uma vontade é suposta infinita, ela deve também ser determinada a existir e a operar por Deus, não enquanto ele é uma substância absolutamente infinita, mas enquanto possui um atributo que exprime a essência absoluta e eterna do pensamento (pela Proposição XXIII). De qualquer maneira, portanto, que a concebamos, uma vontade, finita ou infinita, requer uma causa pela qual seja determinada a existir e operar; assim (pela Definição VII), não pode ser chamada causa livre, mas apenas necessária ou coagida.

COROLÁRIO 1

Segue-se, em primeiro lugar, que Deus não opera pela liberdade da vontade.

COROLÁRIO 2

Segue-se, em segundo lugar, que a vontade e o entendimento mantêm com a natureza de Deus a mesma relação que o movimento e o repouso e, em absoluto, com todas as coisas que devem ser determinadas a existir e a operar de uma certa maneira (pela Proposição XXIX). Pois a vontade, como todas as demais coisas, tem necessidade de uma causa pela qual seja induzida a existir e a operar de um modo determinado. E embora de uma vontade ou entendimento dado uma infinidade de coisas se possa seguir, não se pode dizer por isso que Deus age pela liberdade da vontade; não mais do que, seguindo-se do movimento e do repouso certas coisas (e seus resultados são infinitos), que Deus aja pela liberdade do movimento e do repouso. A vontade, portanto, não pertence mais à natureza de Deus do que outras coisas naturais, mas mantém com ele a mesma relação que o movimento, o repouso e todas as outras coisas que mostramos, as quais se seguem da necessidade da natureza divina e são determinadas por ela a existir e a operar de certo modo determinado.

PROPOSIÇÃO XXXIII

As coisas não puderam ser produzidas de outro modo, ou de outro modo ordenadas por Deus, a não ser como foram produzidas.

DEMONSTRAÇÃO

Todas as coisas seguiram-se necessariamente da natureza de Deus (pela Proposição XVI) e foram determinadas pela natureza de Deus a existir e a operar de certo modo (pela Proposição XXIX). Se, portanto, coisas de natureza diferente pudessem existir ou ser determinadas a operar de outra maneira, de forma que a natureza fosse outra, Deus também poderia ser de natureza diferente e, por conseguinte (pela Proposição XI), essa outra natureza também deveria existir, e assim poderia haver dois ou mais deuses, o que é absurdo (pelo Corolário 1 da Proposição XIV). Por isso, as coisas não puderam ser produzidas de outro modo, ou de outro modo ordenadas etc.

ESCÓLIO 1

Tendo explicado tão claramente quanto a luz meridiana que nada existe nas coisas que pudesse ser dita contingente, quero agora explicar em algumas palavras o que devemos entender por contingente, mas primeiramente o que devemos entender por necessário e impossível. Uma coisa é dita necessária seja com relação à sua essência, seja com relação à sua causa. Pois a existência de uma coisa se segue necessariamente ou de sua essência e de sua Definição, ou de uma dada causa eficiente. Pelas mesmas causas uma coisa é dita impossível; com efeito, ou porque sua essência ou Definição envolve uma contradição, ou porque nenhuma causa exterior esteja determinada de maneira a produzir essa coisa. Por nenhuma outra causa uma coisa é dita contingente, a não ser relativamente a uma falta de conhecimento nosso, pois uma coisa da qual ignoramos que a essência envolva contradição, ou da qual bem sabemos não envolver qualquer contradição, sem nada poder afirmar de verdadeiro de sua existência, por ignorarmos a ordem das causas, uma tal coisa, digo, jamais nos pode aparecer como necessária ou impossível e, por consequência, a chamamos contingente ou possível.

ESCÓLIO 2

Segue-se claramente do que precede que as coisas foram produzidas por Deus com suma perfeição, pois que decorrentes de uma natureza perfeitíssima. E nenhuma perfeição pode ser arguída de Deus, pois é essa mesma perfeição que nos obriga a afirmá-la. Melhor ainda, é da afirmação contrária que se seguiria (acabo de mostrá-lo) que Deus não é sumamente perfeito, pois se as coisas tivessem sido produzidas de outra maneira, seria preciso atribuir a Deus uma outra natureza, diferente daquela que a consideração do ser perfeitíssimo nos obriga a lhe atribuir. Mas não duvido que muitos recusem essa maneira de ver como algo absurdo e não se consintam mesmo em examiná-la. Isso simplesmente porque se habituaram a atribuir a Deus uma outra liberdade, bem distante e diversa daquela que definimos (Definição VII), a saber, uma vontade absoluta. E também não duvido, se quiserem meditar a respeito e examinar retamente a sequência de minhas demonstrações, que recusem inteiramente e não apenas como coisa fútil, mas como grande empecilho à ciência esta sorte de liberdade que atribuem a Deus. Não é necessário repetir aqui o que disse no Escólio da Proposição XVII. Em seu favor, no entanto, mostrarei ainda que, mesmo concordando que a vontade pertença à essência de Deus, não decorre menos de sua perfeição que as coisas não possam ser criadas por Deus de outra maneira e em outra ordem. Será fácil mostrá-lo se considerarmos em primeiro lugar aquilo que eles mesmos concedem, a saber, que depende apenas do decreto e da vontade de Deus que cada coisa que exista seja o que é. Se fosse de outro modo, Deus não seria a causa de todas as coisas. Em segundo lugar, eles concordam também que todos os decretos de Deus foram sancionados por toda a eternidade. Se fosse diferente, a imperfeição e a inconstância seriam imputadas a Deus. De resto, não há na eternidade nem quando nem antes nem depois. Segue-se daí, quer dizer, da perfeição de Deus, que ele jamais pode nem pôde decretar outra coisa. Em outros termos, que Deus não existe anteriormente a seus decretos, e sem eles não pode existir. Mas, dirão, poder-se-ia supor que se Deus tivesse feito uma outra natureza das coisas, ou que ele, desde a eternidade, houvesse decretado outra coisa sobre a natureza e sobre sua ordem, não se seguiria em Deus qualquer imperfeição. Respondo que, dizendo isso, eles concordam que Deus possa mudar seus decretos. Pois se Deus houvesse decretado sobre a natureza e sua ordem outra coisa do que determinou, ele teria tido necessariamente um outro entendimento que não é atualmente o seu e outra vontade que não é atualmente a sua. E se é permitido atribuir a Deus um outro entendimento e outra vontade, sem com isso nada mudar de sua essência e perfeição, por que razão não poderia mudar seus decretos relativamente às coisas criadas, permanecendo absolutamente perfeito? Pois de qualquer maneira que sejam concebidos, seu entendimento e vontade, no que dizem respeito às coisas criadas, conservam a mesma relação com sua essência e sua perfeição. De outro lado, todos os filósofos, a meu conhecimento, concordam não haver em Deus entendimento em potência, mas apenas em ato; como seu entendimento e sua vontade não se distinguem de sua essência, como todos também concordam, segue-se daí que, se Deus houvesse tido outro entendimento em ato e uma outra vontade, sua essência teria sido necessariamente outra. Por conseguinte (como inicialmente concluí), se as coisas tivessem sido produzidas de outra forma do que são atualmente, o entendimento de Deus e sua vontade, quer dizer, sua essência, deveriam ser outros, o que é absurdo. Tendo-se em conta que as coisas não puderam ser produzidas por Deus de nenhuma outra maneira e por nenhuma outra ordem, e que a verdade dessa Proposição é uma consequência da suma perfeição de Deus, jamais nos deixaremos persuadir, por qualquer razão, não ter ele querido criar as coisas, das quais seu entendimento teve ideia, com a mesma perfeição que se encontra nas ideias. Dizem não haver nas coisas nem perfeição nem imperfeição, pelo que são ditas perfeitas ou imperfeitas, boas e más na dependência única da vontade de Deus; de onde se segue que, se Deus o quisesse, poderia fazer com o que é atualmente perfeição fosse sumamente imperfeito e ao contrário. Mas isso não é outra coisa senão afirmar abertamente que Deus, que possui necessariamente a ideia do que quer, pode, por sua vontade, fazer com que haja das coisas uma ideia diferente daquela que ele tem. O que (acabo de mostrar) é um grande absurdo. Posso, assim, retorquir seu argumento da seguinte maneira. Todas as coisas dependem da potência de Deus. Para que as coisas possam ser outras do que são, seria preciso necessariamente também que a vontade de Deus fosse outra. Ora, a vontade de Deus não pode ser outra (como vimos de mostrar que ela decorre da perfeição de Deus). Logo, as coisas também não podem ser de outro modo. Reconheço que essa opinião, que submete tudo a uma vontade divina indiferente, e admite que tudo depende de seu bel prazer, se afasta menos da verdade do que aquela outra que consiste em admitir que Deus age em tudo com vistas ao bem. Pois aqueles que a sustentam parecem colocar fora de Deus algo que não depende de Deus, e que ele tem em vista como exemplar de suas ações, ou para o qual tende como um fim determinado. O que sem dúvida submete Deus ao destino, e nada de mais absurdo pode ser admitido a seu respeito, que mostramos ser a causa primeira e única causa livre, tanto da essência de todas as coisas como de sua existência. Logo, não consumirei tempo com refutar esse absurdo.

PROPOSIÇÃO XXXIV

A potência de Deus é sua própria essência.

DEMONSTRAÇÃO

Segue-se apenas da necessidade de Deus que Deus é causa de si (pela Proposição XI) e de todas as coisas (pela Proposição XVI e seu Corolário). Logo, a potência de Deus, pela qual todas as coisas são e agem, é sua própria essência.

PROPOSIÇÃO XXXV

Tudo o que concebemos e está no poder de Deus, necessariamente é.

DEMONSTRAÇÃO

Tudo o que, certamente, está sob o poder de Deus deve (pela Proposição precedente) estar de tal maneira compreendido em sua essência que daí se segue necessariamente e, por conseguinte, necessariamente é.

PROPOSIÇÃO XXXVI

Nada existe na natureza da qual não se siga algum efeito.

DEMONSTRAÇÃO

Tudo o que existe exprime de certo e determinado modo a natureza ou a essência de Deus (pelo Corolário da Proposição XXV), ou, dito de outra forma (pela Proposição XXXIV), tudo o que existe exprime de certo e determinado modo a potência de Deus, que é causa de todas as coisas e, por conseguinte (Proposição XVI), algum efeito dela se deve seguir.

Apêndice

Expliquei, no que precede, a natureza de Deus e suas propriedades, a saber: que ele existe necessariamente, que é único, que age somente pela necessidade de sua natureza, que é causa livre de todas as coisas e de que maneira o é; que tudo está em Deus e dele depende, de sorte que nada pode existir nem ser concebido sem ele. Enfim, que tudo foi determinado por Deus, não certamente pela liberdade da vontade ou, em outras palavras, pelo bel prazer absoluto, mas pela natureza absoluta de Deus, quer dizer, sua infinita potência. Tive cuidado, além disso, lá onde me surgiu a ocasião, de afastar os preconceitos que poderiam impedir que minhas demonstrações não fossem percebidas. Como, entretanto, ainda restam muitos que poderiam ou podem impedir os homens de captar o encadeamento das coisas, da maneira como expus, acreditei valer a pena submetê-los aqui ao exame da razão. Todos os que me propus aqui a assinalar dependem, aliás, de um só, e consiste em que os homens supõem comumente que todas as coisas da natureza agem, como eles mesmos, tendo em vista um fim, e chegam a ter por certo que o próprio Deus dirige tudo em consideração de um fim. Eles dizem, com efeito, que Deus tudo fez em vista do homem e que fez o homem para que ele lhe rendesse um culto. É esse preconceito que considerarei *em primeiro lugar*, procurando a causa pela qual a maior parte o mantém e por que todos se inclinam em abraçá-lo. *Em segundo lugar*, mostrarei sua falsidade e, *para terminar*, farei ver como dele saíram os preconceitos relativos ao *bem e ao mal, ao mérito e ao pecado, ao louvor e ao vitupério, à ordem e à confusão, à beleza e à feiúra*, e a outros objetos do mesmo gênero. Mas não pertence ao meu objetivo presente deduzir isso da natureza da alma humana. Bastará, no momento, estabelecer como princípio aquilo que todos devem reconhecer: que todos os homens nascem sem nenhum conhecimento das causas das coisas, e que a todos apetece procurar o que lhes é útil e de que têm consciência. Disso se segue, em primeiro lugar, que os homens se imaginam livres, pois têm consciência de suas volições e de seus apetites e não pensam, mesmo em sonhos, nas causas pelas quais foram dispostos a apetecer ou a querer, não tendo delas conhecimento. Segue-se, em segundo lugar, que os homens agem sempre em vista de um fim, a saber, o útil que lhes apetece. De onde resulta que sempre se esforçam unicamente por conhecer as causas finais das coisas ocorridas e se conservam tranquilos quando delas são informados, não tendo mais qualquer razão de inquietude. Se não podem aprender de outrem, o único recurso é se voltarem para si mesmos e refletir sobre as finalidades pelas quais têm o hábito de serem determinados por ações semelhantes; e assim julgam necessariamente sua compleição pela de outrem. Além do mais, como encontram em si e fora de si um grande número de meios que contribuem grandemente para o alcance do que é útil, como, por exemplo, olhos para ver, dentes para mastigar, ervas e animais para a alimentação, o sol para clarear e o mar para se alimentar de peixes, acabam por considerar todas as coisas existentes na natureza como meios para seu uso. Sabendo-se, de resto, que acharam tais meios, mas não os providenciaram, extraíram daí um motivo para crer que há mais alguém que lhos providenciou para que fizessem uso. Com efeito, não puderam acreditar, após terem considerado as coisas como meios, que elas se fizeram por si mesmas; mas, tirando a conclusão dos meios que têm o hábito de utilizar, se persuadiram de que existia um ou mais regentes da natureza, dotados da liberdade humana, tendo assegurado satisfação a todas as suas necessidades e tudo feito para sua utilização. Não havendo jamais recebido qualquer informação a respeito das características desses seres, tiveram também que julgá-los de acordo com a sua própria, e assim admitiram que os deuses dirigem todas as coisas para uso dos homens, a fim de lhes cativarem e serem tidos por eles na mais alta honra. Do que adveio que todos, fazendo referência à sua própria compleição, inventaram diversos meios de render culto a Deus, a fim de serem amados por ele, acima dos outros, e conseguir que dirigisse a natureza inteira em proveito de seus apetites cegos e de sua insaciável avidez. De maneira que esse preconceito converteu-se em superstição e criou profundas raízes nas mentes; o que foi para todos um motivo para que se aplicassem com todo esforço ao conhecimento e à explicação das causas finais de todas as coisas. Mas enquanto procuravam mostrar que a natureza nada faz em vão (quer dizer, nada que não seja para uso dos homens), parece não terem mostrado nada a não ser que a natureza e os deuses sofrem do mesmo delírio que os homens. Considerai, vos peço, a que ponto as coisas chegaram! Entre tantas coisas úteis oferecidas pela natureza, não puderam deixar de encontrar coisas prejudiciais, tais como as tempestades, os tremores de terra, as doenças etc., e admitiram que tais achados tinham por origem a cólera de Deus, excitada pelas ofensas dos homens a ele dirigidas ou pelos pecados cometidos em seu culto. E a despeito dos protestos da experiência cotidiana, mostrando com exemplos sem-número que os eventos úteis e os prejudiciais escolhem sem distinção os piedosos e os ímpios, nem por isso renunciaram a esse preconceito inveterado. Preferiram como expediente colocar esse fato entre o número das coisas desconhecidas, das quais ignoravam o uso, e permanecer em seu estado atual e nativo de ignorância do que derrubar tal estrutura e inventar outra. Eles admitiram, então, como certo que os julgamentos de Deus ultrapassam de longe a compreensão humana; com certeza, apenas essa causa teria podido fazer com que o gênero humano ficasse para sempre ignorante da verdade, se a matemática, ocupada não com os fins, mas só com as essências e propriedades das figuras, não houvesse mostrado diante dos homens uma outra norma de verdade. Além da matemática, se podem ainda assinalar outras causas (o que é supérfluo enumerar aqui) pelas quais aconteceu de os homens perceberem esses preconceitos comuns e serem conduzidos ao conhecimento verdadeiro das coisas. Por esse meio expliquei suficientemente o que prometi em primeiro lugar. Para mostrar agora que a natureza não possui nenhuma finalidade prescrita, e que todas as causas finais nada são a não ser ficções humanas, não se precisará de um longo discurso. Creio, com efeito, já o ter suficientemente estabelecido, tanto mostrando de quais princípios e causas esse preconceito se origina (pela Proposição XVI e os corolários 1 e 2 da Proposição XXXII), quanto, além disso, pelo que disse e que prova que tudo na natureza se produz com uma necessidade eterna e uma perfeição suprema. No entanto, ajuntarei a isso: que essa doutrina finalista inverte totalmente a natureza. Pois considera como efeito o que, em realidade, é causa, e ao contrário. Além do mais, coloca depois o que, naturalmente, vem antes. Enfim, torna muito imperfeito o que é mais elevado e perfeito. Deixando de lado os dois primeiros pontos (que são evidentes por si mesmos), o efeito produzido por Deus imediatamente, como estabelecido pelas proposições XXI, XXII e XXIII, é o mais perfeito; e quanto mais uma coisa, para ser produzida, tem necessidade de causas intermediárias, mais é imperfeita. Mas se as coisas imediatamente produzidas por Deus tivessem sido feitas para que Deus alcançasse seu objetivo, então necessariamente as últimas (por causa das quais as primeiras teriam sido feitas), seriam de todas as mais excelentes. Além disso, essa doutrina destrói a perfeição de Deus, pois se ele age com um fim, tem desejo de algo de que está necessariamente privado. E embora os teólogos e metafísicos distingam entre um fim de necessidade e um fim de assimilação, concordam, entretanto, que Deus tudo fez por si, e não para as coisas a se criar, pois nada podem indicar, fora de Deus, que estivesse antes da criação e fosse causa de seu agir. Eles são, portanto, obrigados a reconhecer que Deus estava privado de tudo aquilo para o que quis conseguir os meios, e o desejava, como é evidente por si. E não se deve esquecer aqui que os seguidores dessa doutrina, que quiseram demonstrar seu talento assinalando as finalidades das coisas, introduziram, para sustentar sua doutrina, uma nova maneira de argumentar: a redução não ao impossível, mas à ignorância. O que mostra que não havia, para eles, qualquer meio de argumentar. Se, por exemplo, uma pedra caiu do telhado sobre a cabeça de alguém e o matou, eles demonstrarão que a pedra caiu para matar esse homem. Se ela não caiu com esse fim pela vontade de Deus, como tantas circunstâncias (e com efeito há muitas, simultaneamente) puderam se encontrar reunidas por acaso? Talvez digais que isso aconteceu porque o vento soprava e o homem passava por ali. Mas, insistirão, por que o vento soprava nesse momento? Por que o homem passava por ali no mesmo instante? Se vós então responderdes: o vento se levantou porque o mar, no dia anterior, num tempo ainda calmo, começou a se agitar, e o homem havia sido convidado por um amigo. Eles de novo insistirão, pois jamais terminam de perguntar: por que o mar se agitou, por que o homem foi convidado para aquela hora? E assim cotinuarão a vos interrogar, sem descanso, sobre as causas dos acontecimentos, até que vós vos tenhais refugiado na vontade de Deus, esse asilo da ignorância. De maneira semelhante, quando veem a estrutura fabril do corpo humano são tocados por um espanto imbecil e, pelo fato de ignorarem as causas de um tão belo arranjo, concluem que não é formado mecanicamente, mas por arte divina ou sobrenatural, e de tal sorte que nenhuma parte prejudica outra. E assim acontece de, quem quer que seja que procure as verdadeiras causas dos prodígios e se dedique a conhecer sabiamente as coisas da natureza, em vez de se maravilhar como um tolo, é tido por herético e ímpio, e assim proclamado por aqueles a quem o vulgo adora como os intérpretes da natureza e dos deuses. Eles bem sabem que destruir a ignorância é destruir o assombro imbecil, quer dizer, o único meio de raciocinar e salvaguardar sua autoridade. Mas isso é o bastante sobre o Capítulo e passo ao terceiro ponto que resolvi tratar. Após se terem persuadido de que tudo o que acontece é feito por sua causa, os homens julgaram que em todas as coisas o principal é aquilo que tem para eles mais utilidade, e consideram como as mais excelentes aquelas coisas que lhes afetam mais agradavelmente. Por esse motivo não puderam deixar de formar essas noções pelas quais pretendem explicar as naturezas das coisas, assim como o *Bem, o Mal, a Ordem, a Confusão, o Quente, o Frio, a Beleza e a Fealdade*; e da liberdade que se atribuem provieram essas outras noções: *o Louvor e o Vitupério, o Pecado e o Mérito*. Mais tarde explicarei esses últimos quando tratar da natureza humana, dando conta

ÉTICA, DEMONSTRADA À MANEIRA DOS GEÔMETRAS

aqui brevemente das primeiras. Por isso, os homens chamaram *Bem* tudo o que contribui para a saúde e o culto de Deus, e *Mal* o que lhe é contrário. E, como aqueles que não conhecem a natureza das coisas, nada afirmam que se lhes aplique, mas apenas as imaginam e tomam a imaginação por entendimento, creem assim firmemente que nelas há uma *Ordem*, na ignorância em que se encontram da natureza das coisas e de si mesmos. Quando elas estão dispostas de maneira que, representando-as pelos sentidos, podemos facilmente imaginá-las e, na sequência, delas nos lembrarmos com facilidade, dizemos que estão bem ordenadas; caso contrário, que estão mal ordenadas ou são confusas. E como encontram mais encantos nas coisas que podem imaginar com facilidade, os homens preferem a ordem à confusão, como se a ordem, a não ser relativamente à nossa imaginação, fosse alguma coisa existente na natureza. Dizem ainda que Deus criou todas as coisas com ordem, de modo que, sem o saber, atribuem imaginação a Deus, a menos que não queiram que Deus, provendo a imaginação humana, tenha disposto todas as coisas de maneira que pudessem imaginá-las mais facilmente. E provavelmente não se deixariam deter por esta objeção: a de haver uma infinidade de coisas que ultrapassam em muito nossa imaginação e um grande número que a deixam confusa em decorrência de sua fraqueza. Mas basta a esse respeito. Quanto às demais noções também, são outros modos de imaginar, pelos quais a imaginação é diversamente afetada, e no entanto os ignorantes as consideram como atributos principais das coisas. Pois, como já o dissemos, creem que todas as coisas foram feitas os tendo como finalidade e dizem que a natureza de uma coisa é boa ou má, sã ou corrompida conforme são por elas afetados. Se, por exemplo, o movimento que os nervos recebem dos objetos que nos são representados pelos olhos convêm à saúde, então os objetos que o causam são chamados *belos*, e *feios* aqueles que excitam o movimento contrário. Aqueles que excitam o sentido do olfato são chamados odoríferos ou fétidos; doces ou amargos, agradáveis ou desagradáveis ao gosto os que causam impressão pela língua etc. Os que agem pelo toque são duros ou moles, rugosos ou lisos etc. E, enfim, aqueles que abalam os ouvidos, diz-se que produzem ruído, um som ou harmonia, e a respeito desta última qualidade a extravagância dos homens foi até o ponto de acreditar que a Deus também agrada a harmonia. Não faltam filósofos persuadidos de que os movimentos celestes compõem uma harmonia. Tudo isso mostra que cada um julga as coisas segundo a disposição do cérebro ou as faz substituir pelas maneiras de ser de sua imaginação. Não há por que se admirar (para que se note de passagem) que tantas controvérsias tenham sido levantadas entre os homens e que o ceticismo tenha por fim chegado. Com efeito, se os corpos humanos estão em conformidade em muitos pontos, eles diferem em grande número e, por consequência, o que parece bom a um, parece mau a outro; um julga em ordem o que outro julga confuso; o que é agradável a este, desagrada aquele, e assim por diante. Não insistirei nisso porque não é o momento de tratar desenvoltamente de tais coisas e porque todo o mundo tem disso suficiente experiência. Todo o mundo repete: cada cabeça, uma sentença. Cada um abunda em seu parecer. Não há menos diferença entre cérebros do que entre juízes e advogados. E todos esses ditados mostram que os homens julgam as coisas conforme a disposição de seus cérebros e as imaginam, em vez de conhecê-las. Se as houvessem realmente conhecido, teriam o poder senão de atrair, ao menos de convencer todo o mundo, como o testemunha a matemática. Vemos assim que todas as noções pelas quais a plebe tem o costume de explicar a natureza são apenas modos de imaginar e não de aprender sobre a natureza do que quer que seja, mas apenas sobre a maneira pela qual é constituída a imaginação; e como elas possuem nomes que parecem aplicar-se a seres existentes fora da imaginação, eu as chamo de seres de imaginação, e não de razão. E assim, todos os argumentos que são atirados contra nós a partir de noções similares, podem ser facilmente refutados. Muitos, com efeito, têm o hábito de assim argumentar. Se todas as coisas se seguiram da necessidade da natureza de um Deus totalmente perfeito, de onde vem, então, tanta imperfeição na natureza? Quer dizer, de onde vem que as coisas se corrompam até a pestilência, que sejam tão feias que provoquem náusea, de onde vem o mal, a confusão, o pecado etc.? É fácil responder, já disse. Pois a perfeição das coisas deve ser considerada apenas por sua natureza e potência; e elas não são mais ou menos perfeitas porque agradem aos sentidos dos homens ou lhes ofendam, sejam convenientes para a natureza humana ou a repugnem. Quanto aos que perguntam por que Deus não criou todos os homens de maneira que apenas a razão os conduzisse e governasse, nada respondo, a não ser que isso provém do fato de que matéria não lhe faltou para criar todas as coisas, a saber, do mais elevado ao mais baixo grau de perfeição. Ou, para falar mais apropriadamente, pelo fato de que as leis da natureza são bastante amplas para satisfazer a produção de tudo o que podia ser concebido por um entendimento infinito, como o demonstrei na Proposição XVI. Tais são os preconceitos que queria assinalar. Se ainda restam outros, da mesma farinha, cada qual poderá curar-se deles com um pouco de reflexão.

PARTE SEGUNDA:
DA NATUREZA E DA ORIGEM DA MENTE

(*Pars secunda: De natura et origine mentis*)

Definições

DEFINIÇÃO I

Por corpo, entendo um modo que exprime a essência de Deus, na medida em que a consideramos como coisa extensa, de uma maneira certa e determinada; vide Corolário da Proposição XXV, Parte I.

DEFINIÇÃO II

Digo que pertence à essência de uma coisa aquilo que, uma vez dado, coloca necessariamente a coisa e, uma vez suprimido, retira necessariamente a coisa; ou, ainda, aquilo sem o que a coisa não pode nem ser nem ser concebido e que, vice-versa, não pode sem a coisa nem ser nem ser concebido.

DEFINIÇÃO III

Entendo por ideia um conceito da mente que a mente forma porque é uma coisa pensante.

Explicação: Digo conceito antes do que percepção porque o nome percepção parece indicar que a mente é passiva em relação ao objeto, enquanto o conceito parece exprimir a ação da mente.

DEFINIÇÃO IV

Por ideia adequada, entendo uma ideia que, na medida em que é considerada em si, sem relação com o objeto, tem todas as propriedades ou denominações intrínsecas de uma ideia verdadeira.

Explicação: Digo intrínsecas a fim de excluir aquela que é extrínseca, a saber, a conveniência da ideia com seu objeto.

DEFINIÇÃO V

A duração é a continuação indefinida da existência.

Explicação: Digo indefinida porque ela não pode jamais ser determinada pela natureza mesma da coisa existente, nem por sua causa eficiente, a qual por certo coloca necessariamente a existência da coisa, e não a suprime.

DEFINIÇÃO VI

Por realidade e perfeição, entendo a mesma coisa.

DEFINIÇÃO VII

Por coisas singulares, entendo as coisas que são finitas e têm uma existência determinada. Que se vários indivíduos concorrem em uma mesma ação, de tal modo que todos em conjunto sejam causa de um mesmo efeito, eu os considero todos, a esse respeito, como uma só coisa singular.

Axiomas

AXIOMA I

A essência do homem não envolve a existência necessária, isto é, segundo a ordem da natureza pode acontecer que este ou aquele homem exista ou não exista.

AXIOMA II

O homem pensa.

AXIOMA III

Não há modos de pensar, como o amor, o desejo ou qualquer outro modo que possa ser designado pelo nome de afecção da alma, a não ser que seja dada no mesmo indivíduo a ideia da coisa amada, desejada etc. Mas uma ideia pode ser dada sem que seja dado nenhum outro modo de pensar.

AXIOMA IV

Nós sentimos que um corpo é afetado de muitas maneiras.

AXIOMA V

Nós não sentimos nem percebemos outras coisas singulares, a não ser corpos e modos de pensar. Ver os postulados depois da Proposição XIII.

Proposições

PROPOSIÇÃO I

O pensamento é um atributo de Deus ou Deus é coisa pensante.

DEMONSTRAÇÃO

Os pensamentos singulares, isto é, este pensamento ou aquele são modos que exprimem a natureza de Deus de uma maneira certa e determinada (pelo Corolário da Proposição XXV, Parte I). Cabe, portanto, a Deus (pela Definição V, Parte I) um atributo do qual todos os pensamentos singulares envolvem o conceito e que permite também concebê-los. O pensamento é, portanto, um dos atributos infinitos que exprime a essência eterna e infinita de Deus (pela Definição VI, Parte I); em outros termos, Deus é coisa pensante.

ESCÓLIO

Esta Proposição é ainda evidente pelo simples fato de que podemos conceber um ser pensante infinito. Pois, quanto mais um ser pensante pode pensar coisas, tanto mais concebemos que ele contém realidade ou perfeição; portanto, um ser que pode pensar uma infinidade de coisas em uma infinidade de modos é necessariamente infinito pela virtude do pensar. Ora, uma vez que, levando em consideração somente o pensamento concebemos um Ente infinito, é necessário (pelas definições IV e VI da Parte I) que o pensamento seja um dos atributos infinitos de Deus, como queríamos.

PROPOSIÇÃO II

A extensão é atributo de Deus, em outras palavras, Deus é coisa extensa.

DEMONSTRAÇÃO

Procede-se aqui da mesma maneira que na Demonstração precedente.

PROPOSIÇÃO III

Em Deus há necessariamente a ideia tanto de sua essência quanto de tudo o que segue necessariamente de sua essência.

DEMONSTRAÇÃO

Deus, com efeito (pela Proposição I), pode pensar uma infinidade de coisas em uma infinidade de modos, em outras palavras (o que é a mesma coisa, pela Proposição XVI, Parte I) pode formar a ideia de sua essência e de tudo o que daí segue necessariamente. Ora, tudo o que está em poder de Deus, está necessariamente (pela Proposição XXXV, Parte I): portanto, há necessariamente tal ideia em Deus e (pela Proposição XV, Parte I) em Deus somente.

ESCÓLIO

O vulgo entende por potência de Deus a vontade livre de Deus e o direito sobre todas as coisas que existem, as quais são consideradas comumente como contingentes. Diz-se, com efeito, que Deus tem o poder de tudo destruir e de tudo aniquilar. Compara-se com muita frequência o poder de Deus com o poder dos reis. Mas nós refutamos isso nos corolários 1 e 2 da Proposição XXXII, Parte I, e na Proposição XVI, Parte I,

ÉTICA, DEMONSTRADA À MANEIRA DOS GEÔMETRAS 137

mostramos que Deus age pela mesma necessidade pela qual ele se compreende a si próprio; isto é, do mesmo modo que segue da necessidade da natureza divina (como todos admitem unanimemente) que Deus se compreende a si próprio, segue também da mesma necessidade que Deus produz uma infinidade de ações em uma infinidade de modos. Além disso, nós mostramos, na Proposição XXXIV, Parte I, que o poder de Deus não é nada mais senão a essência ativa de Deus; portanto, nos é de tal forma impossível conceber Deus como não atuante tanto quanto conceber Deus como não existente. Ademais, se me aprouvesse prosseguir com isso, poderia também mostrar aqui que esse poder que o vulgo imagina em Deus, é não somente humano (o que mostra que o vulgo concebe Deus como um homem ou à imagem do homem), mas também envolve impotência. Mas não quero retornar com tanta frequência ao mesmo discurso. Rogo apenas ao leitor para examinar mais de uma vez o que foi dito na primeira parte, desde a Proposição XVI até o fim. Pois ninguém poderá compreender corretamente o que quero estabelecer se não tomar o maior cuidado de não confundir o poder de Deus com o poder humano dos reis ou o seu direito.

PROPOSIÇÃO IV

A ideia de Deus, da qual segue uma infinita infinidade de modos, só pode ser única.

DEMONSTRAÇÃO

O entendimento infinito não compreende nada mais senão os atributos de Deus e suas afecções (pela Proposição XXX, Parte I). Ora, como Deus é único (pelo Corolário 1 da Proposição XIV, Parte I), logo, da ideia de Deus segue uma infinita infinidade de modos que só pode ser única.

PROPOSIÇÃO V

O ser formal das ideias reconhece como causa Deus, na medida somente em que ele é considerado coisa pensante,

138 SPINOZA: OBRA COMPLETA IV

e não na medida em que ele se explica por outro atributo. Isto é, as ideias tanto dos atributos de Deus quanto das coisas singulares reconhecem como causa eficiente não os objetos dos quais elas são as ideias, em outros termos, as coisas percebidas, mas Deus mesmo, na medida em que ele é coisa pensante.

DEMONSTRAÇÃO

Isso é evidente pela Proposição III. Aí, com efeito, concluímos que Deus pode formar a ideia de sua essência e de tudo o que dela segue necessariamente, isso somente porque Deus é coisa pensante e não porque ele é o objeto de sua própria ideia. Daí por que o ser formal das ideias reconhece como causa Deus, na medida em que ele é coisa pensante. Mas isso se demonstra de outro modo. O ser formal das ideias é um modo do pensar (como é conhecido por si), isto é (pelo Corolário da Proposição XXV, Parte I), um modo que exprime de certa maneira a natureza de Deus, na medida em que é coisa pensante e, por conseguinte (pela Proposição X, Parte I), não envolve o conceito de nenhum outro atributo de Deus, e consequentemente (pelo Axioma IV, Parte I) não é o efeito de nenhum outro atributo senão do pensamento, do qual o ser formal das ideias tem por causa Deus, na medida em que somente ele é considerado como coisa pensante etc.

PROPOSIÇÃO VI

Os modos de cada atributo, qualquer que ele seja, têm por causa Deus, na medida em que ele é considerado sob o atributo do qual eles são os modos, e não na medida em que ele é considerado sob outro atributo.

DEMONSTRAÇÃO

Cada atributo, com efeito, é concebido por si, independentemente dos outros atributos (pela Proposição X, Parte I). Por isso, os modos de cada atributo envolvem o conceito do seu atributo e não de qualquer outro; portanto (pelo Axioma IV, Parte I), eles têm por causa Deus, na medida em que ele é considerado sob esse atributo dos quais eles são os modos, e não sob nenhum outro.

COROLÁRIO

Decorre daí que o ser formal das coisas que não são modos do pensar não seguem da natureza divina porque ela conheceu primeiro as coisas, mas as coisas que são os objetos das ideias seguem dos atributos dos quais eles dependem e são deduzidos, da mesma maneira e com a mesma necessidade que as ideias seguem e são deduzidas do atributo do pensamento.

PROPOSIÇÃO VII

A ordem e a conexão das ideias são as mesmas que a ordem e a conexão das coisas.

DEMONSTRAÇÃO

Isso é evidente pelo Axioma IV, Parte I. Pois a ideia de cada coisa causada depende do conhecimento da causa da qual ela é efeito.

COROLÁRIO

Daí segue que o poder do pensar de Deus é igual ao seu poder atual de agir, isto é, tudo o que segue formalmente da natureza infinita de Deus segue também em Deus objetivamente na mesma ordem e com a mesma conexão da ideia de Deus.

ESCÓLIO

Aqui, antes de prosseguir, cumpre lembrar o que mostramos mais acima, a saber, que tudo o que pode ser percebido por um entendimento infinito como constituindo a essência da substância, pertence a uma substância única, e que, em consequência, substância pensante e substância extensa são uma e mesma substância compreendida ora sob um atributo, ora sob o outro. Assim também, um modo da extensão e a ideia desse modo são uma única e mesma coisa, mas expressa de duas maneiras; é o que alguns hebreus viram como que através de uma névoa, pois que admitem que Deus, o entendimento de Deus e as coisas de que forma ideia são uma e mesma coisa. Por exemplo, um círculo que existe na natureza e a ideia do círculo, ideia que está também em Deus, é uma e mesma coisa, que se explica por atributos diferentes e, por conseguinte, que se concebermos a natureza seja sob o atributo da extensão, seja sob o atributo do pensamento, seja sob qualquer outro atributo, encontraremos sempre uma só e mesma ordem, uma só e mesma conexão de causas; isto é, em outros termos, as mesmas coisas seguem-se umas das outras. E se eu digo que Deus é causa da ideia do círculo, por exemplo, somente na medida em que ele é coisa pensante, e do círculo, somente na medida em que ele é coisa extensa, é porque o ser formal da ideia do círculo não pode ser percebido senão por outro modo de pensar, que é como sua causa próxima, e essa, por sua vez, por outra, e assim até o infinito; de maneira que, na medida em que consideramos as coisas como modos do pensar, devemos explicar a ordem da natureza inteira, ou seja, a conexão das causas, pelo único atributo do pensamento; e na medida em que as consideramos como modos da extensão, a ordem da natureza inteira deve ser explicada somente pelo atributo da extensão, e o mesmo eu entendo para os outros atributos. É porque Deus é realmente, na medida em que é constituído por uma infinidade de atributos, causa das coisas que são em si mesmas; e eu não posso presentemente explicar isso de um modo mais claro.

PROPOSIÇÃO VIII

As ideias das coisas singulares ou dos modos não existentes devem ser compreendidas na ideia infinita de Deus, da mesma maneira que as essências formais das coisas singulares ou dos modos estão contidas nos atributos de Deus.

DEMONSTRAÇÃO

Esta Proposição é evidente pela precedente, mas ela se compreende mais claramente pelo Escólio precedente.

COROLÁRIO

Daí segue que, enquanto as coisas singulares não existem senão na medida em que estão compreendidas nos atributos de Deus, seu ser objetivo, isto é, suas ideias não existem a não ser na medida em que existe a ideia infinita de Deus; e uma vez que as coisas singulares são ditas existir, não somente na medida em que estão compreendidas nos atributos de Deus, mas na medida em que são ditas durar, suas ideias também envolvem uma existência pela qual elas são ditas durar.

ESCÓLIO

Se alguém deseja um exemplo para explicar melhor esse ponto, eu não poderia por certo dar nenhum que explique adequadamente a coisa de que falo aqui, pois ela é única; esforçar-me-ei, entretanto, para aclarar essa questão tanto quanto se pode fazer. Um círculo é, sabe-se, de uma natureza tal que os segmentos formados por 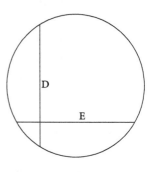 todas as linhas retas (perpendiculares) que se cortam no mesmo ponto no seu interior são equivalentes; por isso, o círculo contém infinitos segmentos iguais. Entretanto, não se pode dizer que eles existam, a não ser que o círculo exista. E, igualmente, não se pode dizer que a ideia desses segmentos exista sem que ela esteja compreendida na ideia de círculo. Concebamos agora, dentre os infinitos pares de segmentos existentes, os segmentos E e D. Então, as ideias desses segmentos existem somente na medida em que elas estejam compreendidas na ideia do círculo, mas elas existem também na medida em que envolvem a existência dos dois segmentos dados, o que distingue essas ideias das dos outros segmentos.

PROPOSIÇÃO IX

A ideia de uma coisa singular existente em ato tem por causa Deus, não na medida em que ele é infinito, mas na medida em que ele é afetado pela ideia de outra coisa singular existente em ato, ideia da qual Deus é a causa, na medida em que é afetado por uma terceira, e assim até o infinito.

DEMONSTRAÇÃO

A ideia de uma coisa singular existente em ato é um modo singular de pensar e distinto dos outros (pelo Corolário e Escólio da Proposição VIII) e assim tem por causa Deus, na medida em que ele é considerado como coisa pensante (pela Proposição VI). Mas não (pela Proposição XXVIII, Parte I) na medida em que é coisa pensante absolutamente, porém na medida em que é considerado como afetado por outro modo de pensar, e do qual Deus é causa, na medida em que é afetado por outro modo de pensar, e assim até o infinito. Ora, a ordem e a conexão das ideias (pela Proposição VII) é a mesma que a ordem e a conexão das causas; portanto, a causa da ideia de uma coisa singular é outra ideia, isto é, Deus, na medida em que é considerado como afetado por outra ideia, e essa outra ideia tem por causa Deus, na medida em que ele é afetado por uma outra, e assim até o infinito.

COROLÁRIO

De tudo o que acontece no objeto singular de uma ideia qualquer, disso Deus tem o conhecimento, na medida em que ele tem a ideia desse objeto.

DEMONSTRAÇÃO

Tudo o que acontece no objeto singular de uma ideia qualquer, Deus tem disso a ideia (pela Proposição III), não na medida em que ele é infinito, mas na medida em que é afetado pela ideia de outra coisa singular (pela Proposição precedente); mas (pela Proposição VII) a ordem e a conexão das ideias são as mesmas que a ordem e a conexão das coisas; logo, o conhecimento de tudo o que acontece em um

ÉTICA, DEMONSTRADA À MANEIRA DOS GEÔMETRAS 143

objeto singular se encontra em Deus, somente na medida em que ele tem a ideia desse objeto.

PROPOSIÇÃO X

À essência do homem não pertence o ser da substância, ou seja, a substância não constitui a forma do homem.

DEMONSTRAÇÃO

Com efeito, o ser da substância envolve a existência necessária (pela Proposição VII, Parte I). Logo, se o ser da substância pertencesse à essência do homem, então, dada a substância, o homem seria necessariamente dado (pela Definição II) e por consequência o homem existiria necessariamente, o que (pelo Axioma I) é um absurdo. Logo etc.

ESCÓLIO

Esta Proposição se demonstra também pela Proposição V, Parte I, a saber, que não existem duas substâncias da mesma natureza. Ora, visto que muitos homens podem existir, logo o que constitui a forma do homem não pode ser o ser da substância. Além disso, essa Proposição é evidente pelas outras propriedades da substância, isto é, que a substância é, por sua natureza, infinita, imutável, indivisível etc., como cada um pode ver facilmente.

COROLÁRIO

Segue daí que a essência do homem é constituída por certas modificações dos atributos de Deus. Pois o ser da substância (pela Proposição precedente) não pertence à essência do homem. Ela é, portanto (pela Proposição XV, Parte I), qualquer coisa que está em Deus e que, sem Deus, não pode ser nem ser concebida (pelo Corolário da Proposição XXV, Parte I), isto é, uma afecção ou um modo que exprime a natureza de Deus de uma maneira certa e determinada.

ESCÓLIO

Todos deveriam concordar por certo que nada pode ser nem ser concebido sem Deus. Pois todos reconhecem que Deus é a causa única de todas as coisas, tanto de sua essência quanto de sua existência; isto é, Deus não é somente causa das coisas quanto ao devir, como se diz, mas também quanto ao ser. Mas, por outro lado, a maioria diz que pertence à essência de uma coisa aquilo sem o que a coisa não pode ser nem ser concebida; ou então eles creem que a essência das coisas criadas pertence à natureza de Deus, ou que as coisas criadas podem ser ou ser concebidas sem Deus, ou, o que é certo, eles não concordam suficientemente com eles próprios. E a causa disso, creio, é que eles não seguiram a ordem requerida para filosofar. Pois, em vez de considerar antes de tudo a natureza divina, como deviam, porque ela é anterior tanto no conhecimento quanto na natureza, eles acreditavam que, na ordem do conhecimento, ela era a última, e que as coisas denominadas objetos dos sentidos vinham antes de todas as coisas; daí resultou que, na medida em que consideravam as coisas da natureza, não pensaram de modo algum na natureza divina e, quando, depois, consideraram a natureza divina, eles não pensaram senão em suas primeiras ficções, sobre as quais haviam fundado o conhecimento das coisas da natureza, uma vez que elas não podiam ajudá-los em nada para conhecer a natureza divina; não é, pois, de espantar que tenham chegado a contradizer-se. Mas deixo isso de lado, minha intenção era aqui somente expor a razão pela qual eu não disse que pertence à essência de uma coisa aquilo sem o que a coisa não pode ser, nem ser concebida; é porque as coisas singulares não podem ser, nem ser concebidas, sem Deus e, no entanto, Deus não pertence à sua essência; eu disse que constitui necessariamente a essência de uma coisa aquilo que, sendo dado, faz com que a coisa seja colocada, e que, sendo suprimida, faz com que a coisa seja tirada; ou ainda, sem a qual a coisa não pode nem ser, nem ser concebida e, vice-versa, que não pode, sem a coisa, nem ser, nem ser concebida.

PROPOSIÇÃO XI

O que constitui primeiramente o ser atual da mente humana não é outra coisa senão a ideia de uma coisa singular existente em ato.

DEMONSTRAÇÃO

A essência do homem (pelo Corolário da Proposição precedente) é constituída por certos modos dos atributos de Deus, a saber (pelo Axioma II), pelos modos de pensar; de todos esses modos (pelo Axioma III) a ideia é, por sua natureza, a primeira e, quando é dada, os outros modos (aqueles aos quais a ideia é, por sua natureza, a primeira) devem estar no mesmo indivíduo (pelo Axioma III). Assim, pois, é a ideia que constitui em primeiro lugar o ser da mente humana. Mas não a ideia de uma coisa não existente. Pois, então (pelo Corolário da Proposição VIII), a própria ideia não poderia ser dita existir; esta será, portanto, a ideia de uma coisa existente em ato. Mas não de uma coisa infinita. Pois uma coisa infinita (pelas proposições XXI e XXII, Parte I) deve sempre existir necessariamente; ora, isto (pelo Axioma I) seria absurdo. Logo, o fundamento primeiro do ser da mente humana é a ideia de uma coisa singular que existe em ato.

COROLÁRIO

Segue-se daí que a mente humana é uma parte do entendimento infinito de Deus; e, por consequência, quando dizemos que a mente humana percebe isso ou aquilo, não dizemos outra coisa senão que Deus, não na medida em que é infinito, mas na medida em que ele se explica pela natureza da mente humana, ou seja, na medida em que constitui a essência da mente humana, tem tal ou qual ideia; e, quando dizemos que Deus tem tal ou qual ideia, não somente na medida em que ele constitui a natureza da mente humana, mas na medida em que tem, em conjunto com a mente humana, a ideia de outra coisa, então dizemos que a mente humana percebe uma coisa de modo parcial, ou de modo inadequado.

ESCÓLIO

Aqui, sem dúvida, os leitores hão de se deter, e muitas coisas lhes virão à memória que os impedirão de avançar; por essa razão eu lhes rogo que avancem lentamente comigo e suspendam seu julgamento enquanto não tiverem lido tudo.

PROPOSIÇÃO XII

Tudo o que acontece no objeto da ideia constituinte da mente humana deve ser percebido pela mente humana; ou seja, a ideia dessa coisa deve necessariamente estar na mente; isto é, se o objeto da ideia constituinte da mente humana é um corpo, nada poderá acontecer nesse corpo que não seja percebido pela mente.

DEMONSTRAÇÃO

De tudo o que, de fato, acontece no objeto de uma ideia qualquer, o conhecimento é dado necessariamente em Deus (pelo Corolário da Proposição IX), na medida em que o consideramos como afetado pela ideia desse objeto, isto é (pela Proposição XI), na medida em que ele constitui a mente de qualquer coisa. Portanto, de tudo o que acontece no objeto da ideia constituinte da mente humana, o conhecimento é dado em Deus, na medida em que ele constitui a natureza da mente humana, isto é (pelo Corolário da Proposição XI), o conhecimento dessa coisa estará necessariamente na mente, ou seja, a mente a percebe.

ESCÓLIO

Esta Proposição é evidente e se torna mais clara pelo Escólio da Proposição VII, que cumpre ver.

PROPOSIÇÃO XIII

O objeto da ideia constituinte da mente humana é o corpo, isto é, certo modo da extensão existente em ato e nenhum outro.

DEMONSTRAÇÃO

Se, com efeito, o corpo não fosse o objeto da mente humana, as ideias das afecções do corpo não estariam em Deus (pelo

Corolário da Proposição IX), na medida em que ele constitui nossa mente, mas na medida em que ele constituiria a mente de outra coisa, isto é (pelo Corolário da Proposição XI), que as ideias das afecções do corpo não estariam em nossa mente; ora (pelo Axioma IV), nós temos as ideias das afecções do corpo. Logo, o objeto da ideia constituinte da mente humana é o corpo, e o corpo (pela Proposição XI) existente em ato. Ademais, se a mente tivesse, além do corpo, outro objeto, como nada existe (pela Proposição XXXVI, Parte I) de onde não siga qualquer efeito, deverá necessariamente (pela Proposição XI) ser dada em nossa mente uma ideia desse efeito; ora (pelo Axioma V), nenhuma ideia disso nos é dada. Logo, o objeto de nossa mente é o corpo existente, e nenhum outro.

COROLÁRIO

Segue disso que o homem consiste de corpo e mente, e que o corpo humano existe conforme nós o sentimos.

ESCÓLIO

Do que precede, nós inteligimos que não apenas a mente humana está unida ao corpo, mas também que se deve entender no que consiste essa união. Na verdade, não se poderá compreender isso de modo adequado, ou seja, distinto, sem antes conhecer adequadamente a natureza de nosso corpo. Pois o que mostramos até aqui é inteiramente geral e não concerne mais aos homens do que ao resto dos indivíduos, os quais são todos animados, embora em graus diversos. Com efeito, de todas as coisas há necessariamente em Deus uma ideia da qual Deus é causa, do mesmo modo que ele tem a ideia do corpo humano e, por consequência, o que dissemos da ideia do corpo humano é necessário dizer da ideia de toda outra coisa. Mas, no entanto, não podemos negar que as ideias diferem entre si como os próprios objetos, de modo que uma ideia é mais eminente do que a outra e contém mais realidade, na medida em que o objeto de uma é mais eminente do que o objeto da outra e contém mais realidade. Por isso, para determinar em que a mente humana difere das outras e em que prevalece sobre elas, necessitamos conhecer, nós o dissemos, a natureza do seu objeto, isto é, o corpo humano. Mas eu não posso explicá-lo aqui e isso não é necessário para o que quero demonstrar. Eu digo, entretanto, em geral que quanto mais um corpo está apto, em relação aos outros, a ser agente ou paciente de muitas maneiras ao mesmo tempo, mais a sua mente está apta, em relação às outras, a perceber mais coisas ao mesmo tempo, e mais as ações de um corpo dependem dele próprio somente e menos são os outros que concorrem com ele na ação, e mais está a sua mente apta a compreender distintamente. Por isso podemos conhecer a superioridade de uma mente sobre as outras. Donde podemos ver por que temos de nosso corpo um conhecimento inteiramente confuso e muitas coisas que eu deduzirei daí na sequência. Por essa razão julgo que vale a pena explicar e demonstrar isso acuradamente, e para isso é necessário colocar algumas premissas a respeito da natureza do corpo.

AXIOMA I

Todos os corpos estão ou em movimento ou em repouso.

AXIOMA II

Cada corpo se move ora mais lentamente, ora mais celeremente.

LEMA I

Os corpos se distinguem uns dos outros em relação ao movimento e ao repouso, à velocidade e à lentidão, e não em relação à substância.

DEMONSTRAÇÃO

A primeira parte, suponho, se conhece por si. Quanto ao fato de que os corpos não se distinguem pela substância, é evidente tanto pela Proposição V quanto pela VIII, Parte I. Mas isso se vê mais claramente porque está dito no Escólio da Proposição XV, Parte I.

LEMA II

Todos os corpos convêm em certas coisas.

DEMONSTRAÇÃO

Todos os corpos convêm, primeiramente, em que eles envolvem o conceito com um só e mesmo atributo (pela Definição I); depois, em que podem mover-se ora de modo mais lento, ora mais célere e, absolutamente falando, ora mover-se, ora estar em repouso.

LEMA III

Um corpo em movimento ou em repouso deve ter sido determinado ao movimento ou ao repouso por outro corpo que também foi determinado ao movimento ou ao repouso por um outro, e este, por seu turno, por um outro, e assim até o infinito.

DEMONSTRAÇÃO

Os corpos (pela Definição I) são coisas singulares que (pelo Lema I) se distinguem uns dos outros em relação ao movimento e ao repouso; por consequência (pela Proposição XXVIII, Parte I) cada um deve ter sido necessariamente determinado ao movimento e ao repouso por outra coisa singular, a saber (pela Proposição VI), por outro corpo que (pelo Axioma I) se move ou está em repouso. Mas esse corpo, por sua vez (pela mesma razão), não pôde se mover ou estar em repouso se não foi determinado a mover-se ou a estar em repouso, e este, por sua vez (pela mesma razão) por outro, e assim até o infinito.

COROLÁRIO

Segue-se daí que um corpo em movimento move-se até que seja determinado ao repouso por outro, e que um corpo em repouso permanece também em repouso até que seja determinado ao movimento por outro corpo. Isso também se conhece por si. Quando eu suponho, por exemplo, que o corpo A está em repouso, sem levar em conta outros corpos em movimento, eu nada posso dizer do corpo A, senão que ele está em repouso. Mas se o corpo A, em seguida, estiver em movimento, isso não pode provir por certo do fato de que ele estava em repouso; pois o corpo A não poderia sair do seu estado de repouso. Se, ao contrário, o corpo A é suposto estar em movimento, cada vez que atentássemos apenas para A, nós nada poderíamos afirmar senão que ele está em movimento. Se, em seguida, A estiver em repouso, isso por certo não poderia vir do movimento que ele tinha, pois nada poderia sair desse movimento a não ser que A continuasse em movimento. Isso provém, portanto, de uma coisa que não estava em A, ou seja, de uma causa externa, pela qual ele foi determinado ao repouso.

AXIOMA I

Todas as maneiras pelas quais um corpo é afetado por outro seguem da natureza do corpo afetado e, ao mesmo tempo, da natureza do corpo que o afeta; de modo que um e mesmo corpo é movido de diversos modos por causa da diversidade da natureza dos corpos que o movem e, ao contrário, corpos diferentes são movidos de maneiras diferentes por um só e mesmo corpo.

AXIOMA II

Quando um corpo em movimento se choca com outro em repouso que ele não pode mover, ele é refletido, de modo a continuar em movimento, e o ângulo da linha do movimento de reflexão com a superfície do corpo em repouso é igual ao ângulo  que a linha do movimento incidente faz com a superfície do mesmo corpo. Isto, quanto aos corpos mais simples, aqueles que se distinguem dos outros somente pelo movimento e pelo repouso, pela celeridade e pela lentidão. Vamos agora aos corpos compostos.

DEFINIÇÃO

Quando alguns corpos de mesma grandeza ou de grandezas diferentes são coagidos a se apoiar uns sobre os outros, ou então, se eles se movem segundo o mesmo grau de

ÉTICA, DEMONSTRADA À MANEIRA DOS GEÔMETRAS   151

velocidade ou graus diferentes, eles comunicam entre si seus movimentos segundo uma relação determinada, diremos então que esses corpos estão unidos entre si e formam em conjunto um mesmo corpo, ou seja, um indivíduo que se distingue dos outros por essa união de corpos.

AXIOMA III

Quão maiores ou menores sejam as superfícies sobre as quais as partes de um indivíduo ou de um corpo composto a se apoiarem umas sobre as outras, mais dificilmente ou facilmente elas podem ser coagidas a mudar sua situação e, em consequência, mais dificilmente ou facilmente se pode fazer com que esse mesmo indivíduo revista outra figura. Por isso, os corpos cujas partes se apoiam umas sobre as outras segundo grandes superfícies eu os chamo duros; moles, quando estas superfícies são pequenas; fluidos, quando suas partes se movem umas entre as outras.

LEMA IV

Se de um corpo, isto é, de um indivíduo composto de vários corpos, alguns corpos se separam e ao mesmo tempo outros em igual número e da mesma natureza ocupam seu lugar, o indivíduo reterá sua natureza tal como antes, sem nenhuma mudança em sua forma.

DEMONSTRAÇÃO

Os corpos, com efeito, (segundo o Lema I) não se distinguem em relação à substância; de outra parte, o que constitui a forma de um indivíduo consiste (pela Definição precedente) em uma união de corpos; ora, essa (por hipótese), a despeito de uma contínua mudança de corpo, é retida; logo, o indivíduo reterá sua natureza como antes, tanto em relação à substância quanto em relação ao modo.

LEMA V

Se as partes que compõem um indivíduo se tornam maiores ou menores, em uma proporção tal, todavia, que todas, em relação ao movimento e ao repouso, preservam entre elas a mesma relação que antes, o indivíduo reterá igualmente sua natureza tal como antes, sem nenhuma mudança em sua forma.

DEMONSTRAÇÃO

A Demonstração é a mesma que a do Lema precedente.

LEMA VI

Se certos corpos, que compõem um indivíduo, são obrigados a desviar o movimento que eles têm em direção de uma parte, para outra parte, de tal maneira que possam continuar seus movimentos e os comunicar uns aos outros segundo a mesma relação que antes, o indivíduo reterá ainda sua natureza, sem nenhuma mudança de forma.

LEMA VII

O indivíduo assim composto retém ainda sua natureza, quer ele se mova na totalidade, ou esteja em repouso, quer ele se mova de uma parte ou de outra, desde que cada parte conserve seu movimento e o comunique às outras como antes.

DEMONSTRAÇÃO

Isso é evidente pela própria Definição do indivíduo; ver antes o Lema IV.

ESCÓLIO

Vimos, portanto, por que um indivíduo composto pode ser afetado de muitas maneiras, conservando ao mesmo tempo a sua natureza. Ora, até aqui concebemos o indivíduo que não é composto senão dos corpos mais simples e que se distinguem entre si pelo movimento e repouso, pela celeridade e lentidão. Se concebermos agora um outro, composto de vários indivíduos de natureza diferente, verificaremos que ele pode ser afetado de muitas outras maneiras, preservando toda sua natureza. Visto que, com efeito, cada parte é composta de muitos corpos, cada qual poderá (pelo Lema precedente), sem nenhuma mudança de sua natureza, mover-se ora mais lentamente, ora mais celeremente e, por consequência, comunicar seus movimentos às outras partes. Além disso, se concebemos um terceiro gênero de indivíduos, formados dos precedentes, verificaremos que ele pode ser afetado por muitos outros modos, sem nenhuma mudança em sua forma. E se continuarmos assim até o infinito, conceberemos facilmente que toda a natureza é um único indivíduo, cujas partes, isto é, todos os corpos, variam de uma infinidade de modos, sem que o próprio indivíduo, na sua totalidade, mude. E se minha intenção fosse tratar expressamente do corpo, eu deveria explicar e demonstrar isso mais longamente. Mas eu já disse que meu desejo é outro, e que não é por outra causa senão para deduzir facilmente o que eu resolvi demonstrar.

POSTULADO I

O corpo humano é composto de um número muito grande de indivíduos (de natureza diversa), cada um dos quais é por si mesmo muitíssimo composto.

POSTULADO II

Dos indivíduos de que o corpo humano é composto, alguns são fluidos, alguns são moles e, finalmente, alguns são duros.

POSTULADO III

Os indivíduos que compõem o corpo humano e, por consequência, o próprio corpo humano, são afetados por um grande número de modos pelos corpos externos.

POSTULADO IV

O corpo humano tem necessidade, para se conservar, de um número muito grande de outros corpos, pelos quais ele é continuamente como que regenerado.

POSTULADO V

Quando uma parte fluida do corpo humano é determinada por outro corpo externo a bater muitas vezes em uma parte mole, ela muda a superfície desta e o corpo externo impelido lhe imprime vestígios.

POSTULADO VI

O corpo humano pode mover e dispor, de um grande número de maneiras, os corpos exteriores.

PROPOSIÇÃO XIV

A mente humana está apta a perceber uma pluralidade de coisas, e tanto mais apta quanto mais o corpo pode ser disposto a um grande número de modos.

DEMONSTRAÇÃO

O corpo humano, com efeito, (pelos postulados III e VI) é afetado por um grande número de modos pelos corpos externos, e está disposto a afetar de muitos modos os corpos externos. Ora, tudo o que acontece no corpo humano, a mente humana (pela Proposição XII) deve perceber; logo, a mente humana está apta a perceber um número muito grande de coisas, e tanto mais apta etc.

PROPOSIÇÃO XV

A ideia que constitui o ser formal da mente humana não é simples, mas composta de uma pluralidade de ideias.

DEMONSTRAÇÃO

A ideia que constitui o ser formal da mente humana é a ideia do corpo (pela Proposição XIII), que (pelo Postulado I) é composto de um grande número de indivíduos eles mesmos muito compostos. Ora, de cada indivíduo que compõe o corpo é necessariamente dada a ideia em Deus (pelo Corolário da Proposição VIII); logo (pela Proposição VII), a ideia do corpo humano é composta por essas mui numerosas ideias das partes componentes.

PROPOSIÇÃO XVI

A ideia de cada um dos modos pelos quais o corpo humano é afetado pelos corpos externos deve envolver ao mesmo tempo a natureza do corpo humano e a natureza do corpo externo.

DEMONSTRAÇÃO

Com efeito, todos os modos pelos quais um corpo é afetado seguem da natureza do corpo afetado e ao mesmo tempo da natureza do corpo que o afeta (pelo Axioma I que segue o Corolário do Lema III); por isso sua ideia (pelo Axioma

IV, Parte I) envolverá necessariamente a natureza de um e do outro corpo; e, por consequência, a ideia de cada um dos modos pelos quais o corpo humano é afetado envolve a natureza do corpo humano e a natureza do corpo externo.

COROLÁRIO 1

Segue-se daí: primeiro, que a mente humana percebe a natureza de um número muito grande de corpos, ao mesmo tempo que a natureza do seu próprio corpo.

COROLÁRIO 2

Segue-se daí: segundo, que as ideias que temos dos corpos externos indicam mais a constituição de nosso corpo do que a natureza dos corpos externos; o que eu expliquei por múltiplos exemplos no Apêndice da primeira parte.

PROPOSIÇÃO XVII

Se o corpo humano é afetado de um modo que envolve a natureza de um corpo externo, a mente humana considerará esse corpo externo como existente em ato, ou como presente, até que o corpo seja afetado por uma afecção que exclui a existência ou a presença desse mesmo corpo externo.

DEMONSTRAÇÃO

Isso é evidente. Pois enquanto o corpo humano for assim afetado, a mente humana (pela Proposição XII) considerará essa afecção do corpo, isto é (pela Proposição precedente), terá a ideia de um modo existente em ato, ideia que envolve a natureza do corpo externo, isto é, terá uma ideia que não exclui, mas coloca a existência ou a presença da natureza do corpo externo e, por consequência, a mente (pelo Corolário 1 da Proposição precedente) considerará o corpo externo como existente em ato ou como presente, até que o corpo seja afetado etc.

COROLÁRIO

Se o corpo humano foi uma vez afetado por corpos externos, a mente poderá considerar esses corpos, embora não existentes nem presentes, como se estivessem presentes.

DEMONSTRAÇÃO

Enquanto corpos externos determinam as partes fluidas do corpo humano a vir bater contra as partes moles, as superfícies destas (pelo Postulado v) são mudadas; daí (ver Axioma ii que segue o Corolário do Lema iii) que as partes fluidas são refletidas de outro modo do que costumavam ser antes, e que mais tarde, encontrando em seu movimento espontâneo essas novas superfícies, elas são refletidas do mesmo modo que quando eram impelidas pelos corpos externos contra essas superfícies; por consequência, enquanto assim refletidas elas continuam a mover-se e afetam o corpo humano do mesmo modo, afecção da qual a mente (pela Proposição xii) formará de novo o pensamento; isto é, a mente (pela Proposição xvii) considerará de novo o corpo externo como presente, e isso tantas vezes quantas as partes fluidas do corpo humano vierem por movimento espontâneo bater nas mesmas superfícies. Eis por que, embora os corpos externos pelos quais o corpo humano foi uma vez afetado não existam, a mente os considerará como presentes tantas vezes quantas essa ação do corpo se repetir.

ESCÓLIO

Vemos assim como pode ocorrer que consideremos o que não está como se estivesse presente, o que acontece amiúde. E isso pode provir de outras causas, mas me é suficiente aqui ter mostrado uma, para que eu possa explicar a coisa como se a tivesse demonstrado por sua verdadeira causa; não creio, entretanto, haver me afastado muito da verdadeira, visto que todos os postulados que assumi aqui não contêm quase nada que não esteja estabelecido pela experiência, da qual não é permitido duvidar depois de termos mostrado que o corpo humano existe como nós o sentimos (pelo Corolário que segue a Proposição xiii). Além disso, (pelo Corolário precedente e pelo Corolário 2 da Proposição xvi), nós inteligimos claramente qual diferença há entre a ideia de Pedro, que constitui a essência da

ÉTICA, DEMONSTRADA À MANEIRA DOS GEÔMETRAS

mente de Pedro ele próprio, e a ideia do mesmo Pedro que está em outro homem, digamos Paulo. A primeira, com efeito, exprime diretamente a essência do corpo de Pedro ele próprio, e não envolve a existência senão enquanto Pedro existe; a segunda indica antes o estado do corpo de Paulo do que a natureza de Pedro e, por consequência, enquanto dura esse estado do corpo de Paulo, a mente de Paulo considera Pedro, mesmo que não exista, como se ele lhe estivesse presente. Além disso, para conservarmos as palavras em uso, as afecções do corpo humano cujas ideias nos representam os corpos externos como presentes, nós as chamaremos de imagens das coisas, mesmo que elas não reproduzam as figuras das coisas. E quando a mente contempla os corpos sob essa relação, nós diremos que ela imagina. E aqui, para começar a indicar o que é o erro, eu desejaria que se observasse que as imaginações da mente, consideradas em si, não contêm nenhum erro; em outras palavras, que a mente não está no erro porque imagina, mas somente na medida em que ele é considerado como carente da ideia que exclui a existência das coisas que ela imagina estarem presentes. Pois se a mente imagina presente coisas que não existem ao mesmo tempo que sabia que essas coisas não existem realmente, ela atribuiria com certeza esse poder de imaginar a uma virtude de sua natureza, e não a um vício; sobretudo se essa faculdade de imaginar dependesse somente de sua natureza, isto é (pela Definição VII, Parte I), se essa faculdade que a mente tem de imaginar fosse livre.

PROPOSIÇÃO XVIII

Se o corpo humano foi uma vez afetado por dois ou mais corpos ao mesmo tempo, quando a mente imaginar mais tarde um deles, ela se recordará imediatamente dos outros

DEMONSTRAÇÃO

A mente (pelo Corolário precedente) imagina um corpo pelo motivo de que o corpo humano está afetado e disposto pelos vestígios de um corpo externo, do mesmo modo que ele foi afetado quando certas de suas partes receberam um impulso do corpo externo ele mesmo; mas (pela hipótese) o corpo foi então disposto de tal modo que a mente imaginasse dois corpos ao mesmo tempo; logo, ela imaginará depois disso os dois corpos ao mesmo tempo, de modo que quando a mente imaginar um dos dois, ela se recordará imediatamente do outro.

ESCÓLIO

Por aí inteligimos claramente o que é a memória. Ela não é, com efeito, nenhuma outra coisa senão certa concatenação de ideias a envolver a natureza das coisas que estão fora do corpo humano, concatenação que se faz na mente segundo a ordem e o encadeamento das afecções do corpo humano. Eu digo: primeiro, que é a concatenação somente das ideias que envolvem a natureza das coisas que estão fora do corpo humano e não de ideias que explicam a natureza dessas coisas; pois elas são na realidade (pela Proposição XVI) ideias de afecções do corpo humano, as quais envolvem tanto a natureza desse quanto a dos corpos externos. Eu digo: segundo, que essa concatenação se faz segundo a ordem e o encadeamento das afecções do corpo humano, a fim de distingui-la da concatenação das ideias que se faz segundo a ordem do intelecto, em virtude do qual a mente percebe as coisas por suas causas primeiras e que é a mesma em todos os homens. Por aí inteligimos claramente por que a mente passa imediatamente do pensamento de uma coisa ao pensamento de outra que não tem nenhuma semelhança com a primeira; como, por exemplo, um romano, do pensamento da palavra *pomum*, passa imediatamente ao pensamento de um fruto que não tem nenhuma semelhança com esse som articulado, o qual não tem coisa alguma em comum com ele, senão que o corpo desse homem foi amiúde afetado pelos dois, isto é, esse homem ouviu amiúde a palavra *pomum* enquanto via o fruto mesmo, e assim cada um passa de um pensamento a outro, segundo a maneira como o hábito ordenou a imagem das coisas em seu corpo. Um soldado, por exemplo, tendo visto na areia os vestígios de um cavalo, passará imediatamente do pensamento de um cavalo ao pensamento de um cavaleiro, e daí ao pensamento da guerra etc. Mas um camponês passará, do pensamento de um cavalo, ao de uma charrua, de um campo etc.; e assim, cada um, segundo seu hábito de jungir e concatenar as imagens das coisas de um modo ou de outro, passará de um pensamento a tal e tal outro.

PROPOSIÇÃO XIX

A mente humana não conhece o próprio corpo humano e não sabe que ele existe senão pelas ideias das afecções pelas quais o corpo é afetado.

DEMONSTRAÇÃO

Com efeito, a mente humana é a própria ideia, ou seja, o conhecimento do corpo humano (pela Proposição XIII) que (pela Proposição IX) está em Deus, na medida em que o consideramos afetado por outra ideia de coisa singular; ou, então (pelo Postulado IV), tem necessidade de um número muito grande de corpos pelos quais ele [o corpo humano] é como que continuamente regenerado, e que a ordem e a conexão das ideias são as mesmas (pela Proposição VII) que a ordem e a conexão das causas; essa ideia estará em Deus, na medida em que o consideramos como afetado pelas ideias em um número muito grande de coisas singulares. Portanto, Deus tem a ideia do corpo humano, ou seja, conhece o corpo humano, na medida em que este é afetado por um número muito grande de outras ideias, e não na medida em que constitui a natureza da mente humana, isto é (pelo Corolário da Proposição XI), a mente humana não conhece o corpo humano. Mas as ideias da afecção do corpo estão em Deus, na medida em que ele constitui a natureza da mente humana, ou seja, a mente humana percebe essas afecções (pela Proposição XII) e, consequentemente, (pela Proposição XVI), ela percebe o próprio corpo humano (pela Proposição XVII) como existente em ato; logo, é somente nessa medida que ela percebe o próprio corpo humano.

PROPOSIÇÃO XX

Da mente humana também é dado em Deus uma ideia ou um conhecimento, os quais seguem em Deus e a ele se relacionam da mesma maneira que a ideia ou o conhecimento do corpo humano.

DEMONSTRAÇÃO

O pensamento é um atributo de Deus (pela Proposição I); por conseguinte (pela Proposição III), tanto dele próprio quanto de todas as suas afecções e, consequentemente (pela Proposição XI), da mente humana, de modo que a ideia deve necessariamente ser dada em Deus. Donde não segue que essa ideia ou conhecimento da mente não são dados em Deus, na medida em que ele é infinito, mas na medida em que ele é afetado pela ideia de outra coisa singular (pela Proposição IX). Mas, a ordem e a conexão das ideias é a mesma que a ordem e a conexão das causas (pela Proposição VII); logo, essa ideia ou conhecimento da mente seguem em Deus e a ele se relacionam do mesmo modo que a ideia ou o conhecimento do corpo.

PROPOSIÇÃO XXI

Essa ideia da mente está unida à mente do mesmo modo que a própria mente está unida ao corpo.

DEMONSTRAÇÃO

Nós mostramos que a mente está unida ao corpo pelo fato de que o corpo é o objeto da mente (ver as proposições XII e XIII) e, por conseguinte, pela mesma razão, a ideia da mente deve estar unida com seu objeto, isto é, a própria mente, do mesmo modo que a mente está unida ao corpo.

ESCÓLIO

Esta Proposição é compreendida muito mais claramente pelo que é dito no Escólio da Proposição VII; aí, com efeito, nós mostramos que a ideia do corpo e o corpo, isto é (pela Proposição XIII), a mente e o corpo, são um e mesmo indivíduo que é concebido, ora sob o atributo do pensamento, ora sob o da extensão; eis por que a ideia da mente e a própria mente são uma e mesma coisa que é concebida sob um só e mesmo atributo, a saber, o do pensamento. A ideia da mente, digo eu, e a própria mente estão em Deus, seguindo-se com a mesma necessidade do mesmo poder de pensar. Pois, na realidade, a ideia da mente, isto é, a ideia da ideia, não é nada mais senão a forma da ideia, na medida em que esta é considerada um modo de pensar sem relação com o objeto; do mesmo modo, quem sabe alguma coisa sabe, por isso mesmo, que o sabe, e sabe, ao mesmo tempo, que sabe que sabe, e assim ao infinito. Mas disso se tratará depois.

PROPOSIÇÃO XXII

A mente humana percebe não somente as afecções do corpo, mas também as ideias dessas afecções.

DEMONSTRAÇÃO

As ideias das ideias das afecções seguem em Deus do mesmo modo e se referem a Deus do mesmo modo que as ideias mesmas das afecções; o que se demonstra do mesmo modo na Proposição XX. Ora, as ideias das afecções do corpo estão na mente humana (pela Proposição XII), isto é (pelo Corolário da Proposição XI), em Deus, na medida em que ele constitui a essência da mente humana; logo, as ideias dessas ideias estarão em Deus, na medida em que ele tem o conhecimento ou a ideia da mente humana, isto é (pela Proposição XXI), em que elas estarão na própria mente humana, que, por essa razão, não percebe somente as afecções do corpo, mas também suas ideias.

PROPOSIÇÃO XXIII

A mente não se conhece a si mesma senão na medida em que ela percebe as ideias das afecções do corpo.

DEMONSTRAÇÃO

A ideia ou o conhecimento da mente segue em Deus (pela Proposição xx) do mesmo modo e se relaciona com Deus do mesmo modo que a ideia ou o conhecimento do corpo. Por outro lado, visto que (pela Proposição xix) a mente humana não conhece senão o próprio corpo humano, isto é (pelo Corolário da Proposição xi), que o conhecimento do corpo humano não se relaciona com Deus, na medida em que ele constitui a natureza da mente humana; logo, o conhecimento da mente humana não se relaciona com Deus, na medida em que ele constitui a essência da mente humana; e, por consequência (pelo mesmo Corolário da Proposição xi), a mente não se conhece a si própria. Donde, as ideias das afecções de que o corpo humano é afetado envolvem a natureza do próprio corpo humano (pela Proposição xvi), isto é (pela Proposição xiii), concordam com a natureza da mente; logo, o conhecimento dessas ideias envolverá necessariamente o conhecimento da mente; ora (pela Proposição precedente), o conhecimento dessas ideias está na própria mente humana; logo, a mente humana não conhece a si mesma senão em certa medida.

PROPOSIÇÃO XXIV

A mente humana não envolve o conhecimento adequado das partes componentes do corpo humano.

DEMONSTRAÇÃO

As partes componentes do corpo humano não pertencem à essência do próprio corpo, na medida em que elas comunicam seus movimentos umas às outras, segundo certa relação (ver a Definição subsequente ao Corolário do Lema iii), e não na medida em que podemos considerá-las como indivíduos, fora de sua relação com o corpo humano. As

ÉTICA, DEMONSTRADA À MANEIRA DOS GEÔMETRAS 163

partes do corpo humano são, com efeito (pelo Postulado I), indivíduos mui compostos, cujas partes (pelo Lema IV) podem ser separadas do corpo humano, que conservará toda a sua natureza e forma, e podem comunicar seus movimentos (vide Axioma I subsequente ao Lema III) a outros corpos por outra relação; por consequência (pela Proposição III), a ideia ou o conhecimento de uma parte, qualquer que seja, estará em Deus, e isso (pela Proposição IX) na medida em que ele é considerado como afetado por outra ideia de coisa singular, coisa singular essa que é anterior à própria parte na ordem da natureza (pela Proposição VII). É dizer o mesmo de uma parte qualquer do indivíduo, ele próprio que entra na composição do corpo humano; por consequência, o conhecimento de cada parte componente do corpo humano está em Deus, na medida em que ele é afetado por um número muito grande de ideias de coisas, e não na medida em que ele tem somente a ideia do corpo humano, isto é (pelo Corolário da Proposição XI), a ideia constituinte da natureza da mente humana; portanto (pelo Corolário da Proposição XI), a mente humana não envolve o conhecimento adequado das partes componentes do corpo humano.

PROPOSIÇÃO XXV

A ideia de uma afecção qualquer do corpo humano não envolve o conhecimento adequado do corpo externo.

DEMONSTRAÇÃO

Nós mostramos (vide Proposição XVI) que a ideia de uma afecção do corpo humano envolve a natureza do corpo externo, na medida em que o corpo externo determina o próprio corpo humano de certo modo. Mas, na medida em que o corpo externo é um indivíduo que não se relaciona com o corpo humano, a ideia e o conhecimento dele está em Deus (pela Proposição IX), na medida em que se considera Deus como afetado pela ideia de outra coisa, que (pela

Proposição VII) é anterior por natureza ao corpo externo ele próprio. Razão pela qual o conhecimento adequado do corpo externo não está em Deus, na medida em que ele tem a ideia da afecção do corpo humano, ou seja, a ideia da afecção do corpo humano não envolve o conhecimento adequado do corpo externo.

PROPOSIÇÃO XXVI

A mente humana não percebe nenhum corpo externo como existente em ato, senão pelas ideias das afecções de seu próprio corpo.

DEMONSTRAÇÃO

Se o corpo humano não foi afetado de nenhum modo por algum corpo externo, a ideia do corpo humano tampouco (pela Proposição VII), isto é (pela Proposição XIII), a mente humana, tampouco foi afetada de algum modo pela ideia da existência desse corpo externo. Mas, na medida em que o corpo humano é afetado de algum modo por algum corpo externo, ela o percebe (pela Proposição XVI com Corolário 1).

COROLÁRIO

Na medida em que a mente humana imagina um corpo externo, ela não tem o conhecimento adequado dele.

DEMONSTRAÇÃO

Quando a mente humana considera os corpos externos pelas ideias das afecções do seu próprio corpo, nós dizemos que ela imagina (vide o Escólio da Proposição XVII); e a mente não pode em outras condições (pela Proposição precedente) imaginar os corpos externos como existentes em ato. Por consequência (pela Proposição XXV), na medida em que a mente imagina os corpos externos, ela não tem um conhecimento adequado deles.

PROPOSIÇÃO XXVII

A ideia de uma afecção qualquer do corpo humano não envolve o conhecimento adequado do próprio corpo humano.

DEMONSTRAÇÃO

Toda ideia de alguma afecção do corpo humano envolve a natureza do corpo humano, na medida em que se considera o próprio corpo humano como afetado de certo modo (vide Proposição XVI). Mas, na medida em que o corpo humano é um indivíduo que pode ser afetado de muitos outros modos, sua ideia etc. (vide a Demonstração da Proposição XXV).

PROPOSIÇÃO XXVIII

As ideias das afecções do corpo humano, na medida em que estão relacionadas ao espírito humano somente, não são claras e distintas, mas confusas.

DEMONSTRAÇÃO

As ideias das afecções do corpo humano envolvem, com efeito (pela Proposição XVI), a natureza tanto dos corpos externos quanto do próprio corpo humano, e devem envolver não somente a natureza do corpo humano, mas também a de suas partes; pois as afecções (segundo o Postulado III) são modos pelos quais as partes do corpo humano, e por consequência o corpo inteiro, são afetadas. Mas (pelas proposições XXIV e XXV) o conhecimento adequado dos corpos externos, como também o das partes componentes do corpo humano, não está em Deus, na medida em que o consideramos como afetado pela mente humana, mas na medida em que o consideramos como afetado por outras ideias. Portanto, as ideias dessas afecções, na medida em que estão relacionadas à mente humana somente, são como consequências sem premissas, isto é (como se conhece por si), ideias confusas.

ESCÓLIO

Demonstra-se do mesmo modo que a ideia que constitui a natureza da mente humana não é, se considerada em si só, clara e distinta; e que se dá o mesmo com a ideia da mente humana e a ideia das ideias das afecções do corpo humano, na medida em que se relacionam à mente somente, o que cada um pode ver facilmente.

PROPOSIÇÃO XXIX

A ideia da ideia de uma afecção qualquer do corpo humano não envolve o conhecimento adequado da mente humana.

DEMONSTRAÇÃO

A ideia de uma afecção do corpo humano não envolve, com efeito (pela Proposição XXVII), o conhecimento adequado do próprio corpo, ou seja, não exprime de maneira adequada a natureza; isto é (pela Proposição XIII), que ela não concorda adequadamente com a natureza da mente; por conseguinte (pelo Axioma VI, Parte I), a ideia da ideia não exprime adequadamente a natureza da mente humana, ou seja, não envolve seu conhecimento adequado.

COROLÁRIO

Segue-se daí que a mente humana, todas as vezes que ela percebe as coisas segundo a ordem comum da natureza, não tem de si própria, nem do seu corpo, nem dos corpos externos um conhecimento adequado, mas somente um conhecimento confuso e mutilado. Pois a mente não se conhece ela própria senão na medida em que percebe as ideias das afecções do corpo (pela Proposição XXIII). Por outro lado, ela não percebe (pela Proposição XIX) seu corpo, senão pelas próprias ideias das afecções do corpo, e é também por elas somente (pela Proposição XXVI) que percebe os corpos externos; por consequência, na medida em que ela tem essas ideias, ela não as tem de si própria (pela Proposição XXIX), nem do seu corpo (pela Proposição XXVII), nem dos corpos externos (pela Proposição XXV), um conhecimento adequado, mas somente (pela Proposição XXVIII com seu Escólio) um conhecimento mutilado e confuso.

ESCÓLIO

Eu digo expressamente que a mente não tem, nem de si própria, nem do seu corpo, nem dos corpos externos, um conhecimento adequado, mas somente um conhecimento confuso e mutilado, todas as vezes que percebe as coisas segundo a ordem comum da natureza; isto é, todas as vezes que é

ÉTICA, DEMONSTRADA À MANEIRA DOS GEÔMETRAS 167

determinada do exterior, pelo encontro fortuito das coisas, a considerar isso ou aquilo, e não todas as vezes que do interior, isto é, porque ela considera muitas coisas ao mesmo tempo, é determinada a compreender suas conveniências, suas diferenças e suas oposições; com efeito, todas as vezes que ela é disposta de tal ou tal modo, então ela considera as coisas clara e distintamente, como mostrarei abaixo.

PROPOSIÇÃO XXX

Da duração do nosso próprio corpo nós não poderemos ter senão um conhecimento inteiramente inadequado.

DEMONSTRAÇÃO

A duração de nosso corpo não depende de sua essência (pelo Axioma I), nem da natureza absoluta de Deus (pela Proposição XXI, Parte I). Mas (pela Proposição XXVIII, Parte I) o corpo é determinado a existir e a produzir efeitos por tais causas, elas próprias por sua vez determinadas por outras a existir e a produzir efeitos, segundo certa e determinada condição e assim até o infinito. A duração do nosso corpo depende, portanto, da ordem comum da natureza e da constituição das coisas. Quanto à condição segundo a qual as coisas são constituídas, o conhecimento adequado das coisas está em Deus, na medida em que ele tem as ideias de todas as coisas, e não na medida em que ele tem somente a ideia do corpo humano (pelo Corolário da Proposição IX); eis por que o conhecimento da duração do nosso corpo está em Deus de modo inteiramente inadequado, na medida em que o consideramos como constituinte da natureza da mente humana, isto é (pelo Corolário da Proposição XI), que esse conhecimento está em nossa mente de modo inteiramente inadequado.

PROPOSIÇÃO XXXI

Nós só podemos ter da duração das coisas singulares que estão fora de nós um conhecimento sobremodo inadequado.

DEMONSTRAÇÃO

Cada coisa singular, do mesmo modo que o corpo humano, deve ser determinado por outra coisa singular a existir e a produzir efeito segundo uma razão certa e determinada; e isso, a seu turno, por outra, e assim até o infinito (pela Proposição XXVIII, Parte I). Ora, por essa propriedade comum às coisas singulares, como demonstramos na Proposição precedente, não temos da duração de nosso corpo senão um conhecimento inteiramente inadequado; logo devemos chegar à mesma conclusão com respeito à duração das coisas singulares, a saber, que nós não podemos ter senão um conhecimento inteiramente inadequado de sua duração.

COROLÁRIO

Segue-se daí que todas as coisas particulares são contingentes e corruptíveis. Pois, nós não podemos ter (pela Proposição precedente) nenhum conhecimento adequado de sua duração, e é isso que nos permite entender por contingência e a corruptibilidade das coisas (vide Escólio 1 da Proposição XXXIII, Parte I). Pois (pela Proposição XXIX, Parte I), salvo isto, não há nada de contingente.

PROPOSIÇÃO XXXII

Todas as ideias, na medida em que se relacionam a Deus, são verdadeiras.

DEMONSTRAÇÃO

Com efeito, todas as ideias que estão em Deus concordam totalmente com os objetos que elas representam (pelo Corolário da Proposição VII) e, por consequência (pelo Axioma VI, Parte I), todas são verdadeiras.

PROPOSIÇÃO XXXIII

Nada há de positivo nas ideias que permita dizer que são falsas.

DEMONSTRAÇÃO

Se vós a negais, tentai, pois, conceber um modo positivo do pensar que constitui a forma do erro, ou seja, da falsidade. Esse modo de pensar não pode estar em Deus (pela Proposição precedente); e, fora de Deus, nada pode ser nem ser concebido (pela Proposição XV, Parte I). Por consequência, não pode haver nada de positivo nas ideias que permita dizer que são falsas.

PROPOSIÇÃO XXXIV

Toda ideia que em nós é absoluta, ou seja, adequada e perfeita, é verdadeira.

DEMONSTRAÇÃO

Quando dizemos que uma ideia adequada e perfeita é dada em nós, dizemos somente (pelo Corolário da Proposição XI) que uma ideia adequada e perfeita é dada em Deus, na medida em que ele constitui a essência de nossa mente e, consequentemente (pela Proposição XXXII), nós não dizemos outra coisa senão que tal ideia é verdadeira.

PROPOSIÇÃO XXXV

A falsidade constitui privação de conhecimento, que envolve ideias inadequadas, isto é, mutiladas e confusas.

DEMONSTRAÇÃO

Não há nada nas ideias de positivo que constitua a forma da falsidade (pela Proposição XXXIII); a falsidade não pode consistir na privação absoluta (pois as mentes, não os corpos, são ditas errar e se enganar), nem tampouco na ignorância absoluta; pois ignorar e errar são coisas diferentes; pois ela consiste em uma privação de conhecimento que envolve o conhecimento inadequado das coisas, isto é, das ideias inadequadas e confusas.

ESCÓLIO

Eu expliquei no Escólio da Proposição XVII desta parte por que o erro consiste em privação do conhecimento; mas para uma explicação mais ampla, darei um exemplo: Os homens se enganam no fato de se suporem livres; e essa opinião consiste somente em que eles têm consciência de suas ações e ignoram as causas que os determinam. Logo, a ideia de sua liberdade é que eles não conhecem nenhuma causa de suas ações. Pois eles dizem que as ações humanas dependem da vontade, e essas são palavras que não têm nenhuma ideia. O que é, com efeito, a vontade, e de que modo ela move o corpo, todos ignoram; e aqueles que se jactam de sabê-lo e moldam uma sede e uma morada para a alma costumam provocar ou o riso ou a náusea. Do mesmo modo, quando olhamos o sol, imaginamos que está distante de nós a cerca de duzentos pés; esse erro aqui não consiste somente nessa imaginação, mas no fato de que, ao imaginar assim o sol, nós ignoramos sua verdadeira distância e a causa dessa imaginação. De fato, mais tarde, ainda que saibamos que o sol está distante de nós mais de seiscentas vezes o diâmetro da terra, nós não imaginaremos menos que ele esteja perto de nós; pois, não imaginamos que o sol esteja tão próximo porque ignoramos sua verdadeira distância, mas porque a afecção do nosso corpo envolve a essência do sol, na medida em que o próprio corpo é afetado por ele.

PROPOSIÇÃO XXXVI

As ideias inadequadas e confusas seguem umas às outras com a mesma necessidade que as ideias adequadas, isto é, claras e distintas.

DEMONSTRAÇÃO

Todas as ideias estão em Deus (pela Proposição XV, Parte I) e, na medida em que elas se relacionam a Deus, são verdadeiras (pela Proposição XXXII) e (pelo Corolário da Proposição VII) são adequadas; por conseguinte, elas não são inadequadas nem confusas, na medida em que se relacionam com a mente singular de alguém (vide a esse respeito

ÉTICA, DEMONSTRADA À MANEIRA DOS GEÔMETRAS 171

as proposições xxiv e xxviii); e, por consequência, todas elas, tanto adequadas quanto inadequadas, seguem umas às outras (pelo Corolário da Proposição vi) com a mesma necessidade.

PROPOSIÇÃO XXXVII

O que é comum a todas as coisas (acerca disso ver o Lema ii acima) e que está igualmente na parte e no todo, não constitui a essência de nenhuma coisa singular.

DEMONSTRAÇÃO

Se o negamos, concebamos, se pudermos, que isso constitui a essência de qualquer coisa singular, por exemplo, a essência de b. Logo (pela Definição ii), isso não poderá, sem b, existir, nem ser concebido; ora, isso é contra a hipótese; portanto, isso não pertence à essência de b, nem constitui a essência de outra coisa singular.

PROPOSIÇÃO XXXVIII

O que é comum a todas as coisas, e se está igualmente na parte e no todo, não pode ser concebido senão adequadamente.

DEMONSTRAÇÃO

Seja A qualquer coisa que é comum a todos os corpos e que está igualmente na parte e no todo de um corpo qualquer. Eu digo que A não pode ser concebido senão adequadamente. Com efeito, a ideia de A (pelo Corolário da Proposição vii) estará necessariamente adequada em Deus, na medida em que ele tem tanto a ideia do corpo humano quanto as ideias das afecções desse corpo, ideias que (pelas proposições xvi, xxv e xxvii) envolvem em parte tanto a natureza do corpo humano quanto a natureza dos corpos externos, isto é (pelas proposições xii e xiii), essa ideia de A estará necessariamente adequada em Deus, na medida em que ele constitui a mente humana, ou seja, na medida em que ele tem as ideias que estão na mente humana; a mente, portanto (pelo Corolário da Proposição xi), percebe necessariamente A de modo adequado, e isso tanto quanto na medida em que ela se percebe a si própria ou na medida em que percebe o seu próprio corpo ou algum corpo exterior, e A não pode ser concebido de outro modo.

COROLÁRIO

Segue-se daí que há certas ideias ou noções que são comuns a todos os homens. Pois (pelo Lema ii) todos os corpos têm em comum (*conveniunt*) certas coisas que (pela Proposição precedente) devem ser percebidas adequadamente por todos, ou seja, clara e distintamente.

PROPOSIÇÃO XXXIX

Se o corpo humano e certos corpos externos, pelos quais o corpo humano costuma ser afetado, têm alguma propriedade comum, e que esteja igualmente na parte e no todo desses corpos, a ideia também estará na mente de modo adequado.

DEMONSTRAÇÃO

Seja A o que é comum e próprio ao corpo humano e a certos corpos externos, e que está igualmente no corpo humano e nesses mesmos corpos externos, e que, enfim, está na parte e no todo de qualquer um dos corpos externos. Uma ideia adequada do próprio A estará em Deus (pelo Corolário da Proposição vii) tanto na medida em que ele tem a ideia do corpo humano, quanto na medida em que ele tem as ideias dos corpos externos em questão. Suponhamos agora que o corpo humano seja afetado por um corpo externo por meio daquilo que ele tem em comum com este, ou seja, com A; a ideia dessa afecção envolverá a propriedade A (pela Proposição xvi) e, por consequência (pelo mesmo Corolário da Proposição vii), a ideia dessa afecção será adequada em Deus, na medida em que ele é afetado pela ideia dessa afecção e na medida em que ele é afetado pela ideia do corpo humano; isto é (pela Proposição xiii), na medida em

ÉTICA, DEMONSTRADA À MANEIRA DOS GEÔMETRAS 173

que ele constitui a natureza da mente humana e, por conseguinte (pelo Corolário da Proposição XI), essa ideia está de modo adequado na mente humana.

COROLÁRIO

Segue-se daí que a mente é tanto mais apta a perceber de modo adequado muitas coisas, quanto o seu corpo tem mais coisas em comum com outros corpos.

PROPOSIÇÃO XL

Todas as ideias que, na mente, se seguem de ideias que nela são adequadas, são adequadas (*Quæcunque ideæ in mente sequuntur ex ideis quæ in ipsa sunt adæquatæ, sunt etiam adæquatæ*).

DEMONSTRAÇÃO

Isso é evidente. De fato, quando dizemos que, na mente humana, uma ideia segue de ideias que são nela adequadas, não dizemos nada além (pelo Corolário da Proposição XI) senão que no intelecto divino uma ideia é dada da qual Deus é a causa, não na medida em que ele é infinito, não na medida em que ele é afetado por um número muito grande de coisas singulares, mas somente na medida em que ele constitui a essência da mente humana.

ESCÓLIO 1

Eu expliquei assim a causa das noções chamadas comuns, e que são os fundamentos do nosso raciocínio. Mas há outras causas de certos axiomas ou de noções que cumpriria explicar por nosso método; poder-se-ia assim estabelecer quais noções são as mais úteis e quais não servem quase para o uso. Depois, quais são comuns, e quais não são claras e distintas senão para aqueles que não laboram em preconceitos, e quais, enfim, são mal fundadas. Estabelecer-se-ia, ademais, de onde as noções chamadas segundas e, consequentemente, os axiomas que nelas se fundam, tiram sua origem, bem como outras coisas sobre o mesmo tema, a cujo respeito eu refleti outrora. Mas reservei esses temas para outro tratado, e, para não causar fastio por uma prolixidade muito grande do assunto, resolvi aqui suspender essa exposição. Entretanto, para nada omitir daquilo que é necessário saber, eu indicarei brevemente as causas de onde provieram os termos ditos transcendentais, tais como Ser, Coisa, Alguma Coisa. Esses termos nascem daquilo que o corpo humano, sendo limitado, não é capaz de formar em si mesmo, ao mesmo tempo, distintamente, senão certo número determinado (eu expliquei o que é a imagem no Escólio da Proposição XVII); e se esse número de imagens distintas, que o corpo é capaz de formar ao mesmo tempo em si mesmo, exceder, todas se confundirão entre si completamente. Por ser assim, é evidente, pelo Corolário da Proposição XVII e pela Proposição XVIII, que a mente humana poderá imaginar distintamente ao mesmo tempo tantos corpos quantas imagens ele poderá formar ao mesmo tempo em seu próprio corpo. Mas quando as imagens se confundem inteiramente no corpo, a mente também imaginará todos os corpos confusamente, sem nenhuma distinção, e as compreenderá, de alguma maneira, sob um só atributo, a saber, sob o atributo Ser, Coisa etc. Isso poderia ser deduzido tanto mais do fato de que as imagens não são sempre igualmente vivas, e de outras causas análogas que não é necessário explicar aqui, pois, para o nosso escopo, basta considerar apenas uma delas. Com efeito, todas querem dizer que esses termos significam ideias confusas no mais alto grau. Por fim, de causas semelhantes é que nasceram as noções que denominamos universais, como Homem, Cavalo, Cão etc., a saber, que no corpo humano se formam ao mesmo tempo tantas imagens, por exemplo, de homens que elas superam o poder de imaginar; na verdade, não completamente, mas o bastante para que a mente não possa imaginar senão pequenas diferenças singulares (tais como a cor, o tamanho etc.), nem o número determinado de seres singulares; ela não imagina distintamente senão aquilo somente em que todos eles concordam, na medida em que afetam o corpo; com efeito, é por aquilo que é comum que o corpo é mais afetado, visto que ele o foi por cada ser singular; é o que a mente exprime pelo nome *homem*, e que ela afirma de uma infinidade de seres singulares; pois, como dissemos, ela não pode imaginar o número determinado de seres singulares. Mas é preciso notar que essas noções não são formadas do mesmo modo por todos; elas variam em cada um conforme a coisa que com mais frequência afetou o corpo, e que a mente imagina ou se recorda mais facilmente. Por exemplo, aqueles que mais amiúde contemplaram com admiração a estatura dos homens, entenderão sob o nome de homem um animal de estatura ereta; enquanto aqueles que habitualmente contemplam outra coisa formarão dos homens outra imagem comum, a saber, o homem é um animal ridente, um animal bípede sem penas, um animal racional; e assim para os outros objetos, de modo que cada um, segundo a disposição do seu corpo, formará imagens universais das coisas. Eis por que não é de admirar que entre os filósofos que quiseram explicar as coisas naturais somente pela imagem das coisas, tenham se erguido tantas controvérsias.

ESCÓLIO 2

De tudo o que foi dito acima, aparece claramente que nós percebemos múltiplas coisas e que formamos noções universais: 1. a partir das coisas singulares que nos são representadas pelos sentidos de maneira mutilada, confusa e sem ordem para o intelecto (vide Corolário da Proposição XXIX), e por essa razão, eu me acostumei a chamar tais percepções de conhecimento por experiência vaga; 2. a partir dos signos, por exemplo, do fato de que, ouvindo ou lendo certas coisas, nós nos recordamos das coisas e formamos delas ideias semelhantes àquelas pelas quais imaginamos as coisas (vide Escólio da Proposição XVIII). Eu chamarei a seguir um e outro modo de considerar as coisas de conhecimento do primeiro gênero, opinião ou imaginação; 3. enfim, a partir daquilo que temos de noções comuns e de ideias adequadas das propriedades das coisas (vide Corolário da Proposição XXXVIII, a Proposição XXXIX com seu Corolário e a Proposição XL), eu chamarei esse modo de razão e conhecimento do segundo gênero. Além desses dois gêneros de conhecimento, há ainda um terceiro, como mostrarei a seguir, que chamaremos: Ciência intuitiva. Esse gênero de conhecimento procede da ideia adequada da essência formal de certos atributos de Deus até o conhecimento adequado da essência das coisas. Eu explicarei tudo isso por um exemplo de uma coisa única. Sejam dados, por exemplo, três números para obter um quarto que esteja para o terceiro como o segundo para o primeiro. Mercadores não hesitarão em multiplicar o segundo pelo terceiro e dividir o produto pelo primeiro, porque eles não deixaram ainda cair no esquecimento aquilo que aprenderam do seu mestre sem nenhuma Demonstração, ou porque experimentaram muitas vezes essa operação no caso dos números muito simples, ou por força da Demonstração da Proposição XIX, livro VII, de Euclides, a saber, pela propriedade comum dos números proporcionais. Mas para os números muito simples, nenhum desses meios é necessário. Por exemplo, sejam dados os números 1, 2, 3; não há pessoa que não veja que o quarto número proporcional é 6, e isso de maneira muito clara, porque da própria relação, que vemos, a um simples olhar, que o primeiro tem com o segundo, concluímos o quarto.

PROPOSIÇÃO XLI

O conhecimento do primeiro gênero é a única causa da falsidade; a do segundo e do terceiro é necessariamente verdadeiro.

DEMONSTRAÇÃO

Nós dissemos no Escólio precedente que ao conhecimento do primeiro gênero pertencem todas as ideias que são

ÉTICA, DEMONSTRADA À MANEIRA DOS GEÔMETRAS 177

inadequadas e confusas; por conseguinte (pela Proposição XXXV), esse conhecimento é a única causa da falsidade. Em seguida, nós dissemos que ao conhecimento do segundo e terceiro gêneros pertencem as ideias que são adequadas; por consequência, esse conhecimento (pela Proposição XXXIV) é necessariamente verdadeiro.

PROPOSIÇÃO XLII

O conhecimento do segundo e terceiro gêneros, e não o do primeiro, nos ensina a distinguir o verdadeiro do falso.

DEMONSTRAÇÃO

Esta Proposição é evidente por si. Com efeito, quem sabe distinguir entre o verdadeiro e o falso, deve ter do verdadeiro e do falso uma ideia adequada, isto é (pelo Escólio 2 da Proposição XL), deve conhecer o verdadeiro e o falso pelo segundo ou terceiro gênero de conhecimento.

PROPOSIÇÃO XLIII

Quem tem uma ideia verdadeira e sabe, simultaneamente, que tem uma ideia verdadeira, não pode duvidar da verdade da coisa.

DEMONSTRAÇÃO

A ideia verdadeira em nós é aquela que é adequada em Deus, na medida em que ele se explica pela natureza da mente humana (pelo Corolário da Proposição XI). Suponhamos, portanto, que uma ideia adequada A seja dada em Deus, na medida em que ele se explica pela natureza da mente humana. Dessa ideia deve ser dada necessariamente uma ideia que se relaciona a Deus do mesmo modo que a ideia A (pela Proposição XX, cuja Demonstração é universal). Mas a ideia A é suposta relacionar-se a Deus, na medida em que ele se explica pela natureza da mente humana; logo, a ideia da ideia A deve relacionar-se a Deus do mesmo modo; isto é (pelo mesmo Corolário da Proposição XI), que essa ideia adequada da ideia A estará na mesma mente que a ideia adequada A; quem, portanto, tem uma ideia adequada, a saber, (pela Proposição XXXIV), quem conhece uma coisa verdadeiramente deve ao mesmo tempo ter de seu conhecimento uma ideia adequada, ou seja (como é evidente por si), um conhecimento verdadeiro.

ESCÓLIO

No Escólio da Proposição XXI desta Parte, eu expliquei o que é a ideia da ideia; mas cumpre notar que a Proposição precedente é suficientemente evidente por si mesma. Pois quem tem uma ideia verdadeira não ignora que a ideia verdadeira envolve a mais alta certeza; ter uma ideia verdadeira, com efeito, não significa nada mais do que conhecer perfeitamente uma coisa ou o melhor possível; e por certo ninguém pode duvidar disso, salvo se pensar que uma ideia é alguma coisa muda como uma pintura sobre a tela de um quadro, e não um modo de pensar, a saber, o próprio ato de compreender; e eu lhe pergunto, quem pode saber que ele compreende uma coisa, se ele não está certo primeiro da coisa? Isto é, quem pode saber se ele está certo de uma coisa, se primeiro ele não está certo dessa coisa? De outra parte, o que pode haver aí de mais claro e mais certo do que a ideia verdadeira, que possa ser norma da verdade? Certa, como a luz evidencia a si mesma e as trevas, a verdade é norma de si própria e do falso. E por aí penso haver respondido às seguintes questões: se uma ideia verdadeira, na medida em que é dita convir somente com o objeto por ela ideado, se distingue de uma falsa; logo, uma ideia verdadeira não tem mais realidade ou perfeição do que uma ideia falsa (visto que elas se distinguem somente pela denominação extrínseca) e, por consequência, um homem que tem ideias verdadeiras não supera tampouco aquele que tem somente ideias falsas? Assim, de onde vem que os homens têm ideias falsas? E, enfim, de onde se pode saber com certeza que se tem ideias que convêm com os objetos por elas ideados? A essas questões, digo eu, penso já ter respondido.

ÉTICA, DEMONSTRADA À MANEIRA DOS GEÔMETRAS 179

Com efeito, quanto à diferença entre a ideia verdadeira e a falsa, está estabelecido, pela Proposição XXXV, que elas estão entre si como o ser e o não ser. Quanto às causas da falsidade, eu as mostrei mui claramente desde a Proposição XIX até a Proposição XXXV com seu Escólio. Por aí aparece também que diferença há entre um homem que tem ideias verdadeiras e um homem que não tem senão ideias falsas. No atinente, enfim, à última questão: de onde um homem pode saber que tem uma ideia que convém com o objeto por ela ideado, acabo de mostrar de modo mais do que suficiente que isso provém somente do fato de que ele tem uma ideia que convém com o objeto por ela ideado, ou seja, de que a verdade é norma de si mesma. Acrescentai a isso que a nossa mente, na medida em que ela percebe as coisas na verdade, é uma parte do intelecto infinito de Deus (pelo Corolário da Proposição XI), por consequência, é tão necessário que as ideias claras e distintas da mente sejam verdadeiras, quanto as de Deus.

PROPOSIÇÃO XLIV

Não é da natureza da razão contemplar as coisas como contingentes, mas como necessárias.

DEMONSTRAÇÃO

É da natureza da razão perceber as coisas de modo verdadeiro (pela Proposição XLI), saber como elas são em si mesmas (pelo Axioma VI, Parte I), isto é (pela Proposição XXIX, Parte I), não como contingentes, mas como necessárias.

COROLÁRIO 1

Segue-se daí que depende somente da imaginação que consideremos as coisas como contingentes, tanto com respeito ao passado, quanto com respeito ao futuro.

ESCÓLIO

Eu explicarei aqui brevemente em que condição isso se dá. Mostramos acima (pela Proposição XVII com seu Corolário) que a mente imagina sempre as coisas como estando presentes, embora elas não existam, a não ser que ocorram causas que excluam sua existência presente. Ademais, mostramos (pela Proposição XVIII) que, se o corpo humano foi alguma vez afetado simultaneamente por dois corpos externos, tão logo a mente imaginar mais tarde um dos dois, ela se recordará imediatamente do outro, isto é, ela os considerará como lhe estando presentes, a não ser que ocorram causas que excluam sua existência presente. Além disso, ninguém duvida que nós imaginamos também o tempo, e isso porque imaginamos corpos se movendo uns mais lentamente ou mais velozmente do que os outros, ou com velocidade igual. Suponhamos agora que uma criança viu ontem, de manhã, Pedro pela primeira vez, ao meio-dia Paulo, e ao anoitecer Simão, e hoje, de novo, viu Pedro, de manhã. É evidente pela Proposição XVIII que, tão logo ela vê a luz matutina, ela imaginará o sol percorrendo a mesma parte do céu que ela viu na véspera: ou seja, ela imaginará o dia inteiro, e Pedro com a manhã, Paulo com o meio-dia e Simão com o entardecer, isto é, que ela imaginará a existência de Paulo e de Simão em relação com o tempo futuro; e, ao contrário, se ela vê Simão no entardecer, ela relacionará Paulo e Pedro ao tempo pretérito, imaginando-os ao mesmo tempo que o passado, e isso de um modo tanto mais constante quanto mais ela os vir na mesma ordem. Se ocorrer uma vez que em outra tarde ela veja, no lugar de Simão, Jacó, então na manhã seguinte ela imaginará ao mesmo tempo que à tarde verá ora Simão, ora Jacó. Mas não ambos simultaneamente. Por isso supomos que ela viu, à tarde, apenas um dos dois e não os dois ao mesmo tempo. Assim, pois, sua imaginação flutuará, e ela imaginará, com a tarde futura, ora um, ora outro, isto é, ela não considerará nem um, nem outro, como um futuro certo, mas como um futuro contingente. Essa flutuação da imaginação será a mesma se as coisas imaginadas forem as que consideramos em relação com o tempo pretérito, ou com o presente;

ÉTICA, DEMONSTRADA À MANEIRA DOS GEÔMETRAS 181

e, por consequência, nós imaginaremos como contingentes as coisas relacionadas tanto ao tempo presente, quanto ao pretérito ou ao futuro.

COROLÁRIO 2

É da natureza da razão perceber as coisas como dotadas de certa espécie de eternidade.

DEMONSTRAÇÃO

É da natureza da razão, com efeito, perceber as coisas como necessárias e não como contingentes (pela Proposição precedente). E ela percebe essa necessidade das coisas (pela Proposição XLI) realmente, isto é (pelo Axioma VI, Parte I), como ela é em si. Mas (pela Proposição XVI, Parte I) essa necessidade das coisas é a necessidade mesma da natureza eterna de Deus; logo, é da natureza da razão considerar as coisas sob essa espécie de eternidade. Acrescentai que os fundamentos da razão são noções (pela Proposição XXXVIII) que explica aquilo que é comum a todas as coisas e (pela Proposição XXXVII) não explica a essência de nenhuma coisa singular; e que, por consequência, devem ser concebidas sem nenhuma relação com o tempo, mas sob uma espécie de eternidade.

PROPOSIÇÃO XLV

Qualquer ideia de um corpo qualquer ou de coisa singular existente em ato envolve necessariamente a essência eterna e infinita de Deus.

DEMONSTRAÇÃO

A ideia de uma coisa singular existente em ato envolve necessariamente tanto a essência quanto a existência da própria coisa (pelo Corolário da Proposição VIII). E as coisas singulares (pela Proposição XV, Parte I) não podem ser concebidas sem Deus (pela Proposição VI); mas, uma vez que elas têm Deus por causa, na medida em que são consideradas sob o atributo cujas coisas são elas próprias os modos, suas ideias devem necessariamente (pelo Axioma

IV, Parte I) envolver o conceito deste atributo, isto é (pela Definição VI, Parte I), a essência eterna e infinita de Deus.

ESCÓLIO

Eu não entendo aqui, por existência, a duração, isto é, a existência, na medida em que é concebida como abstrata ou uma espécie de quantidade. Não falo da natureza mesma da existência, a qual é atribuída às coisas singulares, porque da necessidade eterna da natureza de Deus segue uma infinidade de coisas em infinitos modos (pela Proposição XVI, Parte I). Eu falo da existência mesma das coisas singulares, na medida em que estão em Deus. Pois, ainda que cada uma esteja determinada a existir de um certo modo por outra coisa singular, entretanto a força pela qual cada uma persevera na existência segue da necessidade eterna da natureza de Deus. Ver a esse respeito o Corolário da Proposição XXIV, Parte I.

PROPOSIÇÃO XLVI

O conhecimento da essência eterna e infinita de Deus que envolve cada ideia é adequado e perfeito.

DEMONSTRAÇÃO

A Demonstração da Proposição precedente é universal, e quer consideremos uma coisa como parte ou como todo, sua ideia, seja ela a da parte, seja a do todo, envolverá (pela Proposição precedente) a essência eterna e infinita de Deus. Portanto, o que dá o conhecimento da essência eterna e infinita de Deus é comum a todos, e está igualmente na parte e no todo e, por consequência (pela Proposição XXXVIII), esse conhecimento será adequado.

PROPOSIÇÃO XLVII

A mente humana tem um conhecimento adequado da essência eterna e infinita de Deus.

DEMONSTRAÇÃO

A mente humana tem ideias pelas quais (pela Proposição XXII) ela se percebe a si mesma (pela Proposição XXIII), e

ÉTICA, DEMONSTRADA À MANEIRA DOS GEÔMETRAS 183

seu próprio corpo (pela Proposição XIX) e (pelo Corolário 1 da Proposição XVI e Proposição XVII) os corpos externos existentes em ato; por conseguinte, ela tem (pelas proposições XLV e XLVI) um conhecimento adequado da essência eterna e infinita de Deus.

ESCÓLIO

Nós vemos assim que a essência infinita de Deus e sua eternidade são conhecidas por todos. Visto que, de outro lado, tudo está em Deus e se concebe por Deus, segue-se que podemos deduzir desse conhecimento um número muito grande de consequências que conheceremos adequadamente, e formar assim esse terceiro gênero de conhecimento de que falamos no Escólio 2 da Proposição XL, e de cuja excelência e utilidade falaremos na quinta parte. Que, aliás, os homens não tenham um conhecimento tão claro de Deus e das noções comuns, isso vem de que eles não podem imaginar Deus como imaginam os corpos, e de que juntaram o nome de *Deus* com as imagens das coisas que se acostumaram a ver, o que os homens dificilmente podem evitar, porque são continuamente afetados pelos corpos externos. E, com certeza, a maior parte dos erros consiste no simples fato de que nós não aplicamos de maneira correta os nomes às coisas. Assim, quando se diz que as linhas traçadas do centro do círculo para a circunferência são desiguais, entende-se então certamente por círculo outra coisa que os matemáticos. Do mesmo modo, quando os homens erram um cálculo, eles têm na mente outros números, além daqueles que têm sobre o papel. Eis por que, se se considera sua mente, eles por certo não erram; parecem, no entanto, errar, porque nós pensamos que eles têm na mente os números que estão sobre o papel. Se não fosse assim, nós não acreditaríamos que eles erram; do mesmo modo, ouvi alguém gritar ainda há pouco que sua casa voara sobre a galinha do vizinho e eu não acreditei que ele errasse, porque seu pensamento me parecia bastante claro. E daí nasce a maior parte das controvérsias, a saber, que os homens não exprimem corretamente seu pensamento ou que interpretam mal o pensamento do outro. De fato, quando se contradizem ao máximo, eles pensam ou as mesmas coisas ou coisas diferentes, de modo que aquilo que consideram no outro erro e absurdo, não o são.

PROPOSIÇÃO XLVIII

Na mente nenhuma vontade é absoluta ou livre, mas a mente está determinada a querer isto ou aquilo por uma causa que é também determinada por outra, e essa por outra o é, por sua vez, e assim até o infinito.

DEMONSTRAÇÃO

A mente é um modo certo e determinado do pensar (pela Proposição XI) e, por consequência (pelo Corolário 2 da Proposição XVII, Parte I), não pode ser uma causa livre, ou seja, não pode ter a faculdade livre de querer e de não querer; mas ela deve estar determinada a querer isto ou aquilo (pela Proposição XXVIII, Parte I) por uma causa, que é também determinada por outra, e esta, por sua vez, por outra etc.

ESCÓLIO

Demonstra-se do mesmo modo que não há na mente nenhuma faculdade absoluta de inteligir, desejar, amar etc. Segue-se daí que essas faculdades e outras semelhantes ou são puras ficções ou não são senão seres metafísicos ou universais, que costumamos formar a partir de seres particulares. De modo que o entendimento e a vontade estão com tal ideia e com tal volição na mesma relação que a "pedridade" com tal e tal pedra, ou o homem com Pedro e Paulo. Quanto à causa pela qual os homens creem que são livres, já a explicamos no Apêndice da primeira parte. Mas, antes de prosseguir, convém notar aqui que eu entendo por vontade a faculdade de afirmar e negar, e não o desejo pelo qual a mente deseja ou repudia as coisas. E, depois de haver

ÉTICA, DEMONSTRADA À MANEIRA DOS GEÔMETRAS

demonstrado que essas faculdades são noções universais que não se distinguem das coisas singulares das quais as formamos, cumpre inquirir agora se as volições, elas mesmas, estão fora das próprias ideias das coisas; cumpre inquirir, digo eu, se é dada na mente outra afirmação ou negação, além daquela que envolve a ideia, na medida em que ela é ideia; a esse respeito, vide a Proposição seguinte e a Definição III, Parte II, a fim de evitar que se pense em pinturas. Pois, por ideias, eu não entendo imagens que se formam no fundo do olho ou, se quisermos, no meio do cérebro, mas conceitos do pensamento.

PROPOSIÇÃO XLIX

Na mente não é dada nenhuma volição, ou seja, nenhuma afirmação ou negação fora daquela que envolve a ideia, na medida em que ela é ideia.

DEMONSTRAÇÃO

Na mente não é dada (pela Proposição precedente) nenhuma faculdade absoluta de querer ou de não querer, mas apenas volições singulares, isto é, tal e tal afirmação e tal e tal negação. Concebamos, pois, alguma volição singular, ou seja, o modo de pensar pelo qual a mente afirma que os três ângulos do triângulo são iguais a dois retos. Essa afirmação envolve o conceito, em outras palavras, a ideia de triângulo, isto é, sem a ideia de triângulo não se pode concebê-lo. Pois é a mesma coisa que dizer que A deve envolver o conceito B ou que A não pode ser concebido sem B. Ademais, tal afirmação (pelo Axioma III) não pode existir sem a ideia de triângulo. Logo, essa afirmação tampouco pode ser concebida sem a ideia de triângulo. Além disso, essa ideia de triângulo deve envolver essa mesma afirmação, a saber, que seus três ângulos são iguais a dois retos. Eis por que, vice-versa, essa ideia de triângulo não pode, sem essa afirmação, nem existir nem ser concebida, donde (pela Definição II) essa afirmação pertence à essência da ideia de triângulo, e de nada mais fora dela. E o que dissemos acerca dessa volição (visto que a escolhemos à vontade), se deve dizer também a respeito de qualquer volição, a saber, que ela não é nada fora da ideia.

COROLÁRIO

A vontade e o entendimento são uma e mesma coisa.

DEMONSTRAÇÃO

A vontade e o entendimento não são nada fora das volições e das ideias singulares (pela Proposição XLVIII e seu Escólio). Ora, uma volição singular e uma ideia singular (pela Proposição precedente) são uma e mesma coisa; logo, a vontade e o entendimento são uma e mesma coisa.

ESCÓLIO

Por aí, nós destruímos a causa comumente atribuída ao erro. Aliás, mostramos acima que a falsidade consiste na exclusiva privação que envolve as ideias mutiladas e confusas. Eis por que a ideia falsa, na medida em que ela é falsa, não envolve a certeza. Portanto, quando dizemos que um homem encontra repouso no falso, e não concebe dúvida sobre o referido, nós não dizemos por isso que ele está certo, mas somente que ele não duvida, ou que ele encontra repouso no falso, porque ele não tem nenhuma causa que faça sua imaginação flutuar. Vide a esse respeito o Escólio da Proposição XLIV. Então, quanto mais fortemente um homem adere ao falso, não diremos nunca que ele está certo. Mas, por certeza nós entendemos qualquer coisa positiva (vide Proposição XLIII e seu Escólio) e não, na verdade, a privação da dúvida. E por privação da certeza, nós entendemos a falsidade. Mas, para explicar mais amplamente a Proposição precedente, falta dar algumas recomendações. Depois, resta responder às objeções que podem ser opostas a essa doutrina que é a nossa e, por fim, para afastar todo escrúpulo, julguei que seria útil indicar certas vantagens práticas dessa doutrina. Algumas, digo eu, pois por certo se compreenderá melhor as principais vantagens disso pelo que diremos na quinta parte. Principio, portanto, pelo primeiro ponto, e aconselho aos leitores que distingam cuidadosamente entre uma ideia, ou seja, um conceito da mente, e as imagens das coisas que imaginamos. Depois, é necessário distinguir entre a ideias e as palavras pelas quais designamos as coisas. Com efeito, por ter confundido totalmente essas três coisas, as imagens, as palavras e as ideias, ou por não tê-las distinguido com bastante cuidado, ou, enfim, sem suficiente cautela, muitos ignoraram completamente essa doutrina da vontade, que é, no entanto, indispensável ao conhecimento, tanto para a especulação quanto para a sábia ordenação da vida. De fato, aqueles que pensam que as ideias consistem em imagens que se formam em nós pelo encontro dos corpos, se persuadem que as ideias das coisas, à semelhança daquelas das quais nós não podemos formar nenhuma imagem, não são ideias, mas somente ficções que representamos por livre-arbítrio da vontade; eles encaram, pois, as ideias como pinturas mudas sobre uma tela e, invadidos por esse preconceito, não veem uma ideia senão na medida em que é uma ideia, que envolve uma afirmação ou uma negação. Quanto àqueles que confundem as palavras com a ideia, ou com a própria afirmação que envolve a ideia, eles creem que podem querer contra aquilo que sentem, quando, somente em palavras, eles afirmam ou negam qualquer coisa contra seu sentimento. Entretanto, será fácil desembaraçar-se desses preconceitos, desde que atentemos para a natureza do pensamento, a qual não envolve de nenhum modo o conceito de extensão e, por consequência, compreender-se-á claramente que a ideia (porquanto ela é um modo de pensar) não consiste nem na imagem de qualquer coisa, nem nas palavras. Com efeito, a essência das palavras e das imagens é constituída unicamente pelos movimentos corporais que não envolvem de modo algum o conceito do pensamento. Esses breves conselhos a esse respeito bastam e eu passo, pois, às objeções de que falei antes. A primeira é que se crê estabelecido que a vontade se estende além do entendimento e que, assim sendo, é diferente dele. Por se pensar que a vontade se estende além do entendimento é que se diz saber, pela experiência, que não é necessário uma faculdade para dar assentimento, ou seja, a de afirmar e de negar, maior do que já temos para assentir a uma infinidade de coisas que não percebemos; do contrário, teríamos necessidade de uma faculdade maior para o contrário. Logo, a vontade se distingue do entendimento naquilo em que é finita, enquanto este é infinito. Nós podemos objetar, em segundo lugar, que a experiência não nos ensina nada mais claro do que o poder de suspender nosso julgamento para não dar assentimento às coisas que percebemos; e isso é confirmado pelo fato de que não se diz que alguém se engana, na medida em que ele percebe alguma coisa, mas somente na medida em que ele assente ou dissente. Por exemplo, aquele que representa para si um cavalo alado, não concede que exista um cavalo alado, isto é, ele não se engana por isso, a não ser que conceda ao mesmo tempo que exista um cavalo alado; a experiência parece, pois, não ensinar nada mais claramente, a não ser que a vontade, isto é, a faculdade de assentir, seja livre de assentir, e distinta da faculdade de inteligir. Em terceiro lugar podemos objetar que uma afirmação não parece conter mais realidade do que outra; isto é, que nós não parecemos ter necessidade de um poder maior para afirmar que o que é verdadeiro é verdadeiro, do que para afirmar que qualquer coisa que é falsa é verdadeira; enquanto, ao contrário, percebemos que uma ideia tem mais realidade ou perfeição do que outra; pois quanto mais os objetos prevalecem uns sobre os outros, tanto mais suas ideias são mais perfeitas; por aí, ainda, parece estar estabelecida uma diferença entre a vontade e o entendimento. Em quarto lugar podemos objetar que se o homem não opera segundo a liberdade de sua

ÉTICA, DEMONSTRADA À MANEIRA DOS GEÔMETRAS

vontade, o que lhe acontecerá, então, se ele estiver em equilíbrio como o asno de Buridan? Morrerá ele de fome e de sede? Se eu o concedo, eu pareceria conceber um asno ou uma estátua de homem, e não um homem; logo, se eu o nego, ele se determinará a si próprio e, consequentemente, ele tem a faculdade de se pôr em movimento e de fazer o que quer. Talvez possa haver ainda outras objeções possíveis; todavia, como não posso inculcar aqui os sonhos de cada um, só cuidarei de responder às objeções acima o mais brevemente possível. E, na verdade, com respeito à primeira, eu concordo que a vontade se estende para além do entendimento e, por entendimento, entende-se somente as ideias claras e distintas; mas nego que a vontade se estenda além das percepções, ou seja, do que a faculdade de conceber, e não vejo por que a faculdade de querer possa ser dita infinita mais do que a de sentir; seguramente, do mesmo modo que possamos afirmar, com a mesma faculdade de querer, uma infinidade de coisas (aliás, uma após a outra, porque não podemos afirmar ao mesmo tempo uma infinidade), do mesmo modo, com a mesma faculdade de sentir, podemos sentir ou perceber (uma após a outra, é claro) uma infinidade de corpos. E quando se diz que há uma infinidade de coisas que não podemos perceber? Eu replico que isso nenhum pensamento e, por consequência, nenhuma faculdade de querer, pode atingir. Por outro lado, se diz que se Deus quisesse fazer com que nós percebêssemos isso, ele deveria, então, nos dar com certeza maior faculdade de perceber, mas não maior faculdade de querer do que aquela que ele nos deu. O que significa dizer que, se Deus quisesse que percebêssemos isso, ele deveria nos dar maior faculdade de perceber, mas não maior de querer do que aquela que nos deu, a fim de se abraçar essa infinidade de seres, mas não uma ideia universal do ser. Ora, nós mostramos que a vontade é um ser universal, ou seja, uma ideia que é comum a todos, pela qual explicamos todas as volições singulares, isto é, o que é comum a todas as volições. Visto que se acredita que essa ideia comum, ou universal, é uma faculdade, não há por que se admirar que se diga que essa faculdade se estende ao infinito, além dos limites do intelecto. À segunda objeção respondo negando que tenhamos o livre poder de suspender nosso julgamento. Pois, quando dizemos que alguém suspende seu julgamento, não dizemos nada mais senão que ele não percebe a coisa adequadamente. A suspensão do julgamento é na realidade uma percepção, e não uma livre vontade. Para compreender isso de modo claro, concebamos uma criança que imagina um cavalo alado e não percebe nenhuma outra coisa. Uma vez que essa imaginação envolve a existência do cavalo (pelo Corolário da Proposição XVII), e que a criança não percebe nada que exclua a existência do cavalo, ela considerará necessariamente o cavalo como presente, e não poderá duvidar de sua existência, embora não esteja certa. Isso, nós experimentamos todos os dias no sono; e eu não creio que haja alguém que, durante seu sonho, pensa ter o livre poder de suspender seu julgamento sobre aquilo que sonha, e fazer com que não sonhe o que sonha; e, no entanto, acontece que, mesmo nos sonhos, nós suspendemos nosso julgamento, quando sonhamos o que sonhamos. Concedo, portanto, que ninguém se engana, na medida em que percebe, isto é, que as imaginações da mente, consideradas em si próprias, não envolvam nenhum erro (vide Escólio da Proposição XVII), mas nego que um homem não afirma nada, na medida em que percebe. Com efeito, o que é perceber um cavalo alado senão afirmar que um cavalo tem asas? Pois, se a mente, fora do cavalo alado, não percebesse nenhum outro, ela o consideraria como lhe estando presente, e não teria nenhum motivo para duvidar de sua existência, nem de alguma faculdade de dissentir, a não ser que a imaginação acerca do cavalo alado se tenha juntado a uma ideia que exclua a ideia da existência do referido cavalo, ou que o pensamento não percebe que a ideia que ele tem do cavalo é inadequada; então, ou bem ela negará necessariamente a existência desse cavalo, ou ela duvidará dele necessariamente. E por aí penso haver, com efeito, respondido à terceira objeção, pela qual vontade é alguma coisa universal que se aplica a todas as ideias, e significa somente o que é comum a todas, ou seja, ela é uma afirmação, cuja essência adequada, assim concebida abstratamente, deve estar em cada ideia e, por essa única razão, é a mesma em todas; mas não na medida em que consideramos como constituindo a essência da ideia, pois, nesse sentido, afirmações singulares diferem entre si como as ideias elas mesmas. Por exemplo, a afirmação que envolve a ideia do círculo é diferente daquela que envolve a ideia do triângulo, tanto quanto a ideia do círculo difere da ideia do triângulo. Donde eu nego absolutamente que temos necessidade de igual potência de pensar para afirmar que o que é verdade é verdade e para afirmar que o que é verdadeiro é falso. Com efeito, essas duas afirmações, ao olhar da mente, estão entre si como o ser e o não ser; pois não há nas ideias nada de positivo que constitua a forma da falsidade (vide Proposição XXXV e seu Escólio, bem como o Escólio da Proposição XLVII). Eis por que cabe notar aqui principalmente que nos enganamos facilmente quando confundimos as noções universais com as singulares, os seres da razão e as abstrações com o real. Por fim, no atinente à quarta objeção de que concedo inteiramente que um homem colocado em tal equilíbrio (isto é, que não percebe nenhuma outra coisa senão a fome e a sede, tal alimento e tal bebida igualmente distantes dele) perecerá de fome e de sede. Pergunto-me se tal homem não pode ser considerado um asno mais do que um homem? Eu digo que ignoro isso, assim como ignoro o que se deve pensar de um homem que se enforca, das crianças, dos tolos, dos loucos. Resta, enfim, indicar o quanto o conhecimento dessa doutrina é útil na vida, o que veremos facilmente a partir das observações que seguem: 1. Ele é útil, na medida em que nos ensina que nós atuamos pela exclusiva vontade de Deus e que participamos da natureza divina, e isso tanto mais quanto mais perfeitas são nossas ações, e quanto mais e mais conhecemos Deus. Logo, essa doutrina, além de deixar a alma tranquila de todos os modos, nos ensina em que consiste a nossa máxima felicidade ou beatitude, a saber, no exclusivo conhecimento de Deus, ou em ser induzido a praticar ações que aconselham amor e piedade. Por onde compreendemos claramente o quanto estão afastados da verdadeira estima da virtude aqueles que, por sua virtude e por suas melhores ações, por sua suma submissão, esperam ser honrados por Deus com supremas recompensas, como se a própria virtude e a submissão a Deus não fossem sua própria felicidade e suma liberdade; 2. Ela é útil, na medida em que ensina de que modo devemos nos comportar em relação às coisas da fortuna, ou seja, em relação às coisas que não estão em nosso poder, isto é, em relação às coisas que não seguem nossa natureza; a saber, esperar e suportar com uma mente igual uma e outra face da fortuna, sem dúvida porquanto todas as coisas seguem do decreto eterno de Deus com a mesma necessidade que da essência do triângulo segue que seus três ângulos são iguais a dois retos; 3. Esta doutrina é útil para a vida social, na medida em que ela ensina a não ter ódio de ninguém, a não desprezar pessoa alguma, a não zombar de ninguém, a não se irritar contra nenhuma pessoa, nem invejar ninguém. É útil também, na medida em que ensina a cada um ficar contente com aquilo que tem, e a ajudar seu próximo, não por piedade de mulher, por parcialidade, nem por superstição, mas sob a exclusiva conduta da razão, isto é, conforme o tempo e a conjuntura o exijam, como mostrarei na quarta parte; 4. Esta doutrina ainda é muito útil para a sociedade comum, na medida em que nos ensina em quais condições os cidadãos devem ser governados e dirigidos, e isso não porque eles sejam escravos, mas para que façam livremente o que é melhor. Assim, terminei o que eu havia resolvido indicar nesse Escólio, e dei um fim aqui à nossa segunda parte, na qual eu acredito ter explicado a natureza da mente humana e suas propriedades de modo suficientemente amplo e, na medida em que a dificuldade do assunto o permita, de modo suficientemente claro; penso também haver dado uma exposição da qual se pode tirar muitas belas conclusões, úteis no mais alto grau e necessárias ao conhecimento, como será estabelecido na parte que segue.

PARTE TERCEIRA:
DA NATUREZA E DA ORIGEM DAS AFECÇÕES

(*Pars Tertia: De Natura et Origine Affectuum*)[1]

Prefácio

Aqueles que escreveram sobre as afecções e a conduta da vida humana parecem, na maior parte das vezes, tratar não de coisas naturais que seguem as leis comuns da natureza, mas de coisas que estão fora da natureza. Na verdade, se diria que eles concebem o homem na natureza como um império dentro de um império. De fato, creem que o homem perturba a ordem da natureza, ao invés de segui-la, que ele tem sobre suas próprias ações um poder absoluto e só dele retira sua determinação. Logo, procuram a causa da impotência e da inconstância humanas não na potência comum da natureza, mas não sei em que vício da natureza humana e, por essa razão, a lamentam, zombam dela, a desprezam ou, mais frequentemente, a detestam: quem sabe com mais eloquência ou sutileza censurar a impotência da alma

---

1. A palavra *affectus*, em latim, muito próxima de *passio* (paixão) e correspondente ao grego *pathos*, designa qualquer estado sensitivo, anímico ou moral produzido pela ação de um agente externo, ou seja, do qual se sofre uma ação. Poderia ser traduzida, para o português, como *afecção, afeição* ou ainda *afeto*.

humana é tido por divino. Certamente, não faltaram homens eminentes (de cujo labor e habilidade confessamos ser devedores) para escrever belas coisas sobre a conduta correta na vida, e dar aos mortais conselhos plenos de prudência. Mas, quanto a determinar a natureza e a força das afecções, e o que pode a alma fazer, de seu lado, para governá-las, ninguém que eu saiba o fez. Na verdade, o mui célebre Descartes, embora tenha admitido o poder absoluto da alma sobre suas ações, tentou, bem sei, explicar as afecções humanas por suas primeiras causas e, ao mesmo tempo, mostrar por qual via a alma pode conquistar um império absoluto sobre as afecções. Mas, em minha opinião, ele nada mostrou a não ser a penetração do seu grande espírito, como o mostrarei no lugar apropriado. No momento, quero voltar àqueles que preferem antes detestar ou zombar das afecções e das ações dos homens do que conhecê-las. Para eles, com certeza, parecerá surpreendente que eu empreenda tratar os vícios dos homens e suas imperfeições à maneira dos geômetras e queira demonstrar por um raciocínio rigoroso o que eles não cessam de proclamar contrário à razão, vão, absurdo e digno de horror. Mas eis aqui a minha razão. Nada ocorre na natureza que possa ser atribuído a um vício nela existente; ela é sempre, com efeito, a mesma; sua virtude e sua potência de agir é una e sempre a mesma, quer dizer, as leis e regras da natureza, segundo as quais tudo acontece e passa de uma forma a outra, são sempre as mesmas em todos os lugares. Na sequência, a via correta para conhecer a natureza das coisas, quaisquer que sejam, deve ser também una e a mesma: é sempre por meio das leis e regras universais da natureza. Portanto, as afecções do ódio, da cólera, da inveja etc., consideradas em si mesmas, provêm da mesma necessidade e da mesma virtude da natureza que as demais coisas singulares. Por conseguinte, elas reconhecem certas causas, pelas quais são claramente conhecidas, e possuem certas propriedades de outra coisa qualquer, cuja consideração nos dá prazer. Tratarei, pois, da natureza das afecções e de suas forças, e do poder da mente sobre elas, seguindo o mesmo método que aquele tratado nas

ÉTICA, DEMONSTRADA À MANEIRA DOS GEÔMETRAS 197

partes precedentes de Deus e da Alma, e considerarei as ações e os apetites humanos como se fossem linhas, superfícies e sólidos.

Definições

DEFINIÇÃO I

Chamo de causa adequada aquela cujo efeito pode ser clara e distintamente por ela percebido. Chamo de causa inadequada ou parcial aquela cujo efeito não pode ser conhecido apenas por ela.

DEFINIÇÃO II

Digo que somos ativos quando, em nós ou fora de nós, somos a causa adequada de alguma coisa, quer dizer (pela Definição precedente), quando em nós ou fora de nós segue-se de nossa natureza alguma coisa que somente por ela pode ser clara e distintamente conhecida. Ao contrário, digo que somos passivos quando não somos a causa senão parcialmente de alguma coisa feita ou que resulte de nossa natureza.

DEFINIÇÃO III

Entendo por afecções aquelas do corpo pelas quais a potência de agir desse corpo aumenta ou diminui, é favorecida ou coagida, e, ao mesmo tempo, as ideias dessas afecções. Se podemos ser a causa adequada de alguma dessas afecções, a entendo então por uma ação; as demais [entendo] como paixão.

Postulados

POSTULADO I

O corpo humano pode ser afetado por diferentes modos que aumentam ou diminuem sua potência de agir, assim como por outros que não tornam sua potência de agir nem maior nem menor. Este Postulado se apoia sobre o

198   SPINOZA: OBRA COMPLETA IV

Postulado i e sobre os lemas v e vii vistos na sequência da
Proposição xiii da Parte ii.

POSTULADO II

O corpo humano pode experimentar um grande número
de modificações e reter, no entanto, as impressões ou vestígios dos objetos [ver Postulado v, Parte ii] e, consequentemente, as mesmas imagens das coisas; para sua Definição,
ver Escólio da Proposição xvii, Parte ii.

Proposições

PROPOSIÇÃO I

Nossa mente age em certas coisas e é passiva em outras;
quer dizer, quando possui ideias adequadas, é necessiaria-
mente ativa em certas coisas; quando possui ideias inadequadas, é necessariamente passiva em certas coisas.

DEMONSTRAÇÃO

As ideias de uma mente qualquer são algumas adequadas,
outras mutiladas e confusas (escólios 1 e 2 da Proposição xl,
Parte ii). As ideias adequadas na mente de alguém são adequadas em Deus, na medida em que constituem a essência
dessa mente (Corolário da Proposição xi, Parte ii); e aquelas que são inadequadas na mente são adequadas em Deus,
não na medida em que ele constitui apenas a essência dessa
mente, mas na medida em que contém em si, ao mesmo
tempo, as mentes das outras coisas. Além disso, sendo dada
uma ideia qualquer, algum efeito deve seguir-se (Proposição xxxvi, Parte i), e desse efeito Deus é a causa adequada,
não por ser infinito, mas na medida em que o consideramos como afetado pela ideia supostamente dada. Seja agora
um efeito de que Deus é causa na medida em que é afetado por uma ideia adequada na mente de alguém; desse
mesmo efeito a mente é a causa adequada (Corolário da
Proposição xi, Parte ii). Logo, nossa mente (Definição ii),

ÉTICA, DEMONSTRADA À MANEIRA DOS GEÔMETRAS 199

na medida em que possui ideias adequadas, é necessariamente ativa em certas coisas, o que é o primeiro ponto. De resto, para tudo o que segue necessariamente de uma ideia adequada em Deus, não enquanto contém em si a mente de apenas um homem, mas, ao mesmo tempo, as mentes de outras coisas, a mente desse homem não possui dela a causa adequada, mas apenas parcial (mesmo Corolário, Proposição XI, Parte II); por conseguinte, a mente, quando possui ideias inadequadas, é necessariamente passiva em certas coisas, o que é o segundo ponto. Logo, nossa mente etc.

COROLÁRIO

Segue-se disso que a mente está tão mais submetida às paixões quanto mais ideias inadequadas possui e, ao contrário, é mais ativa quanto mais tem ideias adequadas.

PROPOSIÇÃO II

Nem o corpo pode determinar a mente ao pensamento nem a mente [determinar] ao corpo o movimento ou o repouso, ou o que possa ser, se houver.

DEMONSTRAÇÃO

Todos os modos de pensamento têm Deus por causa, na medida em que ele é coisa pensante, não enquanto possa ser explicado por outro atributo (Proposição VI, Parte II). O que determina a mente a pensar é um modo do Pensamento e não da Extensão, quer dizer (Definição I, Parte II), que não é um corpo, o que era o primeiro ponto. Além disso, o movimento e o repouso do corpo devem provir de um outro corpo que foi igualmente determinado ao movimento e ao repouso por um outro e, falando de modo absoluto, tudo o que sobrevém a um corpo veio de Deus na medida em que o consideramos como afetado por um modo da Extensão e não por um modo do Pensamento (mesma Proposição VI, Parte II); quer dizer, não pode vir da mente que é um modo de pensar, o que era o segundo ponto. Logo, nem o corpo etc.

ESCÓLIO

O que precede se conhece mais claramente pelo que foi dito no Escólio da Proposição VII, Parte II, a saber, que a mente e o corpo são uma só e mesma coisa, concebida tanto sob o atributo do pensamento quanto sob o da extensão. De onde vem que a ordem ou o encadeamento das coisas é o mesmo, seja a natureza concebida sob um ou outro atributo. Consequentemente, a ordem das ações e das paixões de nosso corpo concorda, por natureza, com a ordem das ações e das paixões da mente. Isso ainda é evidente pela maneira como demonstramos a Proposição XII, Parte II. Embora a natureza das coisas não permita dúvida a esse respeito, creio porém que, a menos que se lhes dê desta verdade uma confirmação experimental, os homens dificilmente se deixarão induzir a um exame com espírito desprevenido, tão fortemente persuadidos estão de que o corpo às vezes se move e às vezes deixa de se mover unicamente sob o comando da mente, e faz um grande número de ações dependente apenas da vontade da mente e de sua arte de pensar. Ninguém, é verdade, determinou até agora o que pode o corpo, quer dizer, a experiência não ensinou a ninguém, até o presente, aquilo que, apenas pelas leis da natureza, considerada corporalmente, pode o corpo fazer e não fazer, a menos que seja determinado pela mente. Com efeito, ninguém conhece tão exatamente a estrutura do corpo que lhe possa explicar todas as funções, para nada dizer aqui daquilo que se observa muitas vezes nos animais, que em muito ultrapassa a sagacidade humana, e do que fazem os sonâmbulos com frequência durante o sono, o que não ousariam durante o estado de vigília, e tudo isso mostra bastante que o corpo pode muita coisa somente pelas leis da natureza e que causam espanto à sua mente. Além disso, ninguém sabe em que condição ou por quais meios a mente move o corpo, nem quantos graus de movimento ela lhe pode imprimir, e com que velocidade ela pode movê-lo. De onde se segue que os homens, quando dizem que tal ou qual ação do corpo provém da mente, que tem um império sobre o corpo, não sabem o que dizem e nada fazem além de confessar, numa linguagem especial, sua ignorância sobre a verdadeira causa de uma ação que não lhes provoca espanto. Mas, dir-se-á, caso se saiba ou se ignore por que meios a mente move o corpo, sabe-se, por experiência, no entanto, que o corpo estaria inerte se a mente humana não fosse apta a pensar. Sabe-se ainda, por experiência, que está apenas no poder da mente falar e se calar e muitas outras que se sabe depender do decreto da mente. Mas, quanto ao *primeiro* argumento, pergunto àqueles que invocam a experiência se ela também não ensina que, se de seu lado o corpo estiver inerte, não estaria a mente, ao mesmo tempo, privada da aptidão de pensar? Com efeito, quando o corpo está em repouso durante o sono, a mente permanece com ele adormecida e não tem o poder de pensar como na vigília. Também por experiência, sabem todos que a mente não está sempre igualmente apta a pensar sobre um mesmo objeto, e que, proporcionalmente à aptidão do corpo para despertar a imagem deste ou daquele objeto, a mente estará igualmente mais apta a considerar tal ou qual objeto. Dir-se-á ser impossível tirar das leis da natureza, considerada somente sob o aspecto corporal, a causa das construções, das pinturas e coisas dessa espécie que se fazem somente pela arte do homem, e que o corpo humano, se não estiver determinado e conduzido pela mente, não teria o poder de edificar um templo. Já mostrei que não se sabe o que pode o corpo ou o que se pode tirar apenas da consideração de sua própria natureza; e que, muito frequentemente, a experiência obriga a reconhecer que as leis da natureza, por si só, podem fazer o que jamais se teria acreditado ser possível sem a direção da mente. Assim são as ações dos sonâmbulos durante o sono, que os espantam quando estão acordados. Acrescento a esse exemplo a própria estrutura do corpo humano, que ultrapassa de bem longe, em artifício, tudo o que a arte humana pode construir, para nada dizer aqui do que mostrei acima: que da natureza considerada sob um atributo qualquer, segue-se uma infinidade de coisas. Quanto ao *segundo* argumento, certamente os assuntos dos homens estariam em melhores condições se estivessem igualmente em seus poderes tanto o calar-se quanto o falar; mas, e a experiência já o mostrou abundantemente, nada está menos sob o poder dos homens do que refrear a língua, e nada podem fazer de menos do que governar seus apetites. Eis por que a maior parte acredita que nossa liberdade de ação existe somente em vista das coisas para as quais tendemos ligeiramente, pois o apetite pode ser facilmente restringido pela lembrança de alguma outra coisa frequentemente recordada. Ao passo que não somos inteiramente livres quando se trata de coisas para as quais tendemos com viva afeição e que a lembrança de outra coisa não pode apaziguar. Se não soubéssemos, porém, por experiência que muitas vezes lamentamos nossas ações e que frequentemente, quando estamos dominados por afecções contrárias, vemos o melhor e fazemos o pior, nada nos impediria de acreditar que todas as nossas ações são livres. É assim que uma criança crê livremente apetecer o leite, o jovem colérico querer a vingança e um covarde fugir. Um homem em estado de ebriedade também acredita dizer por livre vontade da mente aquilo que, tão logo saído desse estado, ele preferia ter calado. Assim também o delirante, a faladeira, a criança e um grande número de indivíduos da mesma farinha creem falar por livre decreto da mente, quando não podem conter o impulso que têm de falar. Logo, a experiência faz ver claramente que a razão que os homens acreditam ser livre, apenas porque estão conscientes de suas ações, é porque ignoram as causas pelas quais estão determinados. De resto, que os decretos da mente não são outra coisa senão os próprios apetites e variam consoante a disposição variável do corpo. De fato, cada um governa tudo conforme sua afecção, e aqueles que, além disso, são dominados por afecções contrárias, não sabem o que querem. Os que não possuem afecções são conduzidos de um lado e de outro pelo mais leve motivo. Tudo isso, certamente, mostra com clareza que tanto o decreto [decisão, vontade] quanto o apetite da mente e a determinação do corpo são, por sua natureza, coisas simultâneas ou, antes, uma só e mesma coisa que nós chamamos Decreto quando considerado sob o atributo do pensamento e por ele explicado; Determinação quando considerada sob o atributo da extensão e deduzida das leis do movimento e do repouso; e isso se verá mais claramente pelo que me resta dizer. Queria, efetivamente, que se observasse particularmente o que se segue: nós não podemos nada fazer pelo decreto da mente que não tenhamos antes na lembrança. Por exemplo, não podemos dizer uma palavra a menos que dela nos lembremos. De outro lado, não está no poder da mente lembrar-se de uma coisa ou esquecê-la. Crê-se, portanto, que aquilo que está no poder da mente é apenas o que podemos dizer ou calar, conforme seu decreto, sobre a coisa de que nos recordamos. Quando, no entanto, sonhamos falar, cremos fazê-lo apenas pelo decreto da mente e, no entanto, não falamos ou, se falamos, isso se dá por um movimento espontâneo do corpo. Também sonhamos que escondemos dos homens certas coisas, e isso pelo mesmo decreto da mente em virtude do qual, durante a vigília, nos calamos sobre o que sabemos. Enfim, sonhamos fazer por um decreto da mente o que, durante a vigília, não ousamos. Por conseguinte, bem gostaria de saber se há na mente dois gêneros de decretos: os imaginários e os livres. E se não quisermos ir até esse ponto de extravagância, será preciso, necessariamente, concordar que esse decreto da mente, que se acredita livre, não se distingue da própria imaginação ou da lembrança, não sendo outra coisa que a afirmação necessariamente envolvida na ideia, enquanto ideia (ver Proposição XLIX, Parte II). E assim esses decretos se formam na mente com a mesma necessidade que as ideias das coisas existentes em ato. Portanto, aqueles que creem falar, calar-se ou fazer qualquer ação que seja por um livre decreto da mente, sonham com os olhos abertos.

PROPOSIÇÃO III

As ações da mente provêm apenas das ideias adequadas; as paixões dependem somente das ideias inadequadas.

DEMONSTRAÇÃO

O que constitui primeiramente a essência da mente não é outra coisa senão a ideia de um corpo que existe em ato (proposições XI e XIII, Parte II), e essa ideia é composta por muitas outras, das quais umas são adequadas (Corolário Proposição XXXVIII, Parte II) e outras, inadequadas (Corolário Proposição XXIV, Parte II). Toda coisa, portanto, que decorre da natureza da mente, e da qual a mente é a causa próxima, o que faz com que essa coisa seja conhecida, decorre, necessariamente, de uma ideia adequada ou inadequada. Mas como a mente possui ideias inadequadas (Proposição 1), ela é necessariamente passiva; logo, as ações da mente decorrem apenas das ideias adequadas e, por essa razão, a mente padece porque possui ideias inadequadas.

ESCÓLIO

Vemos, portanto, que as paixões só se relacionam com a mente na medida em que ela possui alguma coisa relativa a uma negação, quer dizer, na medida em que é considerada uma parte da natureza que não pode ser clara e distintamente percebida por si mesma, sem as outras partes. Pelo mesmo raciocínio, poderia mostrar que as paixões se relacionam com as coisas singulares da mesma maneira que a mente e só podem ser percebidas sob outra condição, mas meu propósito aqui é tratar apenas da mente humana.

PROPOSIÇÃO IV
Nada pode ser destruído senão por causa exterior.

DEMONSTRAÇÃO

Tal Proposição é patente por si; a Definição de uma coisa qualquer afirma, mas não nega a essência dessa coisa, ou ela põe, mas não suprime a essência da coisa. Enquanto consideramos apenas a coisa, e não as causas exteriores, nada podemos encontrar nela que a possa destruir.

PROPOSIÇÃO V
Coisas no mesmo sujeito, quer dizer, a ponto de serem de natureza contrária, não podem ali estar, na medida em que uma pode destruir a outra.

DEMONSTRAÇÃO

Com efeito, se elas pudessem convir entre si, ou estar no mesmo sujeito simultaneamente, alguma coisa poderia se dar no sujeito que tivesse o poder de destruí-lo (Proposição anterior), o que é absurdo. Logo, coisas etc.

PROPOSIÇÃO VI
Cada coisa, enquanto é em si, se esforça para perseverar em seu ser.

DEMONSTRAÇÃO

As coisas singulares são modos por meio dos quais os atributos de Deus se exprimem de uma maneira certa e determinada (Corolário da Proposição xxv, Parte I), quer dizer (Proposição xxxiv, Parte I), coisas que exprimem a potência de Deus, pela qual ele é e age, de uma maneira certa e determinada. E nenhuma coisa possui em si algo pelo qual possa ser destruída, quer dizer, que subtraia sua existência (Proposição IV). Ao contrário, ela se opõe a tudo o que possa subtrair sua existência (Proposição precedente); assim, enquanto pode e é em si, ela se esforça para perseverar em seu ser.

PROPOSIÇÃO VII

A tentativa pela qual cada coisa se esforça para perseverar em seu ser nada é, salvo a essência atual dessa coisa.

DEMONSTRAÇÃO

Da suposta essência dada de uma coisa qualquer segue--se necessariamente alguma coisa (pela Proposição XXXVI Parte I), e as coisas nada podem além daquilo que se segue, necessariamente, de sua natureza determinada (Proposição XXIX, Parte I); eis por que a potência de alguma coisa qualquer, ou o esforço pelo qual, sozinha ou com outras, ela age ou se esforça por agir, quer dizer, a potência ou o esforço pelo qual ela persevera em seu ser nada é, salvo a própria essência dada ou atual da coisa.

PROPOSIÇÃO VIII

A tentativa pela qual cada coisa se esforça para perseverar em seu ser não envolve qualquer tempo finito, mas infinito.

DEMONSTRAÇÃO

Se ela envolvesse algum tempo limitado que determinasse a duração da coisa, seguir-se-ia da própria potência pela qual a coisa existe, considerando-se unicamente essa potência, que, após esse tempo limitado, a coisa não poderia mais existir, devendo ser destruída. Ora, isso (pela Proposição IV) é absurdo; logo, o esforço pelo qual a coisa existe não envolve qualquer tempo definido, mas, ao contrário (Proposição IV), se ela não fosse destruída por nenhuma causa exterior, continuaria a existir pela mesma potência pela qual existe em ato, pois esse esforço envolve um tempo indefinido.

PROPOSIÇÃO IX

A mente, enquanto possui ideias claras e distintas, tanto quanto confusas, se esforça em perseverar em seu ser por um tempo indefinido, tendo consciência do seu esforço.

DEMONSTRAÇÃO

A essência da mente é constituída por ideias adequadas e inadequadas (como mostramos na Proposição III); por conseguinte (Proposição VII), ela se esforça por perseverar em seu ser enquanto possui umas e outras, e isso (Proposição VIII) por duração indefinida. Como, de outra parte, a mente (Proposição XXIII, Parte II), pelas ideias da afecção do corpo, tem necessariamente consciência de si mesma, ela possui consciência do seu esforço (Proposição VII).

ESCÓLIO

Esse esforço, quando se relaciona com a mente, chama-se vontade, mas quando se relaciona simultaneamente à mente e ao corpo, chama-se apetite, o qual, por conseguinte, nada mais é do que a própria essência do homem, e de cuja natureza segue necessariamente o que serve à conservação, estando o homem, por ela, determinado a agir. Além do mais, não há nenhuma diferença entre o apetite e o desejo, a não ser que o desejo diz respeito geralmente aos homens, enquanto têm consciência de seus apetites, e pode ser assim definido: o desejo é o apetite com consciência de si. Por tudo isso se tem firmemente que não nos esforçamos, queremos, apetecemos ou desejamos algo porque o julgamos bom, mas, ao contrário, julgamos que uma coisa é boa porque por ela nos esforçamos, a queremos, apetecemos e desejamos.

PROPOSIÇÃO X

Uma ideia que exclua a existência de nosso corpo não pode se dar em nossa mente, mas é-lhe contrária.

DEMONSTRAÇÃO

O que pode destruir nosso corpo não pode ser nele dado (pela Proposição V), e a ideia dessa coisa não pode dar-se em Deus, na medida em que ele tem a ideia de nosso corpo (Corolário da Proposição IX, Parte II); quer dizer (proposições XI e XIII, Parte II), a ideia dessa coisa não pode se dar em nossa mente. Ao contrário, dado que aquilo que constitui em primeiro lugar a essência de nossa mente é a ideia do corpo existente em ato, o que é primário e principal em nossa mente é um esforço (Proposição VII) para afirmar a existência de nosso corpo. E assim, uma ideia que negue a existência de nosso corpo é contrária à nossa mente.

PROPOSIÇÃO XI

Se alguma coisa aumenta ou diminui, auxilia ou reduz a potência de agir de nosso corpo, a ideia dessa coisa aumenta ou diminui, auxilia ou reduz a potência de nossa alma.

DEMONSTRAÇÃO

Esta Proposição é evidente pela Proposição VII, Parte II, ou ainda pela Proposição XIV, Parte II.

ESCÓLIO

Vimos assim que a mente está sujeita a grandes mudanças e passa tanto a uma maior perfeição quanto a uma menor; e essas paixões nos explicam as afecções da alegria e da tristeza. Por alegria entenderei, pois, uma paixão com a qual a mente passa a uma maior perfeição; por tristeza, uma paixão com a qual ela passa a uma menor perfeição. Além disso, chamo a afecção da alegria, relacionada simultaneamente à mente e ao corpo, de frêmito ou regozijo; e a da tristeza, dor ou melancolia. É preciso notar, entretanto, que o frêmito e a dor dizem respeito ao homem quando uma parte de si é mais afetada do que outras; e a hilaridade e a melancolia, quando todas as partes estão igualmente afetadas. Quanto ao desejo, expliquei o que se encontra no Escólio da Proposição IX, e não reconheço nenhuma afecção primitiva além dessas três. Na sequência, mostrarei que as demais nascem dessas três. Antes de prosseguir, parece-me bom explicar aqui mais amplamente a Proposição X desta parte, a fim de que melhor se conheça em que condição uma ideia é contrária a outra. No Escólio da Proposição XVII, Parte II, mostramos que

ÉTICA, DEMONSTRADA À MANEIRA DOS GEÔMETRAS 209

a ideia constituinte da essência da mente envolve a existência do corpo, enquanto ele existir. Além disso, do que fizemos ver no Corolário e no Escólio da Proposição VIII, Parte II, segue-se que a existência presente de nossa mente depende disso, a saber, de que a mente envolve a existência atual do corpo. Por fim, mostramos que a potência da mente, pela qual ela imagina as coisas e delas se lembra, também depende disso (proposições XVII e XVIII, Parte II, com Escólio), que ela envolve a existência atual do corpo. Do que se segue que a existência da mente e sua potência de imaginar são suprimidas tão logo a mente deixa de afirmar a existência do corpo. Mas a causa pela qual a mente deixa de afirmar essa existência do corpo não pode ser a própria mente (Proposição IV), como também não é [pelo fato de] que o corpo deixa de existir. Pois (pela Proposição VI, Parte II) a causa pela qual a mente afirma a existência do corpo não é porque o corpo começou a existir; logo, e pela mesma razão, ela não deixa de afirmar a existência do corpo porque o corpo deixou de existir; isso provém (pela Proposição VIII, Parte II) de uma outra ideia que exclui a existência presente de nosso corpo e, consequentemente, de nossa mente e que é, por conseguinte, contrária à ideia constituinte da essência de nossa mente.

PROPOSIÇÃO XII
A mente, tanto quanto possa, se esforça para imaginar o que aumenta ou contribui para a potência de agir do corpo.
DEMONSTRAÇÃO
Enquanto o corpo humano é afetado de maneira a envolver a natureza de um corpo exterior, a mente humana considera esse mesmo corpo como presente (pela Proposição XVII, Parte II) e, por consequência (Proposição VII, Parte II), enquanto a mente humana considera um corpo exterior como presente, quer dizer, o imagina (mesma Proposição XVII, Escólio), o corpo humano vê-se afetado de

uma maneira que envolve a natureza desse mesmo corpo exterior. Logo, enquanto a mente imagina o que aumenta ou contribui para a potência de agir de nosso corpo, o corpo vê-se afetado por maneiras de ser que aumentam ou auxiliam sua potência de agir (Postulado I) e, por consequência, também enquanto a potência de pensar da mente aumenta ou recebe uma contribuição; e assim a mente, enquanto pode, se esforça por imaginar tal coisa.

PROPOSIÇÃO XIII

Quando a mente imagina o que diminui ou coage a potência de agir do corpo, ela se esforça, o quanto pode, para lembrar-se de coisas que excluam a existência do que imagina.

DEMONSTRAÇÃO

Enquanto a mente imagina alguma coisa assim, a potência da mente e do corpo diminui ou é coagida (como demonstramos no Proposição precedente); e, no entanto, ela imaginará essa coisa até que imagine uma outra que exclua a existência presente da primeira (Proposição XVII, Parte II); quer dizer, a potência da mente e do corpo diminui ou é coagida até que a mente imagine uma outra coisa que exclua a existência daquela imaginada; ela se esforçará pois (Proposição IX, Parte III), tanto quanto possa, para imaginar essa outra coisa ou dela lembrar-se.

COROLÁRIO

Segue-se disso que a mente tem aversão em imaginar o que diminui ou coage sua própria potência de agir e a do corpo.

ESCÓLIO

Por isso conhecemos claramente o que é o amor e o ódio. O amor, digo, não é outra coisa senão uma alegria que acompanha a ideia de uma causa exterior; e o ódio, uma tristeza que acompanha a ideia de uma causa exterior. Vemos, além disso, que aquele que ama se esforça necessariamente para ter presente e conservar a coisa que ama. Ao contrário,

ÉTICA, DEMONSTRADA À MANEIRA DOS GEÔMETRAS 211

aquele que odeia se esforça para afastar e destruir a coisa que odeia. Mas tudo isso será mais amplamente tratado na sequência.

PROPOSIÇÃO XIV

Se a mente foi afetada uma vez simultaneamente por duas afecções, tão logo seja afetada por uma, será pela outra afetada.

DEMONSTRAÇÃO

Se o corpo humano foi afetado uma primeira vez por dois corpos, tão logo a mente imagine um, cedo lhe sobrevirá o outro (Proposição XVIII, Parte II). Mas as imaginações da mente indicam antes as afecções de nosso corpo do que a natureza dos corpos exteriores (Corolário 2 da Proposição XVI, Parte II). Logo, se o corpo e, por consequência, a mente foram afetados alguma vez por duas afecções simultâneas, tão logo o sejam por uma delas, serão igualmente pela outra.

PROPOSIÇÃO XV

Uma coisa qualquer pode ser, por acidente, causa de alegria, de tristeza ou de desejo.

DEMONSTRAÇÃO

Suponhamos que a mente seja afetada ao mesmo tempo por duas afecções, das quais uma não aumenta nem diminui seu poder de agir, e a outra ou aumenta ou a diminui (ver Postulado I). É evidente, pela Proposição anterior, que se depois a mente vier a ser afetada pela primeira, dada a ação de uma causa que a produza verdadeiramente, e que (conforme a hipótese) não aumente nem diminua, por ela mesma, a potência de pensar da mente, ela logo experimentará a segunda afecção, aquela que aumenta ou diminui sua potência de pensar, quer dizer (pelo Escólio da Proposição XI), que ela será afetada de alegria ou de tristeza. Em seguida, a coisa que causa a primeira afecção será, não por si mesma, mas por acidente, causa de alegria ou de tristeza. Facilmente, e da mesma maneira, pode-se ver que essa coisa pode, por acidente, ser causa de um desejo.

COROLÁRIO

Considerando-se apenas isso, [ou seja] ser uma coisa afetada de uma alegria ou de uma tristeza, da qual não é a causa eficiente, podemos amá-la ou odiá-la.

DEMONSTRAÇÃO

Apenas por isso, com efeito, acontece da mente (Proposição XIV), imaginando em seguida essa coisa, experimentar uma afecção de alegria ou de tristeza, quer dizer (Escólio da proposiçao XI) que a potência da mente e do corpo seja aumentada ou diminuída etc. Consequentemente (pela Proposição XII), que a alma deseje imaginar ou tenha aversão de imaginá-la, quer dizer, a ame ou odeie (Escólio da Proposição XIII).

ESCÓLIO

Desse modo conhecemos como pode acontecer de amarmos algumas coisas ou de odiá-las sem qualquer causa conhecida por nós, mas apenas por simpatia (como se diz) ou por antipatia. É preciso reproduzir esses objetos que nos afetam com alegria ou tristeza, apenas pelo fato de possuírem algum traço de semelhança com os objetos que nos afetam habitualmente em tais sentimentos, assim como mostrarei na Proposição seguinte. Bem sei que os autores que primeiramente introduziram esses nomes de simpatia e de antipatia quiseram significar com isso certas espécies ocultas de coisas; creio, porém, nos ser permitido entender essas palavras como referências a coisas conhecidas ou manifestas.

PROPOSIÇÃO XVI

Apenas por imaginarmos que uma coisa tenha algum traço de semelhança com um objeto que habitualmente afete a mente com alegria ou tristeza, e ainda que o traço pelo qual a coisa se assemelhe ao objeto não seja a causa

ÉTICA, DEMONSTRADA À MANEIRA DOS GEÔMETRAS

eficiente das afecções, amaremos, no entanto, a coisa ou lhe teremos ódio.

DEMONSTRAÇÃO

Consideramos com uma afecção de alegria ou de tristeza no próprio objeto (por hipótese) o traço de semelhança que a coisa tem com o objeto; em seguida (pela Proposição XIV), quando a mente for afetada pela imagem desse traço, logo experimentará uma ou outra daquelas afecções e, por conseguinte, a coisa que nós percebemos ter esse traço será por acidente (Proposição XV) causa de alegria ou de tristeza; e assim (pelo Corolário precedente), amaremos ou teremos ódio, embora esse traço pelo qual ela se assemelhe ao objeto não seja a causa eficiente das afecções.

PROPOSIÇÃO XVII

Se imaginarmos que uma coisa que nos faça provar habitualmente uma afeição de tristeza contenha algum traço de semelhança com outra que habitualmente nos faça experimentar uma afeição igualmente grande de alegria, nós lhe teremos ódio e, simultaneamente, a amaremos.

DEMONSTRAÇÃO

Essa coisa é, com efeito (por hipótese), causa de tristeza por si só (Escólio da Proposição XIII); na medida em que a imaginamos assim afetada, a odiamos; mais do que isso, se tiver algum traço de semelhança com outra coisa que nos faça habitualmente experimentar uma afeição de grande alegria, nós a amaremos com igual impulso de alegria (pela Proposição precedente); logo, lhe teremos ódio e a amaremos simultaneamente.

ESCÓLIO

O estado anímico que nasce de duas afecções contrárias chama-se flutuação da mente; para a afecção, ele é o que a dúvida significa para a imaginação (ver Escólio da Proposição XLIV, Parte II) e não há diferença entra a flutuação da mente e a dúvida a não ser a que vai do mais ao menos. É preciso observar que se na Proposição anterior deduzi as flutuações da mente de causas que produzem uma das duas afecções por si mesmas e a outra por acidente, eu o fiz porque as proposições precedentes tornavam assim mais cômoda a dedução; mas não nego que as flutuações da mente não possam nascer com mais frequência de um objeto que seja a causa eficiente de uma e de outra afecção. Com efeito, o corpo humano é composto de um grande número de indivíduos de natureza diferente e, por conseguinte (ver Axioma I que segue da Proposição XIII, Parte II), pode ser afetado por um só e mesmo corpo de numerosos e diversos modos; de outra parte, como uma só e mesma coisa pode ser afetada de muitas maneiras, ela poderá igualmente afetar uma só e mesma parte do corpo de maneiras múltiplas ou diversas. Pelo que podemos facilmente conceber que um só e mesmo objeto pode ser causa de afecções múltiplas e contrárias.

PROPOSIÇÃO XVIII

O homem experimenta pela imagem de uma coisa passada ou futura a mesma afecção de alegria ou de tristeza que a de uma imagem presente.

DEMONSTRAÇÃO

Enquanto o homem for afetado pela imagem de uma coisa, ele a considerará como estando presente, ainda que não exista (Proposição XVII, Parte II, com seu Corolário), e ele não a imagina como passada ou futura enquanto sua imagem estiver ligada ao tempo passado ou futuro (ver Escólio da Proposição XLIV, Parte II); considerada apenas em si, a imagem de uma coisa é, pois, a mesma, esteja em relação com o futuro ou o passado, esteja em relação com o presente. Quer dizer (Corolário 2 da Proposição XVI, Parte II), o estado do corpo, ou sua afecção, é o mesmo, que a imagem seja a de uma coisa passada, futura ou presente; e por conseguinte, a afecção de alegria ou de tristeza será a mesma, sendo a imagem de uma coisa passada, futura ou de coisa presente.

ESCÓLIO 1

Chamo aqui uma coisa passada ou futura na medida em que fomos ou seremos por ela afetado. Por exemplo, na medida em que a vimos ou iremos vê-la, que serviu para nossa reflexão ou servirá, causou-nos um dano ou nos causará etc. Quando a imaginamos assim, afirmamos sua existência, quer dizer, o corpo não experimenta qualquer afecção que exclua a existência da coisa e, assim (pela Proposição XVII, Parte II), o corpo é afetado pela imagem dessa coisa da mesma maneira como se ela estivesse presente. Como, porém, ocorre na maior parte do tempo que as pessoas, já tendo passado por mais de uma experiência, e enquanto consideram uma coisa como futura ou passada, são irresolutas e tomam frequentemente o fim por duvidoso (Escólio da Proposição XLIV, Parte II), disso resulta que as afecções nascidas de imagens semelhantes não são constantes e sim geralmente perturbadas por coisas diversas, até que se adquira alguma certeza a respeito da finalidade de algo.

ESCÓLIO 2

Pelo que se acaba de dizer, entendemos o que são a Esperança, o Medo, a Segurança, o Desespero, o Contentamento e a Dor da consciência. A esperança nada é senão uma alegria inconstante, nascida de uma coisa futura ou passada, de cujo evento duvidamos. O medo, ao contrário, é uma tristeza inconstante, igualmente nascida da imagem de uma coisa duvidosa. Agora, se dessas afecções se retira a dúvida, a esperança se torna segurança, e o medo, desespero; quer dizer, uma alegria ou uma tristeza nascida da imagem de uma coisa que nos afeta com medo ou esperança. Em seguida, o contentamento é uma alegria nascida da imagem de uma coisa passada, cujo termo nos foi tido por duvidoso. A dor de consciência, enfim, é a tristeza oposta ao contentamento.

PROPOSIÇÃO XIX

Quem imagina que aquilo que ama está destruído, se entristecerá; e feliz, se o imagina conservado.

DEMONSTRAÇÃO

A mente, na medida em que pode, se esforça para imaginar o que aumenta ou auxilia a potência de agir do corpo (Proposição XII), quer dizer, o que ela ama (Escólio da Proposição XIII). Mas a imaginação é auxiliada pelo que põe a existência da coisa e, ao contrário, se reduz por aquilo que a exclui (Proposição XVII, Parte II); assim sendo, as imagens das coisas que põem a existência da coisa amada auxiliam o esforço da mente pelo qual ela tenta imaginá-la, quer dizer, afetam a mente com alegria. Ao contrário, as coisas que excluem a existência da coisa amada reduzem esse esforço da mente, quer dizer, afetam-na com a tristeza. Quem, portanto, imagina que aquilo que ama está destruído, se entristecerá.

PROPOSIÇÃO XX

Quem imagina destruído o que odeia, se alegrará.

DEMONSTRAÇÃO

A mente (pela Proposição XIII) se esforça por imaginar aquilo que exclui a existência das coisas, pela qual a potência de agir do corpo diminui ou se reduz; ou seja (Escólio da mesma Proposição), ela se esforça por imaginar aquilo que exclui a existência das coisas das quais tem ódio; e, assim, a imagem de uma coisa que exclua a existência daquilo que a mente odeia auxilia esse esforço da mente, quer dizer, afeta a alegria (Escólio da Proposição XI). Quem, portanto, imaginar destruído o que odeia, se alegrará.

PROPOSIÇÃO XXI

Quem imagina o que ama afetado por alegria ou por tristeza será igualmente afetado por alegria ou por tristeza, e uma e outra afeições serão maiores ou menores no amante conforme o sejam na coisa amada.

ÉTICA, DEMONSTRADA À MANEIRA DOS GEÔMETRAS   217

DEMONSTRAÇÃO

As imagens das coisas (como mostramos na Proposição XIX) que põem a existência da coisa amada, auxiliam o esforço da mente em imaginá-la. Mas a alegria põe a existência da coisa alegre, e isso quanto mais a afeição de alegria for maior, pois é uma passagem a uma perfeição maior. Logo, a imagem de alegria da coisa contribui no amante para o esforço da mente, quer dizer (Escólio da Proposição XI), afeta o amante da alegria, e isso quanto maior essa afecção tiver sido na coisa amada. O que era o primeiro ponto. De resto, quando uma coisa é afetada pela tristeza, ela é, em certa medida, destruída, e isso quanto mais for afetada por uma tristeza maior (mesmo Escólio da Proposição XI). E, assim (pela Proposição XIX), quem imagina que aquilo que ama está afetado pela tristeza, é igualmente afetado, e isso quanto maior tiver sido essa afecção na coisa amada.

PROPOSIÇÃO XXII

Se nós imaginamos que alguém demonstra alegria com a coisa que amamos, seremos afetados de amor a seu respeito. Se, ao contrário, imaginamos que ele demonstra tristeza, seremos afetados de ódio contra ele.

DEMONSTRAÇÃO

Aquele que demonstra alegria ou tristeza pela coisa que amamos também nos afeta de alegria ou de tristeza, pois imaginamos a coisa que amamos afetada por essa alegria ou tristeza (Proposição anterior). Mas supõe-se que a ideia de uma causa exterior acompanhe essa alegria ou tristeza; logo (Escólio da Proposição XIII), se imaginamos que alguém demonstre alegria ou tristeza pela coisa que amamos, seremos afetados de amor ou de ódio a seu respeito.

ESCÓLIO

A Proposição XXI nos explica o que é a *comiseração*, que podemos definir como a *tristeza nascida do dano a outrem*.

Para a alegria nascida do bem a outro, não sei com que nome chamar. Além disso, chamaremos de *favor o amor que se tem por aquele que fez o bem a outrem* e, ao contrário, de *indignação o ódio que se tem por aquele que fez o mal a outrem*. Por fim, é preciso notar que não temos apenas comiseração por uma coisa que amamos (como mostramos na Proposição XXI), mas também por uma coisa a respeito da qual tivemos afeição de algum gênero, desde que a julguemos semelhante a nós (como farei ver mais abaixo). E, por conseguinte, vemos ainda com favor aquele que fez o bem a nosso semelhante, e nos indignamos contra aquele que lhe causou dano.

PROPOSIÇÃO XXIII

Quem imagina afetado por tristeza aquilo que odeia, estará feliz; ao contrário, se o imagina afetado por alegria, ficará contristado; e uma e outra afeições serão maiores ou menores conforme a afecção contrária seja maior ou menor na coisa odiada.

DEMONSTRAÇÃO

Quando uma coisa odiada está afetada de tristeza, ela está, em certa medida, destruída, e tanto mais quanto maior for a tristeza (Escólio da Proposição XI). Quem, portanto (Proposição XX), imagina afetado por tristeza a coisa de que tem ódio, experimentará a afeição contrária, que é a alegria; e isso tanto mais quanto imagina a coisa odiada afetada por uma tristeza maior, o que era o primeiro ponto. Agora, a alegria estabelece a existência da coisa alegre (mesmo Escólio da Proposição XI), e isso tanto mais quanto maior ela for. Se alguém imagina afetado pela alegria a coisa que odeia, essa imaginação reduzirá seu esforço (Proposição XIII), quer dizer, ele será afetado pela tristeza etc. (Escólio da Proposição XI).

ESCÓLIO

Essa alegria não pode ser muito sólida e sem conflito interior. Pois (vou mostrar na Proposição XXVII), na medida em que se imagina uma coisa semelhante a si experimentar uma afeição de tristeza, deve-se, em certa medida, estar contristado; e, inversamente, se a representamos afetada por alegria. Mas aqui temos em vista somente o ódio.

PROPOSIÇÃO XXIV

Se imaginamos que alguém afete com alegria uma coisa da qual temos ódio, seremos afetados de ódio a seu respeito. Se, ao contrário, imaginamos que ele a afeta com tristeza, seremos afetados de amor a seu respeito.

DEMONSTRAÇÃO

Essa Proposição se demonstra da mesma maneira que a XXII acima.

ESCÓLIO

Essas afeições de ódio e aquelas que lhe são semelhante se reduzem à inveja, que outra coisa não é senão o próprio ódio, na medida em que se o considera como dispondo um homem a regozijar-se com o mal de outrem e a entristecer--se com seu bem.

PROPOSIÇÃO XXV

Nós nos esforçamos por afirmar de nós e da coisa amada tudo o que imaginamos que a afete ou nos afete com alegria; e, ao contrário, por negar tudo o que imaginamos que a afete ou nos afete com tristeza.

DEMONSTRAÇÃO

Aquilo que imaginamos que afete a coisa amada com alegria ou com tristeza também nos afeta de alegria ou de tristeza (Proposição XXI). Mas, tanto quanto possa, a mente se esforça em imaginar o que nos afeta com alegria, quer dizer (pela Proposição XVII, Parte II e seu Corolário), de considerá-la como presente; e, ao contrário (Proposição XIII), em excluir a existência do que nos afeta com tristeza; nós nos esforçamos, pois, em afirmar de nós e da coisa amada tudo o que imaginamos que a afete com alegria, e inversamente.

PROPOSIÇÃO XXVI

Nós nos esforçamos em afirmar de toda coisa da qual temos ódio tudo o que imaginamos que a afete com tristeza e, ao contrário, em negar tudo o que imaginamos que a afete com alegria.

DEMONSTRAÇÃO

Essa Proposição segue-se da XXIII, como a precedente da Proposição XXI.

ESCÓLIO 1

Por aí se vê, facilmente, o homem dar mais importância a si mesmo e à coisa amada mais do que é justo e, ao contrário, à coisa que odeia, menos do que é justo; essa imaginação, quando ela diz respeito ao próprio homem, que faz caso de si mais do que é justo, chama-se orgulho e é uma espécie de delírio, pois o homem sonha com olhos abertos que pode tudo o que abrange com sua imaginação, e o considera como real e se entusiasma, enquanto não pode imaginar o que lhe exclui a existência e limita sua própria potência de agir. Logo, o orgulho é uma alegria nascida daquilo que o homem dá mais importância do que seja justo. Depois, a alegria que nasce daquilo que o homem atribui, mais do que é justo a outro, chama-se superestima; a desestima, enfim, nasce do que se atribui a outro, menos do que é justo.

PROPOSIÇÃO XXVII

Se imaginamos que uma coisa semelhante a nós, e a respeito da qual não experimentamos qualquer afeição, prova algum afeto, então, por isso mesmo, experimentamos uma afecção similar.

DEMONSTRAÇÃO

As imagens das coisas são afecções do corpo humano cujas ideias nos representam os corpos exteriores como presentes a nós (Escólio da Proposição XVII, Parte II), quer dizer (Proposição XVI, Parte II), cujas ideias envolvem a natureza de nosso corpo e, ao mesmo tempo, a natureza presente de um

ÉTICA, DEMONSTRADA À MANEIRA DOS GEÔMETRAS

corpo exterior. Se, portanto, a natureza de um corpo exterior é semelhante à do nosso corpo, a ideia do corpo exterior que imaginamos envolverá uma afecção de nosso corpo semelhante à daquela do corpo exterior. E, consequentemente, se imaginamos alguém semelhante a nós sensibilizado por alguma afeição, essa imaginação envolverá uma afeição similar de nosso corpo. Por isso mesmo é que imaginamos que se uma coisa a nós semelhante experimenta alguma afeição, experimentamos uma afeição semelhante à sua. Se, ao contrário, tivéssemos ódio por uma coisa semelhante a nós, experimentaríamos (pela Proposição XXIII), na medida de nosso ódio, uma afeição contrária e não semelhante à sua.

ESCÓLIO

Essa imitação das afeições, quando ocorre com respeito a uma tristeza, chama-se comiseração (ver Escólio da Proposição XXII); mas se for a respeito de um desejo, torna-se emulação, que outra coisa não é senão o desejo de uma coisa engendrada em nós por aquilo que imaginamos que outros seres semelhantes a nós têm como desejo.

COROLÁRIO 1

Se imaginamos que alguém, a respeito de quem não experimentamos qualquer afecção, causa alegria a uma coisa semelhante a nós, seremos afetados de amor para com ele. Se, ao contrário, imaginamos que ele causa tristeza, seremos afetados por ódio em relação a ele.

DEMONSTRAÇÃO

Isso é demonstrado pela Proposição precedente, da mesma maneira que a Proposição XXII o é pela XXI.

COROLÁRIO 2

Se uma coisa nos inspira comiseração, não lhe podemos ter ódio por causa da tristeza cuja miséria nos afeta.

DEMONSTRAÇÃO

Com efeito, se pudéssemos ter-lhe ódio, então (pela Proposição XXIII) estaríamos alegres com sua tristeza, o que é contra a hipótese.

COROLÁRIO 3

Se um objeto nos inspira comiseração, nos esforçaremos, tanto quanto pudermos, em livrá-lo de sua miséria.

DEMONSTRAÇÃO

O que afeta de tristeza o objeto que nos inspira comiseração, nos afeta com uma tristeza similar (Proposição precedente); por conseguinte, nos esforçaremos por lembrar de tudo o que exclui a existência dessa coisa ou a destrói (Proposição XIII), quer dizer (Escólio da Proposição IX), teremos o desejo de destruí-lo ou estaremos determinados em sua destruição; e assim, nos esforçaremos por livrar de sua miséria o objeto que nos inspira a comiseração.

ESCÓLIO

Esta vontade ou apetite de fazer o bem, que nasce de nossa comiseração a respeito da coisa a que queremos fazer o bem, chama-se benevolência e, assim, a benevolência outra coisa não é do que um desejo nascido da comiseração. Quanto ao amor e ao ódio por aquele que faz o bem ou o mal à coisa que imaginamos semelhante a nós, ver o Escólio da Proposição XXII.

PROPOSIÇÃO XXVIII

Tudo o que imaginamos que conduz à alegria, nos esforçamos em promover sua vinda; tudo o que imaginamos ser--lhe contrário ou conduzir à tristeza, nos esforçamos em afastar ou destruir.

DEMONSTRAÇÃO

O que imaginamos conduzir à alegria, nos esforçamos por imaginá-lo o quanto for possível (Proposição XII), quer dizer (pela Proposição XVII, Parte II), nos esforçamos por considerá-lo como presente ou existente em ato. Mas entre o esforço da mente, ou a potência que ela tem para pensar, e o esforço do corpo, ou a potência que ele tem para agir, há, por natureza, paridade e simultaneidade (como se segue claramente do Corolário da Proposição VII e do Corolário

ÉTICA, DEMONSTRADA À MANEIRA DOS GEÔMETRAS

da Proposição XI, Parte II). Logo, nos esforçamos, absolutamente falando, para que essa coisa exista, quer dizer (o que vem a ser o mesmo conforme o Escólio da Proposição IX), temos por ela apetite e a ela tendemos; o que era o primeiro ponto. Agora, se imaginarmos que aquilo em que cremos é causa de tristeza, quer dizer (Escólio da Proposição XIII), que o que odiamos é destruído, nos alegraremos (Proposição XX); e assim, nós nos esforçamos por destruí-lo, quer dizer (Proposição XIII), afastá-lo de nós, a fim de não considerá-lo como estando presente; o que era o segundo ponto. Assim, tudo o que pode conduzir à alegria etc.

PROPOSIÇÃO XXIX

Nós nos esforçaremos também para fazer tudo o que imaginamos que os homens verão com alegria, e teremos aversão de fazer o que imaginamos o que os homens têm aversão.

DEMONSTRAÇÃO

Se imaginamos que os homens amam uma coisa ou lhe têm ódio, por isso mesmo a amaremos ou a odiaremos (pela Proposição XXVII), quer dizer (Escólio da Proposição XIII), por isso mesmo a presença dessa coisa nos tornará alegre ou nos entristecerá; e assim (pela Proposição precedente), nós nos esforçaremos para fazer tudo aquilo que imaginamos que os homens amam ou que verão com alegria etc.

ESCÓLIO

Esse esforço para fazer uma coisa e também para nos abstermos, a fim de agradar aos homens, chama-se *ambição*, sobretudo quando nos esforçamos para agradar o vulgo com uma propensão tal que agimos ou nos abstemos em nosso próprio dano ou naquele de outro; de outro modo, costumamos chamá-la *humanidade*. Chamo, em seguida, de *louvor* a alegria que experimentamos em imaginar a ação de outrem pela qual ele se esforça por ser-nos agradável, e de *repreensão* a tristeza que sentimos quando temos aversão pelo agir de outrem.

PROPOSIÇÃO XXX

Se alguém fez alguma coisa que imagina afetar os demais com alegria, ele será afetado por uma alegria que acompanhará a ideia de si mesmo como causa; se, ao contrário, ele faz alguma coisa que afeta os demais com tristeza, ele se considerará a si mesmo com tristeza.

DEMONSTRAÇÃO

Quem imagina que afeta os demais com alegria ou tristeza, será, justamente por isso (Proposição XXVII), afetado de alegria ou de tristeza. E como o homem tem consciência de si mesmo pelas afecções que o determinam a agir (proposições XIX e XXIII, Parte II), quem fez alguma coisa que imagina afetar os demais com alegria, será afetado de alegria com consciência de ser a causa, quer dizer, considerar--se-á a si mesmo com alegria, e inversamente.

ESCÓLIO

Sendo o amor uma alegria que acompanha a ideia de uma causa exterior (ver Escólio da Proposição XIII), e o ódio uma tristeza que acompanha também a ideia de uma causa exterior, essa alegria ou essa tristeza serão igualmente uma espécie de amor e de ódio. Todavia, como o amor e o ódio se relacionam a objetos exteriores, designaremos aqui essas afeições por outros nomes. Chamaremos *glória* uma alegria que acompanha a ideia de uma causa interior, e *vergonha* a tristeza contrária, quando a alegria e a tristeza nascem quando os homens se acreditam louvados ou repreedidos. Em outros casos, chamarei *contentamento de si* a alegria que acompaha a ideia de uma causa interior, e *arrependimento* a tristeza oposta a essa alegria. Agora, como pode acontecer (Corolário da Proposição XVII, Parte II) que a ideia com a qual alguém imagina afetar os demais seja apenas imaginária, e que cada um se esforça por imaginar a respeito de si mesmo tudo o que ele imagina que o afeta com alegria, poderá facilmente ocorrer que o glorioso seja orgulhoso e se imagine ser agradável a todos, quando é insuportável.

PROPOSIÇÃO XXXI

Se imaginarmos que alguém ama, deseja ou odeia o que nós amamos, desejamos ou odiamos, nosso amor [desejo, ódio] tornar-se-á, por isso mesmo, mais constante. Ao contrário, se imaginarmos que ele tem aversão pelo que amamos, ou ao contrário, então experimentaremos a flutuação da alma.

DEMONSTRAÇÃO

Se imaginarmos que alguém ama alguma coisa, por isso mesmo amá-la-emos (pela Proposição XXVII). Mas se supusermos que, sem isso, a amamos, esse amor será então alimentado pela sobrevinda de uma nova causa; e, por conseguinte, amaremos por isso mesmo e de modo mais constante o que amamos. Agora, se imaginarmos que alguém tem aversão por alguma coisa, teremos aversão por ela (mesma Proposição). Se supusermos nesse momento que a amamos, teremos ao mesmo tempo, pela mesma coisa, amor e aversão, quer dizer (pelo Escólio da Proposição XVII) que experimentaremos a chamada flutuação da alma.

COROLÁRIO

Segue-se disso e da Proposição XXVIII que cada um, tanto quanto possa, faz um esforço para que todos amem aquilo que ama e odeiem o que tem por ódio; daí essas palavras do poeta: *amantes, juntos esperemos, juntos temamos; é de ferro aquele que ama o que outro desdenha*[2].

ESCÓLIO

Esse esforço para fazer com que cada um aprove o objeto de nosso amor e de nosso ódio é, na realidade, a *ambição* (ver Escólio da Proposição XXIX). Vemos assim que cada um tem, por natureza, o desejo de que os demais vivam conforme sua compleição, e como todos possuem o mesmo apetite, um faz obstáculo ao outro; e como todos querem ser louvados ou amados por todos, chega-se mutuamente ao ódio.

---

2. *Speremus pariter, pariter metuamus amantes; ferreus est si quis quod sinit alter, amat* (Ovídio, *Amor*, II).

PROPOSIÇÃO XXXII

Se imaginarmos que alguém se alegra com o que só um pode possuir, nos esforçaremos para que ele não possua mais a coisa.

DEMONSTRAÇÃO

Apenas pelo fato de imaginarmos que alguém obtenha alegria de uma coisa (pela Proposição XXVII com seu Corolário 1), amaremos essa coisa e desejaremos com ela nos alegrar. Mas (por hipótese) imaginamos que o obstáculo a essa alegria provém do fato de que outro se alegra com ela; assim, nos esforçaremos para que ele não a possua.

ESCÓLIO

Vemos assim que, em virtude da disposição de sua natureza, os homens estão geralmente dispostos a ter comiseração por aqueles que são miseráveis e a invejar os que são felizes; e o ódio por estes últimos é tanto maior quanto mais amem o que imaginam na posse de outro. Além disso, vemos que a mesma propriedade da natureza humana, de onde provém serem misericordiosos, faça com que também sejam invejosos e ambiciosos. Enfim, se nós quiséssemos consultar a experiência, experimentaríamos que ela nos ensina tudo isso, sobretudo se tivéssemos em vista nossos primeiros anos. Com efeito, a experiência nos mostra que as crianças, cujos corpos estão continuamente como que em equilíbrio, riem ou choram apenas porque veem outras pessoas rirem ou chorarem; desejam imitar tudo o que veem outros fazer, e desejam enfim tudo o que imaginam que aos outros dá prazer. É que, como dissemos, as imagens das coisas são as próprias afecções do corpo humano, quer dizer, as maneiras pelas quais o corpo é afetado pelas causas exteriores e se dispõe a fazer isso ou aquilo.

PROPOSIÇÃO XXXIII

Quando amamos uma coisa semelhante a nós, nos esforçamos, tanto quanto podemos, em fazer com que ela, por sua vez, nos ame.

DEMONSTRAÇÃO

Se amamos uma coisa acima das demais, nos esforçamos, tanto quanto possível, em imaginá-la (pela Proposição XII). Se, portanto, a coisa nos é semelhante, nos esforçaremos em afetá-la com alegria acima de todas as outras (Proposição XXIX); dito de outra forma, nos esforçaremos em fazer com que a coisa amada seja afetada por uma alegria que acompanhe nossa própria ideia, quer dizer (pelo Escólio da Proposição XIII), que ela, por sua vez, nos ame.

PROPOSIÇÃO XXXIV

Quanto maior a afeição que imaginamos experimentar da coisa amada a nosso respeito, mais nos glorificaremos.

DEMONSTRAÇÃO

Esforçamo-nos, tanto quanto possível (pela Proposição precedente), em fazer com que a coisa amada nos ame, por sua vez; quer dizer (Escólio da Proposição XIII), que a coisa amada seja afetada por uma alegria que acompanhe a ideia de nós mesmos. Portanto, quanto maior for a alegria de que imaginamos ter sido a causa na coisa afetada, tanto mais esse esforço é favorecido, ou seja, maior é a alegria com que somos afetados. Mas dado que nossa alegria provém daquilo com que afetamos um de nossos semelhantes, nos consideramos a nós mesmos com alegria (Proposição XXX); logo, quanto maior for a afecção com que imaginamos que a coisa amada experimenta a nosso respeito, maior a alegria com a qual nós nos consideramos, quer dizer (pelo Escólio da Proposição XXX), mais nos glorificaremos.

PROPOSIÇÃO XXXV

Se alguém imagina que outro se apega à coisa amada pelo mesmo vínculo de amizade, ou por um mais estreito ainda do que aquele que sozinho possuía, ele será afetado de ódio pela coisa amada e se tornará invejoso do outro.

DEMONSTRAÇÃO

Quanto maior é o amor com o qual se imagina estar a coisa amada afetada a seu respeito, mais ele se glorificará (pela Proposição precedente), quer dizer, se alegrará; logo, se esforçará ao máximo (Proposição XXVIII) por imaginar a coisa amada o mais estreitamente ligada a si; e esse esforço ou apetite é também alimentado caso imagine que um terceiro deseja para si a mesma coisa (Proposição XXXI). Mas supõe-se que esse esforço ou apetite se reduza pela imagem da própria coisa amada quando acompanhada da imagem daquele a que se junta; logo (pelo Escólio da Proposição XI), ele será afetado de tristeza que acompanha como causa a coisa amada e, ao mesmo tempo, a imagem de um outro. Quer dizer (Escólio da Proposição XIII), ele será afetado de ódio pela coisa amada e, ao mesmo tempo, por esse outro (Corolário da Proposição XV), invejando-o porque extingue o prazer da coisa amada (Proposição XXIII).

ESCÓLIO

Este ódio por uma coisa amada, juntamente com o desejo, se chama ciúme, e assim o ciúme outra coisa não é senão uma flutuação da mente, nascida por haver, ao mesmo tempo, amor e ódio e, concomitantemente, a ideia de um outro a quem se inveja. Além do mais, esse ódio pela coisa amada terá a mesma proporção da alegria com que o invejoso era afetado pelo amor que lhe dava a coisa amada, e também na proporção do sentimento com que foi afetado a respeito daquele que ele imagina ligado à coisa amada. Pois se ele o odiasse, por isso mesmo (Proposição XXIV) teria ódio à coisa amada, já que imagina afetado por alegria aquele que odeia. E também porque (pelo Corolário da Proposição XV) é obrigado a juntar a imagem da coisa amada à imagem daquele que odeia. Essa última razão encontra-se geralmente no amor que se tem por uma mulher; com efeito, quem imagina a mulher que ama entregando-se a um outro, ficará entristecido não só porque seu próprio apetite será reduzido,

ÉTICA, DEMONSTRADA À MANEIRA DOS GEÔMETRAS   229

mas também porque é obrigado a juntar a imagem da coisa amada às partes pudendas e excreções do outro por quem tem aversão. Por fim, a isso se acrescenta que o invejoso não é acolhido pela coisa amada com a mesma fisionomia que ela costumava apresentar-se-lhe, e também por essa causa um amante se entristece, como vou mostrá-lo.

PROPOSIÇÃO XXXVI

Quem se lembra de uma coisa que lhe deu prazer uma vez, deseja possui-la nas mesmas circunstâncias da primeira vez em que teve prazer.

DEMONSTRAÇÃO

Tudo o que um homem vê simultaneamente com a coisa que lhe deu prazer, será por acidente causa de alegria (Proposição XV). Portanto, desejará possuir tudo isso (Proposição XXVIII) simultaneamente com a coisa com que teve prazer; quer dizer, que desejará possuir a coisa nas mesmas circunstâncias da primeira vez em que teve prazer.

COROLÁRIO

Portanto, se perceber faltar uma das circunstâncias, o amante se entristecerá.

DEMONSTRAÇÃO

Com efeito, quando ele se apercebe que falta uma circunstância, imagina, em certa medida, alguma coisa que exclui a existência da coisa. E como por amor ele tem o desejo dessa coisa ou dessa circunstância (pela Proposição precedente), na medida em que imagina que ela falta, se entristecerá.

ESCÓLIO

Essa tristeza, quando relativa à ausência do que amamos, chama-se desejo frustrado [pesar].

PROPOSIÇÃO XXXVII

O desejo que se origina de uma tristeza ou de uma alegria, do ódio ou do amor, é tanto maior quanto maior for a afecção.

DEMONSTRAÇÃO

A tristeza diminui ou constringe a potência de agir do homem (pelo Escólio da Proposição XI), quer dizer (Proposição VII), o empenho por meio do qual ele se esforça em perseverar em seu ser. Assim (Proposição V), ela contraria esse esforço e todo o esforço do homem afetado pela tristeza tende a afastar a tristeza. Mas (pela Definição de tristeza), quanto maior for a tristeza, maior será a parte da potência de agir do homem à qual ela se opõe necessariamente; portanto, quanto maior a tristeza, maior a potência de agir pela qual o homem, por sua vez, se esforça em afastar a tristeza, quer dizer (pelo Escólio da Proposição IX), maior será o desejo ou o apetite pelo qual ele se esforçará em afastar a tristeza. Em seguida, como a alegria (mesmo Escólio da Proposição XI) aumenta ou auxilia a potência de agir do homem, demonstra-se facilmente pela mesma via que um homem afetado de alegria nada deseja senão conservá-la, e isso com um desejo maior quanto maior for a alegria. Enfim, como o ódio e o amor são as próprias afecções da tristeza e da alegria, segue-se da mesma maneira que o esforço, o apetite ou o desejo que se origina do ódio ou do amor será maior na mesma proporção do ódio ou do amor.

PROPOSIÇÃO XXXVIII

Se alguém começa a ter ódio de uma coisa amada, de modo que o amor seja inteiramente abolido, ele terá por ela mais ódio do que se nunca a houvesse amado, e tanto mais quanto maior fosse o amor.

DEMONSTRAÇÃO

Com efeito, se alguém começa a ter ódio da coisa amada, um grande número de seus apetites se reduzem, como se ele não a tivesse amado. Pois o amor é uma alegria (pela Proposição XIII) que o homem se esforça, tanto quanto pode, por conservar (Proposição XXVIII), considerando a coisa

ÉTICA, DEMONSTRADA À MANEIRA DOS GEÔMETRAS 231

amada como se estivesse presente e afetando-a com alegria. Esse esforço, aliás, é tanto maior quanto maior é o amor, da mesma maneira que o esforço para fazer com que a coisa amada por sua vez o ame (Proposição XXXIII). Mas tais esforços são reduzidos pelo ódio face à coisa amada (Corolário da Proposição XIII e Proposição XXIII). Logo, o amante, também por essa causa (Escólio da Proposição XI), será afetado de tristeza, tanto maior quanto maior era seu amor. Quer dizer, além da tristeza que foi causa do ódio, uma outra nasce pelo fato de que amou e, consequentemente, considerará a coisa amada com uma afecção maior de tristeza, ou seja, experimentará por ela um ódio maior do que se não a tivesse amado, e tanto mais quanto maior fosse o amor.

PROPOSIÇÃO XXXIX

Quem tem ódio por outro, se esforçará por fazer-lhe mal, a menos que tema um mal maior de sua parte; ao contrário, quem ama alguém se esforçará pela mesma lei em fazer-lhe o bem.

DEMONSTRAÇÃO

Ter ódio por alguém é (pelo Escólio da Proposição XIII) imaginá-lo como causa de tristeza; por conseguinte (Proposição XXVIII), aquele que tem ódio por alguém se esforçará por afastá-lo ou destruí-lo. Mas se por isso teme, para si mesmo, algo de mais triste, ou (o que dá no mesmo) um mal maior, e se ele crê poder evitá-lo, não fazendo a quem odeia o mal que pensava, desejará abster-se de fazer-lhe mal. E isso com um esforço maior do que aquele que o levaria a fazer o mal e que, por consequência, prevalecerá, como queríamos demonstrar. A Demonstração da segunda parte procede do mesmo modo. Logo, quem tem ódio por outro etc.

ESCÓLIO

Por *bem* entendo aqui todo gênero de alegria e tudo o que, além do mais, a ela possa conduzir e, precipuamente, o que preenche o desejado, qualquer que seja ele. Por *mal* entendo toda tristeza e, precipuamente, o que frustra todo desejo. De fato, mostramos acima (Escólio da Proposição 9) que desejamos algo não porque seja bom, mas, ao contrário, chamamos de bom o que desejamos. Consequentemente, chamamos de má a coisa pela qual temos aversão. Cada um julga ou estima conforme sua afeição o que é bom, mau, melhor, pior, ou, enfim, qual o melhor e o pior. Assim, o avarento julga que a abundância de dinheiro é o que há de melhor, e a pobreza o que há de pior. O ambicioso não deseja nada tanto quanto a glória e nada mais teme do que a vergonha. Ao invejoso nada é mais agradável do que a infelicidade de outrem, e nada mais insuportável do que sua felicidade. E assim cada um julga por sua afecção ser algo bom ou ruim, útil ou inútil. Aliás, a afecção pela qual o homem está disposto de tal maneira a não querer o que quer, ou a querer o que não quer, chama-se *medo*. Portanto, o medo não é outra coisa senão *o temor na medida em que ele predispõe um homem a evitar um mal que ele julga dever vir por um mal menor* (ver Proposição XVIII). Se o mal que tememos é a vergonha, então o medo chama-se *pudor*. Enfim, se o desejo de evitar um mal futuro é reduzido pelo medo de um outro mal, de modo que não se saiba mais o que se quer, então o medo se chama *consternação*, sobretudo quando os males dos quais temos medo estão entre os maiores.

PROPOSIÇÃO XL

Quem imagina que um outro o odeia, e crê não lhe ter dado nenhuma causa de ódio, por sua vez o odiará.

DEMONSTRAÇÃO

Quem imagina estar alguém afetado por ódio, por isso mesmo será afetado de ódio (pelo Escólio da Proposição XIII), quer dizer, de uma tristeza que acompanha a ideia de uma causa exterior. Mas (por hipótese) ele não imagina nenhuma causa de tristeza, salvo aquele a quem tem ódio; por imaginar que alguém tem-lhe ódio, ele será afetado por

ÉTICA, DEMONSTRADA À MANEIRA DOS GEÔMETRAS 233

uma tristeza concomitante à ideia daquele que odeia; dito de outra forma, o odiará (mesmo Escólio).

ESCÓLIO

Se ele imagina ter dado uma justa causa de ódio, então (pela Proposição XXX e seu Escólio) ele será afetado pela vergonha. Mas isso raramente ocorre (Proposição XXV). Essa reciprocidade do ódio pode nascer também do fato de que o ódio é seguido de um esforço para fazer o mal àquele que se odeia (Proposição XXXIX). Quem, portanto, imagina que alguém tem-lhe ódio, o imagina causa de um mal ou de uma tristeza; e assim será afetado de uma tristeza e de um temor concomitante, que terá como causa a ideia daquele a quem odeia; dito de outra forma, será afetado pelo ódio, como acima.

COROLÁRIO 1

Quem imagina aquele que ama afetado de ódio a seu respeito, será dominado simultaneamente pelo ódio e pelo amor. Na medida em que imagina que o outro o odeia, ele se determinará a ter-lhe ódio por sua vez (pela Proposição precedente). Mas (por hipótese) ele o ama, não obstante; logo, ódio e amor estarão simultaneamente em conflito.

COROLÁRIO 2

Se alguém imagina que um outro, por quem não tinha qualquer afeição, causou-lhe mal por ódio, logo se esforçará também por causá-lo a esse outrem.

DEMONSTRAÇÃO

Quem imagina alguém afetado de ódio a seu respeito, também lhe terá ódio, por sua vez (proposições precedente), e se esforçará por lembrar-se (Proposição XXVI) de tudo o que pode afetá-lo de tristeza, procurando fazer com que a experimente. Mas (por hipótese) o que ele imagina primeiramente é o mal que lhe foi feito; logo, se esforçará por fazê-lo ao outro.

ESCÓLIO do Corolário 2

O esforço para fazer o mal a quem nos odeia é chamado *cólera*; o esforço para fazer o mal que nos foi feito chama--se *vingança*.

PROPOSIÇÃO XLI

Se alguém imagina ser amado por um outro e crê não lhe haver dado causa de amor (o que, pelo Corolário da Proposição xv e Proposição xvi, pode acontecer), ele o amará por sua vez.

ESCÓLIO

Se ele crê haver dado justa causa de amor, se glorificará (Proposição xxx com Escólio), o que é o caso mais frequente; é o contrário quando alguém imagina que outro lhe tem ódio (Escólio da Proposição precedente). Este amor agora recíproco, e consequentemente o esforço para fazer o bem a quem nos ama e se esforça por no-lo fazer, chama-se *reconhecimento* ou *gratidão*; revela-se pois que os homens estão mais dispostos à vingança do que a produzir benefícios.

COROLÁRIO 1

Quem imagina ser amado por aquele a quem tem ódio, será dominado simultaneamente pelo ódio e pelo amor. Isso se demonstra pela mesma via do primeiro Corolário da Proposição precedente.

COROLÁRIO 2, ESCÓLIO

Se o ódio prevaleceu, ele se esforçará por fazer o mal àquele por quem é amado; essa afecção chama-se *crueldade*, principalmente se se julga que aquele que ama não deu qualquer causa comum de ódio.

PROPOSIÇÃO XLII

Quem, movido pelo amor ou pela esperança de glória, fez o bem a outrem, se entristecerá ao ver que seu benefício foi aceito com o ânimo da ingratidão.

DEMONSTRAÇÃO

Quem ama algo semelhante a si, se esforça, tanto quanto pode, em fazer com que ele o ame por sua vez (pela Proposição xxxiii). Quem, portanto, fez o bem por amor a alguém, o fez porque deseja por sua vez ser amado, quer dizer, com esperança de glória ou de alegria (Proposição

ÉTICA, DEMONSTRADA À MANEIRA DOS GEÔMETRAS 235

XXXIV e Escólio da Proposição XXX). Assim, se esforçará por imaginar, tanto quanto possa, essa causa de glória ou irá considerá-la como existente em ato. Mas (pela hipótese) ele imagina outra coisa que exclui a existência daquela causa; por isso mesmo (Proposição XIX), se entristecerá.

PROPOSIÇÃO XLIII

O ódio aumenta por um ódio recíproco e o amor pode suprimi-lo.

DEMONSTRAÇÃO

Quem imagina que aquele que odeia está igualmente afetado pelo ódio a seu respeito faz nascer um novo ódio (pela Proposição XL), enquanto (pela hipótese) ainda dura o primeiro. Mas se, ao contrário, imagina que esse outro está afetado de amor a seu respeito, considera-se a si mesmo com alegria (Proposição XXX) e se esforçará, na mesma medida, em agradar ao outro; quer dizer (Proposição XLI), ele se esforça, sempre na mesma medida, em não odiá-lo e não afetá-lo com qualquer tristeza. Tal esforço será, aliás, tanto maior ou tanto menor na mesma proporção em que nasce; e assim, se for maior do que aquele que nasce do ódio e pelo qual se esforça em afetar de tristeza aquele que odeia (pela Proposição XXVI), ele prevalecerá sobre si e suprimirá o ódio do coração.

PROPOSIÇÃO XLIV

O ódio que é plenamente vencido pelo amor muda em amor, e o amor é, por esse motivo, maior se o ódio não o tiver precedido.

DEMONSTRAÇÃO

Procede-se como para demonstrar a Proposição XXXVIII. Quem começa a amar a coisa que odeia, ou se acostumou a contemplar com tristeza, se alegrará por isso mesmo com o amor e a essa alegria que envolve o amor se acrescenta (ver Escólio da Proposição XIII) aquela que nasce do fato de que o esforço para afastar a tristeza envolvida no ódio é por ela inteiramente auxiliado (como mostramos na Proposição XXXVII), acompanhada da ideia daquele que, como causa, odiou-se.

ESCÓLIO

Embora assim seja, ninguém, porém, se esforçará para ter ódio ou ser afetado de tristeza a fim de gozar desta alegria maior; quer dizer, ninguém, na esperança de uma compensação, desejará causar dano a si mesmo, como não desejará ficar doente na esperança de curar-se. Pois cada um se esforçará sempre em conservar seu ser e, tanto quanto possa, afastar a tristeza. Se, ao contrário, se pudesse conceber um homem que desejasse odiar alguém a fim de experimentar em seguida por ele um amor maior, então sempre desejaria odiá-lo. Pois quanto maior for o ódio, maior será o amor e, por conseguinte, ele desejará que o ódio cresça sempre e cada vez mais. E pela mesma causa, um homem se esforçará cada vez mais por estar doente, a fim de gozar em seguida de uma alegria maior pelo restabelecimento de sua saúde; logo, se esforçará por estar sempre doente, o que é absurdo (Proposição VI).

PROPOSIÇÃO XLV

Se alguém que ama alguma coisa a ele semelhante imagina que um outro a ele semelhante está afetado de ódio por essa coisa, lhe terá ódio.

DEMONSTRAÇÃO

A coisa amada odeia por sua vez aquele que a odeia (pela Proposição XL) e assim o amante que imagina que alguém tem ódio pela coisa amada, por isso mesmo imagina que a coisa amada está afetada de ódio, quer dizer, de tristeza (Escólio da Proposição XIII) e, por consequência (Proposição XXI), está entristecida, e isso concomitantemente com a ideia daquele que odeia a coisa amada, isto é (pelo Escólio da Proposição XIII), lhe terá ódio.

PROPOSIÇÃO XLVI

Se alguém foi afetado de alegria ou de tristeza por um outro pertencente a uma classe ou nação diversa, e que acompanha como causa a ideia deste outro sob o nome universal da classe ou nação, não apenas amará este outro, ou lhe terá ódio, mas todos os da mesma classe ou nação.

DEMONSTRAÇÃO

Ela resulta com evidência da Proposição XVI.

PROPOSIÇÃO XLVII

A alegria que se origina ao imaginarmos que uma coisa que odiamos foi destruída, ou afetada por um outro mal, não nasce sem alguma tristeza de alma.

DEMONSTRAÇÃO

Isso é evidente pela Proposição XXVII. Pois na medida em que imaginamos que uma coisa semelhante a nós está afetada de tristeza, em certa medida nos entristecemos.

ESCÓLIO

Esta Proposição também se pode demonstrar pelo Corolário da Proposição XVII, Parte II. Cada vez que nos recordamos de uma coisa, embora ela não exista em ato, nós a consideramos porém como presente, e o corpo é afetado da mesma maneira; na medida em que a lembrança da coisa está bem viva, o homem se determina a considerá-la com tristeza, e essa determinação, enquanto permanece a imagem da coisa, na verdade se reduz, mas não é suprimida pela lembrança de coisas que excluam a existência da coisa imaginada. Por conseguinte, o homem se alegra apenas na medida em que aquela determinação se reduz. Ocorre que essa alegria, que nasce do mal da coisa que odiamos, renova-se todas as vezes que nos lembramos dessa coisa. Como dissemos, quando sua imagem é excitada, como ela envolve a existência da coisa, ela determina o homem a considerá-la com a mesma tristeza com a qual a contemplava quando existia. Mas como uniu à imagem da coisa outras que excluem sua existência, tal determinação constringe a tristeza e o homem de novo se alegra, e isso todas as vezes que o ocorrido se repete. É por essa causa que os homens se alegram todas as vezes que se lembram de um mal já passado; e é por isso que se satisfazem em narrar perigos dos quais se livraram. Quando imaginam algum perigo, o consideram como futuro e são determinados a temê-lo. Mas novamente essa determinação se reduz pela ideia de liberdade que juntam àquela do perigo do qual se livraram, sentindo-se de novo seguros e, por conseguinte, novamente alegres.

PROPOSIÇÃO XLVIII

O amor e o ódio por Pedro, por exemplo, são destruídos se a tristeza e a alegria que os envolvem estiverem juntos à ideia de uma e outra causa; e o amor e o ódio diminuem na mesma medida em que imaginarmos que Pedro não fosse a causa única da tristeza ou da alegria que envolvem as afecções.

DEMONSTRAÇÃO

Isso é evidente apenas pela Definição de amor e de ódio, que se vê no Escólio da Proposição XIII. A única razão pela qual a alegria é chamada amor, e a tristeza, ódio, por Pedro, é que este é considerado a causa das afeições. Logo, sendo essa razão suprimida no todo ou em parte, a afeição por Pedro diminui ou é tolhida.

PROPOSIÇÃO XLIX

O amor e o ódio por uma coisa que imaginamos livre devem ser ambos, pela mesma causa, maiores do que por uma causa necessária.

DEMONSTRAÇÃO

Uma coisa que imaginamos ser livre (Definição VII, Parte I), deve ser percebida por ela mesma, sem as demais. Se, portanto, imaginamos que ela é a causa de uma alegria ou de uma tristeza, por isso mesmo (pelo Escólio da Proposição XIII) nós a amaremos ou lhe teremos ódio, e isso (Proposição

ÉTICA, DEMONSTRADA À MANEIRA DOS GEÔMETRAS 239

precedente) com o maior amor ou o maior ódio que possa nascer de uma dada afeição. Mas se imaginamos como necessária a coisa que é causa dessa afeição, então (pela mesma Definição VII, Parte I) não imaginaremos ser ela a causa única, mas em conjunto com outras, e assim (pela Proposição precedente), o amor e o ódio por ela serão menores.

ESCÓLIO

Segue-se daí que os homens, porque se estimam livres, estão animados entre si por um amor e um ódio maiores do que em relação a outros [objetos]; ao que se acrescenta a imitação dos afetos (ver a esse respeito as proposições XXVII, XXXIV, XL e XLIII).

PROPOSIÇÃO L

Por acidente, uma coisa qualquer pode ser causa de esperança ou de medo.

DEMONSTRAÇÃO

Esta Proposição se demonstra pela mesma via da Proposição XV; vê-la com o Escólio 2 da Proposição XVIII.

ESCÓLIO

As coisas que por acidente são causas de esperança e de medo chamam-se bons ou maus presságios. Acrescento que esses presságios, na medida em que são causa de esperança ou de medo, são ainda (para Definição de esperança e de medo ver o Escólio 2 da Proposição XVIII) causa de alegria ou de tristeza e, consequentemente (pelo Corolário da Proposição XV), nós os amamos ou lhes temos ódio e procuramos empregá-los como meios de alcançar o que esperamos, ou afastá-los como obstáculos ou causas de medo. De resto, segue-se da Proposição XXV que estamos dispostos, por natureza, a crer facilmente no que esperamos e com dificuldade no que temos medo e a deles fazer, respectivamente, muito ou pouco caso. Daí nasceram as superstições pelas quais os homens se deixam dominar em todos os lugares. Penso, aliás, não valer a pena mostrar aqui as flutuações que nascem da esperança e do medo, pois que resulta unicamente dessas afecções não haver esperança sem medo nem medo sem esperança (como explicaremos mais amplamente em seu lugar); e além disso, enquanto esperamos ou tememos alguma coisa, nós a amamos ou odiamos. Assim, tudo o que dissemos do amor e do ódio cada um poderá aplicá-lo à esperança e ao medo.

PROPOSIÇÃO LI

Homens diferentes podem ser afetados de diversas maneiras por um só e mesmo objeto, e um só e mesmo homem pode ser afetado por um só e mesmo objeto de diversas maneiras, em tempos diferentes.

DEMONSTRAÇÃO

O corpo humano pode ser afetado por corpos exteriores (pelo Postulado III, Parte II) por um grande número de maneiras. Dois homens, portanto, podem ser afetados, no mesmo tempo, de diversas maneiras e, assim, podem ser afetados de modos diversos por um só e mesmo objeto (Axioma I, após o Lema III, na sequência da Proposição XIII, Parte II). Depois, o corpo humano pode ser afetado (mesmo Postulado) tanto de uma maneira como de outra e, consequentemente, pode ser afetado por um só e mesmo objeto de diversas maneiras, em tempos diferentes.

ESCÓLIO

Assim, vemos que pode acontecer que um odeie o que outro ama; e que um tema o que outro não tema; que um só e mesmo homem ame agora o que antes odiava e ouse o que lhe dava medo etc. Além disso, como cada um julga conforme sua afecção o que lhe é bom, o que lhe é mau, o que é melhor ou pior, segue-se daí que os homens podem diferenciar-se tanto pelo juízo quanto pela afeição. Por isso ocorre que, comparando os homens entre si, nós os distinguimos apenas pela diversidade de suas afeições, e a uns chamamos *intrépidos*, a outros *covardes* e a outros, enfim, por outros nomes. Por exemplo, chamaria de intrépido aquele que despreza o mal de que habitualmente tenho medo; além do mais, tendo em vista que seu desejo de fazer o mal a quem odeia não se reduz pelo medo de um mal que habitualmente me retém, eu o chamaria de audacioso. Em seguida, aquele ali me parecerá covarde se tiver medo do mal que me acostumei a menosprezar. E se tenho em vista que seu desejo se reduz pelo medo de um mal que não me pode deter, eu direi que é *pusilânime*. E assim cada um julgará. Enfim, por causa dessa natureza do homem e da inconstância do seu juízo, assim como porque os homens frequentemente julgam as coisas apenas por suas afecções – e que as coisas que acreditam fazer tendo em vista a alegria ou a tristeza, e justamente por essa razão eles se esforçam por conseguir ou afastar, são apenas imaginárias (para nada dizer aqui sobre outras causas de incerteza que fiz notar na Parte II) –, por todas essas razões, portanto, concebemos facilmente que o homem possa intervir ele mesmo como causa tanto de sua tristeza como de sua alegria. Em outros termos, que sua tristeza e sua alegria são frequentemente acompanhadas pela ideia de si como causa. De onde se pode compreender o que é o arrependimento e o contentamento de si. O *arrependimento* é uma tristeza acompanhada da ideia de si mesmo, e o *contentamento de si*, uma alegria que acompanha como causa a ideia de si mesmo; e essas afecções são muito veementes pois os homens se creem livres.

PROPOSIÇÃO LII

Se já vimos um objeto simultaneamente com outros, ou se imaginamos não haver nele nada que não seja comum a muitos, não o contemplaremos tanto quanto aquele que imaginamos ter algo de singular.

DEMONSTRAÇÃO

Tão logo imaginamos um objeto já visto com outros, nos recordamos também dos outros (pela Proposição XVIII,

Parte II, e Escólio), e assim da contemplação de um passamos à contemplação de outro. O mesmo ocorre com um objeto que nada tenha que não seja comum a outros. Nós supomos por isso que nada consideramos nele que não tenhamos visto antes juntamente com outros. Mas quando supomos imaginar num objeto alguma coisa de singular, que jamais tenhamos visto antes, nada dizemos senão que a mente, enquanto contempla esse objeto, nada possui em si que possa incidir na contemplação de outro; por conseguinte, ela é determinada a contemplar apenas esse objeto. Logo, um objeto etc.

ESCÓLIO

Essa afecção da mente ou essa imaginação de uma coisa singular, na medida em que está presente apenas na mente, chama-se *admiração*; se ela é provocada por um objeto do qual temos medo, diz-se que é a *consternação*, pois a admiração de um mal mantém o homem de tal modo suspenso na contemplação desse mal que é incapaz de pensar em outros objetos pelos quais poderia evitar aquele mal. Mas se o que nos admira é a prudência de um homem, sua habilidade ou qualquer outra coisa desse gênero, e por isso mesmo o contemplamos como superior a nós, então a admiração é chamada *veneração*, e *horror* se o que admiramos for sua ira, sua inveja. Além do mais, se estamos admirados pela prudência, pela habilidade de um homem que amamos, por isso mesmo nosso amor será maior (pela Proposição XII) e chamamos de *devoção* esse amor unido à admiração ou à veneração. Desse modo também podemos conceber o ódio, a esperança, a segurança e outras afecções, unindo-se à admiração e assim deduzir mais afecções do que temos o costume de designar pelos vocábulos recebidos. De onde se nota que os nomes das afecções foram inventados mais pelo uso vulgar do que por seu acurado conhecimento. À admiração se opõe o *desprezo*, cuja causa é, todavia, a seguinte: vemos que alguém se admira com uma coisa, a ama, a teme etc., ou ainda uma coisa nos parece semelhante àquelas com

ÉTICA, DEMONSTRADA À MANEIRA DOS GEÔMETRAS 243

as quais nos admiramos, amamos, tememos etc., e somos assim determinados (pela Proposição xv, seu Corolário e Proposição xxvii) a nos admirar de tal coisa, a amá-la ou temê-la. Mas se por sua presença ou acurada contemplação somos levados a negar dela tudo o que pode ser causa de admiração, de amor, de medo, nesse caso a mente permanece determinada, pela própria presença do objeto, a pensar muito mais nas qualidades que não possui do que nas que possui, enquanto, ao contrário, a presença de um objeto faz pensar precipuamente no que nele está. Da mesma maneira que a devoção nasce da admiração causada por uma coisa que amamos, a *irrisão* nasce do desprezo pela coisa que odiamos ou tememos, e o *desdém*, do desprezo pela estultícia, assim como a veneração nasce da admiração pela prudência. Enfim, podemos conceber o amor, a esperança, a glória e outras afecções unindo-se ao desprezo e deduzir ainda novas afecções que não temos o hábito de distinguir de outras por nenhum vocábulo singular.

PROPOSIÇÃO LIII

Quando a mente contempla a si mesma e à sua capacidade de agir, alegra-se, e tanto mais quanto se imagina a si mesma e à sua capacidade de agir.

DEMONSTRAÇÃO

O homem não se conhece senão pelas afecções do seu corpo e por suas ideias (Proposição xix e xxiii, Parte ii). Logo, quando acontece de a mente contemplar-se a si mesma, com isso ela supõe passar a uma perfeição maior, quer dizer, supõe-se ser afetada de alegria (Escólio da Proposição xi), e tanto mais quanto se imagina a si mesma e à sua potência de agir mais distintamente.

COROLÁRIO

Essa alegria é mais fomentada à medida que o homem se imagina mais elogiado por outros. Pois quanto mais se imagina elogiado, maior a alegria que imagina por serem os demais afetados por ele, e isso concomitantemente com a ideia de si mesmo (Escólio da Proposição xxix); e assim (pela Proposição xxvii), ele mesmo é afetado por uma alegria maior, acompanhada da ideia de si próprio.

PROPOSIÇÃO LIV

A mente se esforça por imaginar apenas aquilo que sua própria potência determina.

DEMONSTRAÇÃO

O esforço da mente ou sua potência é a essência mesma dessa mente (Proposição vii); ora, a essência da mente (como se nota por si) afirma apenas que a mente é e pode; e assim ela se esforça por imaginar apenas o que afirma ou determina sua própria potência de agir.

PROPOSIÇÃO LV

Quando a mente imagina sua impotência, por isso mesmo ela se entristece.

DEMONSTRAÇÃO

A essência da mente afirma apenas o que ela é e pode, ou é da natureza da mente imaginar apenas o que determina sua potência de agir (pela Proposição precedente). Logo, quando dizemos que a mente, ao contemplar-se a si própria, imagina sua impotência, nada mais dizemos que, enquanto a mente se esforça por imaginar algo que determine sua potência a agir, esse esforço que ela faz se reduz, ou seja (pelo Escólio da Proposição xi), que por isso se entristece.

COROLÁRIO

Essa tristeza é mais e mais fomentada se imaginamos ser repreendidos por outros; o que se demonstra do mesmo modo pelo Corolário da Proposição liii.

ESCÓLIO

Essa tristeza que é concomitante à ideia de nossa fraqueza chama-se humildade. A alegria que nasce da nossa contemplação, amor próprio ou contentamento de si. E como ela se renova todas as vezes que o homem contempla suas próprias virtudes, ou potência de agir, acontece de cada um empenhar-se a narrar fatos e a ostentar suas forças de corpo e de espírito; por esse motivo, os homens são causa de moléstias entre si. E disso também resulta que os homens sejam por natureza invejosos (ver Escólio da Proposição XXIV e o Escólio da Proposição XXXII), quer dizer, que se regozijam com a debilidade de seus semelhantes e se entristecem com sua virtude. Com efeito, todas as vezes que imaginamos nossas próprias ações, somos afetados de alegria (pela Proposição LIII) e tanto mais quanto pareçam as ações exprimir mais perfeição e as imaginamos mais distintamente. Quer dizer (pelo que foi dito no Escólio 1 da Proposição XL, Parte II), quanto mais pudermos distingui-las dos demais e contemplá-las como coisas singulares. Eis por que nos alegramos ao máximo pela contemplação de nós próprios ao considerarmos algo que negamos nos outros. Mas se atribuirmos à ideia geral do homem ou dos animais o que se refere a nós, não haverá tanta alegria; ao contrário, haverá tristeza caso se imagine que nossas ações, comparadas àquelas de outros, são mais débeis. Aliás, nos esforçaremos em afastar essa tristeza (pela Proposição XXVIII), e isso interpretando falsamente as ações de seus semelhantes e ornamentando as nossas. Vê-se, pois, que os homens são naturalmente inclinados ao ódio e à inveja, ao que se ajunta ainda a educação. É hábito dos pais excitar os filhos à virtude apenas pelo aguilhão da honra e da inveja. Mas há escrúpulos, no entanto, pois não raro admiramos as ações dos outros homens e os veneramos. Para remover tais escrúpulos, acrescento o Corolário seguinte.

COROLÁRIO

Ninguém tem inveja da virtude de outrem se não é seu igual.

DEMONSTRAÇÃO

A inveja é o próprio ódio (ver Escólio da Proposição XXIV), isto é, uma tristeza (Escólio da Proposição XI), ou, em outros termos, uma afecção pela qual a potência de agir do homem é constrangida. Mas o homem (pelo Escólio da Proposição IX) não se esforça por uma ação e nem deseja fazê-la a não ser que ela resulte de sua natureza, tal como é dada. Logo, o homem não desejará que qualquer potência de agir ou (o que dá no mesmo) que alguma virtude seja afirmada de si se ela pertence à natureza de outrem, sendo estranha à sua. Assim, seu desejo não pode ser constrangido, quer dizer, não pode entristecer-se por contemplar alguma virtude em alguém que lhe é dessemelhante; consequentemente, não lhe pode ter inveja. Mas a terá de um igual, suposto de mesma natureza que a sua.

ESCÓLIO

Quando acima, no Escólio da Proposição LII, dizíamos que veneramos um homem porque admiramos sua prudência, sua coragem etc., isso ocorre (como mostra a Proposição precedente) porque imaginamos que tais virtudes lhe pertencem de modo singular, e não por serem comuns à nossa natureza; de modo que não as invejamos, como não invejamos as alturas das árvores ou a coragem dos leões etc.

PROPOSIÇÃO LVI

Há tantas espécies de alegria, de tristeza e desejo, e consequentemente de cada uma das afecções de que estas são compostas, como a flutuação da mente ou que delas derivam, como o amor, o ódio, a esperança e o medo, quantas as espécies de objetos com os quais somos afetados.

DEMONSTRAÇÃO

A alegria e a tristeza, e consequentemente as afecções que delas se compõem ou derivam, são paixões (pelo Escólio da Proposição XI); de resto, nós as sofremos necessariamente, na medida em que temos ideias inadequadas e apenas na exata medida em que as temos (pela Proposição III); quer dizer, padecemos apenas na medida em que imaginamos ou, em outros termos (Proposição XVII, Parte II), quando somos afetados por um sentimento que envolve a natureza de nosso corpo e a de um corpo exterior. Logo, a natureza de cada paixão deve ser necessariamente explicada pelo modo como se exprime a natureza do objeto pelo qual somos afetados. Digo que a alegria que nasce de um objeto A, por exemplo, envolve a natureza desse objeto A, e a alegria que se origina do objeto B envolve a natureza de B. Consequentemente, essas duas afecções de alegria são diferentes por natureza, pois nascem de causas de natureza diferente. Também da mesma forma, a afecção de tristeza que se origina de um objeto é diferente, por natureza, da tristeza que nasce de uma outra causa, e assim é preciso entender-se do amor, do ódio, da esperança, do medo, da flutuação da mente e, por conseguinte, há necessariamente tantas espécies de alegria, de tristeza, de amor e de ódio quantas espécies de objetos pelos quais somos afetados. Quanto ao desejo, ele é a própria essência de cada um, ou sua natureza, na medida em que é concebido como estando determinado a fazer algo por sua constituição, tal como ela é (pelo Escólio da Proposição IX). Consequentemente, tão logo alguém seja afetado por causas exteriores dessa ou daquela espécie de alegria, de tristeza, de amor, de ódio, quer dizer, dado que sua natureza está constituída desta ou daquela maneira, seu desejo será este ou aquele, e a natureza de um desejo diferirá daquela de um outro desejo na medida em que as afecções de quais provêm diferem entre si. Portanto, há tantas espécies de desejo, de alegria, de tristeza, de amor etc. (como já foi demonstrado) quanto as espécies de objetos pelos quais somos afetados.

ESCÓLIO

Dentre essas espécies de afetos, que devem ser numerosas (pela Proposição precedente), as mais notórias são a *gula*, a *embriaguez*, a *lubricidade*, a *avareza* e a *ambição*, as quais são designações de amor ou desejo, que explicam a natureza de uma e outra das afecções pelos objetos a que se referem. Por gula, embriaguez, lubricidade, avareza e ambição entendemos nada mais do que o efeito de um amor ou desejo imoderado de comida, de bebida, do coito, das riquezas e da glória. Além disso, tais afecções, enquanto as distinguimos das demais pelos objetos a que se referem, não possuem contrárias. Pois a *temperança* e a *sobriedade*, e enfim a *castidade*, que costumamos opor à gula, à embriaguez e à lubricidade, não são afecções ou paixões, mas manifestam a potência da alma que governa essas afecções. Aqui não posso explicar as demais espécies de afecções (havendo tantas quantas as espécies de objetos) e, ainda que o pudesse, isso não seria necessário. Pois para a execução de nosso propósito, que é o de determinar as forças das afecções e a potência da mente sobre elas, nos basta ter uma Definição geral de cada afeição. Basta-nos, digo, conhecer as propriedades comuns das afecções e da mente para poder determinar de que maneira e qual a grandeza da mente para governar e reduzir as afecções. Embora haja, por exemplo, uma grande diferença entre esta e aquela afecção de amor, de ódio ou de desejo, entre o amor que se tem pelos filhos e o amor que se tem por sua mulher, não temos necessidade de conhecer tais diferenças e de levar mais adiante o estudo da natureza e da origem das afecções.

PROPOSIÇÃO LVII

Uma afecção qualquer de um indivíduo difere da afecção de um outro, tanto quanto a essência de um difere da essência de outro.

DEMONSTRAÇÃO

Essa Proposição é evidente pelo Axioma I que se vê após o Lema III, na sequência da Proposição XIII, Parte II. Todavia, nós a demonstraremos pelas definições de três afecções primitivas. Todas as afecções se referem ao desejo, à alegria ou à tristeza, como mostram as definições que demos. Mas o desejo é a própria natureza ou essência de cada um

ÉTICA, DEMONSTRADA À MANEIRA DOS GEÔMETRAS 249

(pelo Escólio da Proposição IX). Logo, o desejo de cada um difere do desejo de um outro, tanto quanto a natureza ou essência de um difere da essência de outro. Agora, a alegria e a tristeza são paixões pelas quais a potência de cada, ou seu esforço para perserverar em seu ser, aumenta ou diminui, se vê favorecida ou reduzida (pela Proposição XI, com o Escólio). Mas o esforço em perseverar em seu ser, na medida em que se relaciona ao mesmo tempo à mente e ao corpo, entendemos como o apetite e o desejo (pelo Escólio da Proposição IX); assim, a alegria e a tristeza são o próprio desejo ou apetite, na medida em que aumenta ou diminui é favorecido ou reduzido por causas exteriores, quer dizer (pelo mesmo Escólio), é a própria natureza de cada um. Por consequência, a alegria ou a tristeza de um difere da alegria ou da tristeza de outro, tanto quanto a natureza ou a essência de um difere da essência de outro. Logo, toda afecção de um indivíduo difere daquela de outro indivíduo etc.

ESCÓLIO

Segue-se daí que as afecções dos animais ditos irracionais (com efeito, não podemos duvidar que os animais sintam, uma vez conhecida a origem da mente) diferem das afecções dos homens, tanto quanto sua natureza difere da humana. Sem dúvida, o cavalo e o homem são levados pela lubricidade de procriar, mas o primeiro por uma lubricidade de cavalo, o segundo pela lubricidade de homem. Da mesma forma as lubricidades e os apetites dos insetos, dos peixes e dos pássaros devem ser diferentes uns dos outros. Ainda que cada indivíduo viva no contentamento e goze de sua natureza como formada, essa vida da qual se está contente e se goza não é outra coisa senão a ideia ou a mente desse indivíduo, e assim o gozo de um difere do gozo de outro, tanto quanto a natureza ou a essência de um difere da natureza ou essência de outro. Enfim, segue-se da Proposição precedente que a diferença não é pequena entre o gozo pelo qual um bêbado se sente atraído e o gozo ao qual chega um filósofo, o que gostaria de fazer observar de passagem. Eis aí o que concerne às afecções que se referem ao homem como ente passivo. Resta-me ajuntar algumas palavras que a ele se relacionam quando age.

PROPOSIÇÃO LVIII

Além da alegria e do desejo, que são paixões, há outras afecções de alegria e de desejo que a nós se referem quando agimos.

DEMONSTRAÇÃO

Quando a mente se concebe a si própria e à sua potência de agir, ela se alegra (pela Proposição LIII); a mente se contempla necessariamente quando concebe uma ideia verdadeira ou adequada (pela Proposição XLIII, Parte II). Ora, a mente concebe ideias adequadas (pelo Escólio 2 da Proposição XL, Parte II). Logo, ela se alegra também na medida em que concebe ideias adequadas, quer dizer, quando age (Proposição I). De resto, na medida em que tem ideias claras e distintas, assim como quando tem ideias confusas, a mente se esforça por perseverar em seu ser (pela Proposição IX). Mas por esforço entendemos o desejo (Escólio da mesma Proposição); logo, o desejo também se refere a nós quando conhecemos (pela Proposição I), ou quando agimos.

PROPOSIÇÃO LIX

Dentre todas as afecções que se referem à mente quando age, não há nenhuma que não se refira à alegria e ao desejo.

DEMONSTRAÇÃO

Todas as afecções se referem ao desejo, à alegria ou à tristeza, como o mostram as definições que demos. Mas por tristeza entendemos o que diminui ou constrange a potência de pensar da mente (pela Proposição XI com seu Escólio). E assim, quando a mente se entristece, sua potência de conhecer, quer dizer, de agir (Proposição I) diminui ou é constrangida. Portanto, não há afecções de tristeza que

ÉTICA, DEMONSTRADA À MANEIRA DOS GEÔMETRAS   251

possam se referir à mente quando ela está ativa, mas apenas afecções de alegria e de desejo, as quais (pela Proposição precedente) a ela se referem enquanto tal [ativa].

ESCÓLIO

Todas as ações que resultam das afecções que se referem à mente, na medida em que esta aqui conhece, eu as refiro à firmeza da mente, e as distingo em animosidade[3] e generosidade. Por animosidade entendo um desejo pelo qual um indivíduo se esforça para se conservar em virtude apenas do ditame da razão. Por generosidade entendo um desejo pelo qual um indivíduo se esforça, apenas pelo ditame da razão, em auxiliar os demais homens e a estabelecer entre si e eles um elo de amizade. Refiro pois à animosidade as ações que têm por finalidade apenas a utilidade do agente; e à generosidade, aquelas que também têm por fim a utilidade de outrem. Logo, a temperança, a sobriedade e a presença de espírito nos perigos etc. são espécies de animosidade. A modéstia, a clemência etc, são espécies de generosidade. Penso, assim, ter explicado e feito conhecer por suas causas primeiras as principais afecções e flutuações da mente, que se originam da combinação das três afecções primárias, a saber, o desejo, a alegria e a tristeza. Por aqui aparece que somos movidos de muitas maneiras pelas causas exteriores e que, semelhantes às ondas do mar, movidas por ventos contrários, somos sacudidos, ignorantes do que nos acontecerá e de qual será o nosso destino. Disse, todavia, que fiz conhecer apenas os principais conflitos aos quais a mente se expõe e não todos que possam haver. Continuando a seguir a mesma via anterior, podemos mostrar facilmente que o amor se junta ao arrependimento, ao desdém, ao pudor etc. Bem mais, creio que, pelo que disse, é evidente para todos que as afecções podem combinar-se entre si de tantas maneiras, e tantas variedades nascem daí

---

3. *Animositatem*, no original, ou seja, no sentido de disposição psíquica para enfrentar obstáculos, coragem ou firmeza de espírito, acepção vigente em língua portuguesa.

que não se lhes pode assinalar qualquer nome. Mas basta para meu propósito ter enumerado as principais; quanto às que omiti, elas serão mais objetos de curiosidade do que úteis. Quanto ao amor, no entanto, resta observar que ao fruirmos da coisa apetecida, o corpo pode adquirir, por esta fruição, um novo estado, ser por ela determinado de outro modo, de tal forma que outras imagens sejam nele despertadas e que a mente comece, simultaneamente, a imaginar outra coisa e a desejá-la. Por exemplo, quando imaginamos alguma coisa cujo sabor costuma agradar, desejamos fruí--la, ou seja, comê-la. Mas enquanto a fruímos, o estômago dela se enche e o corpo toma outra constituição. Se, portanto, nessa nova constituição do corpo, a imagem desse mesmo alimento se conserva, porque ele está presente, e por isso também o desejo de comer, a esse esforço ou desejo opor-se-á a nova constituição; por conseguinte, a presença do alimento apetecido será odiosa. É isso o que chamamos de fastio e tédio. Além disso, negligenciei as perturbações exteriores que afetam o corpo e que se notam nas afecções, tais como o tremor, a palidez, os soluços, o riso etc., pois se referem unicamente ao corpo, sem relação com a mente. Enfim, convém fazer certas observações a respeito das definições dos afetos; repetirei aqui com ordem essas definições, interpondo o que deve ser observado sobre cada uma.

Definições Fundamentais das Afecções

DEFINIÇÃO I

O Desejo é a própria essência do homem enquanto concebida como determinada a fazer qualquer coisa por uma dada afecção.

Explicação: Dissemos acima, no Escólio da Proposição IX, que o Desejo é o apetite com consciência de si mesmo; e que o apetite é a própria essência do homem, na medida

ÉTICA, DEMONSTRADA À MANEIRA DOS GEÔMETRAS 253

em que esta aqui está determinada a fazer as coisas que sirvam à sua conservação. Mas faço observar no mesmo Escólio que, em realidade, não reconheço qualquer diferença entre o apetite do homem e o Desejo. Que o homem tenha ou não consciência de seu apetite, este aqui não permanece o mesmo. E assim, para não dar a aparência de uma tautologia, não quis explicar o Desejo pelo apetite, mas apliquei-me em defini-lo de maneira a nele incluir todos os esforços da natureza humana que designamos pelas palavras apetite, vontade, desejo ou impulso. Eu podia dizer que o Desejo é a própria essência do homem, na medida em que ela é concebida como determinada a fazer algo, mas dessa Definição (Proposição XXIII, Parte II) não se seguiria que a mente possa ter consciência de seu desejo ou apetência. Logo, para que a causa dessa consciência estivesse envolvida em minha Definição, foi-me necessário aduzir *enquanto é determinada por uma afecção qualquer que nela se dê*. Pois por uma afecção da essência do homem entendemos toda disposição dessa essência, seja ela inata ou adquirida, seja concebida apenas pelo pensamento ou pelo atributo da extensão, ou, por fim, se relacione a ambos. Portanto, entendo pela palavra desejo (*cupiditatis*) todos os esforços, impulsos, apetites e volições do homem, que variam conforme as disposições variáveis do próprio homem e que se opõem entre si, pois o homem é arrastado em diversos sentidos e não sabe se retornar.

DEFINIÇÃO II

A alegria é a transição do homem de uma menor a uma maior perfeição.

DEFINIÇÃO III

A tristeza é a transição do homem de uma maior a uma menor perfeição.

Explicação: Digo transição. Pois a alegria não é, ela mesma, perfeição. Com efeito, se o homem nascesse com a perfeição para a qual transita, ele a possuiria sem a afecção da alegria. Isso se vê mais claramente na afecção da tristeza, que lhe é oposta. Que a tristeza consiste numa transição a uma perfeição menor, e não na própria perfeição menor, ninguém pode negar, pois o homem não pode entristecer-se se participa de alguma perfeição. E não podemos dizer que a tristeza consista na privação de uma perfeição maior, pois uma privação nada é. A afecção de tristeza é um ato e esse ato não pode, por conseguinte, ser outra coisa senão aquele pelo qual se passa a uma menor perfeição, quer dizer, o ato pelo qual se diminui ou se constringe a potência de agir do homem (ver Escólio da Proposição xi). Omito, além disso, as definições de hilaridade, de frêmito, de melancolia e de dor, porque tais afetos se referem, sobretudo, ao corpo e não são espécies de alegria ou de tristeza.

DEFINIÇÃO IV

Admiração é aquilo a que a imaginação permanece fixada porque essa imaginação singular não possui nenhuma conexão com as outras. Ver Proposição lii com Escólio.

Explicação: No Escólio da Proposição xviii, Parte ii, mostramos por que causa a mente logo passa da contemplação de uma coisa ao pensamento de outra, ou seja, por que as imagens dessas coisas se concatenam entre si e se ordenam de maneira que a uma siga-se outra, o que não se concebe quando a imagem da coisa é nova; então a mente se detém na contemplação dessa coisa até que seja determinada por outras causas a pensar em outras. Considerada em si, a imaginação de uma coisa nova é da mesma natureza de outras e por essa razão não disponho a admiração entre o número das afecções, e não vejo motivo para fazê-lo, pois se a mente está distraída de qualquer outro pensamento, essa distração que ela sofre não provém de nenhuma causa positiva, mas somente da ausência de uma causa que, por consideração de uma certa coisa, a determina a pensar em outras. Portanto, reconheço apenas três afecções primitivas ou primárias (como no Escólio da Proposição xi), a saber:

ÉTICA, DEMONSTRADA À MANEIRA DOS GEÔMETRAS 255

a alegria, a tristeza e o desejo. E se disse algumas palavras sobre a admiração é porque estabeleceu-se o uso de designar por outros nomes certas afecções derivadas das três primitivas que se referem a objetos que causam admiração. Pela mesma razão, ajunto aqui a Definição de desprezo.

DEFINIÇÃO V

O desprezo é aquilo que a mente, ao imaginar alguma coisa, é tão pouco tocada por sua presença que se vê mais movida a imaginar coisas que ali não existem do que as que existem. Ver Escólio da Proposição LII. Deixo de lado aqui as definições da veneração e do desdém, pois nenhuma afecção, que eu saiba, extrai delas seu nome.

DEFINIÇÃO VI

O amor é a alegria acompanhada de uma causa externa.

Explicação: Tal Definição explica claramente a essência do amor. A dos autores que definiram o amor como a vontade do amante de se reunir à coisa amada, ela não exprime a essência do amor, mas sua propriedade. E não a tendo bem visto, esses autores não puderam também ver qualquer conceito claro de sua propriedade. Daí ter sido sua Definição julgada por todos sobremodo obscura. Todavia, é preciso notar que ao dizer que essa propriedade consiste na vontade do amante de se reunir à coisa amada, não entendo por vontade um consentimento ou uma deliberação, quer dizer, um decreto livre (mostramos pela Proposição XLVIII, Parte II, que isso era uma coisa fictícia), nem mesmo um desejo de se juntar à coisa amada quando ela está ausente, ou de perseverar em sua presença quando ela ali está; o amor pode ser concebido sem um ou outro desses desejos; mas por vontade entendo o contentamento íntimo do amante por estar na presença da coisa amada, contentamento que corrobora ou alimenta a alegria do amante.

DEFINIÇÃO VII

O ódio é uma tristeza que acompanha a ideia de uma causa exterior.

Explicação: Pelo que foi dito na explicação da Definição precedente, as observações que aqui se deveriam fazer são facilmente percebidas (ver, além disso, o Escólio da Proposição XIII).

DEFINIÇÃO VIII

A inclinação é uma alegria que acompanha a ideia de uma coisa que, por acidente, é causa de alegria.

DEFINIÇÃO IX

A aversão é uma tristeza que acompanha a ideia de uma coisa que, por acidente, é causa de tristeza. Sobre isso, ver o Escólio da Proposição XV.

DEFINIÇÃO X

A devoção é o amor por aquele que admiramos.

Explicação: A admiração se origina da novidade de alguma coisa, como mostramos na Proposição LII. Logo, se acontece de imaginarmos com frequência o que nos causa admiração, deixaremos de nos admirar; vemos assim que a afeto da admiração pode facilmente degenerar em simples amor.

DEFINIÇÃO XI

A irrisão é uma alegria que se origina quando imaginamos haver algo que desprezamos naquilo que odiamos.

Explicação: Quando desprezamos a coisa que odiamos, negamos sua existência (ver Escólio da Proposição LII) e por isso nos alegramos (pela Proposição XX). Mas como supomos que o homem tem ódio pelo objeto de sua irrisão, segue-se que essa alegria não é sólida. Ver Escólio da Proposição XLVII.

DEFINIÇÃO XII

A esperança é uma alegria inconstante, nascida da ideia de uma coisa futura ou passada, de cujo resultado duvidamos em certa medida.

DEFINIÇÃO XIII

O medo é uma tristeza inconstante, nascido da ideia de uma coisa futura ou passada, de cujo resultado duvidamos em certa medida.

ÉTICA, DEMONSTRADA À MANEIRA DOS GEÔMETRAS

Explicação: Segue-se dessas definições que não há esperança sem medo nem medo sem esperança. Quem está suspenso na esperança e na dúvida a respeito do resultado de algo, supõe imaginar alguma coisa que exclui a existência de um acontecimento futuro, e com isso se entristece (pela Proposição XIX); por conseguinte, enquanto está suspenso na esperança, teme que o acontecimento não ocorra. Ao contrário, quem teme, quer dizer, quem está na dúvida a respeito do resultado de algo que odeia, também imagina alguma coisa que exclui a existência de um evento; e assim (pela Proposição XX), alegra-se, tendo esperança de que ele não ocorra.

DEFINIÇÃO XIV

A segurança é uma alegria que se origina da ideia de uma coisa futura ou passada, a respeito da qual não há mais causa de dúvida.

DEFINIÇÃO XV

O desespero é uma tristeza que se origina da ideia de uma coisa futura ou passada, a respeito da qual não há mais causa de dúvida.

Explicação: A segurança, portanto, nasce da esperança e o desespero do medo, quando não há mais causa de dúvida quanto ao resultado de algo; isso provém do fato de que o homem imagina como estando aí a coisa passada ou futura, considerando-a presente, ou de imaginar outras que excluam a existência daquelas que havia posto em dúvida. Embora jamais possamos estar certos sobre o resultado de coisas singulares (pelo Corolário da Proposição XXXI, Parte II), acontece, entretanto, de não haver dúvidas sobre elas. Com efeito, demonstramos (pelo Escólio da Proposição XLIX, Parte II) que uma coisa é não duvidar de algo, e outra, ter certeza dele; assim, pode ocorrer que, pela imagem de uma coisa passada ou futura, sejamos sensíveis a uma afecção de alegria ou de tristeza pela imagem de uma coisa presente, como demonstramos na Proposição XVIII, a qual deve ser vista com seus escólios.

DEFINIÇÃO XVI

A satisfação [contentamento] é uma alegria que acompanha a ideia de uma coisa passada, acontecida inesperadamente.

DEFINIÇÃO XVII

O remorso é uma tristeza que acompanha a ideia de uma coisa passada, acontecida inesperadamente.

DEFINIÇÃO XVIII

A comiseração é uma tristeza que acompanha a ideia de um mal ocorrido a outro, e que imaginamos semelhante a nós. Ver escólios da Proposição XXII e XXVII.

Explicação: Entre a comiseração e a misericórida parece não haver qualquer diferença, a não ser talvez que a comiseração se relacione a um afeto singular, e a misericórdia a um hábito de experimentá-la.

DEFINIÇÃO XIX

O favor é um amor para com alguém que fez o bem a outrem.

DEFINIÇÃO XX

A indignação é um ódio para com alguém que fez o mal a outrem.

Explicação: O uso comum desses nomes tem outro significado. Mas o meu propósito é o de explicar a natureza das coisas e não o sentido das palavras, e designar as coisas pelos vocábulos cujo sentido usual não se afaste inteiramente daquele que quero dar. Que isso seja suficiente de uma vez por todas. Para a causa dessas afecções, vide Corolário 1 da Proposição XXVII e Escólio da Proposição XII.

DEFINIÇÃO XXI

A estima é sentir, por amor, mais do que o justo.

DEFINIÇÃO XXII

A desestima [despeito] é sentir, por ódio, menos do que o justo.

Explicação: A estima é, portanto, um efeito ou uma propriedade do amor, e a desestima, do ódio. Logo, a estima pode ser definida como o amor na medida em que afeta o homem de tal maneira que ele faça mais caso da coisa amada do que é justo e a desestima, ao contrário, como o

ÉTICA, DEMONSTRADA À MANEIRA DOS GEÔMETRAS 259

ódio na medida em que ele afeta o homem de tal maneira que ele faça daquele que odeia menos caso do que é justo (ver Escólio da Proposição XXVI).

DEFINIÇÃO XXIII

A inveja é o ódio na medida em que afeta o homem de modo a se entristecer com a felicidade de outrem e, ao contrário, alegrar-se com o seu mal.

Explicação: A inveja comumente se opõe à misericórdia que pode, a despeito do sentido da palavra, assim se definir [na sequência]:

DEFINIÇÃO XXIV

A misericórdia é o amor na medida em que afeta o homem de modo a contentá-lo com o bem de outrem e, ao contrário, entristecer-se com seu mal.

Explicação: Sobre a inveja, ver, além disso, os escólios das proposições XXIV e XXXII. Tais são as afecções de alegria e tristeza que acompanham a ideia de uma coisa externa como causa por si mesma ou por acidente. Passo às afecções que acompanham como causa a ideia de uma coisa interior.

DEFINIÇÃO XXV

O contentamento de si é uma alegria nascida do fato de o homem contemplar-se a si mesmo e à sua potência de agir.

DEFINIÇÃO XXVI

A humildade é uma tristeza nascida do fato de o homem contemplar sua impotência ou fraqueza.

Explicação: O contentamento de si opõe-se à humildade na medida em que entendemos por ele uma alegria nascida ao contemplarmos nossa potência de agir; mas, na medida em que entendemos por contentamento de si uma alegria, que acompanha a ideia de uma coisa que cremos ter feito por livre decreto da mente, ele se opõe ao arrependimento, que assim definimos [na sequência]:

DEFINIÇÃO XXVII

O arrependimento é uma tristeza que acompanha a ideia de uma coisa que acreditamos feita por um livre decreto da mente.

Explicação: Mostramos as causas dessas afeições no Escólio da Proposição LI, nas proposições LIII, LIV e LV e no Escólio desta última. Sobre o livre decreto da mente, ver Escólio da Proposição XXXV, Parte II. Além disso, é preciso notar aqui não ser espantoso que, em geral, todos os atos costumeiramente chamados maus sejam seguidos de tristeza, e aqueles que se dizem retos, de alegria. Isso depende ao máximo da educação, como se conhece facilmente pelo que precede. Os pais, com efeito, desaprovam os primeiros e, fazendo a seus filhos frequentes censuras aos primeiros e, ao contrário, exortando e louvando os segundos, fizeram com que emoções de tristeza se ajuntassem a uns e de alegria aos outros. Isso é confirmado pela experiência, pois o costume e a religião não são os mesmos em todos os lugares; ao contrário, o que é sagrado para uns é profano para outros, e o que é honesto entre uns, é vil entre outros. Assim, conforme foi alguém educado, arrepende-se de algo feito por ele, ou com ele se glorifica [se envaidece].

DEFINIÇÃO XXVIII

A soberba [orgulho] é sentir, por amor de si, mais do que o justo.

Explicação: A soberba difere assim da estima porque esta aqui se relaciona a um objeto exterior, e a soberba ao próprio homem que faz mais caso de si do que é justo. De resto, assim como a estima é um efeito ou propriedade do amor, a soberba decorre do amor próprio e pode ser assim definida: *é o amor de si mesmo ou o contentamento de si, na medida em que afeta o homem de tal maneira que ele faça mais caso de si mesmo do que seja justo* (ver Escólio da Proposição XXVI). Não há afecção oposta a essa, pois ninguém, por ódio, faz pouco caso de si próprio, e ninguém faz menos caso de si do que é justo ao imaginar não poder fazer isso ou aquilo. Tudo o que o homem imagina que não pode fazer, imagina-o necessariamente, e se dispõe por essa imaginação de tal maneira que não possa realmente fazer o que ele imagina não poder. Pois, enquanto imagina não poder isso ou aquilo, ele não se determina a fazê-lo e, consequentemente, é-lhe impossível fazê-lo. Se, porém, tivermos em vista o que depende apenas da opinião, podemos conceber que aconteça a um homem fazer pouco caso de si; de fato, pode acontecer que alguém, considerando com tristeza sua fragilidade, imagine que todos o desprezem, e isso quando os outros não pensam minimamente em menosprezá-lo. Um homem pode ainda fazer pouco caso de si se, no tempo presente, ele nega de si mesmo algo no tempo futuro, do qual está inseguro, como quando se nega que não se possa nada conceber de certo ou que não se possa desejar ou fazer outra coisa senão o que é mal ou vil. Podemos dizer em seguida que alguém faz de si mesmo pouco caso quando o vemos, por medo excessivo da vergonha, não ousar o que seus semelhantes ousam. Podemos, assim, opor à soberba [orgulho] esta afecção que chamaria de desestima de si [abjeção]. Como do contentamento de si nasce o orgulho, da desestima de si nasce a humildade, e pode ser assim definida [na sequência]:

DEFINIÇÃO XXIX

A desestima de si [abjeção] é sentir, por tristeza, menos por si do que é justo.

Explicação: À soberba [orgulho] nos acostumamos contrapor a humildade, mas é que temos em vista mais seus efeitos do que suas naturezas. Chamamos soberbo, com efeito, aquele que se glorifica demais (Escólio da Proposição XXX), só relata de si suas virtudes e dos outros, os vícios, quer ser preferido entre todos e se apresenta com a mesma gravidade e pompa com que habitualmente o fazem as pessoas muito acima de si. Chamamos humilde, ao contrário, aquele que se envergonha facilmente, confessa seus vícios e relata as virtudes dos outros, apaga-se perante os demais e segue de cabeça baixa, negligenciando embelezar-se. Quero dizer que tais afecções, a humildade e a desestima, são aliás muito raras, pois a natureza humana, considerada em si, opõe-lhe resistência o mais que pode (pelas proposições XIII e LIV), e, assim, aqueles que se acredita serem os mais cheios de desestima e de humildade são, geralmente, os mais cheios de ambição e de inveja.

DEFINIÇÃO XXX

A glória é uma alegria que acompanha a ideia de uma ação nossa e a qual imaginamos ser louvada pelos outros.

DEFINIÇÃO XXXI

O pudor [vergonha] é uma tristeza que acompanha a ideia de uma ação nossa e a qual imaginamos ser censurada pelos outros.

Explicação: Ver sobre essas afecções o Escólio da Proposição XXX. Mas é preciso notar aqui a diferença entre a vergonha e o pudor. A vergonha é uma tristeza que se segue de algo feito e com o qual enrubescemos. O pudor é o temor ou o medo da vergonha, pelo qual o homem se impede de fazer algo vil. Ao pudor se opõe, de ordinário, a impudência que, em realidade, não é uma afecção, e o mostrarei em seu devido lugar. Os nomes das afecções (já fiz observar) se relacionam mais ao seu uso do que à sua natureza. Terminei assim de explicar as afecções de tristeza e de alegria que me propus examinar. Passo, portanto, àquelas que se relacionam ao desejo.

DEFINIÇÃO XXXII

O desejo frustrado é um desejo ou apetite de possuir algo fomentado pela memória dessa coisa e, ao mesmo tempo, constrangido pela lembrança de outras que excluem a existência do apetite.

Explicação: Quando nos lembramos de algo, estamos dispostos, por isso mesmo, a contemplá-lo com a mesma afecção com a qual seríamos afetados se ele estivesse presente. Mas durante a vigília essa disposição ou esforço é com frequência inibido pelas imagens que excluem a existência daquilo de que nos recordamos. Portanto, quando nos recordamos de uma coisa que nos afeta com um certo gênero de alegria, nos esforçamos por isso mesmo, com a mesma afecção, a contemplá-la como se estivesse presente, e esse esforço é logo inibido pela lembrança de coisas que excluem a existência da primeira. O desejo frustrado é, portanto, em realidade, uma tristeza que se opõe à alegria proveniente da ausência de uma coisa que odiamos. Ver, sobre essa alegria, o Escólio da Proposição XLVII. Todavia, como a expressão desejo frustrado parece ser relativa a um desejo, remeto esta afecção àquelas do desejo.

DEFINIÇÃO XXXIII

A emulação é o desejo de uma coisa em nós engendrada porque imaginamos que outros têm esse desejo.

Explicação: Àquele que foge, quem tem medo porque vê os outros fugirem ou terem medo, quem à vista de outro homem que se queima a mão retira a sua e se move como se ele próprio tivesse queimado a mão, dizemos que ele imita a afecção de outrem, e não que se emula. Não é que conheçamos uma causa de imitação diferente daquela da emulação; o uso fez com que chamássemos êmulo somente aquele que imita o que julgamos honesto, útil ou agradável. Ver, para o resto, sobre a causa da emulação, a Proposição XVII com seu Escólio. Para o que a esta afecção frequentemente se junta a inveja, ver a Proposição XXXII com seu Escólio.

DEFINIÇÃO XXXIV

O reconhecimento ou a gratidão é um desejo ou uma solicitude do amor, pelo qual nos esforçamos em fazer o bem a quem, igualmente, nos afetou de amor. Ver Proposição XXXIX com o Escólio da Proposição XLI.

DEFINIÇÃO XXXV

A benevolência é um desejo de fazer o bem a quem nos teve comiseração. Ver Escólio da Proposição XVII.

DEFINIÇÃO XXXVI

A ira é um desejo que nos incita a fazer o mal por ódio a quem nos odeia. Ver Proposição XXXIX.

DEFINIÇÃO XXXVII

A vingança é um desejo que nos incita a fazer o mal por um ódio recíproco a quem, por igual afeto, nos causa dano. Ver Corolário 2 da Proposição XL com seu Escólio.

DEFINIÇÃO XXXVIII

A crueldade ou a sevícia é um desejo que incita alguém a fazer o mal àquele que amamos ou que nos inspira comiseração.

Explicação: A crueldade se opõe à clemência, que não é uma paixão, mas uma potêcia da mente que modera a ira e a vingança.

DEFINIÇÃO XXXIX

O temor é um desejo de evitar um mal maior, do qual temos medo, por um menor. Ver Escólio da Proposição XXXIX.

DEFINIÇÃO XL

A audácia é um desejo que incita alguém a agir com perigo, e que seus iguais temem sofrer.

DEFINIÇÃO XLI

A pusilanimidade diz-se daquele cujo desejo é constrangido pelo temor de um perigo que seus iguais ousam afrontar.

Explicação: A pusilanimidade não é, portanto, senão o medo de um mal que a maioria dos homens não teme. Por isso não a refiro entre as afecções do desejo. Quis porém explicá-la porque, na medida em que nos referimos ao desejo, ela se opõe realmente à afecção da audácia.

DEFINIÇÃO XLII

A consternação diz-se daquele cujo desejo de evitar um mal é restringido pela admiração do mal que teme.

Explicação: A consternação, assim, é uma sorte de pusilanimidade. Mas como a consternação se origina de um duplo temor, pode ser definida mais facilmente: *o medo que mantém o homem de tal modo estupefato ou hesitante que não pode repelir o mal*. Digo estupefato por entender que o desejo de repelir o mal é constrangido pela admiração. E digo hesitante por conceber que seu desejo é constrangido pelo medo de outro mal, medo que o tortura

ÉTICA, DEMONSTRADA À MANEIRA DOS GEÔMETRAS 265

simultaneamente e que faz com que não saiba qual dos dois repelir. Sobre o assunto, ver o Escólio da Proposição XXXIX e o Escólio da Proposição LII. Além disso, acerca da pusilanimidade e da audácia, ver o Escólio da Proposição LI.

DEFINIÇÃO XLIII

A humanidade [civilidade] ou a modéstia é o desejo de fazer o que agrada aos homens e de não fazer o que lhes desagrada.

DEFINIÇÃO XLIV

A ambição é o desejo imoderado de glória [vaidade].

Explicação: A ambição é um desejo pela qual todas as afecções (pelas proposições XXVII e XXXI) são fomentadas e fortalecidas. É por isso que essa afecção dificilmente pode ser vencida. Na verdade, sempre que o homem é dominado por um desejo qualquer, é necessariamente dominado, ao mesmo tempo, pela ambição. O melhor dentre os homens, diz Cícero, é aquele mais atraído pela glória. Mesmo os filósofos, até nos livros em que escrevem a respeito da glória, inscrevem seu nome etc.

DEFINIÇÃO XLV

A gula é o desejo ou o amor imoderado pelos prazeres da mesa.

DEFINIÇÃO XLVI

A embriaguez é o desejo e o amor imoderado pela bebida.

DEFINIÇÃO XLVII

A avareza é o desejo e o amor imoderado pelas riquezas.

DEFINIÇÃO XLVIII

A lubricidade é o desejo e o amor da união corporal.

Explicação: Quer esse desejo de união carnal seja moderado ou não, é costume dar-lhe o nome de lubricidade. Além disso, essas últimas cinco afecções (como observei no Escólio da Proposição LVI) não possuem contrárias. Na verdade, a modéstia é uma espécie de ambição, acerca da qual, veja-se o Escólio da Proposição XXIX. Já observei que a temperança, a sobriedade e a castidade indicam uma capacidade da mente, e não uma paixão. E embora possa acontecer de o homem avaro, ambicioso ou tímido abster-se de excessos de alimentos, de bebidas e de relações sexuais, a avareza, a ambição e o medo não são contrários à gula, à embriaguez ou à lubricidade. Com efeito, o avaro deseja, na maioria das vezes, alimentar-se com a comida e a bebida de outro. O ambicioso, por sua vez, desde que tenha a esperança de não ser descoberto, não se moderará em nada, e se vivesse entre os ébrios e os lúbricos seria ainda mais inclinado a esses vícios, precisamente por ser ambicioso. O tímido, enfim, faz o que não quer. O avaro, embora lance suas riquezas ao mar, para evitar a morte, permanece avaro; e se o lúbrico fica triste por não poder satisfazer-se, nem por isso deixa de ser um lúbrico. E, de maneira geral, tais afecções não dizem respeito tanto aos atos de comer, de beber etc., como ao apetite e ao amor desses atos. Nada pode opor-se a essas afecções, a não ser a generosidade e a animosidade, acerca das quais falaremos mais adiante. Passo em silêncio as definições de ciúme e das outras flutuações da mente, tanto porque nascem de uma combinação de afetos já definidos, como porque a maioria não possui nome. O que prova que, para o uso da vida, basta conhecê-las genericamente. Além do mais, é claro, pelas definições que acabamos de dar, que todas nascem do desejo, da alegria ou da tristeza, ou melhor, que são apenas essas três afecções as que se denominam por nomes diversos, segundo as suas diversas relações extrínsecas. Se agora quisermos prestar atenção a essas afecções primitivas, e ao que acima dissemos sobre a natureza da mente, podemos definir as afecções enquanto se referem apenas à mente, como se segue.

Definição Geral das Afecções

Uma afecção, dita paixão da alma, é uma ideia confusa, pela qual a mente afirma, com mais ou menos força do que antes, a existência do seu corpo ou de uma parte dele, e na

ÉTICA, DEMONSTRADA À MANEIRA DOS GEÔMETRAS

presença da qual a própria mente se determina a pensar em tal coisa, de preferência a outra.

Explicação: Digo em primeiro lugar que uma afecção ou paixão da alma é uma ideia confusa. Com efeito, mostramos que a mente é passiva (Proposição III), na medida em que tem ideias inadequadas ou confusas. Digo em seguida *pela qual a mente afirma, com mais ou menos força do que antes, a existência do seu corpo*. Todas as ideias que temos do corpo indicam antes o estado atual de nosso corpo (pelo Corolário 2 da Proposição XVI, Parte II) do que a natureza do corpo exterior; e aquela que constitui uma afecção deve indicar ou exprimir o estado que tem o corpo, ou uma de suas partes, a partir da qual sua potência de agir ou sua força de existir aumenta ou diminui, é favorecida ou constringida. Deve--se notar, porém, que se digo *força maior ou menor do que antes*, não entendo por isso que a mente compara o estado presente do corpo com o passado, mas que a ideia consti-tuinte da forma da afecção afirma alguma coisa do corpo que envolve efetivamente mais ou menos realidade do que antes. E como a essência da mente consiste (pelas proposições XI e XIII, Parte II) em afirmar a existência atual do seu corpo, e que por perfeição entendemos a própria essência de uma coisa, segue-se portanto que a mente passa a uma maior ou menor perfeição quando lhe ocorre afirmar do seu corpo, ou de uma parte dele, algo que envolva mais ou menos realidade do que antes. Quando eu disse acima que a potência de pen-sar da mente aumentava ou diminuía, nada quis fazer enten-der senão que a mente havia formado do seu corpo, ou de uma parte dele, uma ideia exprimindo mais ou menos realidade do que havia afirmado antes. Pois estima-se o valor das ideias e a potência atual de pensar conforme o valor do objeto. Aduzi, enfim, *na presença da qual a própria mente se determina a pen-sar em tal coisa, de preferência a outra* com o intuito de expres-sar, além da natureza da tristeza ou da alegria, que a primeira parte da Definição explica, também a do desejo.

PARTE QUARTA:
DA SERVIDÃO HUMANA OU DA FORÇA DAS AFECÇÕES

(*Pars Quarta: De Servitude Humana sive de Affectuum Viribus*)

Prefácio

Denomino servidão a impotência do homem em governar e reduzir suas afecções; com efeito, o homem submetido às afecções não depende de si mesmo, mas da fortuna, cujo poder sobre ele é tal que muitas vezes é constrangido, mesmo vendo o melhor, a fazer o pior. Eu me propus a demonstrar nesta parte a causa desse estado, e mostrar na outra o que as afecções têm de bom e mau. Mas, antes de começar, convém apresentar algumas observações preliminares sobre a perfeição e a imperfeição e sobre o bem e o mal.

Quem resolveu fazer uma coisa e a perfez dirá que essa coisa é perfeita, e não somente ele próprio o dirá, mas ainda quem quer que conheça exatamente, ou creia conhecer, o pensamento do autor e seu escopo. Por exemplo, se vemos uma obra (que suponho não estar ainda terminada) e se sabemos que o escopo do autor é o de edificar uma casa, dir-se-á que essa casa é imperfeita; e, ao contrário, perfeita, tão logo vejamos a obra levada ao fim que seu autor pretendia lhe dar. Mas se vemos uma obra cujo símile nunca vimos, e se não conhecemos o pensamento do artífice, não se poderá por certo saber se ela é perfeita ou imperfeita. Tal parece ter sido a primeira significação desses vocábulos. Mas quando os homens começaram a formar ideias universais e a excogitar modelos de casas, edifícios, torres etc., e a preferir certos modelos a outros, adveio o fato de que cada um chamou de perfeito aquilo que acreditava convir com a ideia universal que formara de uma coisa da mesma espécie, e de imperfeito, ao contrário, aquilo que ele via convir menos com o modelo por ele concebido, ainda que estivesse plenamente consumado o plano do artífice. E não parece que haja outra razão para chamar de perfeitas ou imperfeitas as coisas naturais, evidentemente que não são feitas por mão humana; com efeito, os homens costumam formar, tanto coisas naturais quanto artificiais, das ideias universais que eles veem como os modelos das coisas, e creem que a natureza (que eles estimam jamais agir senão em vista a uma causa final) atenta a essas ideias e que ela lhas propõem como modelos. Assim, quando veem produzir-se na natureza alguma coisa que é menos conforme ao modelo que conceberam de uma coisa dessa espécie, eles creem que a própria natureza esteve em falta ou pecou, e que ela deixou imperfeita a sua obra. Eis por que vemos os homens chamar costumeiramente as coisas naturais perfeitas ou imperfeitas, mais por um preconceito do que por um verdadeiro conhecimento. Nós mostramos, com efeito, no Apêndice da primeira parte que a Natureza não age para um fim; pois esse Ser eterno e infinito que denominamos Deus ou a Natureza, age com a mesma necessidade com que existe. A mesma necessidade de natureza pela qual ele existe, é também, nós o mostramos (Proposição XVI, Parte I), aquela pela qual ele age. Portanto, a razão, ou causa, pela qual Deus ou a Natureza age e por que ele existe, é una e sempre a mesma. Logo, como ele não existe para nenhuma causa final, ele não age tampouco para nenhuma causa final, mas como o seu existir, seu agir não tem nem princípio, nem fim. O que se chama causa final não é, aliás, nada mais do que um apetite humano, na medida em que é considerado o princípio ou a causa primária de uma coisa. Por exemplo, quando se diz a habitação foi a causa final de tal e tal casa, por certo não entendemos nenhuma outra coisa senão que um homem, tendo imaginado as comodidades da vida doméstica, teve o apetite de edificar uma casa. Por isso, a habitação, na medida em que é considerada como uma causa final, nada mais é senão uma causa eficiente, considerada como primeira porque os homens ignoram comumente as causas de seus apetites. Eles são, com efeito, como eu já disse muitas vezes, conscientes de suas ações e de seus apetites, mas ignorantes das causas para apetitar alguma coisa. Ademais, quanto ao que se diz vulgarmente que a Natureza está às vezes em falta ou peca e produz coisas imperfeitas, eu coloco isso no número dessas fabulações das quais eu tratei no Apêndice da primeira parte. A perfeição e a imperfeição, portanto, não são na realidade senão modos de pensar, noções que costumamos moldar comparando indivíduos da mesma espécie ou do mesmo gênero; e por causa disso, eu já disse acima (Definição VI, Parte II) que por realidade e perfeição eu entendo a mesma coisa; com efeito, costumamos reduzir todos os indivíduos da Natureza a um gênero único, que é chamado generalíssimo, isto é, à noção de ser que pertence a todos os indivíduos da Natureza de modo absoluto. Por isso, na medida em que reduzimos os indivíduos da Natureza a esse gênero e os comparamos entre si, e verificamos aí que uns têm mais entidade ou mais realidade do que os outros, nós dizemos que uns são mais perfeitos que os outros; e na medida em que lhes atribuímos alguma coisa que envolve uma negação, um limite, um fim, uma impotência etc., nós os chamamos imperfeitos, porque eles não afetam nossa mente do mesmo modo que aqueles que chamamos perfeitos, e não porque lhe falta qualquer coisa que lhe pertença ou porque na Natureza haja pecado. Nada, com efeito, pertence à natureza de uma coisa senão aquilo que segue da necessidade da natureza de uma causa eficiente, e tudo que segue da necessidade da natureza de uma causa eficiente se produz necessariamente.

No atinente ao bom e ao mau, eles não indicam igualmente nada de positivo nas coisas, ao menos consideradas em si próprias, e não são outra coisa senão modos de pensar, ou noções que formamos porque comparamos as coisas entre elas. Pois, uma e mesma coisa pode ser ao mesmo tempo boa e má, e também indiferente. Por exemplo, a música é boa pela melancolia, má pela aflição e nem boa nem má para o surdo. Na verdade, embora seja assim, esses vocábulos devem ser conservados. Pois, visto que desejamos formar uma ideia do homem que seja um modelo da natureza humana colocado diante de nossos olhos, ser-nos-á útil conservar esses vocábulos no sentido que eu disse. Por bom entenderei, portanto, no que segue, aquilo que sabemos com certeza que é um meio de nos aproximar mais do modelo da natureza humana que propomos; por mau, ao contrário, aquilo que sabemos com certeza que nos impede de reproduzir o mesmo modelo. Além disso, diremos que os homens são mais perfeitos ou mais imperfeitos, na medida em que se aproximam mais ou menos desse mesmo modelo. Pois, cumpre notar antes de tudo que, se eu digo que alguém passa de uma perfeição menor a outra maior, ou inversamente, não entendo de modo algum com isso que de uma essência ou forma ele muda em outra. Um cavalo, por exemplo, é destruído mude-se ele tanto em homem quanto em inseto; mas é sua potência de agir, na medida em que ela é aquilo que se entende por sua natureza, que concebemos como aumentada ou diminuída. Enfim, por perfeição em geral entenderei, como já disse, a realidade, isto é, a essência de uma coisa qualquer, na medida em que ela existe e produz algum efeito de certa maneira, e sem levar em nenhuma conta sua duração. Com efeito, nenhuma coisa singular pode ser dita mais perfeita por perseverar mais tempo na existência; pois a duração das coisas não pode ser determinada por sua essência, visto que a essência das coisas não envolve nenhum tempo certo e determinado de existência; mas uma coisa qualquer, seja ela mais ou menos perfeita, poderá sempre perseverar na existência com

ÉTICA, DEMONSTRADA À MANEIRA DOS GEÔMETRAS   273

a mesma força pela qual ela começou a existir, de modo que todas são iguais nisso.

Definições

DEFINIÇÃO I
Por "bom" entendo o que nós sabemos com certeza nos ser útil.

DEFINIÇÃO II
Por "mau" entendo, ao contrário, o que nós sabemos com certeza impedir que possuamos algum bem (Sobre as definições precedentes, ver o prefácio perto do fim.)

DEFINIÇÃO III
As coisas singulares, eu as denomino contingentes, na medida em que, atentando somente à sua essência, nós não encontramos nada que coloque necessariamente sua existência ou a exclua necessariamente.

DEFINIÇÃO IV
Essas mesmas coisas singulares, eu as denomino possíveis, na medida em que, tendo em vista as causas a partir das quais elas devem ser produzidas, nós não sabemos se essas causas são determinadas para produzi-las. No Escólio 1 da Proposição XXXIII, Parte I, eu não fiz nenhuma diferença entre o possível e o contingente, porque não era necessário aí distingui-los acuradamente.

DEFINIÇÃO V
Por afecções contrárias, eu entenderei na sequência aquelas que, mesmo se forem do mesmo gênero, arrastam o homem em sentidos diferentes, como a gula e a avareza, que são espécies de amor; elas são contrárias não por natureza, mas por acidente.

DEFINIÇÃO VI
O que entendo por afecção com respeito a uma coisa futura, presente e pretérita, eu expliquei nos escólios 1 e

2 da Proposição xviii, Parte iii, aos quais remeto. (Cumpre, no entanto, aqui notar que, não mais do que uma distância de lugar, nós não podemos imaginar distintamente uma distância de tempo além de certo limite; isto é, como todos os objetos distantes de nós mais de duzentos pés, ou, em outros termos, cuja distância do lugar onde estamos ultrapassa a que imaginamos distintamente, costumamos imaginá-los a igual distância de nós como se estivessem no mesmo plano; do mesmo modo, os objetos a respeito dos quais imaginamos que os tempos de suas existências estão separados do presente por um intervalo maior do que aqueles que costumamos imaginar distintamente, nós os representamos todo pela imaginação a igual distância do presente, e nós os referimos de algum modo a um mesmo momento do tempo.)

DEFINIÇÃO VII

O fim pelo qual fazemos alguma coisa, eu entendo que é o apetite.

DEFINIÇÃO VIII

Por virtude e potência eu entendo a mesma coisa; isto é (pela Proposição vii, Parte iii), a virtude, na medida em que ela se refere ao homem, e a própria essência ou a natureza do homem, na medida em que ele tem o poder de fazer certas coisas que podem ser compreendidas pelas exclusivas leis de sua natureza.

AXIOMA

Não há nenhuma coisa singular na natureza que não tenha outra mais poderosa e mais forte; mas, dada uma coisa qualquer, há aí uma outra mais poderosa que pode destruir a primeira.

Proposições

PROPOSIÇÃO I

Nada daquilo que uma ideia falsa tem de positivo é suprimido pela presença da verdadeira, na medida em que é verdadeira.

DEMONSTRAÇÃO

A falsidade consiste na exclusiva privação de conhecimento que as ideias inadequadas envolvem (pela Proposição XXXV, Parte II), e essas ideias não têm nada de positivo que faça dizer que são falsas (pela Proposição XXXIII, Parte II). Ao contrário, na medida em que se referem a Deus, elas são verdadeiras (pela Proposição XXXII, Parte II). Pois, se aquilo que uma ideia falsa tem de positivo fosse suprimido pela presença do verdadeiro, na medida em que é verdadeiro, uma ideia verdadeira será, portanto, suprimida por ela própria, o que é (pela Proposição IV, Parte III) absurdo. Logo, nada daquilo que uma ideia... etc.

ESCÓLIO

Compreende-se mais esta Proposição pelo Corolário 2 da Proposição XVI, Parte II. Pois uma imaginação é uma ideia que indica antes a constituição presente do corpo humano do que a natureza dos corpos externos, não de maneira distinta na verdade, mas confusa; o que leva a dizer que a mente erra. Por exemplo, quando olhamos o sol, nós imaginamos que ele está distante de nós cerca de duzentos pés, no que nós nos enganamos por tanto tempo quanto ignoramos sua verdadeira distância; mas, quando ela é conhecida, o erro é por certo suprimido, mas não a imaginação, isto é, a ideia do sol que explica sua natureza, na medida em que ela afeta o corpo; e assim, apesar de conhecermos sua verdadeira distância, nem por isso imaginamos menos de que ele está próximo de nós. Pois, como dissemos no Escólio da Proposição XXXV, Parte II, nós não imaginamos o sol próximo de nós porque ignoramos sua verdadeira distância, mas porque a mente concebe a magnitude do sol, na medida em que o corpo é por ele afetado. Do mesmo modo, quando os raios do sol incidem sobre a superfície da água, eles atingem os nossos olhos após a reflexão, nós o imaginamos como se ele estivesse na água, ainda que saibamos onde ele está verdadeiramente; e dessa maneira, as outras imaginações pelas quais a mente é enganada, quer elas indiquem o estado natural do corpo, ou um acréscimo ou uma diminuição de sua potência de agir, não são contrárias ao verdadeiro e não se evanescem por sua presença. Sem dúvida, ocorre, quando tememos erradamente algum mal, que o temor se evanesce diante de uma notícia verdadeira; mas ocorre também o contrário quando tememos um mal cuja vinda é certa, que o medo também se esvaneça ao ouvirmos uma notícia falsa; assim, as imaginações não se esvanecem pela presença do verdadeiro, na medida em que é verdadeiro, mas porque surgem outras, mais fortes, que excluem a existência presente das coisas que imaginamos, como mostramos na Proposição xvii, Parte ii.

PROPOSIÇÃO II

Nós somos passivos, na medida em que somos uma parte da Natureza que não pode conceber-se por si, sem as outras partes.

DEMONSTRAÇÃO

Nós nos dizemos passivos quando em nós se origina alguma coisa da qual não somos causa, senão parcialmente (pela Definição ii, Parte iii), isto é, (pela Definição i, Parte iii), qualquer coisa que não pode ser deduzida das exclusivas leis da natureza. Nós nos dizemos, pois, passivos, na medida em que somos uma parte da natureza que não pode conceber-se por si, sem as outras partes.

PROPOSIÇÃO III

A força pela qual o homem persevera na existência é limitada, e é superada infinitamente pela potência das causas exteriores.

DEMONSTRAÇÃO

Isso é evidente pelo Axioma dessa parte. Com efeito, se a um homem é dado qualquer outra coisa mais potente, digamos A, e se a A é dado qualquer outra coisa mais potente, digamos B, e isto até o infinito, a potência do homem é limitada pela potência de outra coisa, e é infinitamente superada pela potência das causas exteriores.

PROPOSIÇÃO IV

É impossível que o homem não seja uma parte da natureza e que não possa sofrer outras mudanças senão aquelas que podem ser inteligidas por sua exclusiva natureza e da qual ele é causa adequada.

DEMONSTRAÇÃO

A potência pela qual as coisas singulares, e consequentemente o homem, conservam seu ser, é a própria potência de Deus ou da Natureza (pelo Corolário da Proposição XXIV, Parte I), não na medida em que ela é infinita, mas na medida em que ela pode explicar-se pela essência humana atual (pela Proposição VII, Parte III). Pois, a potência do homem, na medida em que ela se explica por sua essência atual, é uma parte da potência infinita de Deus ou da Natureza, isto é (pela Proposição XXXIV, Parte I), da essência. O que era o primeiro ponto. De outro lado, se fosse possível que homem não pudesse sofrer outras mudanças senão aquelas que se podem inteligir pela exclusiva natureza do próprio homem, seguir-se-ia (pelas proposições IV e VI, Parte III) que ele não poderia perecer, mas que ele existiria necessariamente sempre; e isso deveria seguir-se de uma causa cuja potência fosse finita ou infinita; a saber, ou da exclusiva potência do homem, que teria assim o poder de afastar de si próprio as outras mudanças que poderiam provir de causas exteriores; ou ainda da potência infinita da Natureza, que dirigiria todas as coisas singulares, de modo que o homem pudesse sofrer outras mudanças além daquelas que servem para sua própria conservação. Ora, a primeira hipótese é absurda (pela Proposição precedente cuja Demonstração é universal e pode ser aplicada a todas as coisas singulares); logo, se fosse possível que o homem não sofresse outras mudanças além daquelas que se podem inteligir por sua exclusiva natureza, e, por consequência (como acabamos de mostrar), que ele existisse necessariamente sempre, isso deveria seguir-se da potência infinita de Deus e, consequentemente (pela Proposição xvi, Parte i), da necessidade da natureza divina, na medida em que ela é considerada como afetada pela ideia de um homem, toda ordem da Natureza, na medida em que ela é concebida sob os atributos da extensão e do pensamento, deveria ser deduzida; segue-se daí (pela Proposição xxi, Parte i) que o homem seria infinito, o que (pela primeira parte desta Demonstração) é absurdo. É, pois, impossível que o homem não sofra outras mudanças senão aquelas das quais ele é causa adequada.

COROLÁRIO

Segue-se daí que o homem está necessariamente sempre submetido às paixões, que ele segue a ordem comum da Natureza e lhe obedece, e a ela se adapta, na medida em que a natureza das coisas o exige.

PROPOSIÇÃO V

A força e o crescimento de uma paixão qualquer, e sua perseverança em existir, não se definem pela potência com a qual nós perseveramos em existir, mas pela potência da causa externa comparada à nossa.

DEMONSTRAÇÃO

A essência de uma paixão não pode explicar-se por nossa exclusiva essência (pelas definições i e ii, Parte iii), isto é

ÉTICA, DEMONSTRADA À MANEIRA DOS GEÔMETRAS 279

(pela Proposição VII, Parte III), a potência de uma paixão só pode ser definida pela potência com a qual nós perseveramos em nosso ser, mas (como mostramos pela Proposição XVI, Parte II), ela deve ser definida necessariamente pela potência da causa externa comparada à nossa.

PROPOSIÇÃO VI

A força de uma paixão ou de uma afecção pode superar as outras ações do homem ou sua potência, de tal modo que essa afecção permaneça aderida ao homem.

DEMONSTRAÇÃO

A força e o crescimento de uma paixão qualquer e sua perseverança em existir definem-se pela potência da causa exterior comparada à nossa (pela Proposição precedente); ela pode, pois (pela Proposição III), superar a potência do homem etc.

PROPOSIÇÃO VII

Uma afecção não pode ser reprimida nem eliminada senão por uma afecção contrária e mais forte do que a afecção a ser reprimida.

DEMONSTRAÇÃO

Uma afecção, na medida em que ela se refere à mente, é uma ideia pela qual a mente afirma uma força maior ou menor de existir de seu corpo do que antes (pela Definição geral das afecções que se encontra no fim da terceira parte). Portanto, quando a mente é dominada por qualquer afecção, o corpo é afetado ao mesmo tempo por uma afecção que faz crescer ou diminuir sua potência de agir. Ora, essa afecção do corpo (pela Proposição V) recebe de sua causa a força de perseverar em seu ser; por conseguinte, ela não pode ser reprimida nem eliminada senão por uma causa corporal (pela Proposição VI, Parte II) que afeta o corpo com uma afecção contrária a ela (pela Proposição V, Parte III) e, *a fortiori* (pelo Axioma acima), ainda (pela

Proposição XII, Parte II), a mente será afetada pela ideia de uma afecção mais forte e contrária à primeira, isto é (pela Definição geral das afecções), a mente será afetada por uma afecção mais forte e contrária à primeira, que, portanto, excluirá ou eliminará a existência da primeira e, por consequência, uma afecção não pode ser eliminada nem reprimida senão por uma afecção contrária e mais forte.

COROLÁRIO

Uma afecção, na medida em que ela se refere à mente, não pode ser reprimida nem eliminada senão pela ideia de uma afecção do corpo contrária àquela que sofremos e mais forte do que ela. Pois, uma afecção que sofremos não pode ser reprimida nem eliminada senão por uma afecção mais forte e contrária a ela (pela Proposição precedente), isto é (pela Definição geral das afecções) pela ideia de uma afecção do corpo mais forte do que aquela que nós sofremos e contrária a ela.

PROPOSIÇÃO VIII

O conhecimento do bom e do mau não é outra coisa senão a afecção da alegria ou da tristeza, na medida em que temos consciência disso.

DEMONSTRAÇÃO

Nós chamamos bom ou mau o que é útil ou nocivo à conservação do nosso ser (pelas definições I e II acima), isto é (pela Proposição VII, Parte III), aquilo que aumenta ou diminui, ajuda ou contraria nossa potência de agir. Na medida em que (pelas definições de alegria e tristeza, que vimos no Escólio da Proposição XI, Parte III), percebemos que uma coisa que nos afeta com alegria ou com tristeza, nós a chamamos de boa ou má; e assim o conhecimento do bom e do mau não é outra coisa senão a ideia de alegria ou de tristeza, que segue necessariamente (pela Proposição XXII, Parte II) da afecção mesma de alegria e de tristeza. Mas essa ideia está unida à afecção do mesmo modo que a

ÉTICA, DEMONSTRADA À MANEIRA DOS GEÔMETRAS

mente está unida ao corpo (pela Proposição XXI, Parte II); ou seja, (como mostramos no Escólio da mesma Proposição), essa ideia não se distingue, na realidade, da própria afecção ou (pela Definição geral das afecções) da ideia de uma afecção do corpo, senão por nosso exclusivo conceito disso; logo, esse conhecimento do bom e do mau não é outra coisa senão a própria afecção, na medida em que nós somos conscientes dela.

PROPOSIÇÃO IX

Uma afecção cuja causa imaginamos estar atualmente presente é mais forte do que se não imaginarmos essa causa presente.

DEMONSTRAÇÃO

Uma imaginação é uma ideia pela qual a mente considera uma coisa como presente (vide sua Definição no Escólio da Proposição XXVII, Parte II), que indica mais o estado do corpo humano do que a natureza da coisa exterior (pelo Corolário 2 da Proposição XVI, Parte II). Uma afecção é, pois, uma imaginação (pela Definição geral das afecções), na medida em que ela indica o estado do corpo. Mas, uma imaginação é mais intensa (pela Proposição XVII, Parte II) enquanto não imaginamos nada que exclua a existência presente da coisa exterior; logo, também uma afecção, cuja causa imaginamos estar atualmente presente, é mais intensa ou mais forte do que se não imaginarmos a presença dessa causa.

ESCÓLIO

Quando eu disse acima, pela Proposição XVIII, Parte III, que somos afetados pela imagem de uma coisa futura ou pretérita do mesmo modo como somos afetados se a coisa imaginada estivesse presente, observei expressamente que isso é verdade, na medida em que atentamos para a imagem exclusiva da própria coisa; com efeito, ela é da mesma natureza, tenhamos ou não imaginado as coisas como presentes;

mas eu não neguei que ela se torna mais fraca quando consideramos a presença de outras coisas que excluam a existência presente da coisa futura; eu não considerei isso nesse momento, porque eu me havia proposto a tratar nesta parte das forças das afecções.

COROLÁRIO

A imagem de uma coisa futura ou pretérita, isto é, de uma coisa que nós consideramos numa relação com o tempo futuro ou pretérito, excluído o presente, é mais fraca, como todas as coisas iguais, aliás, do que a imagem de uma coisa presente; e, por consequência, uma afecção relacionada a uma coisa futura ou pretérita, como todas coisas iguais, aliás, será mais branda do que uma afecção relacionada a uma coisa presente.

PROPOSIÇÃO X

Em relação a uma coisa futura que imaginamos estar próxima, nós somos afetados de modo mais intenso do que se imaginamos que seu tempo de existência está muito mais distante do presente; e a lembrança de uma coisa que não imaginamos pretérita há muito tempo nos afeta de modo mais intenso do que se a imaginamos pretérita há muito tempo.

DEMONSTRAÇÃO

Com efeito, na medida em que imaginamos que uma coisa futura acontecerá proximamente, ou se passou recentemente, nós imaginamos por isso mesmo alguma coisa que exclui menos a presença da coisa do que se imaginamos que o tempo futuro de sua existência está mais distante do presente, ou que ela se passou há muito tempo (como se nota por si); e por consequência (pela Proposição precedente), nós seremos do mesmo modo mais fortemente afetados a seu respeito.

ESCÓLIO

Segue-se da observação feita à Definição vi, em relação aos objetos afastados do tempo presente por um intervalo

ÉTICA, DEMONSTRADA À MANEIRA DOS GEÔMETRAS 283

maior do que aquele que podemos determinar na imaginação, que somos afetados de um modo igualmente abrandado, embora compreendamos que eles estão afastados por um longo intervalo de tempo.

PROPOSIÇÃO XI

Uma afecção relacionada a uma coisa que nós imaginamos como necessária é mais intensa, como todas as coisas iguais, aliás, do que se ela se relacionasse a uma coisa possível ou contingente, ou seja, não necessária.

DEMONSTRAÇÃO

Na medida em que imaginamos que uma coisa é necessária, nós afirmamos sua existência e, ao contrário, negamos a existência de uma coisa, na medida em que imaginamos que ela não é necessária (pelo Escólio 1 da Proposição XXXIII, Parte I); e, por conseguinte (pela Proposição IX), uma afecção relacionada a uma coisa necessária será mais intensa, como todas as coisas iguais, aliás, do que se ela se relacionasse a uma coisa não necessária.

PROPOSIÇÃO XII

Uma afecção relacionada a uma coisa que sabemos não existir presentemente e que imaginamos como possível é, como todas as coisas iguais, aliás, mais intensa do que se ela se relacionasse a uma coisa contingente.

DEMONSTRAÇÃO

Na medida em que imaginamos uma coisa como contingente, nós não somos afetados por nenhuma outra imagem dessa coisa além daquela que coloca sua existência (pela Definição III); mas, ao contrário (pela hipótese), nós imaginamos certa coisa que exclui sua existência presente. Na medida, ao contrário, em que imaginamos que uma coisa é possível no futuro, nós imaginamos certas coisas que colocam sua existência (pela Definição IV), isto é (pela Proposição XVIII, Parte III), alimentam a esperança ou o medo e,

284 SPINOZA: OBRA COMPLETA IV

por consequência, a afecção relacionada a uma coisa possível é mais veemente.

COROLÁRIO

Uma afecção relacionada a uma coisa que sabemos não existir no presente, e que nós imaginamos como contingente, é muito mais abrandada do que se imaginamos que a coisa está atualmente presente.

DEMONSTRAÇÃO

Uma afecção relacionada a uma coisa que imaginamos existir no presente é mais intensa do que se imaginamos a mesma como futuro (pelo Corolário da Proposição IX), e ela é muito mais veemente do que se imaginamos que o tempo futuro está muito distante do presente (pela Proposição X). Eis por que uma afecção relacionada a uma coisa cujo tempo de existência imaginamos estar muito distante do presente é muito mais abrandada do que se a imaginamos como estando presente; e, não obstante (pela Proposição precedente), ela é muito mais intensa do que se a imaginamos como contingente; e assim, uma afecção relacionada a uma coisa contingente será muito mais abrandada do que se imaginamos que a coisa nos é atualmente presente.

PROPOSIÇÃO XIII

Uma afecção relacionada a uma coisa contingente que nós sabemos não existir presentemente é, como todas as coisas iguais, aliás, mais abrandada do que uma afecção relacionada a uma coisa pretérita.

DEMONSTRAÇÃO

Na medida em que imaginamos uma coisa como contingente, não somos afetados pela imagem de outra coisa que coloca a existência da primeira (pela Definição III). Mas, ao contrário (pela hipótese), nós imaginamos certas coisas que excluem sua presença presente. Entretanto, na medida em que a imaginamos com uma relação com o tempo pretérito,

ÉTICA, DEMONSTRADA À MANEIRA DOS GEÔMETRAS 285

nós somos supostos a imaginar alguma coisa que a reconduza à memória, ou seja, que aviva a imagem (vide Proposição XVIII, Parte II, com seu Escólio), e faz com que, por consequência, nós a consideremos como se estivesse presente (pelo Corolário da Proposição XVII, Parte II). E assim (pela Proposição IX), uma afecção relacionada a uma coisa contingente que sabemos não existir presentemente, será mais abrandada, como todas as coisas iguais, aliás, do que uma afecção relacionada a uma coisa pretérita.

PROPOSIÇÃO XIV

O conhecimento verdadeiro do bom e do mau não pode, na medida em que é verdadeiro, contrariar nenhuma afecção, senão na medida em que é considerada como uma afecção.

DEMONSTRAÇÃO

Uma afecção é uma ideia pela qual a mente afirma uma força de existir do seu corpo maior ou menor do que antes (pela Definição geral das afecções); e assim (pela Proposição I), ela nada tem de positivo que possa ser eliminado pela presença do verdadeiro, e por consequência, o conhecimento verdadeiro do bom e do mau não pode, na medida em que é verdadeiro, contrariar nenhuma afecção. Mas, na medida em que é uma afecção (vide Proposição VIII), se for mais forte do que a afecção a ser contrariada, ela poderá nesta medida ser contrariada (pela Proposição VII).

PROPOSIÇÃO XV

Um desejo que nasce do conhecimento verdadeiro do bom e do mau pode ser extinto ou contrariado por muitos outros desejos que nascem das afecções pelas quais somos dominados.

DEMONSTRAÇÃO

Do conhecimento verdadeiro do bom e do mau, na medida em que ele é uma afecção (pela Proposição VIII), nasce necessariamente um desejo (pela Definição I das afecções), e ele é tanto maior quanto maior for a afecção de onde ele se origina (pela Proposição XXXVII, Parte III). Mas como esse desejo (por hipótese) se origina do fato de que compreendemos verdadeiramente alguma coisa; ele se forma, portanto, em nós, na medida em que agimos (pela Proposição III, Parte III), e deve assim ser compreendido somente por nossa essência (pela Definição II, Parte III); e, por consequência (pela Proposição VII, Parte III), sua força e seu crescimento devem ser definidos pela exclusiva potência humana. Além disso, os desejos que nascem das afecções pelas quais somos dominados são tanto maiores quanto mais veementes são essas afecções; e, por conseguinte, sua força e seu incremento (pela Proposição V) devem ser definidos pela potência de causas externas que, comparada à nossa, superam-na indefinidamente (pela Proposição III); e, por conseguinte, os desejos que nascem de afecções similares poderão ser mais veementes do que aqueles que nascem do conhecimento verdadeiro do bom e do mau, e, por isso (pela Proposição VII), poderão contrariá-lo ou extingui-lo.

PROPOSIÇÃO XVI

O desejo que nasce do conhecimento do bom e do mau, na medida em que ele é relativo ao futuro, pode mais facilmente ser contrariado ou extinto pelo desejo das coisas que são presentemente agradáveis.

DEMONSTRAÇÃO

Uma afecção relacionada a uma coisa que imaginamos futura é mais abrandada do que relacionada a uma coisa presente (pelo Corolário da Proposição IX). Ora, um desejo que nasce do conhecimento verdadeiro do bom e do mau, ainda que esse conhecimento trate das coisas que são boas presentemente, pode ser extinto ou contrariado por qualquer desejo temerário (pela Proposição precedente cuja Demonstração é universal); logo, um desejo que nasce

ÉTICA, DEMONSTRADA À MANEIRA DOS GEÔMETRAS 287

desse conhecimento, na medida em que ele é relativo ao futuro, poderá ser facilmente contrariado ou extinto etc.

PROPOSIÇÃO XVII

Um desejo que nasce do conhecimento verdadeiro do bom e do mau, na medida em que ele trata das coisas contingentes, pode mais facilmente ser contrariado pelo desejo das coisas que estão presentes.

DEMONSTRAÇÃO

Esta Proposição se demonstra do mesmo modo que a precedente, pelo Corolário da Proposição XII.

ESCÓLIO

Creio ter mostrado, pelo que precede a causa, por que os homens são mais comovidos pela opinião do que pela razão verdadeira, e por que o conhecimento verdadeiro do bom e do mau excita comoções na alma e o cede, amiúde, a todo gênero de apetite arbitrário, donde a palavra do poeta: *Eu vejo o melhor e eu o aprovo, eu faço o pior.* O que o *Eclesiastes* parece ter tido em mente, quando disse: *Quem aumenta sua ciência, aumenta sua dor.* E eu não digo isso para concluir daí que é preferível ignorar a saber, ou que entre um tolo e um homem inteligente não há nenhuma diferença quanto ao governo das afecções, mas porque é necessário conhecer tanto a impotência quanto a potência de nossa natureza, a fim de que possamos determinar o que pode e o que não pode a razão para moderar as afecções; e eu disse que, nesta parte, tratarei somente da impotência humana. Pois eu me proponho a tratar separadamente do poder da razão sobre as afecções.

PROPOSIÇÃO XVIII

O desejo que nasce da alegria é mais forte, como todas as coisas iguais, aliás, do que o desejo que nasce da tristeza.

DEMONSTRAÇÃO

O desejo é a própria essência do homem (pela Definição I das afecções), isto é (pela Proposição VII, Parte III), o esforço pelo qual o homem se esforça em perseverar em seu ser. Eis por que o desejo que nasce da alegria é secundado ou aumentado por essa afecção mesma de alegria (para a Definição de alegria, vide o Escólio da Proposição XI, Parte III); e, ao contrário, aquele que nasce da tristeza é diminuído ou contrariado por essa afecção mesma de tristeza (pelo mesmo Escólio); e assim, a força do desejo que nasce da alegria deve ser definida tanto pela potência do homem quanto a da causa exterior; e, por consequência, o primeiro é mais forte do que o segundo.

ESCÓLIO

Eu expliquei em poucas palavras as causas da impotência e da inconstância dos homens e por que os homens não observam os preceitos da razão. Resta-me agora mostrar o que a razão nos prescreve e quais afecções concordam com as regras da razão humana, e quais lhe são contrárias. Antes, porém, de começar a demonstrar, na ordem prolixa dos geômetras, que é a nossa, convém primeiro dar a conhecer brevemente esses mesmos ditames da razão, a fim de que seja mais fácil a cada um perceber o meu sentimento. Como a razão não postula contra a natureza, ela postula, pois, que cada um ame a si próprio, procure o útil que é seu, isto é, o que é realmente útil para ele, e que ele deseje tudo aquilo que conduz realmente o homem à maior perfeição e, falando absolutamente, que cada um se esforce para conservar o seu ser, o quanto depende dele. E isso é tão necessariamente verdadeiro quanto o todo é maior do que a parte (vide Proposição IV, Parte III). Depois, como a virtude (pela Definição VIII) não é nada mais senão o agir pelas leis de sua própria natureza, e como ninguém (pela Proposição VII, Parte III) pode conservar seu ser senão pelas leis de sua própria natureza, segue-se daí: primeiro, que o princípio da virtude é o próprio esforço para conservar seu próprio ser, e que a felicidade consiste naquilo em que o homem pode conservar seu ser; segundo, que a virtude deve ser desejada por si mesma, e que não há nenhuma coisa que valha mais do que ela ou que nos seja mais útil, razão pela qual ela deverá ser desejada; terceiro, enfim, aqueles que se dão à morte têm a alma impotente e são inteiramente vencidos pelas causas exteriores em oposição a sua natureza. Além disso, pelo Postulado IV, Parte II, segue-se que nos é sempre impossível não ter necessidade de coisa alguma externa a nós para conservar nosso ser, e viver sem ter nenhum comércio com as coisas que estão fora de nós; se, no entanto, considerarmos nossa mente, nosso entendimento, com certeza será mais imperfeito se a mente estivesse só e não inteligisse nada fora de si mesma. Há, pois, fora de nós, muitas coisas que nos são úteis, e que por essa razão é preciso desejar. Entre elas, não se pode excogitar nada melhor do que aquelas que concordam com a nossa natureza. Com efeito, se, por exemplo, dois indivíduos totalmente da mesma natureza estão unidos um ao outro, eles compõem um indivíduo duas vezes mais potente do que se estivessem separados. Nada é mais útil ao homem do que o homem; os homens, digo eu, não podem desejar nada que valha mais para a conservação do seu ser, do que estarem todos de acordo em todas as coisas, de modo que as mentes e os corpos componham uma só mente e um só corpo, e que eles se esforcem, todos ao mesmo tempo, tanto quanto possam, para conservar seu ser, e que procurem, todos ao mesmo tempo, o que é útil a todos; daí segue-se que os homens que são governados pela razão, isto é, os homens que procuram o que lhes é útil, sob a conduta da razão, não desejam nada para si próprios que não desejem aos outros homens e, por consequência, eles são justos, de boa fé e honestos. Tais são os ditames da razão que me propus mostrar em poucas palavras antes de começar a demonstrá-los na ordem, com mais prolixidade; e assim o fiz, a fim de captar, se fosse possível, a atenção daqueles que creem que esse princípio – cada qual tem de procurar

290 SPINOZA: OBRA COMPLETA IV

aquilo que lhe é útil – é o fundamento da imoralidade, e não da virtude e da moralidade. Portanto, após haver mostrado com brevidade que é tudo ao contrário, eu continuo a demonstrá-lo pela mesma via que seguimos até aqui, em nossa caminhada.

PROPOSIÇÃO XIX

Cada um apetece ou repugna necessariamente, pelas leis da natureza, o que julga ser bom ou mau.

DEMONSTRAÇÃO

O conhecimento do bom e do mau é (pela Proposição VIII) a afecção mesma da alegria ou da tristeza, na medida em que somos cônscios disso; e, por conseguinte (pela Proposição XXVIII, Parte III), cada um apetece necessariamente o que ele julga ser bom e, ao contrário, sente aversão pelo que julga ser mau. Mas esse apetite não é nada mais do que a própria essência ou a natureza do homem (pela Definição de apetite no Escólio da Proposição IX, Parte III, e a Definição I das afecções). Logo, cada um, pelas exclusivas leis de sua natureza, apetece necessariamente ou sente aversão etc.

PROPOSIÇÃO XX

Quanto mais alguém se esforça em procurar o que é útil, isto é, em conservar seu ser, e quanto mais ele tem o poder de fazê-lo, mais é dotado de virtude; e, ao contrário, na medida em que negligencia conservar o que é útil, isto é, seu ser, mais impotente é.

DEMONSTRAÇÃO

A virtude é a potência mesma do homem, que se define pela exclusiva essência do homem (pela Definição VIII), isto é (pela Proposição VII, Parte III), que se define pelo exclusivo esforço pelo qual o homem se esforça em perseverar em seu ser. Logo, quanto mais alguém se esforça em conservar seu ser e quanto mais ele tem o poder de fazê-lo, mais dotado é de virtude e, por consequência (pelas

ÉTICA, DEMONSTRADA À MANEIRA DOS GEÔMETRAS   291

proposições IV e VI, Parte III), na medida em que negligencia conservar seu ser, ele é impotente.

ESCÓLIO

Ninguém, portanto, a não ser vencido por causas externas e contrárias à sua natureza, deixa por negligência de apetecer o que lhe é útil ou de conservar seu ser. Não é jamais, digo eu, por uma necessidade de sua natureza, mas é sempre forçado por causas externas que tenha aversão aos alimentos ou que se dê a morte, o que pode ocorrer de muitos modos; com efeito, uma pessoa se mata forçada por outra que lhe vira a mão, munida por acaso de um gládio, e a obriga a dirigir esse gládio contra seu próprio coração; ou, ainda, ela é, como Sêneca, coagida por ordem de um tirano a abrir suas veias, isto é, deseja evitar um mal maior por um menor; ou, enfim, causas externas por nós ignoradas dispõem a imaginação e afetam o corpo de tal modo que substitui a natureza da pessoa por outra contrária à primeira, e cuja ideia não pode se dar na mente (pela Proposição X, Parte III). Mas que o homem se esforce pela necessidade de sua natureza a não existir ou a mudar de forma, isso é tão impossível quanto é impossível que alguma coisa seja feita do nada, como cada qual pode ver com pequena reflexão.

PROPOSIÇÃO XXI

Ninguém pode nutrir o desejo de ser feliz, de bem agir e de bem viver, se não tem ao mesmo tempo o desejo de ser, de agir e de viver, isto é, de existir em ato.

DEMONSTRAÇÃO

A Demonstração desta Proposição, ou antes, a própria coisa, é evidente por si, e também pela Definição do desejo. Pois (pela Definição I das afecções), o desejo de viver na felicidade, ou bem, de agir etc., é a essência mesma do homem, isto é (pela Proposição VII, Parte III), o esforço pelo qual cada um se esforça em conservar seu ser. Logo, ninguém pode nutrir o desejo etc.

PROPOSIÇÃO XXII

Nenhuma virtude pode ser concebida como anterior a essa (a saber, ao esforço para se conservar).

DEMONSTRAÇÃO

O esforço para se conservar é a essência mesma de uma coisa (pela Proposição VII, Parte III). Se, portanto, se pudesse conceber uma virtude anterior a essa, isto é, a esse esforço, a essência mesma de uma coisa (pela Definição VIII) seria concebida como anterior a ela, o que é absurdo (como se conhece por si). Logo, nenhuma virtude etc.

COROLÁRIO

O esforço para se conservar é o primeiro e único fundamento da virtude. Pois não se pode conceber (pela Proposição precedente) nenhum outro princípio anterior a esse, e sem ele (pela Proposição XXI) nenhuma virtude pode ser concebida.

PROPOSIÇÃO XXIII

Do homem, na medida em que está determinado a fazer alguma coisa porque tem ideias inadequadas, não se pode dizer absolutamente que ele age por virtude, mas somente na medida em que ele está determinado por aquilo que compreende.

DEMONSTRAÇÃO

Na medida em que o homem está determinado a uma ação porque tem ideias inadequadas, ele é passivo (pela Proposição I, Parte III), isto é (pelas definições I e II, Parte III), porque ele faz alguma coisa que não se pode perceber por sua exclusiva essência, isto é (pela Definição VIII), que não se segue de sua própria virtude. Mas na medida em que está determinado a fazer alguma coisa de que tem conhecimento, ele é ativo (pela mesma Proposição I, Parte III), isto é (pela Definição II, Parte III), ele faz alguma coisa que se percebe por sua exclusiva essência, ou (pela Definição VIII) que segue de modo adequado de sua própria virtude.

PROPOSIÇÃO XXIV

Agir absolutamente pela virtude não é outra coisa em nós senão agir, viver e conservar seu ser (essas três coisas significam apenas uma) sob a conduta da razão, segundo o princípio da busca do útil próprio a cada um.

DEMONSTRAÇÃO

Agir de modo absoluto pela virtude não é outra coisa senão (pela Definição VIII) agir pelas leis de sua própria natureza. Mas nós somos ativos somente na medida em que compreendemos (pela Proposição III, Parte III). Logo, agir pela virtude não é outra coisa em nós senão agir, viver e conservar seu ser sob a conduta da razão, e isso (pelo Corolário da Proposição XXII), segundo o princípio da busca do útil próprio a cada um.

PROPOSIÇÃO XXV

Ninguém se esforça em conservar seu próprio ser por outra causa senão por si próprio.

DEMONSTRAÇÃO

O esforço pelo qual cada coisa se esforça em perseverar em seu ser se define (pela Proposição VII, Parte III) pela exclusiva essência da própria coisa; e, sendo dada esta exclusiva essência e não de outra coisa, segue-se necessariamente (pela Proposição VI, Parte III) que cada um se esforça para conservar seu ser. Ademais, se o homem se esforça para conservar seu ser por causa de outra coisa, esta coisa será assim o primeiro fundamento da virtude (como é evidente por si), o que (pelo Corolário precedente) é absurdo. Logo, ninguém se esforça etc.

PROPOSIÇÃO XXVI

Todo esforço que se faz a partir da razão não tem outro objeto senão o de compreender; e a mente, na medida em que usa a razão, não julga que alguma coisa lhe seja útil, senão a que a conduz à compreensão.

DEMONSTRAÇÃO

O esforço para se compreender não é nada mais senão a essência da própria coisa (pela Proposição VII, Parte III), a qual, na medida em que ela existe como tal, é concebida como tendo a força de perseverar na existência (pela Proposição VI, Parte III) e agir segundo o curso necessário de sua natureza dada (vide a Definição do apetite no Escólio da Proposição IX, Parte III). Ora, a essência da razão não é outra coisa senão nossa mente, na medida em que ela compreende clara e distintamente (vide a Definição no Escólio 2 da Proposição XL, Parte II). Logo (pela Proposição XL, Parte II), todo esforço que se faz a partir da razão não tem outro objeto senão o de compreender. Ademais, como esse esforço pelo qual a mente, na medida em que é racional, se esforça em conservar seu ser, não é outra coisa senão o de compreender (pela primeira parte desta Demonstração), esse esforço para compreender é, portanto (pelo Corolário da Proposição XXII), o primeiro e único fundamento da virtude, e não é para nenhum fim (pela Proposição XXV) que nós nos esforçamos para compreender alguma coisa; mas, ao contrário, a mente, na medida em que é racional, não poderá conceber nada que seja bom para ela, senão aquilo que a conduz a compreender (pela Definição I).

PROPOSIÇÃO XXVII

Nada nos é dado compreender com certeza que seja bom ou mau, senão o que conduz realmente a compreender ou o que pode impedir que compreendamos.

DEMONSTRAÇÃO

À mente, na medida em que raciocina, não apetece nada mais senão compreender, e não julga outra coisa que lhe seja útil senão o que conduz à compreensão (pela Proposição precedente). Ora, a mente (pelas proposições XLI e XLIII, Parte II, cujo Escólio veremos) não tem certeza sobre as coisas, na medida em que ela tem ideias adequadas ou (o que, pelo Escólio 2 da Proposição XL, Parte II, vem a ser o mesmo) na medida em que ela raciocina; logo, nada nos é dado saber com certeza que seja bom ou mau, senão o que conduz realmente a compreender; e, ao contrário, nada que seja mau, senão o que pode impedir que compreendamos.

PROPOSIÇÃO XXVIII

O supremo bem da mente é o conhecimento de Deus e a suprema virtude da mente é conhecer Deus.

DEMONSTRAÇÃO

O que a mente pode compreender de mais alto é Deus, isto é (pela Definição VI, Parte I), um Ser absolutamente infinito e sem o qual (pela Proposição XV, Parte I) ninguém pode ser nem ser concebido; e, por conseguinte (pelas proposições XXVI e XXVII), o que é supremamente útil à mente ou seu bem supremo (pela Definição I) é o conhecimento de Deus. Além disso, a mente é ativa, na medida em que compreende (pelas proposições I e III, Parte III), e somente nesta medida (pela Proposição XXIII) podemos dizer absolutamente que ela age por virtude. Logo, a virtude absoluta da mente é compreender. Mas, o que a mente pode compreender de mais alto é Deus (como já demonstramos). Logo, a suprema virtude da mente é compreender ou conhecer Deus.

PROPOSIÇÃO XXIX

Uma coisa singular qualquer, cuja natureza é inteiramente diversa da nossa, não pode nem ajudar nem contrariar nossa potência de agir e, em termos absolutos, nenhuma coisa pode ser boa ou má para nós, se ela não tem alguma coisa em comum conosco.

DEMONSTRAÇÃO

A potência pela qual uma coisa singular qualquer, e, consequentemente (pelo Corolário da Proposição X, Parte II), a do homem, pela qual ele existe e opera, não é determinada por nada mais senão por outra coisa singular (pela

Proposição xxviii, Parte i), cuja natureza (pela Proposição vi, Parte ii) deve ser compreendida pelo mesmo atributo que permite conceber a natureza humana. Portanto, nossa potência de agir, de qualquer modo que a concebamos, pode ser determinada e, por consequência, ajudada ou contrariada pela potência de outra coisa singular que tenha alguma coisa de comum conosco, e não pela potência de uma coisa cuja natureza é inteiramente diversa da nossa; e visto que chamamos de bom ou mau o que é causa de alegria ou de tristeza (pela Proposição viii), isto é (pelo Escólio da Proposição xi, Parte iii), o que aumenta ou diminui nossa potência, ajuda ou contraria nossa potência de agir, portanto uma coisa cuja natureza é inteiramente diversa da nossa não pode ser nem boa nem má.

PROPOSIÇÃO XXX

Nenhuma coisa pode ser má pelo que ela tem em comum com a nossa natureza, mas somente na medida em que ela é má para nós ela nos é contrária.

DEMONSTRAÇÃO

Nós chamamos de mal aquilo que é causa de tristeza (pela Proposição viii), isto é (por sua Definição que se vê no Escólio da Proposição xi, Parte iii), o que diminui ou contraria nossa potência de agir. Portanto, se uma coisa, por aquilo que ela tem em comum conosco, era má para nós, essa coisa poderá diminuir ou contrariar o que ela tem de comum conosco, o que (pela Proposição iv, Parte iii) é absurdo. Logo, nenhuma coisa pode ser má para nós naquilo que ela tem em comum conosco, na medida em que ela é má, isto é (como já mostramos), na medida em que ela pode diminuir ou contrariar nossa potência de agir, ela nos é contrária (pela Proposição v, Parte iii).

PROPOSIÇÃO XXXI

Na medida em que uma coisa convém (*convenit*) com a nossa natureza, ela é necessariamente boa.

DEMONSTRAÇÃO

Na medida em que uma coisa convém com a nossa natureza, ela não pode (pela Proposição precedente) ser má. Logo, ela será necessariamente ou boa ou indiferente. Suponhamos, porém, que ela não seja nem boa nem má, logo (pela Definição I) nada se seguirá de sua natureza que sirva para a conservação da nossa própria natureza, isto é (pela hipótese), que ela sirva para a conservação da natureza da própria coisa; mas isso é absurdo (pela Proposição VI, Parte III); portanto, na medida em que ela convém com nossa natureza, ela será necessariamente boa.

COROLÁRIO

Segue-se daí que quanto mais uma coisa convém com a nossa natureza, mais ela nos é útil ou melhor ela é; e, ao contrário, uma coisa nos é mais útil, na medida em que ela convém mais com a nossa natureza. Pois, na medida em que ela não convém com a nossa natureza, ela será necessariamente diferente, ou contrária à nossa natureza. Se for diversa, então (pela Proposição XXIX) ela não poderá ser nem boa nem má; se contrária, ela será, portanto, contrária à natureza que convém com a nossa (pela Proposição precedente), isto é, contrária ao bom ou ao mau. Nada, pois, pode ser bom, senão na medida em que convém com a nossa natureza e, por consequência, quanto mais uma coisa convém com a nossa natureza, mais ela é útil, e inversamente.

PROPOSIÇÃO XXXII

Na medida em que os homens estão submetidos às paixões, não se pode dizer que eles convêm por natureza.

DEMONSTRAÇÃO

Quando se diz que coisas convêm por natureza, entende-se que elas convêm em potência (pela Proposição VII, Parte III), mas não por impotência ou por negação, e consequentemente (vide Escólio da Proposição III, Parte III), nem por paixão; assim, na medida em que os homens estão submetidos às paixões, não se pode dizer que eles convêm por natureza.

ESCÓLIO

A coisa é evidente por si mesma; com efeito, quando se afirma que o branco e o preto convêm somente na medida em que nem um nem o outro são vermelhos, afirma-se absolutamente que o branco e o preto não convêm em nada. Do mesmo modo ainda, dizer que a pedra e o homem convêm apenas naquilo em que são finitos, dizer que são impotentes ou não porque não existem por necessidade de sua natureza, ou, enfim, porque são indefinidamente superados pela potência das causas exteriores, é afirmar de um modo geral que a pedra e o homem não convêm em coisa alguma; as coisas que convêm em uma negação somente, ou seja, naquilo que não têm, então convêm na realidade em nada.

PROPOSIÇÃO XXXIII

Os homens podem discrepar em natureza, na medida em que são dominados por afecções que são paixões; e, em igual medida, um mesmo homem é mutante e inconstante.

DEMONSTRAÇÃO

A natureza ou a essência das afecções não podem ser explicadas por nossa exclusiva essência ou natureza (pelas definições I e II, Parte III); mas ela deve ser definida pela potência, isto é (pela Proposição VII, Parte III), pela natureza das causas exteriores, comparadas com as nossas; donde se segue que há tantas espécies de cada afecção quanto espécies de objetos que nos afetam (vide Proposição LVI, Parte III), e que os homens são afetados de diversos modos por um único e mesmo objeto (vide Proposição LI, Parte III), e por isso diferem em natureza; e, finalmente, um e mesmo homem (pela mesma Proposição LI, Parte III) é, pois, afetado de diversos modos pelo mesmo objeto, e por isso é mutante etc.

PROPOSIÇÃO XXXIV

Na medida em que os homens são afetados pelas afecções que são paixões, eles podem ser contrários uns aos outros.

DEMONSTRAÇÃO

Um homem, por exemplo, Pedro, pode ser a causa da tristeza de Paulo, porque há qualquer coisa de semelhante a uma coisa que Paulo odeia (pela Proposição XVI, Parte III), ou porque só Pedro possui alguma coisa que o próprio Paulo também ama (vide Proposição XXXII, Parte III, com seu Escólio), ou por outras causas (vide as principais no Escólio da Proposição LV, Parte III); seguir-se-á daí (pela Definição VII das afecções) que Paulo odeia Pedro e, por consequência (pela Proposição XL, Parte III, com seu Escólio) que Pedro, a seu turno, odeia Paulo, e assim (pela Proposição XXXIX, Parte III), que eles se esforçam em fazer mal um ao outro, isto é (pela Proposição XXX), que eles são contrários um ao outro. Logo, os homens, na medida em que são dominados pelas afecções que são paixões podem ser contrários uns aos outros.

ESCÓLIO

Eu disse que Paulo odeia Pedro, porque imagina que Pedro possui aquilo que ele também ama; parece seguir-se daí, em primeiro lugar, que os dois homens fazem mal um ao outro porque amam a mesma coisa, e, por conseguinte, que eles convêm por natureza; e, se isso é verdade, as proposições XXX e XXXI seriam, portanto, falsas. Mas, se queremos pesar a coisa numa balança justa, veremos que tudo convém no todo. Com efeito, esses dois homens não são molestos um ao outro, na medida em que eles convêm por natureza, isto é, na medida em que amam a mesma coisa, mas não na medida em que são discrepantes um do outro. Na verdade, na medida em que ambos amam a mesma coisa, e esta acalenta o amor de ambos (pela Proposição XXXI, Parte III), isto é (pela Definição VI das afecções), a alegria de um e de outro é por ela acalentada. Por isso, falta muito para que sejam molestos um para com outro, na medida em que amam a mesma coisa e convêm por natureza. Mas a causa disso, como já disse, não é outra senão a suposta discrepância de natureza entre eles. Com efeito, supusemos que Pedro tem a ideia de uma coisa amada, agora possuída por ele, e Paulo, ao contrário, tem a ideia de uma coisa amada, agora possuída por Pedro. Daí resultará que um está afetado pela tristeza, e outro, pela alegria e, nessa medida, eles são contrários um ao outro. E podemos facilmente mostrar desse modo as outras causas do ódio, dependentes do exclusivo fato de que os homens discrepam em natureza e não naquilo em que convêm.

PROPOSIÇÃO XXXV
Na medida apenas em que os homens vivem sob a conduta da razão, eles convêm sempre, necessariamente, por natureza.

DEMONSTRAÇÃO

Na medida em que os homens são dominados por afecções que são paixões, eles podem ser diversos na natureza (pela Proposição XXXIII) e contrários uns aos outros (pela Proposição precedente). Mas os homens são ativos, na medida somente em que eles vivem sob a conduta da razão (pela Proposição III, Parte III), e assim tudo aquilo que segue da natureza, na medida em que ela é definida pela razão, deve ser compreendido (pela Definição II, Parte III) tanto pela exclusiva natureza humana, quanto por sua causa próxima. Porém, visto que a cada um, pelas leis da natureza, apetece aquilo que ele julga bom e se esforça por afastar aquilo que ele julga ser mau (pela Proposição XIX), e uma vez que, além disso, o que julgamos ser bom ou mau pelo ditame da razão, é necessariamente bom ou mau (pela Proposição XLI, Parte II). Logo, os homens, na medida apenas em que eles vivem sob a conduta da razão, fazem necessariamente aquilo que é necessariamente bom para a natureza humana

ÉTICA, DEMONSTRADA À MANEIRA DOS GEÔMETRAS 301

e, por consequência, para cada homem, isto é (pelo Corolário da Proposição XXXI), aquilo que convém com a natureza de todo homem; pois, os homens também convêm
sempre necessariamente, na medida em que vivem sob a
conduta da razão.

COROLÁRIO 1

Nenhuma coisa singular é dada na natureza que seja mais
útil ao homem do que um homem que vive sob a conduta
da razão. Pois, o que é para o homem mais útil é o que
mais convém com sua natureza (pelo Corolário da Proposição XXXI), isto é (como se conhece por si), o homem.
Ora, o homem age absolutamente pelas leis de sua natureza, quando vive sob a conduta da razão (pela Definição
II, Parte III) e, nessa medida, convém necessariamente com
a natureza de um outro homem (pela Proposição precedente); portanto, não há nada entre as coisas singulares
mais úteis ao homem do que o homem etc.

COROLÁRIO 2

Quando cada homem procura ao máximo o que é útil para
si, então os homens são mais úteis uns para com os outros.
Pois, quanto mais cada um procura aquilo que lhe é útil e
se esforça para se conservar, mais ele é dotado de virtude
(pela Proposição XX), ou, o que dá no mesmo (pela Definição VIII), maior é a potência de que ele é dotado para
agir pelas leis de sua natureza, isto é (pela Proposição III,
Parte III), para viver sob a conduta da razão. Ora, quando
os homens vivem sob a conduta da razão (pela Proposição precedente), é então que eles convêm ao máximo; logo
(pelo Corolário precedente), os homens são, ao máximo,
mais úteis uns para com os outros, quando cada um procura ao máximo aquilo que é útil para si.

ESCÓLIO

Isso que acabamos de mostrar, a experiência mesma o atesta
quotidianamente por testemunhos tão claros que quase
todo mundo repete: o homem é um Deus para o homem.

Entretanto, é raro que os homens vivam sob a conduta da razão; tal é sua disposição que a maior parte sente inveja e molesta uns aos outros. Não obstante, eles não podem quase passar a vida em solidão, de modo que à maior parte agrada muitíssimo a Definição de que o homem é um animal social, e que, de fato, as coisas são tais que, da sociedade comum dos homens, nasçam muito mais vantagens do que danos. Que os satíricos riam, portanto, tanto quanto queiram das coisas humanas, que os teólogos as detestem, e que os melancólicos louvem, tanto quanto possam, a vida inculta e agreste, que eles desprezem os homens e admirem as bestas: os homens nem por isso experimentarão menos aquilo que lhes pode mais facilmente proporcionar o auxílio mútuo de que necessitam, e que eles não poderão evitar os perigos que os ameaçam por toda parte, senão pela junção de suas forças; e agora passo aqui em silêncio de que vale muito mais considerar as ações dos homens do que as das bestas, e de que o humano é mais digno de nosso conhecimento. Porém, disto trataremos mais longamente adiante.

PROPOSIÇÃO XXXVI

O bem supremo daqueles que seguem a virtude é comum a todos, e todos podem tirar daí igualmente a alegria.

DEMONSTRAÇÃO

Agir por virtude é agir sob a conduta da razão (pela Proposição XXIV), e tudo aquilo em que nos esforçamos em agir pela razão é conhecer (pela Proposição XXVI); assim (pela Proposição XXVIII), o bem supremo daqueles que seguem a virtude é o de conhecer Deus, isto é (pela Proposição XLVII, Parte II, e seu Escólio), um bem que é comum a todos os homens, e que pode ser igualmente possuído por todos os homens, na medida em que são da mesma natureza.

ESCÓLIO

Alguém talvez me pergunte: Se o bem supremo daqueles que seguem a virtude não fosse comum a todos, não se

ÉTICA, DEMONSTRADA À MANEIRA DOS GEÔMETRAS 303

seguiria daí, como mais acima (vide Proposição XXXIV), que os homens que vivem sob a conduta da razão, isto é, os homens, na medida em que convêm por natureza (pela Proposição XXXV), seriam contrários uns aos outros? Eu responderei, não por acidente, mas por uma consequência da própria natureza da razão, é que o que advém do bem supremo do homem é comum a todos, pois isso se deduz da própria essência do homem, na medida em que ela é definida pela razão; e que o homem não pode ser, nem ser concebido se não tivesse o poder de tirar alegria desse bem supremo. Com efeito, pertence (pela Proposição XLVII, Parte II) à essência da mente humana possuir um conhecimento adequado da essência eterna e infinita de Deus.

PROPOSIÇÃO XXXVII

O bem que todo aquele que segue a virtude apetece para si mesmo, ele o desejará igualmente para o resto dos homens, e isso tanto mais quanto maior conhecimento tiver de Deus.

DEMONSTRAÇÃO

Os homens, na medida em que vivem sob a conduta da razão, são mais úteis aos homens (pelo Corolário 1 da Proposição XXXV); e assim (pela Proposição XIX), nós nos esforçaremos, sob a conduta da razão, por fazer com que os homens vivam sob a conduta da razão. Ora, o bem que apetece para si mesmo alguém que vive sob o ditame da razão, isto é (pela Proposição XXIV), aquele que segue a virtude, é conhecer (pela Proposição XXVI); logo, o bem que todo aquele que segue a virtude apetece para si mesmo, ele o desejará também para os outros homens. Ademais, o desejo, na medida em que ele se refere à mente, é a própria essência da mente (pela Definição 1 das afecções); ora, a essência da mente consiste em um conhecimento (pela Proposição XI, Parte II) que envolve o de Deus (pela Proposição XLVII, Parte II) e não pode sem ele (pela Proposição XV, Parte I) nem ser nem ser concebido; por conseguinte, quanto maior for o conhecimento de Deus que a essência da mente envolve, maior será o desejo com que o seguidor da virtude deseja para o outro o bem que ele apetece para si próprio.

OUTRA DEMONSTRAÇÃO

O bem que o homem apetece para si mesmo e ama, ele amará de modo mais constante se vir que os outros o amam (pela Proposição XXXI, Parte III); e ele se esforçará, pois (pelo Corolário da mesma Proposição), para que os outros o amem; e visto que esse bem (pela Proposição precedente) é comum a todos, e que todos podem alegrar-se do mesmo modo, ele se esforçará, portanto (pela mesma razão), para que todos se alegrem e (pela Proposição XXXVII, Parte III) fruam tanto mais desse bem.

ESCÓLIO 1

Aquele que se esforça, somente pela afecção, para que os outros amem aquilo que ele próprio ama e vivam por sua própria índole, age apenas por impulso e, por consequência, é odioso, sobretudo para aqueles que têm outros gostos, e que, por seu lado, se esforçam, também por impulso, para que os outros, que não eles próprios, vivam conforme sua índole. Ademais, como o bem supremo que os homens apetecem, devido a uma afecção, é tal que somente um pode possuí-lo, segue-se que aqueles que amam não estão em si mesmos de acordo com eles próprios e, ao mesmo tempo que se alegram em cantar os louvores da coisa amada, temem ser acreditados. Mas, ao contrário, aquele que se esforça em conduzir os outros pela razão, não age por impulso, mas com humanidade e benevolência, e permanece em si mesmo perfeitamente de acordo consigo próprio. Continuando, tudo o que desejamos e fazemos, cuja causa nós somos, na medida em que temos a ideia de Deus ou, na medida em que conhecemos Deus, eu o relaciono à religião. Além disso, o desejo de fazer o bem, que se origina no fato de que vivemos sob a conduta da razão, eu o

ÉTICA, DEMONSTRADA À MANEIRA DOS GEÔMETRAS   305

chamo moralidade. A seguir, o desejo que leva um homem que vive sob a conduta da razão a ligar-se a outros por amizade, eu o chamo honestidade; e chamo honesto aquilo que os homens que vivem sob a conduta da razão louvam e, ao contrário, torpe aquilo que conduz a recusar a amizade. Por aí eu mostrei quais são os fundamentos da cidade. Donde se percebe facilmente a diferença entre a verdadeira virtude e a impotência, uma vez que a virtude verdadeira não consiste em outra coisa senão viver sob a conduta da razão, e que a impotência consiste exclusivamente no fato de que o homem se deixa conduzir passivamente pelas coisas exteriores a ele, e é determinado por elas a fazer o que exige a constituição comum das coisas exteriores, e não o que exige sua própria natureza, considerada em si somente. Eis o que, no Escólio da Proposição XVIII, eu prometi demonstrar; daí aparece esta lei que proíbe imolar as bestas, baseada mais na vã superstição e na misericórdia feminina do que na razão sã. Com efeito, a razão que nos faz procurar o que é útil nos ensina bem a necessidade de nos unir aos homens, mas não às bestas ou às coisas cuja natureza é diversa da natureza humana; mas, o mesmo direi o que elas têm sobre nós, nós temos sobre elas. Ou melhor, como o direito de cada um é definido por sua virtude ou por sua potência, os homens têm mais direito sobre as bestas do que as bestas sobre os homens. Não nego também que as bestas sentem; mas nego que não seja permitido pensar em nosso interesse e, do mesmo modo, nos servir delas à vontade e tratá-las como mais nos convém; porquanto a nossa natureza não convém com a delas, e suas afecções diferem em natureza das humanas (vide Escólio da Proposição LXVII, Parte III). Resta-me explicar o que é justo, o que é injusto, o pecado e, enfim, o mérito. Mas, para isso, vide o Escólio seguinte.

ESCÓLIO 2

No Apêndice da primeira parte, eu prometi explicar o que são o elogio e o vitupério, o mérito e o pecado, o justo e o injusto. Sobre o elogio e o vitupério, eu me expliquei no Escólio da Proposição XXIX, Parte III; sobre os restantes, haverá lugar aqui para dizer alguma coisa. Mas antes cumpre dizer algumas poucas palavras sobre o estado natural e o estado civil do homem. Cada um existe pelo direito supremo da natureza e, por consequência, cada um, pelo direito supremo da natureza, age segundo a necessidade de sua própria natureza; e assim cada um julga, pelo direito supremo da natureza, o que é bom, o que é mau, e pensa naquilo que lhe é útil, segundo sua índole (vide proposições XIX e XX), e se vinga (pelo Corolário 2 da Proposição XL, Parte III); e se esforça por conservar aquilo que ama, por destruir aquilo que odeia (vide Proposição XXVIII, Parte III). Porque se os homens vivessem sob a conduta da razão, cada qual possuiria o direito que lhe pertence (pelo Corolário 1 da Proposição XXXV) sem nenhum dano para o outro. Mas, como eles estão submetidos a afecções (pelo Corolário da Proposição IV) que se supera de muito sua potência ou a humana virtude (pela Proposição VI), eles são puxados em sentidos diversos (pela Proposição XXXIII), e são contrários uns aos outros (pela Proposição XXXIV), enquanto precisam de auxílio mútuo (pelo Escólio da Proposição XXXV). Portanto, para que os homens possam viver em concórdia e vir em ajuda uns dos outros, é necessário que eles renunciem a seu direito natural e se assegurem uns aos outros que não farão nada que possa causar dano a outrem. Ora, como pode acontecer que os homens, que estão necessariamente submetidos às afecções (pelo Corolário da Proposição IV), inconstantes e mutantes (pela Proposição XXXIII), possam dar-se essa segurança mútua e ter fé uns nos outros, isso é evidente pela Proposição VII desta Parte e pela Proposição XXXIX, Parte III. Com efeito, nenhuma afecção pode ser contrariada, senão por uma afecção mais forte e contrária àquela que se quer contrariar, e que cada um se abstenha de fazer mal por medo de um dano maior. Por essa lei, pois, uma sociedade poderá firmar-se se ela vindica para si mesma o direito que cada um tem de se vingar e de julgar o bom e o mau, e que ela tem, por consequência, o poder de prescrever uma regra comum de vida, de instituir leis e de mantê-las, não pela razão, que não pode reprimir as afecções (pelo Escólio da Proposição XVII), mas por ameaças. Ora, essa sociedade, firmada pelas leis e pelo poder de se conservar, chama-se cidade (*civitas*), e aqueles que estão sob a proteção do seu direito, chamam-se cidadãos; daí se compreende facilmente que, no estado natural, não há nada que seja bom ou mau pelo consenso de todos, pois cada qual, no seu estado natural, pensa somente no que lhe é útil segundo sua índole, e, na medida em que tem como razão a utilidade, decreta o que é bom e o que é mau, e que, enfim, ele não é obrigado por nenhuma lei a obedecer a ninguém mais senão a si próprio; e assim, no estado natural, não se pode conceber o pecado. Mas no estado civil, em que se decreta por consenso de todos qual coisa é boa e qual é má, cada um é obrigado a obedecer à cidade. O pecado não é, portanto, outra coisa senão a desobediência, que, por essa razão, é punida em virtude do exclusivo direito da cidade e, ao contrário, a obediência é contada como mérito, para o cidadão, porque ele é por isso mesmo julgado digno de fruir das vantagens da cidade. Ademais, no estado natural, ninguém é, por consenso comum, senhor de qualquer coisa, e não há nada na natureza que se possa dizer que pertence a este e não àquele; mas tudo é de todos; por conseguinte, no estado natural, não podemos conceber vontade alguma de atribuir a cada um o que é seu, ou de tirar de alguém o que é dele; isto é, que, no estado natural, não há nada que possa ser dito justo ou injusto; mas é o contrário no estado civil, em que por consenso comum é decretado qual coisa pertence a um e qual a outro. Por isso parece claro que o justo e o injusto, o pecado e o mérito sejam noções extrínsecas, e não atributos que expliquem a natureza da mente. Mas é o suficiente sobre isso.

PROPOSIÇÃO XXXVIII

Aquilo que dispõe o corpo humano de tal modo que ele possa ser afetado de muitas maneiras, ou torná-lo apto a afetar os corpos externos de um número maior de maneiras, é útil ao homem; e tanto mais útil quanto o corpo por isso se torna mais apto a ser afetado e a afetar outros corpos de muitos modos; e, ao contrário, é danoso aquilo que diminui essa aptidão do corpo.

DEMONSTRAÇÃO

Quanto mais o corpo dispõe dessa aptidão, tanto mais se torna apto a perceber (pela Proposição XIV, Parte II); assim, aquilo que dispõe o corpo para isso e aumenta essa aptidão é necessariamente bom ou útil (pelas proposições XXVI e XXVII), e tanto mais útil quanto mais aumenta essa aptidão; e, ao contrário (pela mesma Proposição XIV, Parte II, invertida, e pelas proposições XXVI e XXVII), é nociva, se ela diminui essa aptidão do corpo.

PROPOSIÇÃO XXXIX

Aquilo que faz com que a relação do movimento e do repouso que as partes do corpo humano têm entre elas se conservem é bom; ao contrário, é mau aquilo que faz com que as partes do corpo humano tenham entre elas outras relações de movimento e repouso.

DEMONSTRAÇÃO

O corpo humano necessita, para se conservar, de um número muito grande de outros corpos (pelo Postulado IV, Parte II). Mas, aquilo que constitui a forma do corpo humano consiste em que suas partes comunicam entre si seus movimentos, conforme certa relação (pela Definição que precede o Lema IV na sequência da Proposição XIII, Parte II). Logo, aquilo que faz com que a relação de movimento e de repouso exista entre as partes do corpo humano, se conserve e, por conseguinte (pelos postulados III e VI, Parte II), o corpo humano pode ser afetado

ÉTICA, DEMONSTRADA À MANEIRA DOS GEÔMETRAS 309

de muitas maneiras, e afetar os corpos exteriores de muitas maneiras, o que é bom (pela Proposição precedente). Donde, aquilo que faz com que as partes do corpo humano tenham outra relação de movimento e repouso, faz também (pela mesma Definição, Parte II) com que outra forma se sobreponha à do corpo humano, isto é (como se conhece por si e como observamos no fim do prefácio dessa Parte), faz com que o corpo humano seja destruído e, por conseguinte, perca toda aptidão de ser afetado de muitas maneiras, e isso, portanto (pela Proposição precedente), é mau.

ESCÓLIO

O quanto isso pode prejudicar ou ser útil à mente será explicado na quinta parte. Mas cumpre notar aqui que a morte do corpo, tal como eu a entendo, se produz quando suas partes estão dispostas de tal modo que há entre elas outra relação de movimento e repouso. Pois não ouso negar que o corpo humano, enquanto o sangue continua a circular nele, ao lado de outras marcas que indicam vida, possa, não obstante, mudar sua natureza em outra inteiramente diferente. Com efeito, nada me obriga a admitir que o corpo não morra senão quando se transforma em cadáver; a própria experiência parece nos persuadir do contrário. Pois às vezes um homem sofre tais mutações que não será fácil dizer que ele é o mesmo; é o que ouvi contar, em particular, a respeito de certo poeta espanhol que fora atingido por uma doença e que, embora curado, permaneceu, entretanto, em tal esquecimento de sua vida pretérita que não acreditava que fossem as novelas e as tragédias por ele compostas; e se poderia por certo tomá-lo por uma criança adulta se ele tivesse olvidado também sua língua materna. E se isso parece incrível, o que diremos das crianças? Um homem de idade provecta crê que a natureza delas é muito diferente da sua, e que ele não poderia se persuadir jamais de que tivesse sido uma criança, se não conjecturasse sobre si próprio segundo os outros. Mas, para não fornecer matéria aos supersticiosos para novas questões, eu prefiro mais deixar de lado esse tema.

PROPOSIÇÃO XL

O que conduz os homens para a sociedade comum, ou seja, o que faz com que vivam em concórdia, é útil; será mau, ao contrário, o que introduz a discórdia na cidade.

DEMONSTRAÇÃO

O mesmo que faz viverem na concórdia, faz com que vivam sob a conduta da razão (pela Proposição xxxv) e, por consequência, é bom (pelas proposições xxvi e xxvii); será mau, ao contrário (pela mesma razão), o que concita à discórdia.

PROPOSIÇÃO XLI

Diretamente, a alegria nunca é má, mas boa; a tristeza, ao contrário, é má.

DEMONSTRAÇÃO

A alegria (pela Proposição xi, Parte iii, com Escólio) é uma afecção pela qual a potência do corpo aumenta ou é favorecida; a tristeza, ao contrário, é uma afecção pela qual a potência de agir do corpo se reduz ou é constrangida; por conseguinte (Proposição xxxviii), a alegria é diretamente boa etc.

PROPOSIÇÃO XLII

A hilaridade não pode ter excesso, mas é sempre boa e, ao contrário, é sempre má a melancolia.

DEMONSTRAÇÃO

A hilaridade (ver sua Definição no Escólio da Proposição xi, Parte iii) é uma alegria que, no que se refere ao corpo, consiste em que todas as suas partes são afetadas, ou seja (pela Proposição xi, Parte iii), que a potência de agir do corpo aumenta ou é favorecida de tal sorte que todas as suas partes conservam entre si a mesma relação de

ÉTICA, DEMONSTRADA À MANEIRA DOS GEÔMETRAS

movimento e de repouso; assim (pela Proposição XXXIX), a hilaridade é sempre boa e não pode ter excesso. A melancolia (ver sua Definição no mesmo Escólio da Proposição XI, Parte III) é uma tristeza que, relativamente ao corpo, consiste em que a potência de agir do corpo diminui absolutamente ou é constrangida; consequentemente (pela Proposição XXXVIII), é sempre má.

PROPOSIÇÃO XLIII

O frêmito pode ter excesso e ser mau; a dor pode ser boa na medida em que o frêmito ou a alegria tenha algo de mau.

DEMONSTRAÇÃO

O frêmito é uma alegria que, referida ao corpo, consiste em que uma ou algumas de suas partes sejam mais afetadas do que as outras (ver sua Definição no Escólio da Proposição XI, Parte III); e a potência dessa afecção pode ser tal que ultrapasse as outras ações do corpo (Proposição VI), permanecendo-lhe unida e impedindo-o de estar apto a ser afetado de outras maneiras (pela Proposição XXXVIII), podendo esta afecção, portanto, ser má. Para a dor, que é contrária à tristeza, considerada em si mesma ela não pode ser boa (pela Proposição XLI). Mas, sendo sua força e incremento definidos pela potência de uma causa exterior comparada à nossa, podemos conceber que as forças dessa afecção variem numa infinidade de graus e de modos (Proposição III); podemos assim conceber uma dor tal que, reduzindo o frêmito, o impeça de ser excessivo e faça com que não diminua a aptidão do corpo; por conseguinte, nisso a dor pode ser boa.

PROPOSIÇÃO XLIV

O amor e o desejo podem ter excessos.

DEMONSTRAÇÃO

O amor é alegria (pela Definição VI das afecções) acompanhada da ideia da causa externa; logo, o frêmito (pelo

Escólio da Proposição XI, Parte III) que acompanha a ideia de uma causa exterior do amor é amor e pode conter excesso (pela Proposição precedente). Além disso, o desejo é tanto maior quanto maior for a afeição da qual se origina (pela Proposição XXXVII, Parte III). Da mesma maneira que uma afecção pode superar outras ações do homem, também um desejo nascido dessa afecção pode superar outros desejos, havendo o mesmo excesso que, na Proposição precedente, mostramos haver no frêmito.

ESCÓLIO

A hilaridade, que disse ser boa, é mais facilmente concebida do que observada. Pois as afecções que nos dominam a cada dia se referem, na maior parte do tempo, a alguma parte do corpo mais afetada do que as outras; assim, as afecções contêm excessos na maioria das vezes e detêm a mente de tal sorte na contemplação de um só objeto que não pode pensar em outras. E, embora os homens estejam submetidos a várias afecções, e só raramente encontramos quem esteja dominado por uma apenas, não são poucos os que aderem com pertinácia a uma só e mesma afecção. Vemos os homens por vezes afetados de tal maneira por um objeto que, apesar de sua ausência, creem tê-lo diante de si, e quando isso acontece a um homem que não se encontra adormecido dizemos que delira ou é insensato. E não é menos insano os que ardem de amor e, noite e dia, sonham com amantes e meretrizes, pois provocam o riso. Quanto ao avarento, ao contrário, que não cogita nada mais do que lucro e dinheiro, e ao ambicioso em busca de glória etc., não se crê que eles delirem, pois são ordinariamente dignos de ódio. Mas a avareza, a ambição e a libidinagem são espécies de delírio, embora não estejam enumeradas entre as doenças.

PROPOSIÇÃO XLV

O ódio nunca pode ser bom.

DEMONSTRAÇÃO

Nós nos esforçamos por destruir o homem que odiamos (pela Proposição XXXIX, Parte III), quer dizer que nos esforçamos por fazer algo que é mau. Logo... etc.

ESCÓLIO

Note-se aqui e na sequência que entendo por ódio o que se refere apenas ao homem.

COROLÁRIO 1

A inveja, a irrisão, o desprezo, a ira, a vingança e outras afecções que se referem ao ódio ou dele se originam são más, o que se evidencia pelas proposições XXXIX, Parte III e XXXVII.

COROLÁRIO 2

Tudo o que nos apetece quando somos afetados pelo ódio é torpe e injusto na vida civil. Isso se evidencia pela Proposição XXXIX, Parte III, e pelas definições de torpe e de injusto, como se vê nos escólios da Proposição XXXVII.

ESCÓLIO

Entre a irrisão (que no Corolário 1 disse ser má) e o riso faço uma grande diferença. Pois o riso, assim como o gracejo (*jocus*), é apenas uma alegria e, não havendo excesso, é bom por si mesmo (pela Proposição XIV). Nada senão uma torva e triste superstição proíbe os prazeres. O que pode melhor apaziguar a fome e a sede do que expulsar a melancolia? Essa é minha razão e a isso meu ânimo me induz. Nenhuma divindade e nenhum outro indivíduo se deleitam com minha impotência e desconforto, ninguém toma por virtude nossas lágrimas, soluços e temores e outros sinais de impotência da alma; ao contrário, quanto maior é a alegria com que somos afetados, maior a perfeição para a qual transitamos, mais se faz necessário que participemos da natureza divina. É de um homem sábio usar as coisas e nelas achar prazer tanto quanto se possa (sem que se chegue à náusea, que não é prazerosa). É de um homem sábio servir-se de um alimento agradável e moderadamente para refazer suas forças, assim como dos perfumes, do encanto das plantas, dos adornos, da música, dos jogos que exercitam o corpo, do teatro e outras coisas do mesmo gênero que cada um pode usar sem dano para outrem. O corpo humano é, com efeito, composto de partes de natureza diversa que possuem continuamente necessidade de um alimento novo e variado, para que todo ele esteja igualmente apto para tudo o que possa seguir de sua natureza, e que a mente esteja igualmente apta para compreender várias coisas simultaneamente. Essa maneira de ordenar a vida convém otimamente com nossos princípios e a prática comum. Nenhuma outra regra de vida é melhor e mais recomendável, sob todos os pontos de vista, e não se precisa tratar disso com mais detalhe e clareza.

PROPOSIÇÃO XLVI

Quem vive sob a conduta da razão se esforça, tanto quanto pode, em compensar com amor e generosidade o ódio, a ira, o desprezo etc. que outro tenha contra si.

DEMONSTRAÇÃO

Todas as afeições de ódio são más (pelo Corolário da Proposição precedente); assim, quem vive sob a conduta da razão se esforçará o quanto puder para não incorrer nos conflitos que o geram (pela Proposição XIX) e, consequentemente (pela Proposição XXXVII), se esforçará para que um outro não seja afetado por tais paixões. Mas o ódio aumenta pelo ódio recíproco e o amor, ao contrário, pode extingui-lo (pela Proposição XLIII, Parte III), mudando-se o ódio em amor (Proposição XLIV, Parte III). Logo, quem vive sob a conduta da razão se esforçará em mudar o ódio em amor, isto é, em generosidade (cuja Definição se vê no Escólio da Proposição LIX, Parte III).

ESCÓLIO

Quem quer vingar as injúrias com ódio recíproco, vive miseravelmente. Ao contrário, quem combate o ódio com

ÉTICA, DEMONSTRADA À MANEIRA DOS GEÔMETRAS 315

amor, combate na alegria e na segurança; resiste mais facilmente a muitas, necessitando menos do auxílio da fortuna. Naquelas que vence, a derrota é alegre, pois não são vencidas por um defeito, mas pelo aumento de suas forças. Tudo isso resulta claramente apenas das definições do amor e do intelecto[4], que não precisam de Demonstração particular.

PROPOSIÇÃO XLVII

As afecções de esperança e de medo não podem ser boas por si mesmas.

DEMONSTRAÇÃO

Não há afecções de esperança e de medo sem tristeza. Pois o medo (pela Definição XIII das afecções) é uma tristeza e não há esperança sem medo (ver definições XII e XIII das afecções); daí que essas afecções não podem ser boas por si mesmas, mas só quando podem constranger um excesso de alegria (pela Proposição XLIII).

ESCÓLIO

A isso se acrescenta que essas afecções indicam defeito de conhecimento e impotência da mente; por tal motivo, a segurança, o desespero, o regozijo e o arrependimento da consciência são signos da impotência da alma. Embora a segurança e o regozijo sejam afecções de alegria, eles supõem uma tristeza precedente, ou seja, a esperança e o medo. Quanto mais nos esforçarmos por viver sob a conduta da razão, menos seremos dependentes da esperança, mais nos liberaremos do medo, comandaremos a fortuna tanto quanto possível e nos esforçaremos por dirigir nossas ações com os conselhos seguros da razão.

PROPOSIÇÃO XLVIII

As afecções da superestima e do despeito sempre são más.

---

4. Ver nota a respeito deste vocábulo no início da parte quinta.

DEMONSTRAÇÃO

Tais afetos (pelas definições XXI e XXII das afecções) repugnam à razão e, por isso, são más (proposições XXVI e XXVII).

PROPOSIÇÃO XLIX

A superestima torna o homem estimado facilmente orgulhoso.

DEMONSTRAÇÃO

Se virmos alguém sentir por nós e por amor mais do que é justo, facilmente nos jactaremos (pelo Escólio da Proposição XLI, Parte III), ou seja, seremos afetados de alegria (pela Definição XXX das afecções). E facilmente acreditaremos no bem que ouvimos dizer de nós (Proposição XXV, Parte III); em seguida, sentiremos por nós, por amor próprio, mais do que é justo, isto é, facilmente nos superestimaremos.

PROPOSIÇÃO L

A comiseração, num homem que vive sob a conduta da razão, é em si má e inútil.

DEMONSTRAÇÃO

Com efeito, a comiseração (pela Definição XVIII das afecções) é uma tristeza e, por isso, é má em si; o bem que dela se segue, ou seja, o esforço de libertar de sua miséria aquele por quem temos comiseração, nós o desejamos apenas pelo ditame da razão (pela Proposição XXXVII); e só pelo ditame da razão sabemos com certeza o que é bom e podemos agir (pela Proposição XXVII). Logo, a comiseração, num homem que vive sob a conduta da razão, é má e inútil.

COROLÁRIO

Segue-se daí que um homem que vive sob os ditames da razão se esforça o quanto for possível em não ser tocado pela comiseração.

ESCÓLIO

Quem sabe corretamente que tudo resulta da necessidade da natureza divina e ocorre segundo as leis e regras eternas da

ÉTICA, DEMONSTRADA À MANEIRA DOS GEÔMETRAS

natureza, nada encontrará que seja digno de ódio, de riso ou de desprezo, nem comiseração por quem seja miserável; mas tanto quanto lhe permita a virtude humana, se esforçará por agir bem e manter-se alegre. A isso se acrescenta que aquele que é facilmente afetado pela comiseração e se comove com a miséria ou as lágrimas de outrem, faz algo de que mais tarde se penitencia; de um lado, nada fazemos sob uma afecção que sabemos certamente ser boa e, de outro, nos enganamos facilmente com lágrimas falsas. Falo aqui, expressamente, do homem que vive sob a conduta da razão. Aquele que não é movido nem pela razão nem pela comiseração é corretamente chamado inumano. Pois vemos que é dissemelhante de um homem (pela Proposição XXVII, Parte III).

PROPOSIÇÃO LI

O favor não repugna à razão, mas pode com ela convir e dela se originar.

DEMONSTRAÇÃO

Com efeito, o favor é um amor por aquele que fez um benefício a outrem (pela Definição XIX das afecções); ele pode referir-se à mente quando desta se diz que age (pela Proposição LIX, Parte III), quer dizer, enquanto entende e, assim, convém com a razão (pela Proposição III, Parte III).

OUTRA DEMONSTRAÇÃO

Quem vive sob a conduta da razão, deseja para o outro o que lhe apetece (pela Proposição XXXVII); segue-se que, tendo visto alguém fazer um benefício a outrem, seu próprio esforço em fazer o bem será favorecido, quer dizer (pelo Escólio da Proposição XI, Parte III), se alegrará, e isso (pela hipótese) juntamente com a ideia do benefício feito a outrem; com isso, lhe será favorável (pela Proposição XIX das afecções).

ESCÓLIO

A indignação, tal como por nós definida (Definição XX das afecções), é necessariamente má (pela Proposição XLV). Mas deve-se notar que se o poder supremo, desejando manter a tutela da paz, pune um cidadão que fez uma injustiça a outro, não digo que ele se indigna, pois não é movido pelo ódio, mas que, para puni-lo, tem por móvel a moralidade.

PROPOSIÇÃO LII

O contentamento de si pode originar-se da razão, e apenas esse contentamento, que se origina da razão, é o maior que se possa dar.

DEMONSTRAÇÃO

O contentamento de si é uma alegria proveniente do fato de que o homem contempla sua potência de agir (pela Definição XXV das afecções). Mas a verdadeira potência de agir do homem, quer dizer, sua virtude, é a própria razão (pela Proposição III, Parte III) que o homem clara e distintamente vê contemplada (pelas proposições XL e XLIII, Parte II). Logo, o contentamento de si origina-se da razão. Além disso, enquanto o homem se contempla a si mesmo clara e distintamente, quer dizer, adequadamente, nada percebe a não ser o que se segue de sua própria potência de agir (pela Definição II, Parte III), ou seja, aquilo que se segue de sua potência de entender (Proposição III, Parte III); dessa contemplação nasce pois o maior contentamento que se possa dar.

ESCÓLIO

O contentamento de si é o ápice do que podemos esperar. Ninguém, com efeito (pela Proposição XXV), se esforça por conservar seu ser em vista de um fim qualquer; e como esse contentamento é nutrido e corroborado pelos elogios (pelo Corolário da Proposição LIII, Parte III), e, ao contrário (Corolário da Proposição LV, Parte III), perturbado pelo vitupério, somos conduzidos pela máxima glória e só dificilmente podemos suportar uma vida de opróbrio.

PROPOSIÇÃO LIII

A humildade não é uma virtude, quer dizer, não se origina da razão.

ÉTICA, DEMONSTRADA À MANEIRA DOS GEÔMETRAS 319

DEMONSTRAÇÃO

A humildade é uma tristeza do homem que nasce da contemplação de sua impotência (pela Definição XXVI das afecções). Quando o homem se conhece pela verdadeira razão, supõe-se que ele compreenda sua essência, quer dizer, sua potência (Proposição VII, Parte III). Portanto, se o homem, quando se contempla, percebe sua impotência, isso não decorre de se conhecer, mas (pela Proposição LV, Parte III) do fato de sua potência de agir ser reduzida. Se nós supusermos que um homem conceba sua impotência porque conhece algo de mais potente, e por tal conhecimento delimite sua própria potência de agir, nada concebemos senão que esse homem se conhece a si mesmo distintamente, quer dizer (pela Proposição XXVI), que sua potência de agir é favorecida. Eis por que a humildade ou a tristeza nascida do fato de um homem contemplar sua impotência não se origina de uma contemplação ou de uma razão, e não é uma virtude, mas uma paixão.

PROPOSIÇÃO LIV

O arrependimento não é uma virtude, quer dizer, não se origina da razão; mas quem se arrepende do que fez é duas vezes miserável ou impotente.

DEMONSTRAÇÃO

A primeira parte desta Proposição se demonstra como a precedente. A segunda parte se evidencia pela Definição do arrependimento (Definição XXVII das afecções). Pois nos deixamos vencer primeiramente por um desejo mau, e depois pela tristeza.

ESCÓLIO

Como raramente os homens vivem sob o ditame da razão, essas duas afecções, quero dizer, a humildade e o arrependimento e, além disso, a esperança e o medo são mais úteis do que danosas; logo, se for preciso pecar, que o pecado tenha antes esse sentido. Com efeito, se os homens interiormente impotentes fossem soberbos, se de nada tivessem pudor e nada temessem, que vínculos os poderiam unir e disciplinar? O vulgo é terrível quando de nada tem medo; não há por que se espantar de que os profetas, mirando a utilidade comum, tenham aconselhado a humildade, o arrependimento e a reverência. Com efeito, aqueles que estão submetidos a esses afetos podem ser conduzidos, mais facilmente do que outros, a viver sob a conduta da razão, isto é, serem livres e fruírem de uma vida feliz.

PROPOSIÇÃO LV

A mais elevada soberba ou abjeção é a máxima ignorância de si.

DEMONSTRAÇÃO

Isso se evidencia pela Definição XXVIII das afecções.

PROPOSIÇÃO LVI

A mais elevada soberba ou abjeção indica a máxima impotência da alma.

DEMONSTRAÇÃO

O primeiro fundamento da virtude é o de conservar seu próprio ser (pelo Corolário da Proposição XXII) e isso sob a conduta da razão (pela Proposição XXIV). Quem se ignora a si mesmo, ignora todos os fundamentos das virtudes e, consequentemente, todas elas. Além do mais, agir com virtude nada mais é do que agir sob a conduta da razão (Proposição XXIV) e quem assim age deve saber, necessariamente, que o faz (pela Proposição XLIII, Parte II). Logo, quem se ignora a si mesmo e, consequentemente, a todas as virtudes, age minimamente por virtude, quer dizer (como se evidencia pela Definição VIII) é o mais impotente de alma; assim (pela Proposição precedente), a mais elevada soberba ou abjeção indica a máxima impotência da alma.

COROLÁRIO

Segue-se claramente daí que os orgulhosos e os que se subestimam estão submetidos, no mais alto grau, às afecções.

ÉTICA, DEMONSTRADA À MANEIRA DOS GEÔMETRAS 321

ESCÓLIO

A abjeção pode ser corrigida mais facilmente do que o orgulho, pois este é uma alegria, e aquela uma tristeza; e a alegria é mais forte (pela Proposição XVIII).

PROPOSIÇÃO LVII

A soberba ama a presença de parasitas e aduladores, e odeia a dos generosos.

DEMONSTRAÇÃO

A soberba é uma alegria nascida do fato de que o homem se sente mais justo do que é (pelas definições XXVIII e VI das afecções), e o orgulhoso se esforçará o quanto for possível para alimentar essa opinião (Escólio da Proposição XIII, Parte III); logo, amará a presença de parasitas e de aduladores (deixei de defini-los, pois são muito conhecidos) e fugirá dos generosos que o sentem como é.

ESCÓLIO

Seria longo enumerar aqui todos os males da soberba, pois os orgulhosos estão submetidos a todas as afecções, mas a nenhumas outras mais do que às afecções do amor e da misericórdia. Todavia, não é preciso deixar em silêncio que se chama soberbo aquele que é menos justo para com os outros e, nesse caso, se definiria a soberba como a alegria proveniente de uma falsa opinião pela qual um homem se crê superior aos demais. E a desestima, que é contrária à soberba, se definiria como a tristeza nascida da falsa opinião pela qual um homem se crê inferior aos demais. Isso posto, concebemos com facilidade que o soberbo é necessariamente invejoso (pelo Escólio da Proposição LV, Parte III), tendo ódio sobretudo daqueles que mais são louvados por suas virtudes; e que seu ódio não é facilmente vencido pelo amor ou pelo benefício (pelo Escólio da Proposição XLI, Parte III), alegrando-se com a presença dos que se mostram impotentes de alma e por estultícia o fazem insano. Embora a desestima seja contrária à soberba, aquele que tem abjeção está próximo do soberbo. Como sua tristeza se origina do fato de julgar sua impotência pela potência ou virtude dos outros, ela será suavizada, quer dizer, tonar-se-á alegre se sua imaginação contemplar os vícios dos demais, de onde nasceu este provérbio: *é uma consolação para os infelizes ter companheiros para seus males*. Ao contrário, ficará mais contristado quanto mais se acreditar inferior aos outros. De onde vem que não há homens mais inclinados à inveja dos que os que têm abjeção; eles se esforçam por observar o que fazem os homens, mais para censurar suas faltas do que para corrigi-los. Só têm louvores para a desestima e com ela se glorificam. Tais coisas seguem-se dessa afecção tão necessariamente quanto resulta da natureza do triângulo que seus três ângulos sejam iguais a dois retos. E já disse que chamo de más essas afecções e outras semelhantes, atendendo apenas à utilidade do homem. As leis da natureza dizem respeito, no entanto, à ordem comum, da qual o homem é uma parte; de passagem, quis fazê-lo observar para que ninguém me impute ter narrado os vícios do homem e os absurdos por ele feitos, e não demonstrar a natureza e a propriedade das coisas. Como disse no prefácio da terceira parte, considero as afecções humanas e suas propriedades do mesmo modo que as outras coisas naturais. E certamente as afecções dos homens não indicam menos a potência da natureza e seus artifícios do que muitas outras que admiramos e que contemplamos com prazer. Mas continuo a fazer notar, tratando das afecções, o que é útil aos homens e o que lhes causa dano.

PROPOSIÇÃO LVIII

A glória não repugna à razão, mas dela pode originar-se.

DEMONSTRAÇÃO

Isso se evidencia pela Definição XXX das afecções e pela Definição de honestidade no Escólio 1 da Proposição XXXVII.

ESCÓLIO

O que se chama glória vã é um contentamento de si alimentado pela opinião do vulgo; cessando a opinião, cessa o contentamento, ou seja (pelo Escólio da Proposição LII), o bem supremo por todos amado. Disso resulta que aquele que obtém a glória da opinião do vulgo, preocupado e cotidianamente temeroso, se agita e se empenha para conservar a fama, pois o vulgo é inconstante e vário; portanto, se a fama não é conservada, logo é abolida. Mais do que isso, como todos desejam captar os aplausos da plebe, cada um rebaixa a fama de outrem, e, por conseguinte, como se trata de uma luta pelo que se estima ser o bem supremo, origina-se um desejo desmedido de algum modo oprimir; e quem obtém a vitória, mais se vangloria de ter prejudicado alguém do que ter sido pródigo consigo mesmo. Assim é que essa glória ou contentamento demonstra nada ser. O que se observa do pudor pode ser facilmente inferido do que dissemos sobre a misericórdia e o arrependimento. Acrescento apenas que, como a comiseração, o pudor, que não é uma virtude, é no entanto bom porque denota no homem que o tem um desejo de viver honestamente. Da mesma maneira a dor, que se diz boa na medida em que a parte lesada ainda não está putrefata. Embora o homem que tenha pudor revele estar triste, é mais perfeito do que o impudente que não possui qualquer desejo de viver honestamente. Tais são as observações que resolvi fazer sobre as afeições de alegria e tristeza. No atinente aos desejos, eles são bons ou maus na medida em que se originem de afecções boas ou más. Mas todos, por se revelarem como afetos, que são paixões, são cegos (como facilmente se infere do que foi dito no Escólio da Proposição XLIV), e não teriam qualquer uso se os homens pudessem ser facilmente conduzidos a viver apenas sob o ditame da razão, como dentro em pouco mostrarei.

PROPOSIÇÃO LIX

Todas as ações a que estamos determinados por uma afecção, que é uma paixão, podem ser determinadas, sem ela, pela razão.

DEMONSTRAÇÃO

Agir pela razão não é outra coisa (pela Proposição III e Definição II, Parte III) do que agir segundo a necessidade de nossa natureza, em si considerada. A tristeza é má na medida em que diminui ou coage essa potência (pela Proposição XLI). Logo, por essa afecção não podemos ser determinados a nenhuma outra ação que não pudéssemos cumprir se fôssemos conduzidos pela razão. Além disso, a tristeza é má na medida em que impede que o homem esteja apto para agir (pelas proposições XLI e XLIII), e não podemos ser determinados por ela a nenhuma outra ação que pudéssemos cumprir se fôssemos conduzidos pela razão. Enfim, na medida em que a alegria é boa, ela convém com a razão (pois consiste em aumentar ou favorecer a potência de agir do homem); e não é uma paixão senão na medida em que a ação do homem aumenta a ponto de conceber a si mesmo e suas próprias ações adequadamente (pela Proposição III, Parte III, com seu Escólio). Se, portanto, um homem afetado pela alegria fosse conduzido a uma perfeição tal que se concebesse a si próprio e às suas ações adequadamente, estaria apto para as mesmas ações para as quais o determinam, no presente estado, as afecções que são paixões. Estaria, assim, ainda mais apto. Mas todas as afecções se referem à alegria, à tristeza ou ao desejo (ver a quarta Definição das afecções) e o desejo (Definição I das afecções) não é outra coisa senão o esforço para agir; logo, todas as ações a que estamos determinados por uma afecção, que é uma paixão, podem ser determinadas, sem ela, pela razão.

OUTRA DEMONSTRAÇÃO

Uma ação qualquer é dita má quando sua origem provém do fato de sermos afetados pelo ódio ou por uma afecção má (pelo Corolário 1 da Proposição XLV). Mas nenhuma

ÉTICA, DEMONSTRADA À MANEIRA DOS GEÔMETRAS 325

ação, considerada em si, é boa ou má (como mostramos no prefácio desta Parte) e uma só e mesma ação pode ser boa ou má; podemos, portanto, ser conduzidos pela razão (pela Proposição XIX) a esta mesma ação dita má, quer dizer, que extrai sua origem de uma afecção má (pela Proposição XIX).

ESCÓLIO

Explicarei mais claramente por um exemplo. A ação de bater, considerada apenas fisicamente e tendo em vista apenas o fato de um homem levantar o braço, cerrar o punho e mover o braço inteiro de alto a baixo, é uma virtude que se concebe pela estrutura do corpo humano. Se, portanto, um homem, num movimento de ira ou de ódio é levado a cerrar o punho ou a mover o braço, isso ocorre porque uma só e mesma ação, como mostramos na segunda parte, pode estar unida a imagens de coisas; assim, podemos ser determinados a uma mesma ação tanto pelas imagens das coisas que concebemos confusamente, quanto por aquelas que concebemos clara e distintamente. Daí aparece que todo desejo que se origina de uma afecção, que é uma paixão, não teria qualquer uso se os homens pudessem ser conduzidos pela razão. Vejamos agora por que um desejo nascido de uma afecção, que é uma paixão, é por nós chamado cego.

PROPOSIÇÃO LX

Um desejo cuja origem provenha de uma alegria ou de uma tristeza que se refira a uma ou algumas partes do corpo, e não a todas, não tem razão de utilidade para o homem inteiro.

DEMONSTRAÇÃO

Suponhamos, por exemplo, que uma parte A do corpo se torne, por uma força exterior, mais forte e prevaleça sobre as demais (pela Proposição VI). Essa parte não se esforçará em perder suas forças para que as outras realizem suas funções. Ela deveria ter a força ou a potência de perder suas forças, o que é absurdo (pela Proposição VI, Parte III). Essa parte se esforçará pois, e a mente por consequência (pelas proposições VII e XII, Parte III), em conservar tal estado; assim, o desejo, que se origina de uma afecção de alegria, não mantém relação com o todo. Ao contrário, se supusermos uma parte A constringida de modo que as demais prevaleçam, se demonstrará da mesma maneira que o desejo originário de uma tristeza não mantém relação com o todo.

ESCÓLIO

Em seguida, como a alegria se relaciona mais frequentemente a uma parte do corpo, desejamos conservar nosso ser sem relacioná-lo com a saúde integral do corpo; ao que se acresce que os desejos que mais nos mantêm (pelo Corolário da Proposição IX) se relacionam apenas ao tempo presente, não ao futuro.

PROPOSIÇÃO LXI

Um desejo que se origina da razão não possui excesso.

DEMONSTRAÇÃO

O desejo, absolutamente considerado (pela Definição I das afecções), é a própria essência do homem, na medida em que o concebemos como determinado a uma ação qualquer; logo, um desejo originado da razão, quer dizer, em nós gerado enquanto agimos (pela Proposição III Parte III), é a própria essência ou natureza do homem, enquanto concebida como determinada a fazer o que se concebe adequadamente apenas pela essência do homem (pela Definição II, Parte III). Se, portanto, esse desejo pudesse conter excesso, a natureza humana, considerada apenas em si, poderia exceder-se a si mesma; em outras palavras, poderia mais do que pode, o que é uma contradição manifesta; por conseguinte, um tal desejo não pode conter excesso.

PROPOSIÇÃO LXII

Enquanto a mente concebe coisas pelo ditame da razão, vê-se afetada igualmente pela ideia de uma coisa futura, pretérita ou presente.

DEMONSTRAÇÃO

Tudo o que a mente concebe conduzida pela razão, ela o concebe como sendo de uma espécie eterna ou necessária (pelo Corolário 2 da Proposição XLIV, Parte II), sendo afetada pela mesma certeza (pela Proposição XLIII, Parte II, com Escólio). Que a ideia seja, portanto, de uma coisa futura ou passada, ou ainda presente, a mente concebe a coisa com a mesma necessidade e mesma certeza; e se a ideia tem por objeto uma coisa futura, passada ou presente, não será menos verdadeira (pela Proposição XLI, Parte II), ou seja, não terá sempre menos propriedades do que a ideia adequada. Assim, na medida em que a mente é conduzida pela razão, é da mesma forma afetada, seja a ideia a de uma coisa futura, pretérita ou presente.

ESCÓLIO

Se pudéssemos ter um conhecimento adequado da duração das coisas e determinar pela razão seu tempo de existência, consideraríamos as coisas futuras e as presentes afetadas pelo mesmo sentimento, e o bem que a mente concebesse como futuro, ela o apreciaria como um bem presente e, por conseguinte, negligenciaria necessariamente um bem presente menor por um outro maior no futuro; e apreciaria muito pouco uma coisa que fosse boa no presente, mas causa de um mal futuro, como logo o demonstraremos. Mas não podemos ter da duração das coisas senão um conhecimento muito inadequado (pela Proposição XXXI, Parte II) e determinamos o tempo da existência das coisas por imaginação (Escólio da Proposição XLIV, Parte II), que não é igualmente afetada pela imagem de uma coisa presente e de uma coisa futura. Disso provém que o conhecimento verdadeiro que temos do bem e do mal não é apenas abstrato ou universal, e que o juízo que fazemos sobre a ordem das coisas e a ligação das causas, aquele que nos permite determinar se o que é presente é bom ou mau para nós, está fundamentado antes na imaginação do que na realidade. Logo, não há por que se espantar de que o desejo originado por esse conhecimento do bem e do mal relativo ao futuro possa ser constrangido tão facilmente pelo desejo originado das coisas presentemente agradáveis (ver a respeito a Proposição XVI).

PROPOSIÇÃO LXIII

Quem é conduzido pelo medo e age bem para evitar o mal, não é conduzido pela razão.

DEMONSTRAÇÃO

Todas as afecções que se referem à mente, na medida em que é ativa, quer dizer, à razão (pela Proposição III, Parte III) não são afecções senão de alegria e de desejo (pela Proposição LIX, Parte III); por isso, quem é conduzido pelo medo e age bem para evitar o mal não é conduzido pela razão.

ESCÓLIO

Os supersticiosos, que mais sabem exprobrar os vícios do que ensinar as virtudes e que, procurando não conduzir os homens pela razão, mas contê-los pelo medo, fazem fugir o mal sem amar as virtudes, nada pretendem senão tornar os outros tão miseráveis quanto eles mesmos; não é espantoso, pois, que sejam molestos e odiosos aos homens.

COROLÁRIO

Por um desejo que se origina da razão, seguimos o bem diretamente e fugimos indiretamente do mal.

DEMONSTRAÇÃO

Um desejo que nasce da razão somente pode fazê-lo por uma afecção de alegria, que não é uma paixão, quer dizer, de uma alegria que não pode conter excesso (pela Proposição LXI), e não de uma tristeza. Por conseguinte, esse desejo (pela Proposição VIII) origina-se do conhecimento do bem, não do mal. Assim, apreciamos o bem diretamente pela conduta da razão e, por isso, fugimos do mal.

COROLÁRIO, ESCÓLIO

Este Corolário se explica pelo exemplo do enfermo e do saudável. O enfermo come o que tem aversão por medo

ÉTICA, DEMONSTRADA À MANEIRA DOS GEÔMETRAS

de morrer; o saudável se alegra com a comida e assim frui melhor a vida do que se houvesse medo da morte e quisesse afastá-la diretamente. Da mesma forma um juiz que, não por ódio ou ira, mas apenas por amor ao bem-estar público condena um culpado à morte, é conduzido apenas pela razão.

PROPOSIÇÃO LXIV
O conhecimento de um mal é um conhecimento inadequado.

DEMONSTRAÇÃO
O conhecimento de um mal (pela Proposição VIII) é a própria tristeza da qual temos consciência. Mas a tristeza é uma passagem a uma perfeição menor (pela Definição III das afecções), que, justamente por isso, não pode ser conhecida pela essência do homem (pelas proposições VI e VII, Parte III); por conseguinte, ela é uma paixão que (pela Proposição III, Parte III) depende de ideias inadequadas; consequentemente (pela Proposição XXIX, Parte II), o conhecimento é inadequado, quer dizer, o conhecimento de um mal é inadequado.

COROLÁRIO
Segue-se daí que, se a mente humana não tivesse ideias adequadas, não formaria qualquer noção de mal.

PROPOSIÇÃO LXV
Sob a conduta da razão, procuraremos, de dois bens, o maior, e de dois males, o menor.

DEMONSTRAÇÃO
Um bem que nos impeça de fruir um bem maior é, na realidade, um mal, pois mau e bom (como mostramos no prefácio desta parte) são ditos de coisas que comparamos entre si. E um mal menor é, na realidade, um bem (pela mesma razão). Eis por que, sob a conduta da razão, apreciamos ou buscamos apenas um bem maior e um mal menor.

COROLÁRIO

Sob a conduta da razão procuraremos um mal menor a um grande bem e negligenciaremos um bem menor que é causa de um mal maior. Pois o mal que aqui dizemos menor é, na realidade, um bem, e o bem, um mal. Por isso (pelo Corolário da Proposição LXIII), apreciamos aquele e negligenciamos este.

PROPOSIÇÃO LXVI

Sob a conduta da razão preferimos um bem maior no futuro a um menor no presente, e um mal menor no presente a um maior no futuro.

DEMONSTRAÇÃO

Se a mente pudesse ter um conhecimento adequado de algo futuro, seria afetada do mesmo modo pela coisa futura e pela presente (pela Proposição LXII); quando temos em vista a própria razão, como supomos fazer nesta Proposição, o mesmo ocorre, quer suponhamos um bem ou um mal maior, futuro ou presente; por conseguinte (pela Proposição LXV), preferimos um grande bem futuro a um menor no presente etc.

COROLÁRIO

Preferiremos, sob a conduta da razão, um mal menor e presente, causa de um bem maior no futuro, e renunciaremos a um bem menor e presente, causa de um grande mal futuro. Este Corolário está para a Proposição precedente como o Corolário da Proposição LXV está para a Proposição LXV.

ESCÓLIO

Reunindo o que mostramos sobre a força das afecções nesta Parte até a Proposição XVIII, veremos com facilidade em que se distingue um homem conduzido apenas pela afecção ou a opinião de um homem conduzido pela razão. Aquele, queira ou não, age com grande ignorância; este alegra-se consigo mesmo e faz apenas o que sabe que ocupa o primeiro lugar na vida e que por isso o deseja ao máximo;

ÉTICA, DEMONSTRADA À MANEIRA DOS GEÔMETRAS

por isso chamo ao primeiro servo, ao segundo, livre, e sobre a compleição e modo de vida deste último, desejo ainda fazer notar algumas coisas.

PROPOSIÇÃO LXVII

Um homem livre não pensa em nada menos do que na morte e sua sapiência é uma meditação não da morte, mas da vida.

DEMONSTRAÇÃO

Um homem livre, quer dizer, que vive sob a conduta da razão, não é dirigido pelo medo da morte (pela Proposição LXIII), mas deseja o que é bom diretamente (pelo Corolário da mesma Proposição), quer dizer, deseja agir, viver e conservar-se segundo os fundamentos da utilidade própria; por isso, não pensa em nada menos do que na morte e sua sapiência é uma meditação sobre a vida.

PROPOSIÇÃO LXVIII

Se os homens nascessem livres, não formariam nenhum conceito de bem ou de mal enquanto fossem livres.

DEMONSTRAÇÃO

Disse que é livre quem se conduz pela razão; quem, portanto, nasce livre e assim permanece tem somente ideias adequadas; por isso, não tem qualquer conceito de coisa má (pelo Corolário da Proposição LXIV) e, consequentemente, (bom e mau são correlatos) de algo bom.

ESCÓLIO

A hipótese de que esta Proposição seja falsa e não possa ser concebida a não ser que se considere apenas a natureza humana, ou antes, Deus não enquanto infinito, mas apenas na medida em que é a causa pela qual o homem existe, evidencia-se pela Proposição IV. É isso, como outras verdades por nós já demonstradas, o que Moisés parece ter querido significar com a história do primeiro homem. Com efeito, ele não concebe outra potência de Deus a não ser aquela que lhe serve para criar o homem, quer dizer, uma potência provendo unicamente a utilidade do homem; e, conforme essa concepção, ele conta que Deus proibiu ao homem comer do fruto da árvore do conhecimento do bem e do mal e que, tão logo o comesse, deveria antes temer a morte do que desejar viver. Depois tendo encontrado a mulher, que com sua natureza convinha plenamente, o homem conheceu nada haver na natureza que lhe seja mais útil; mas tendo acreditado que as bestas lhe eram semelhantes, logo começou a imitar suas afecções (ver Proposição XXVII, Parte III) e perder sua liberdade. Liberdade recuperada mais tarde pelos patriarcas sob a conduta do Espírito de Cristo, quer dizer, da ideia de Deus, a única da qual depende o homem para ser livre, desejando para os demais homens o bem que deseja para si mesmo, como demonstramos acima (pela Proposição XXXVII).

PROPOSIÇÃO LXIX

A virtude de um homem livre se mostra tão grande quando evita os perigos do que quando os supera.

DEMONSTRAÇÃO

Uma afecção não pode ser constrangida ou suprimida a não ser por outra contrária e mais forte do que a que deve ser constrangida (pela Proposição VII). Ora, a audácia cega e o medo são afecções que podemos conceber igualmente grandes (pelas proposições V e III). Logo, requer-se uma grande virtude ou força da alma para constranger a audácia ou o medo (ver Definição no Escólio da Proposição LIX, Parte III). Assim, um homem livre evita os perigos pela mesma virtude de alma que o faz superá-los.

COROLÁRIO

Portanto, num homem livre a fuga e o combate testemunham a mesma animosidade, ou seja, um homem livre elege a fuga com a mesma animosidade ou presença de espírito do que o combate.

ESCÓLIO

O que é a animosidade, ou o que entendo por isso, expliquei no Escólio da Proposição LIX, Parte III. Quanto ao perigo, entendo tudo o que pode ser causa de mal, como a tristeza, o ódio, a discórdia etc.

PROPOSIÇÃO LXX

O homem livre que vive entre ignorantes dedica-se, tanto quanto pode, a evitar seus benefícios.

DEMONSTRAÇÃO

Cada um julga o que é bom conforme sua compleição (pelo Escólio da Proposição XXXIX, Parte III); logo, o ignorante que fez algum benefício a alguém, o estimará conforme sua compleição, e se vê este bem recebido com menos estima por aquele que o recebeu, se entristecerá (pela Proposição XLII, Parte III). O homem livre une-se a outros por amizade (pela Proposição XXXVII) e não por benefícios que, em sua opinião, seriam iguais; conduz-se pela razão livre, se dedica a fazer com que os outros o façam e se aplica ao que está em primeiro lugar. Por isso, o homem livre, para evitar o ódio dos ignorantes e não aquiescer com seus apetites, mas apenas com a razão, se esforçará, tanto quanto possa, em evitar seus benefícios.

ESCÓLIO

Digo *tanto quanto possa*. Embora ignorantes, são homens que podem trazer algum auxílio, não havendo nada mais eficaz; assim, ocorre com frequência ser necessário receber deles algum benefício e congratular-se com sua compleição. Ao que se ajunta que, mesmo evitando seus benefícios, deve-se ter cautela para que não pareçamos desprezá-los ou temer, por sovinice, dar-lhes o equivalente, sem o que os ofenderíamos. Por isso, ao se evitarem os benefícios, é preciso ter em vista a utilidade e a honestidade.

PROPOSIÇÃO LXXI

Somente os homens livres são reciprocamente gratos.

DEMONSTRAÇÃO

Somente os homens livres são plenamente úteis reciprocamente e ligados pela mais alta amizade (pela Proposição xxxv com o Corolário 1); somente eles se esforçam em fazer o bem mutuamente (pela Proposição xxxvii) e, por conseguinte, somente os homens livres são gratos uns aos outros.

ESCÓLIO

O reconhecimento recíproco que possuem os homens guiados pelo desejo cego é antes, e na maioria das vezes, um negócio ou um engano. Por outro lado, a ingratidão não é um afeto. No entanto, ela é torpe, pois indica com frequência que um homem está afetado por ódio, ira ou avareza. Aquele que por estultícia não sabe recompensar de maneira equivalente os benefícios recebidos não é um ingrato, e muito menos aquele de quem os benefícios de uma meretriz não o fazem um instrumento dócil de sua libidinagem, nem ladrão um receptador de pequenos furtos. Ao contrário, demonstra-se constância de alma quem não se deixa seduzir por benefícios perniciosos, corruptores de si ou da comunidade.

PROPOSIÇÃO LXXII

O homem livre nunca age dolosamente, mas sempre com fidelidade.

DEMONSTRAÇÃO

Se um homem livre agisse dolosamente, sendo livre, ele o faria sob o ditame da razão (nós o chamamos livre sob tal circunstância); assim, agir dolosamente seria uma virtude (pela Proposição xxiv) e, consequentemente (pela mesma Proposição), seria aconselhável a cada um agir dolosamente para preservar-se; quer dizer (como se nota), seria aconselhável aos homens convir apenas por palavras e serem reciprocamente contrários, o que (pelo Corolário da Proposição xxxi), é absurdo. Logo, um homem livre... etc.

ÉTICA, DEMONSTRADA À MANEIRA DOS GEÔMETRAS 335

ESCÓLIO

A conservação de si não recomendaria que um homem usasse de perfídia para livrar-se deslealmente do perigo de uma morte iminente? Responderia que se a razão assim recomendasse, ela o recomendaria a todos os homens, e assim lhes recomendaria concluir, a fim de unir suas forças e estabelecer leis comuns, apenas acordos dolosos, quer dizer, recomendaria na verdade não estabelecer direitos comuns, o que é absurdo.

PROPOSIÇÃO LXXIII

O homem conduzido pela razão é mais livre na cidade, onde vive segundo um decreto comum, do que na solidão, na qual só obedece a si mesmo.

DEMONSTRAÇÃO

O homem dirigido pela razão não é levado a obedecer pelo medo (pela Proposição LXIII), mas na medida em que se esforça para conservar seu ser sob o ditame da razão, quer dizer, enquanto se esforça para viver livremente, deseja observar a regra da vida e da utilidade comuns (pela Proposição XXXVII) e, consequentemente (já o mostramos no Escólio 2 da Proposição XXXVII), viver em conformidade com o decreto comum da cidade. O homem conduzido pela razão deseja, portanto, observar o direito comum da cidade.

ESCÓLIO

Esta Proposição e as similares estabelecidas sobre a verdadeira liberdade do homem se referem à animosidade, ou seja, à força da alma e à generosidade (pelo Escólio da Proposição LIX, Parte III). Julgo não valer a pena demonstrar aqui, separadamente, todas as propriedades da força da alma e, menos ainda, que um homem de força de alma não odeia, não inveja, não se indigna com ninguém, e não possui qualquer soberba. Isso e tudo o que concerne à vida verdadeira e à religião facilmente se estabelece pelas

Proposições XXXVII e XLVI; quero dizer, que o ódio deve ser vencido pelo amor e quem quer que seja conduzido pela razão deseja para os demais o que lhe apetece. Ao que se acrescenta o que observamos no Escólio da Proposição L e em outros lugares: que um homem de alma forte considera antes aquilo que se segue da natureza divina; por conseguinte, quem pensa ser mau ou molesto, ou ainda, ímpio, horrendo, torpe ou injusto, disso provém que concebe as coisas de maneira desvairada, mutilada ou confusa. Logo, quem se conduz pela razão se esforça, antes de tudo, por conceber as coisas como são em si mesmas e por afastar o que impede o verdadeiro conhecimento, como o ódio, a ira, a inveja, a irrisão, a soberba e coisas semelhantes, observadas no que precede. Portanto, tanto quanto possa, se esforça por agir bem e manter-se alegre. Até que ponto a virtude humana se estende e o que ela pode é o que demonstrarei na Parte seguinte.

Apêndice

CAPÍTULO I

Todos os nossos esforços ou desejos seguem-se da necessidade de nossa natureza, de modo que possam conhecer ou por eles mesmos ou por sua causa próxima, ou na medida em que somos uma parte da natureza que não pode ser concebida adequadamente por si mesma sem os outros indivíduos.

CAPÍTULO II

Os desejos que se seguem de nossa natureza, de modo que possam conhecer por si mesmos, são aqueles que se referem à mente, na medida em que a concebemos como composta de ideias adequadas; para os demais desejos, eles não se referem à mente a não ser quando ela concebe coisas inadequadas. Sua força e aumento devem ser definidos

ÉTICA, DEMONSTRADA À MANEIRA DOS GEÔMETRAS   337

não pela potência do homem, mas pelas coisas exteriores; por conseguinte, os primeiros desejos são chamados ações retas; os segundos, paixões. Os primeiros indicam a nossa potência; os outros, ao contrário, nossa impotência e conhecimento mutilado.

CAPÍTULO III

Nossas ações, quer dizer, esses desejos que são definidos pela potência ou razão do homem, sempre são boas; as demais, podem ser tanto boas quanto más.

CAPÍTULO IV

Na vida, é útil, primeiramente, aperfeiçoar o intelecto ou a razão, tanto quanto se possa, e nisso consiste a felicidade do homem ou sua beatitude; pois a beatitude do homem outra coisa não é senão o contentamento interior que se origina do conhecimento intuitivo de Deus. E aperfeiçoar o intelecto nada mais é do que conhecer a Deus e seus atributos, assim como as ações que se seguem da necessidade de sua natureza. Eis por que o fim último de um homem conduzido pela razão, isto é, o desejo supremo pelo qual ele se dedica a moderar todos os demais, é conceber-se adequadamente, assim como a todas as coisas que lhe venham ao conhecimento.

CAPÍTULO V

Portanto, não há vida racional sem conhecimento claro; e as coisas são boas na medida em que auxiliam o homem a gozar da vida da mente, que se define pelo claro conhecimento. Aquelas que, ao contrário, o impedem de aperfeiçoar a razão de fruir de uma vida racional, são más.

CAPÍTULO VI

Além disso, como tudo de que o homem é causa eficiente é necessariamente bom, nada de mau pode acontecer ao homem que não seja por causas exteriores, pois, sendo parte da natureza inteira, as leis da natureza humana devem-lhe obediência e a elas devem adaptar-se de infinitos modos.

CAPÍTULO VII

É impossível que o homem não seja parte da natureza e não lhe siga o ordenamento comum. Se vive entre indivíduos com cuja natureza convém, certamente por isso sua potência de agir será ajudada e nutrida. Se, ao contrário, se encontra entre indivíduos com cuja natureza não convém, não se lhes pode acomodar sem uma grande mudança de si mesmo.

CAPÍTULO VIII

Tudo o que se dá na natureza e que julgamos ser mau ou nos impeça de existir e fruir de uma vida racional, nos é permitido remover pela via que nos pareça mais segura. Ao contrário, tudo o que julgamos bom ou útil à conservação de nosso ser e à fruição da vida racional é-nos permitido tomar para nosso uso e dele nos servir de algum modo. E de maneira absoluta, a cada um é permitido fazer, conforme a lei suprema da natureza, o que julga ser-lhe útil.

CAPÍTULO IX

Nada pode melhor convir com a natureza de alguma coisa do que os indivíduos da mesma espécie; logo, não há nada melhor para a conservação do próprio ser, da vida racional e para a fruição da vida do que um homem conduzido pela razão. Portanto, já que entre as coisas singulares nada sabemos que seja melhor do que um homem conduzido pela razão, ninguém pode mostrar melhor seu engenho e arte do que educando os homens a viver sob o império da razão.

CAPÍTULO X

Na medida em que os homens conservam entre si a inveja ou alguma outra afecção de ódio, eles se contrariam uns aos outros e, por conseguinte, mais temem os que têm mais poder entre os indivíduos da natureza.

CAPÍTULO XI

No entanto, os espíritos não são vencidos pelas armas, mas pelo amor e pela generosidade.

ÉTICA, DEMONSTRADA À MANEIRA DOS GEÔMETRAS 339

CAPÍTULO XII

Aos homens é útil, em primeiro lugar, associar-se e fortalecer vínculos sociais, de modo a formar um todo e, em absoluto, agir com o que se dispõe das amizades mais sólidas.

CAPÍTULO XIII

Para isso são requeridas a arte e a vigilância. Com efeito, os homens são vários (raros os que vivem sob os preceitos da razão) e, no entanto, invejosos na maioria das vezes, mais inclinados à vingança do que à misericórdia. Para aceitá-los todos, conforme seus gênios particulares, e evitar imitar suas afecções, deve-se ter uma força singular de alma. Aqueles que, além disso, se dispõem a censurar os homens e a dobrar seus vícios, mais do que ensinar-lhes as virtudes, a romper as almas, e não fortalecê-las, são insuportáveis para si mesmos e para os outros. Muitos, por conseguinte, pouco pacientes e desnorteados por um zelo pretensamente religioso, preferem viver antes entre animais do que entre homens. Também as crianças e os adolescentes, não podendo suportar com o mesmo ânimo as reprimendas de seus pais, refugiam-se no serviço militar, preferindo os incômodos das guerras e o império da tirania do que as doçuras da vida familiar, com as admoestações paternas, e aceitam qualquer ônus, desde que se vinguem de seus parentes.

CAPÍTULO XIV

Embora os homens se rejam em tudo, mais frequentemente de acordo com sua libido, a vida social em comum possui mais consequências cômodas do que danosas. Mais vale suportar suas injúrias e usar de alma forte para estabelecer a concórdia e a amizade.

CAPÍTULO XV

O que engendra a concórdia conduz à justiça, à equidade e à honestidade. Com efeito, os homens desprezam, além do que é injusto ou iníquo, o que é torpe ou despreza os costumes recebidos da cidade. Para adquirir-se o amor é necessário, primeiramente, aquilo que contempla a religião e a piedade. Ver escólios 1 e 2 da Proposição XXXVII, o Escólio da Proposição XLVI e o Escólio da Proposição LXXIII.

CAPÍTULO XVI

A concórdia é ainda produzida pelo medo, mas sem confiança. Além disso, o medo tem sua origem na impotência da alma e não pertence pois ao uso da razão; o mesmo se dá com a comiseração, embora seja vista como uma espécie de piedade.

CAPÍTULO XVII

Os homens são ainda conquistados pela generosidade, precipuamente aqueles que não têm como obter as coisas necessárias à sua sobrevivência. Levar auxílio aos indigentes ultrapassa de longe as forças e o interesse de um particular. Suas riquezas não bastariam para tanto. E a limitação de suas faculdades não lhe permitiria tornar-se amigo de todos. Logo, o cuidado dos pobres incumbe a toda a sociedade e diz respeito ao interesse comum.

CAPÍTULO XVIII

Na aceitação dos benefícios e no reconhecimento dos favores, outros cuidados são absolutamente necessários. Ver a esse respeito os escólios das proposições LXX e LXXI.

CAPÍTULO XIX

Além disso, o amor meretrício, isto é, a libido da procriação que provém do gênero, e de modo absoluto todo o amor que se reconhece tendo por causa a liberdade, facilmente se modifica em ódio; a menos, o que é pior, que seja uma espécie de delírio, caso em que a discórdia, mais do que a concórdia, se vê alimentada. Ver Escólio da Proposição XXXI, Parte III.

CAPÍTULO XX

Quanto ao casamento, é certo que ele convém com a razão, se o desejo de união com o corpo não é produzido apenas pelo gênero, mas pelo amor de procriar livremente e de educar com sapiência e se, além disso, o amor entre o homem e a mulher tem por causa a liberdade da alma.

ÉTICA, DEMONSTRADA À MANEIRA DOS GEÔMETRAS 341

CAPÍTULO XXI

A adulação também engendra a concórdia, mas unida à servidão ou à perfídia; ninguém é mais conquistado pela adulação do que o orgulhoso, que quer ser o primeiro, sem sê-lo.

CAPÍTULO XXII

A desestima de si [a abjeção] é uma espécie falsa de piedade e religião. E embora a desestima se oponha à soberba, aquele que se subestima está, no entanto, próximo do soberbo. Ver o Escólio da Proposição LVII, Parte IV.

CAPÍTULO XXIII

Além disso, o pudor contribui para a concórdia naquilo que não pode ser escondido. Por conseguinte, como o pudor é uma espécie de tristeza, ele não diz respeito ao uso da razão.

CAPÍTULO XXIV

As outras afecções de tristeza relativas aos homens opõem-se diretamente à justiça, à equidade, à honestidade, à piedade e à religião. E embora a indignação tenha a aparência da equidade, não há nela uma lei com a qual se possa viver e com a qual seja permitido a cada um fazer um julgamento e vingar seu direito ou o de outrem.

CAPÍTULO XXV

A modéstia, quer dizer, o desejo de agradar aos homens quando a razão o determina, relaciona-se com a moralidade (como dissemos no Escólio 1 da Proposição XXXVII). Mas se ela extrai sua origem de uma afecção, a modéstia é uma falsa indulgência, quer dizer, um desejo com o qual os homens, frequentemente, incitam as discórdias e as sedições. Com efeito, quem deseja assistir aos demais com seus conselhos ou na ação, a fim de fruir em comum o supremo bem, trabalhará primeiramente para ganhar seu amor, e não para se fazer admirar, para que alguma disciplina receba seu nome ou dar motivos de inveja. Nas conversações em comum, não se referirá aos vícios dos homens e buscará falar com cuidado de suas impotências, de modo que os homens, não por medo ou aversão, mas tocados por um sentimento de alegria, se esforcem por viver, o quanto possam, segundo as prescrições da razão.

CAPÍTULO XXVI

Além dos homens, nada reconhecemos na natureza com que a mente se alegre e com a qual possamos nos unir pela amizade ou por algum gênero de relação comum; o que existe na natureza, para além dos homens, a regra da utilidade não postula que a conservemos, mas podemos, seguindo essa mesma regra, conservá-la para usos diversos, destruí-la ou adaptá-la para nosso uso.

CAPÍTULO XXVII

A utilidade que se retira das coisas, além da experiência e do conhecimento adquiridos por sua observação e da modificação que fazemos de suas formas, é, sobretudo, a da conservação do corpo. Por esse motivo, as coisas úteis são, primeiramente, aquelas que podem alimentar o corpo, de modo que suas partes possam cumprir convenientemente suas funções. Quanto mais estiver o corpo apto a ser afetado de várias maneiras e afetar os outros corpos exteriores de vários modos, mais a mente estará apta para pensar (pelas Proposições XXXVIII e XXXIX). Mas as coisas desse gênero vê-se que são poucas na natureza e, por conseguinte, para nutrir nosso corpo, como ele o requer, são necessários alimentos de natureza diversa. O corpo humano, com efeito, é composto de um grande número de partes de natureza diferente que têm constantemente necessidade de alimentos variados, a fim de que o todo esteja igualmente apto para tudo o que resulta de sua natureza e que a mente, por consequência, também esteja apta a conceber muitas coisas.

CAPÍTULO XXVIII

Para adquirir este necessário, as forças de cada um não seriam suficientes se os homens não se prestassem serviços

ÉTICA, DEMONSTRADA À MANEIRA DOS GEÔMETRAS 343

mútuos. O dinheiro tornou-se o meio pelo qual se obtêm verdadeiramente todas as coisas e com o qual se resumem as riquezas, ocupando, mais do que tudo, a mente do vulgo; não se pode imaginar qualquer tipo de alegria que não seja concomitante com a ideia de dinheiro.

CAPÍTULO XXIX

Tudo isso, porém, é um vício naqueles que, não por falta ou necessidade de dinheiro, exaltam as artes das riquezas e se honram em possuí-las. Eles dão ao corpo seu alimento, conforme o costume, mas escassamente, porque acreditam perder com o que despendem na conservação do corpo. Os que sabem o verdadeiro uso da moeda, e regulam sua riqueza de acordo com uma necessidade moderada, vivem contentes com pouco.

CAPÍTULO XXX

Portanto, são boas as coisas que ajudam o corpo a cumprir suas funções, consistindo a alegria naquilo que auxilia ou aumenta a potência do homem, constituída de mente e de corpo. Mas a ação das coisas não tem por finalidade nos afetar de alegria, e sua potência de agir não está dirigida para nossa utilidade. Enfim, a alegria relaciona-se mais comumente a uma parte preferencial do corpo; por essa razão (a menos que a vigilância e a razão intervenham), a maior parte das afecções de alegria, e consequentemente também dos desejos que dela nascem, podem exceder-se; ao que se acrescenta que, sob a influência de uma afecção, damos o primeiro lugar ao que é presentemente agradável, e não podemos apreciar com o mesmo ânimo as coisas futuras. Ver escólios das Proposições XLIV e LX.

CAPÍTULO XXXI

A superstição, ao contrário, parece admitir que o bem é o que é fornecido pela tristeza, e o mal o que vem da alegria. Mas, como já o dissemos (Escólio da Proposição XLV), apenas um invejoso pode ter prazer com minha impotência e meu incômodo. Quanto maior é a alegria que nos afeta, maior a perfeição à qual passamos e, por consequência, mais participamos da natureza divina. E jamais pode ser má uma alegria dirigida pelo entendimento verdadeiro de nossa utilidade. Ao contrário, quem é conduzido pelo medo e faz o bem para evitar o mal, não se submete à razão.

CAPÍTULO XXXII

Mas a potência humana é extremamente limitada e infinitamente ultrapassada pelas causas exteriores; não temos, pois, um poder absoluto para adaptar as coisas exteriores ao nosso uso. Mas suportaremos com ânimo sereno os eventos contrários àquilo que exige a consideração de nosso interesse se tivermos consciência de cumprirmos nosso ofício, sabendo que nossa potência não nos permite estendê-la e se tivermos presente a ideia de que somos uma parte da natureza, da qual seguimos uma disposição. Se conhecermos isso clara e distintamente, essa parte que se define pelo conhecimento claro, quer dizer, a melhor parte, encontrará pleno contentamento e se esforçará em conservá-lo. Na medida em que somos conhecedores, nada podemos apetecer senão o que é necessário, nem achar contentamento senão no que é verdadeiro. Na medida em que conhecemos isso retamente, o esforço de nossa parte melhor convém com a ordem de toda a natureza.

PARTE QUINTA:
DA POTÊNCIA DO INTELECTO[5]
OU DA LIBERDADE HUMANA

(*Pars Quinta: De potentia intellectus
seu de libertate humana*)

Prefácio

Passo enfim a esta parte da Ética na qual se trata da maneira de se chegar à liberdade, ou da via que a ela conduz. Tratarei, pois, da potência da razão, mostrando o que ela pode contra as afecções e, em seguida, o que é a liberdade da mente ou a beatitude; por aí veremos o quanto o sábio é supeior ao ignorante. Quanto ao modo e a via que levam o intelecto à sua perfeição, assim como a arte de tratar o corpo de maneira que ele possa preencher convenientemente sua função, tais coisas não pertencem à presente obra; esta última matéria cabe à medicina, a outra à lógica. Aqui, como já disse, tratarei apenas da potência da mente, quer dizer, da razão, e antes de tudo mostrarei quanto e que gênero de poder (*imperium*) tem ela sobre as afecções,

---

5. Do verbo *intelligere* provieram dois substantivos: *intellectus* e *intelligentia*. Ambos podem designar a faculdade de apreender a realidade íntima das coisas, ou seja, *inter-legere* e, portanto, constituem a faculdade pensante da condição humana, sua compreensão ou entendimento. O intelecto, no entanto, pode designar tanto o entendimento (o νοῦς grego), quanto o ato de intelecção e o conceito apreendido (νοημα).

a fim de constrangê-las e governá-las. Com efeito, não temos sobre elas um império absoluto, como já o demonstramos. Os estoicos, na verdade, acreditaram que elas dependiam em absoluto de nossa vontade e que podíamos sobre elas imperar. Os protestos da experiência e não certamente seus princípios, no entanto, lhes obrigaram a reconhecer que elas requerem um exercício assíduo e um longo estudo para moderá-las e constrangê-las. Um deles se esforçou em demostrá-lo pelo exemplo de dois cães (se bem me lembro), um doméstico e outro de caça. O exercício, dizia ele, pode fazer com que o cão doméstico se acostume a caçar e o cão de caça, ao contrário, abster-se de perseguir as lebres. Essa opinião encontraria o favor de Descartes. Pois ele admite que a mente ou o pensamento está unido precipuamente a uma parte do cérebro, a saber, à pequena glândula pineal. Por seu intermédio, a mente sente todos os movimentos excitados pelo corpo e pelos objetos exteriores, e pode movê-la em diversos sentidos unicamente pelo querer. Essa glândula, segundo ele, está suspensa no meio do cérebro, de tal modo que possa ser movida pelo menor movimento dos espíritos animais. Além disso, essa glândula, suspensa no meio do cérebro, ocupa tantas posições diferentes quantas as maneiras pelas quais os espíritos animais lhe impingem movimento e tantos traços diferentes lhe são impressos quanto são os diferentes objetos exteriores que impulsionam os espíritos animais. De maneira que se a glândula mais tarde encontrar-se suspensa, pela vontade da mente que a move diversamente, nesta ou naquela posição que ocupou precedentemente sob a ação dos espíritos animais, ela os repelirá e os dirigirá do mesmo modo como foram repelidos quando a glândula ocupava essa mesma posição. Além disso, cada vontade da mente está unida pela natureza a um certo movimento da glândula. Por exemplo, caso se tenha vontade de olhar um objeto afastado, essa vontade fará com que a pupila se dilate; mas caso se tenha apenas o pensamento de que a pupila deva dilatar-se, de nada servirá a vontade, pois a natureza não juntou o movimento da glândula

ÉTICA, DEMONSTRADA À MANEIRA DOS GEÔMETRAS 347

(que serve para empurrar os espíritos animais para o nervo óptico, de modo a dilatar ou contrair a pupila) à vontade de dilatá-la ou contraí-la, mas apenas à vontade de olhar objetos afastados ou próximos. Enfim, embora cada movimento da glândula pineal pareça ligado pela natureza aos nossos pensamentos singulares, desde o começo da vida, ele pode ainda, em virtude do hábito, ligar-se a outros, como se esforça em provar o artigo 50 da Parte I d'*As Paixões da Alma*. Daí concluir que mente alguma, ainda que débil, não seja capaz de, bem dirigida, adquirir poder absoluto sobre as paixões. Com efeito, elas são, conforme sua Definição, percepções, sentimentos ou emoções da alma que se relacionam exclusivamente a ela e que (note-se bem) são produzidas, conservadas e corroboradas por algum movimento dos espíritos (ver o artigo 27 da Parte I). Mas como podemos unir a uma vontade qualquer um movimento qualquer da glândula, e assim dos espíritos, e a determinação da vontade depende apenas de nosso poder, se nós determinarmos nossa vontade por juízos firmes e seguros, com os quais queremos dirigir as ações de nossa vida, e unirmos a esses juízos os movimentos das paixões que quisermos ter, adquiriremos um império absoluto sobre as paixões. Tal é a opinião desse homem ilustríssimo (tanto quanto posso conjecturar, segundo suas palavras) e teria dificuldade de acreditar que proviesse de um tal homem se ela fosse menos sutil. Na verdade, não posso admirar-me tanto de um filósofo, após ter-se firmemente resolvido a nada deduzir que não percebesse clara e distintamente, após ter frequentemente repreendido aos escolásticos querer explicar as coisas obscuras por qualidades ocultas, admitir uma hipótese mais oculta do que toda qualidade oculta. O que ele entende, pergunto, pela união do corpo e da mente? Que concepção clara e distinta tem ele de um pensamento muito estreitamente ligado a uma certa porção da quantidade? Bem gostaria que houvesse explicado essa união por uma causa próxima. Mas ele havia concebido a mente tão distinta do corpo que não pôde assinalar nenhuma causa singular nem dessa união nem da própria mente, sendo-lhe necessário recorrer à causa de todo o universo, quer dizer, a Deus. Além disso, gostaria de saber quantos graus de movimento a mente pode imprimir a essa glândula pineal e com que força a manter suspensa. De fato, não sei se essa glândula pineal é movida pela mente daqui para lá mais lentamente ou mais depressa do que pelos espíritos animais, nem se os movimentos das paixões, que unimos estreitamente a juízos firmes, não podem ser separados por causas corporais; do que se seguiria que, após ter-se firmemente proposto a ir contra perigos, unindo a esse decreto movimentos de audácia, em vista do perigo a glândula encontrou-se ocupada em uma posição tal que a mente não pôde pensar a não ser na fuga. E certamente, não havendo nenhuma medida comum entre a vontade e o movimento, não há qualquer comparação entre a potência ou as forças da mente e as forças do corpo. Por conseguinte, as forças deste último não podem ser dirigidas pela primeira. Acrescente-se que não se encontrou uma glândula situada no meio do cérebro, de tal modo que ela possa ser movida de tantas maneiras e com tanta facilidade para aqui e para lá, e que todos os nervos se prolonguem até as cavidades do cérebro. Deixo de lado, portanto, tudo o que asseverou sobre a vontade e a liberdade, pois já mostrei muito e abundantemente sua falsidade. Dado que a potência da mente se define, como fiz ver mais acima, apenas por sua inteligência, determinaremos os remédios para as afecções, dos quais todos possuem alguma experiência, como acredito, mas que não observam com cuidado e não veem distintamente apenas pelo conhecimento da mente, e dele deduziremos tudo o que concerne sua beatitude.

Axiomas

AXIOMA I
Se no mesmo sujeito duas ações contrárias são excitadas, deverá necessariamente ocorrer uma mudança em ambas ou numa só, até que deixem de ser contrárias.

AXIOMA II
O efeito de uma potência [força] é definido pela potência de sua causa, na medida em que sua essência se explique ou se defina pela essência de sua causa.

Proposições

PROPOSIÇÃO I
Conforme os pensamentos e as ideias das coisas se ordenam e se concatenam na mente, as afecções do corpo, quer dizer, as imagens das coisas, correlativamente se ordenam e se concatenam no corpo

DEMONSTRAÇÃO

A ordem e a conexão das ideias são as mesmas que a ordem e a conexão das coisas (pela Proposição VII, Parte II) e, inversamente, a ordem e a conexão das coisas são as mesmas da ordem e da conexão das ideias (Corolário das proposições VI e VII, Parte II). Da mesma maneira que a ordem e a conexão das ideias na mente se regulam pela ordem e o encadeamento das afecções do corpo (pela Proposição XVIII, Parte II), inversamente a ordem e a conexão das afecções do corpo (pela Proposição II, Parte III) se regulam pela ordem e o encadeamento dos pensamentos e das ideias das coisas na mente.

PROPOSIÇÃO II
Se removermos uma emoção ou uma afecção da alma do pensamento de uma causa externa e a unirmos a outros pensamentos, o amor e o ódio da causa exterior, assim

como as flutuações da alma, que nascem dessas duas afecções, serão destruídos.

DEMONSTRAÇÃO

O que constitui, com efeito, a forma do amor e do ódio é uma alegria ou uma tristeza que acompanha a ideia de uma causa externa (pelas definições VI e VII das afecções). Assim, retirada essa ideia, a forma do amor ou da tristeza é simultaneamente tolhida; por conseguinte, essas afecções e as que delas se originam são destruídas.

PROPOSIÇÃO III

Uma afecção, que é uma paixão, deixa de sê-lo tão logo dela formamos uma ideia clara e distinta.

DEMONSTRAÇÃO

Uma afecção, que é uma paixão, é uma ideia confusa (pela Definição das afecções). Portanto, se dela formamos uma ideia clara e distinta, só haverá uma distinção de razão entre a ideia e a própria afecção, na medida em que ela se referira à mente (pela Proposição XXI, Parte II, e seu Escólio); assim, a afecção deixará de ser uma paixão (pela Proposição III, Parte III).

COROLÁRIO

Uma afecção está tanto mais em nosso poder, e a mente menos padece, quanto mais ela nos é conhecida.

PROPOSIÇÃO IV

Não há afecção do corpo da qual não possamos formar algum conceito claro e distinto.

DEMONSTRAÇÃO

O que é comum a todas as coisas não pode ser concebido a não ser adequadamente (pela Proposição XXXVIII, Parte II); por conseguinte, não há afecção do corpo da qual não possamos fazer um conceito claro e distinto.

COROLÁRIO

Segue-se daí não haver afecção da mente da qual não possamos formar algum conceito claro e distinto. Uma afecção

ÉTICA, DEMONSTRADA À MANEIRA DOS GEÔMETRAS 351

da mente é, com efeito, uma ideia de uma afecção do corpo (pela Definição das afecções) e, por consequência, deve envolver algum conceito claro e distinto (pela Proposição precedente).

ESCÓLIO

Visto não haver nada de que não resulte algum efeito (pela Proposição XXXVI, Parte I), e conhecermos clara e distintamente tudo o que acompanha uma ideia em nós adequada, segue-se daí que cada um tem o poder de se conhecer a si mesmo e conhecer suas afecções, senão absolutamente, ao menos em parte, clara e distintamente, e de padecer, por conseguinte, o menos possível. Para isso devemos trabalhar, sobretudo para conhecer, tanto quanto possível, cada afecção clara e distintamente, de modo que a mente seja determinada por cada afecção a pensar o que ela percebe clara e distintamente e onde encontra um contentamento pleno; para assim a afecção ser separada do pensamento de uma causa exterior e unida a pensamentos verdadeiros. Do que resultará não apenas que o amor, o ódio etc. sejam destruídos (pela Proposição II), mas que o apetite e os desejos habitualmente originados dessa afecção não se excedam (Proposição LXI, Parte IV). Pois deve-se notar antes de tudo que é apenas por um só e mesmo apetite que o homem age e padece. Por exemplo, mostramos que em virtude de uma disposição da natureza humana, a cada um apetece que os demais vivam conforme sua própria compleição (Escólio da Proposição XXXI, Parte III); num homem não dirigido pela razão, esse apetite é uma paixão chamada ambição, e não difere muito do orgulho. Ao contrário, num homem que vive sob o ditame da razão, é uma ação, quer dizer, uma virtude chamada moralidade (ver Escólio 1 da Proposição XXXVII, Parte IV e sua Demonstração 2). E desta maneira, todos os apetites ou desejos são paixões, na medida em que nascem de ideias inadequadas. E os mesmos desejos são tidos por virtudes quando excitados ou engendrados por ideias adequadas. Com efeito, todos os desejos pelos quais somos determinados a fazer alguma coisa podem se originar tanto de ideias adequadas quanto de inadequadas (pela Proposição LIX, Parte IV). E para regressar ao ponto de onde me afastei nessa digressão, além desse remédio contra as afecções, que consiste em seu conhecimento verdadeiro, não se pode conceber outro mais excelente que esteja em nosso poder, pois não há outra potência da mente a não ser pensar e formar ideias adequadas, assim como mostramos precedentemente (pela Proposição III, Parte II).

PROPOSIÇÃO V

Uma afecção a respeito de algo que simplesmente imaginamos, e não como necessário, possível ou contingente, é, sendo todas as coisas iguais, a maior de todas.

DEMONSTRAÇÃO

Uma afecção a respeito de algo que imaginamos livre é maior do que a de uma coisa necessária (pela Proposição XLIX, Parte III) e, por consequência, ainda maior do que em relação a alguma coisa que imaginamos como possível ou contingente (pela Proposição XI, Parte IV). Ora, imaginarmos algo como sendo livre não pode ser senão imaginarmos simplesmente uma coisa, ignorando as causas pelas quais foi determinada a produzir algum efeito (em virtude do que mostramos no Escólio da Proposição XXXV, Parte II). Logo, uma afecção a respeito de algo que simplesmente imaginamos, sendo todas as coisas iguais, é maior comparativamente a uma coisa necessária, possível ou contingente e, portanto, a maior de todas.

PROPOSIÇÃO VI

Na medida em que a mente entende todas as coisas como necessárias, ela tem sobre as afecções uma potência maior, quer dizer, padece menos com elas.

DEMONSTRAÇÃO

A mente entende que todas as coisas são necessárias (pela Proposição XXIX, Parte I) e determinadas a existir e a produzir algum efeito por uma ligação infinita de causas (Proposição XXVIII, Parte I); com isso, na proporção do conhecimento que ela tem das coisas, ela padece menos das afecções que delas provêm (Proposição XLVIII, Parte III), sendo menos afetada pelas próprias coisas.

ESCÓLIO

Quanto mais esse conhecimento de que as coisas são necessárias se refere a coisas singulares, e quanto mais estas últimas são imaginadas distinta e vivamente, maior é a potência da alma sobre os afetos; a própria experiência o atesta. Com efeito, vemos a tristeza causada pela perda de um bem ser suavizada tão logo o perdedor considera que esse bem não poderia ser conservado por nenhum meio. Da mesma forma, vemos que ninguém se penaliza pelo fato de uma criança não saber falar, andar, raciocinar e viver tantos anos quase sem consciência de si mesma. Ao contrário, se a maioria nascesse adulta, e um e outro nascesse criança, então o adulto sentiria pena das crianças, pois se consideraria a infância não como coisa natural e necessária, mas como um vício ou pecado de natureza; e poderíamos ainda fazer muitas observações desse gênero.

PROPOSIÇÃO VII

Caso se considere o tempo, as afecções que se originam ou são estimuladas pela razão são mais poderosas do que aquelas que se relacionam a coisas singulares, e que contemplamos como ausentes.

DEMONSTRAÇÃO

Não contemplamos uma coisa como ausente após uma afecção que no-la faz imaginar, mas porque o corpo experimenta uma outra afecção que exclui a existência dessa coisa (Proposição XVII, Parte II). Eis por que a afecção que se relaciona à coisa tida por ausente não é de uma natureza tal que supere as outras ações e a potência do homem (ver a respeito a Proposição VI, Parte IV). Ao contrário, é de uma natureza tal que pode ser restringida, de alguma maneira, pelas afecções que excluem a existência de sua causa externa (pela Proposição IX, Parte IV). Ora, uma afecção que se origine da razão se relaciona necessariamente com as propriedades comuns das coisas (ver a Definição de razão no Escólio 2 da Proposição XL, Parte II), as quais contemplamos sempre como presentes (nada pode haver aí que exclua a existência presente) e que imaginamos sempre da mesmo maneira (Proposição XXXVIII, Parte II). Eis por que uma tal afecção permanece sempre a mesma e, por consequência, as afecções que lhe são contrárias, e que não são fomentadas por suas causas exteriores, deverão sempre mais acomodar-se-lhe até que não lhe sejam mais contrárias. Com isso, uma afecção que se origina da razão é mais potente.

PROPOSIÇÃO VIII
Quanto mais causas concorrem simultaneamente para excitar uma afecção, maior ela é.

DEMONSTRAÇÃO
Muitas causas em conjunto podem mais do que poucas (pela Proposição VII, Parte III); por conseguinte, quanto mais causas excitam uma afecção (Proposição V, Parte IV), mais forte ela é.

ESCÓLIO
Essa Proposição é também evidente pelo Axioma II acima.

PROPOSIÇÃO IX
Uma afecção que se refere a muitas causas diferentes, e que a mente contempla ao mesmo tempo ao ser afetada, é menos prejudicial, dela menos padecemos e somos menos afetados em relação a cada causa em particular do que se se

ÉTICA, DEMONSTRADA À MANEIRA DOS GEÔMETRAS 355

tratasse de outra afecção igualmente grande e que se referisse a uma só causa ou a um número menor delas.

DEMONSTRAÇÃO

Uma afecção não é má ou prejudicial a não ser quando impede a mente de pensar (pelas proposições XXVI e XXVII, Parte IV); assim, essa afecção pela qual a mente está determinada a contemplar muitos objetos simultaneamente é menos prejudicial do que uma outra igualmente grande, retendo a mente apenas na contemplação de um objeto único ou de um número menor de objetos, de modo que não possa pensar em outros; o que era o primeiro ponto. Além do mais, como a essência da mente, quer dizer, sua potência (Proposição VII, Parte III), consiste unicamente no pensamento (pela Proposição XI, Parte II), a mente padece menos de uma afecção que lhe faz contemplar muitos objetos do que de outra igualmente grande que retém a mente ocupada com a consideração de um objeto único ou de um número menor deles; o que era o segundo ponto. Por fim, essa afecção (Proposição XLVIII, Parte III), na medida em que se refere a muitas causas externas, é menor com relação a cada uma delas.

PROPOSIÇÃO X

Enquanto não estivermos dominados por afecções que são contrárias à nossa natureza, temos o poder de ordenar e de encadear as afecções do corpo seguindo uma ordem válida para o entendimento.

DEMONSTRAÇÃO

As afecções que são contrárias à nossa natureza, quer dizer (pela Proposição XXX, Parte IV), más, o são na medida em que impedem a mente de conhecer (pela Proposição XXVII, Parte IV). Logo, enquanto não estivermos dominados por afecções que sejam contrárias à nossa natureza, a potência da mente, pela qual ela se esforça em conhecer, não se vê impedida, tendo o poder de formar ideias claras e distintas, e deduzi-las umas das outras (ver Escólio 2 da Proposição XL e o Escólio da Proposição XLVII, Parte II). Consequentemente (pela Proposição I), durante esse tempo temos o poder de ordenar e de encadear as afecções do corpo seguindo uma ordem válida para o entendimento.

ESCÓLIO

Por este poder de ordenar e de encadear corretamente as afecções do corpo, podemos fazer com que não sejamos facilmente afetados por más afecções. Pois uma força maior é requerida (Proposição VII) para restringir mais as afecções ordenadas e encadeadas que seguem uma ordem válida para o entedimento do que as incertas e vagas. O melhor, portanto, que podemos fazer quando não temos um conhecimento perfeito de nossas afecções, é conceber uma conduta reta de vida ou, em outras palavras, princípios seguros de conduta, imprimir-lhes em nossa memória e sempre aplicá-los às coisas particulares que encontramos frequentemente na vida, de maneira que nossa imaginação seja por eles largamente afetada e que nos estejam sempre presentes. Por exemplo, nós pusemos como regra de vida (pela Proposição XLVI, Parte IV, com Escólio) que o ódio deve ser vencido pelo amor e pela generosidade, e não compensado por outro recíproco. Para ter esse preceito da razão sempre presente quando for útil, é preciso pensar com frequência nas ofensas que se fazem comumente os homens e sobre elas meditar, assim como sobre a maneira de rejeitá--las o melhor possível pela generosidade, de modo que unamos à imagem da ofensa a imaginação dessa regra; assim, ela jamais deixará de se oferecer a nós quando uma ofensa nos for feita (Proposição XVIII, Parte II). Se tivermos também presente a consideração de nosso interesse verdadeiro, do bem que produz uma amizade mútua e uma sociedade comum, e se, além disso, não perdermos de vista que um contentamento interior soberano nasce de uma conduta reta da vida (pela Proposição LII, Parte IV), e o fato de os

ÉTICA, DEMONSTRADA À MANEIRA DOS GEÔMETRAS 357

homens, tais como os demais seres, agirem por uma necessidade da natureza, então a ofensa, quer dizer, o ódio que dela nasce, ocupará uma pequena parte da imaginação, sendo facilmente sobrepujada. Ou se a ira, que nasce habitualmente das ofensas mais graves, não é tão facilmente vencida, o será no entanto num tempo menor, não sem flutuações da mente, do que se não nos tivéssemos ocupado antecipadamente com tais meditações, como se vê pelas proposições VI, VII e VIII. Da mesma forma, é preciso pensar no uso da firmeza de espírito para afastar o medo; deve-se recordar e imaginar com frequência os perigos comuns da vida, e como se pode, da melhor maneira possível, afastá-los e sobrepujá-los pela presença de espírito e força da mente. Mas deve-se notar que ao ordenarmos nossos pensamentos e imagens, é-nos sempre preciso ter em vista (pelo Corolário da Proposição LXIII, Parte IV e Proposição LIX, Parte III) o que há de bom em cada coisa, a fim de estarmos sempre determinados a agir por uma afecção de alegria. Se, por exemplo, alguém vê que é muito apaixonado pela glória, que pense no bom uso que dela se pode fazer e na finalidade em vista da qual é preciso buscá-la, tanto quanto nos meios de adquiri-la; mas não no mau uso da glória e em sua vaidade, assim como na inconstância dos homens ou em coisas desse gênero, nas quais ninguém pensa sem tristeza. Com efeito, por tais pensamentos os mais ambiciosos se deixam afligir quando se desesperam em alcançar a honra que ambicionam, e querem parecer sábios, quando espumam de raiva. É certo, pois, que aqueles que falam mais alto de seu mau uso e da vaidade do mundo são os mais desejosos de glória. Isso, aliás, não é próprio só dos ambiciosos, mas comum a todos para quem a fortuna é adversa e que são inteiramente impotentes. Quando pobre, também o avaro não deixa de falar do mau uso do dinheiro e do vício dos ricos. O que não tem outro efeito senão afligi-lo e mostrar aos demais que ele suporta mal sua própria pobreza e a riqueza dos outros. Da mesma maneira aqueles que são mal acolhidos por suas amantes e não pensam em nada senão na inconstância das mulheres, em sua falsidade de coração e assim nos outros vícios femininos de que nos fala a canção. E tudo isso é logo esquecido quando suas amantes de novo os recebem. Portanto, quem trabalha para governar suas afecções e seus apetites apenas pelo amor da liberdade, se esforçará, tanto quanto possa, por conhecer as virtudes e suas causas, e dar-se a plenitude que nasce do seu verdadeiro conhecimento, mas não só considerar os vícios dos homens, rebaixar a humanidade e alegrar-se com a falsa aparência de liberdade. E quem observar essa regra diligentemente (o que não é difícil) e procurar segui-la, certamente, em pouco tempo, poderá dirigir suas ações conforme o ditame da razão.

PROPOSIÇÃO XI

Quanto mais coisas se referem a uma imagem, mais ela é frequente, quer dizer, com mais frequência ela vigora e mais ocupa a mente

DEMONSTRAÇÃO

A quanto mais coisas se refere uma imagem ou uma afeição, mais causas existem pelas quais pode ser excitada e fomentada, causas que a mente (pela hipótese) contempla todas de uma só vez, em virtude da própria afeição. Assim, a afeição é mais frequente, quer dizer, com mais frequência vigora e mais ocupa a mente.

PROPOSIÇÃO XII

As imagens das coisas se juntam mais facilmente às imagens que se referem às coisas que mais clara e distintamente conhecemos.

DEMONSTRAÇÃO

As coisas clara e distintamente conhecidas ou são propriedades comuns das coisas ou delas se deduzem (ver

ÉTICA, DEMONSTRADA À MANEIRA DOS GEÔMETRAS

Definição de razão no Escólio 2 da Proposição xl, Parte ii) e, por conseguinte, são mais frequentemente imaginadas por nós (Proposição precedente). Logo, ao imaginarmos outros objetos, nos será mais fácil contemplar ao mesmo tempo essas coisas conhecidas do que considerar outras e, portanto, mais fácil (pela Proposição xviii, Parte ii) juntar essas coisas conhecidas a outros objetos.

PROPOSIÇÃO XIII

Quanto mais uma imagem se junta a outras, mais ela vigora.

DEMONSTRAÇÃO

Quanto mais uma imagem está junta de outras (pela Proposição xviii, Parte ii), mais causas haverá que podem excitá-la.

PROPOSIÇÃO XIV

A mente pode fazer de modo que todas as afecções do corpo, quer dizer, todas as imagens das coisas se refiram à ideia de Deus.

DEMONSTRAÇÃO

Não há qualquer afecção do corpo de que a mente não possa formar um conceito claro e distinto (pela Proposição iv); logo, ela pode fazer de modo (pela Proposição xv, Parte i) que todas se refiram à ideia de Deus.

PROPOSIÇÃO XV

Quem se conhece a si mesmo e às suas afecções, ama a Deus e tanto mais quanto mais se conhece e às suas afecções.

DEMONSTRAÇÃO

Quem se conhece a si mesmo e às suas afecções clara e distintamente, é alegre (pela Proposição liii, Parte iii) e isso acompanhado pela ideia de Deus (pela Proposição precedente) e, por conseguinte (pela Definição vi das afecções), ama a Deus e o ama tanto mais quanto mais se conhece e às suas afecções.

PROPOSIÇÃO XVI

Este amor por Deus deve ocupar a mente ao máximo.

DEMONSTRAÇÃO

Com efeito, esse amor está unido a todas as afecções do corpo (pela Proposição XIV) e por elas fomentado (pela Proposição XV) até o ponto de ocupar a mente ao máximo.

PROPOSIÇÃO XVII

Deus é desprovido de paixões nem experimenta qualquer afecção de alegria ou de tristeza.

DEMONSTRAÇÃO

Todas as ideias, na medida em que se referem a Deus, são verdadeiras (pela Proposição XXXII, Parte II), quer dizer, adequadas (Definição IV, Parte II). Assim, Deus é desprovido de paixões. Além disso, Deus não pode passar a uma maior ou menor perfeição (pelo Corolário 2 da Proposição XX, Parte I) e, portanto (pelas definições II e III das afecções), não experimenta qualquer afecção de alegria ou de tristeza.

COROLÁRIO

Deus, propriamente falando, não possui nem amor nem ódio por ninguém. Pois Deus (pela Proposição precedente) não é afetado por qualquer alegria ou tristeza e, consequentemente (pelas definições VI e VII das afecções), não pode amar nem odiar ninguém.

PROPOSIÇÃO XVIII

Ninguém pode ter ódio a Deus.

DEMONSTRAÇÃO

A ideia de Deus que está em nós é adequada e perfeita (pelas proposições XLVI e XLVII, Parte II); assim, na medida em que o contemplamos, somos ativos (Proposição III, Parte III) e, por conseguinte (Proposição LIX, Parte III), não pode aí haver tristeza que acompanhe a ideia de Deus, quer dizer (pela Definição VII das afecções), ninguém pode ter ódio a Deus.

COROLÁRIO

A amor por Deus não pode converter-se em ódio.

ESCÓLIO

Pode-se objetar, quando entendemos Deus como a causa de todas as coisas, que o consideramos, por isso mesmo, a causa da tristeza. A isso respondo que, desde que entendamos as causas da tristeza, ela deixa de ser uma paixão (pela Proposição III); quer dizer (pela Proposição LIX, Parte III), deixa de ser uma tristeza. Portanto, na medida em que entendemos que Deus é causa da tristeza, nos alegramos.

PROPOSIÇÃO XIX

Quem ama a Deus não pode se esforçar para que Deus o ame em troca.

PROPOSIÇÃO XX

Esse amor por Deus não pode ser corrompido nem pela inveja nem pela zelotipia [ciúme]; mas é tanto mais fomentado quando imaginamos mais homens unidos a Deus pelo mesmo vínculo de amor.

DEMONSTRAÇÃO

Esse amor por Deus é o bem supremo a que podemos apetecer conforme o ditame da razão (pela Proposição XXVIII, Parte IV); ele é comum a todos (Proposição XXXVI, Parte IV) e desejamos que todos com ele se alegrem (Proposição XXXVII, Parte IV). Portanto, não pode ser maculado (pela Definição XXIII das afecções) por uma afecção de inveja nem de zelotipia; ao contrário (pela Proposição XXXI, Parte III), deve ser alimentado tanto mais quanto mais homens com ele se alegram.

ESCÓLIO

Podemos mostrar, da mesma maneira, não haver qualquer afeto diretamente contrário a esse amor, pelo qual pudesse ser destruído e podemos concluir que esse amor por Deus é a mais constante das afecções, e na medida em que se refere ao corpo, só pode ser destruído com o próprio corpo. Adiante, veremos de que natureza ele é, na medida em que se refere apenas à mente. Reuni nas proposições precedentes todos os remédios contra as afecções, quer dizer, tudo o que a mente, considerada apenas em si, pode contra elas. Disso aparece que a potência da mente sobre as afecções consiste: primeiro, no próprio conhecimento das afecções (ver Escólio da Proposição IV); segundo, ela separar as afecções do pensamento de uma causa exterior que imaginamos confusamente; terceiro, no tempo, graças ao qual as afecções que se referem a coisas que conhecemos superam aquelas que se referem a coisas das quais temos uma ideia confusa ou mutilada (ver Proposição VII); quarto, em um grande número de causas pelas quais as afecções referentes às propriedades das coisas ou a Deus são alimentadas (ver proposições IX e XI); quinto, na ordem com a qual a mente pode ordenar e encadear as afecções entre si (ver Escólio da Proposição X e as proposições XII, XIII e XIV). Mas, para melhor conhecer essa potência da mente sobre as afecções, é preciso notar, antes de tudo, que chamamos grandes as afecções quando comparamos a afecção de um homem com a de outro, e vemos um deles ser mais dominado do que o outro pela mesma afecção, ou ainda quando comparamos entre si as afecções de um mesmo homem e o encontramos mais afetado ou movido por uma do que por outra. Pois (pela Proposição V, Parte IV) a força de uma afecção qualquer se define pela potência da causa exterior, comparada à nossa. Ora, a potência da mente se define apenas pelo conhecimento e sua impotência ou sua paixão pela falta de conhecimento, quer dizer, é estimada pelo que faz com que as ideias sejam ditas inadequadas. De onde se segue que essa mente é passiva ao máximo, constituindo as ideias inadequadas a sua maior parte, de maneira que sua marca distintiva seja antes a passividade do que a atividade. Ao contrário, essa mente é ativa ao máximo quando as ideias adequadas constituem sua maior parte, de maneira que, mesmo não tendo menos ideias inadequadas do que a primeira, possui antes sua marca distintiva nas ideias adequadas, as que manifestam a virtude de um homem, do que nas inadequadas, que atestam sua impotência. Além disso, é preciso notar que os desgostos e os infortúnios tiram sua origem principal de um amor excessivo por uma coisa submetida a numerosas mudanças, a qual não podemos possuir inteiramente. Na verdade, ninguém passa por tormentos e ansiedades a não ser pelo que ama; e as ofensas, as suspeitas ou as inimizades só nascem do amor pelas coisas das quais ninguém pode ter realmente a posse completa. Por isso, concebemos facilmente o que pode o conhecimento claro e distinto sobre as afecções, e principalmente esse terceiro gênero de conhecimento (ver a respeito o Escólio da Proposição XLVII, Parte II), cujo princípio é o próprio conhecimento de Deus. Com efeito, se as afecções, na qualidade de paixões, não são por isso eliminadas em absoluto (ver Proposição III com Escólio da Proposição IV), ao menos acontece delas constituírem a menor parte da mente (pela Proposição XIV). Mais ainda, esse conhecimento engendra um amor para com algo imutável e eterno (Proposição XV) e cuja posse nos é realmente assegurada (Proposição XLV, Parte II). Consequentemente, esse amor não pode ser corrompido por qualquer dos vícios inerentes ao amor ordinário, mas pode se tornar cada vez maior (pela Proposição XV) e ocupar a maior parte da mente (Proposição XVI), afetando-a amplamente. Cada um poderá ver com facilidade o que disse no começo deste Escólio, a saber, que neste pequeno número de proposições fiz entrar todos os remédios contra as afecções, contanto que se tenha em vista o que se diz no Escólio e, simultaneamente, nas definições das afecções e, por fim, nas proposições I e III da Parte III. É tempo agora de passar ao que tange à duração da mente, sem relação com a existência do corpo.

PROPOSIÇÃO XXI

A mente nada pode imaginar nem recordar-se de coisas pretéritas a menos que o corpo perdure.

DEMONSTRAÇÃO

A mente só exprime a existência atual de seu corpo e só concebe também como atuais suas afecções durante a duração do corpo (Corolário da Proposição VIII, Parte II). Por conseguinte (pela Proposição XXVI, Parte II), ela apenas concebe algum corpo como existente em ato enquanto dure seu corpo; logo, ela nada pode imaginar (ver a Definição de imaginação no Escólio da Proposição XVII, Parte II) nem recordar-se de coisas pretéritas a menos que o corpo perdure (ver a Definição da memória no Escólio da Proposição XVIII, Parte II).

PROPOSIÇÃO XXII

Todavia, há necessariamente em Deus uma ideia que exprime a essência deste ou daquele corpo humano do ponto de vista da eternidade.

DEMONSTRAÇÃO

Deus não é apenas a causa da existência deste ou daquele corpo humano, mas também de sua essência (pela Proposição XXV, Parte I), a qual deve ser necessariamente concebida por meio da própria essência de Deus (Axioma IV, Parte I). E isso com uma necessidade eterna (Proposição XVI, Parte I); assim, esse conceito deve dar-se necessariamente em Deus (pela Proposição III, Parte II).

PROPOSIÇÃO XXIII

A mente humana não pode ser inteiramente destruída com o corpo, mas dela resta algo que é eterno.

DEMONSTRAÇÃO

Em Deus há, necessariamente, um conceito ou uma ideia que exprime a essência do corpo humano (Proposição precedente) e esse conceito é, por conseguinte, algo que pertence à essência da mente humana (pela Proposição XIII, Parte II). Mas nós não atribuímos à mente humana qualquer duração podendo ser definida pelo tempo, senão na medida em que exprime a existência atual do corpo, a qual se explica pela duração e pode ser definida pelo tempo; dito de outra forma (pelo Corolário da Proposição VIII, Parte II), não atribuímos à mente qualquer duração que se possa determinar no tempo, a não ser enquanto o corpo perdure. No entanto, como aquilo que é concebido como necessidade eterna, em virtude mesmo da essência de Deus (Proposição precedente), é alguma coisa, será necessariamente algo de eterno que pertence à essência da mente.

ESCÓLIO

Como dissemos, essa ideia, que exprime a essência do corpo do ponto de vista da eternidade, é um certo modo de pensar que pertence à essência da mente e que é, necessariamente, eterno. Todavia, é impossível nos lembrarmos de ter existido antes do corpo, pois não há no corpo qualquer vestígio dessa existência, não podendo a eternidade ser definida pelo tempo nem ter com ele qualquer relação. Sentimos, porém, e sabemos por experiência, que somos eternos. Pois a mente não sente menos as coisas que concebe por um ato de entendimento do que aquelas que tem na memória. Os olhos da mente, pelos quais ela vê e observa as coisas, são suas próprias demonstrações. Embora não nos lembremos de ter existido antes do corpo, sentimos no entanto que nossa mente, na medida em que envolve a essência do corpo com uma espécie de eternidade, é eterna, e que essa existência da mente não pode definir-se pelo tempo ou ser explicada pela duração. Logo, não se pode dizer que nossa mente dure, e sua existência não pode ser definida por um tempo determinado na medida em que ela envolve a existência atual do corpo; e apenas nessa condição ela pode determinar temporalmente a existência das coisas e de concebê-las na duração.

PROPOSIÇÃO XXIV

Quanto mais compreendemos as coisas singulares, mais compreendemos a Deus.

DEMONSTRAÇÃO

Isso é evidente pelo Corolário da Proposição XXV, Parte I.

PROPOSIÇÃO XXV

O esforço supremo da mente e sua suprema virtude são as de compreender as coisas pelo terceiro gênero de conhecimento.

DEMONSTRAÇÃO

O terceiro gênero de conhecimento vai da ideia adequada de certos atributos de Deus ao conhecimento adequado da essência das coisas (ver Definição deste gênero no Escólio 2 da Proposição XL, Parte II); e quanto mais compreendemos as coisas dessa maneira, mais (pela Proposição precedente) compreendemos a Deus. Por conseguinte (Proposição XXVIII, Parte IV), a suprema virtude da mente, ou a potência e natureza da mente, ou ainda, o que vem a ser o mesmo, seu esforço supremo é o de compreender as coisas pelo terceiro gênero de conhecimento.

PROPOSIÇÃO XXVI

Quanto mais a mente estiver apta a compreender pelo terceiro gênero de conhecimento, mais desejará compreender as coisas por esse gênero de conhecimento.

DEMONSTRAÇÃO

Isso é evidente. Na medida em que concebemos que a mente está apta a compreender as coisas por esse gênero de conhecimento, nós a concebemos como determinada a

ÉTICA, DEMONSTRADA À MANEIRA DOS GEÔMETRAS 367

compreendê-las por esse gênero de conhecimento e, por isso (Definição I das afecções), quanto mais apta está a mente, mais ela deseja.

PROPOSIÇÃO XXVII

Desse terceiro gênero de conhecimento origina-se o mais elevado contentamento que se possa dar à mente.

DEMONSTRAÇÃO

A suprema virtude da mente é a de conhecer a Deus (pela Proposição XXVIII, Parte IV), quer dizer, compreender pelo terceiro gênero de conhecimento (Proposição XXV). E essa virtude é tanto maior quanto mais a mente conhece as coisas por esse gênero (Proposição XXIV). Quem, portanto, conhece as coisas por tal gênero de conhecimento, passa à mais alta perfeição humana e, por conseguinte, vê-se afetado pela maior alegria (Definição II das afecções), e isso acompanhado pela ideia de si mesmo e de sua própria virtude (Proposição XLIII, Parte II). Daí, desse gênero de conhecimento, origina-se o mais elevado contentamento que se possa dar à mente.

PROPOSIÇÃO XXVIII

O esforço ou o desejo de conhecer as coisas pelo terceiro gênero de conhecimento não pode originar-se do primeiro, mas do segundo gênero de conhecimento.

DEMONSTRAÇÃO

Esta Proposição é evidente por si. Com efeito, tudo o que compreendemos clara e distintamente o fazemos ou por si ou por alguma coisa concebida por si. Dito de outra forma, as ideias que clara e distintamente estão em nós, aquelas que se referem ao terceiro gênero de conhecimento (pelo Escólio 2 da Proposição XL, Parte II), não podem provir de ideias mutiladas ou confusas que se relacionam ao primeiro gênero de conhecimento, mas provêm de ideias adequadas, quer dizer, do segundo e do terceiro gêneros (mesmo

Escólio); por conseguinte (Definição das afecções), o desejo de conhecer pelo terceiro gênero de conhecimento não pode originar-se do primeiro, mas sim do segundo.

PROPOSIÇÃO XXIX

Tudo o que a mente discerne do ponto de vista da eternidade, ela o faz não porque concebe a existência atual e presente do corpo, mas porque concebe a essência do corpo do ponto de vista da eternidade.

DEMONSTRAÇÃO

Na medida em que a mente concebe a existência presente do seu corpo, ela concebe a duração que pode ser determinada pelo tempo, e tem a potência de conceber as coisas com relação ao tempo (pela Proposição XXI daqui e pela XXVI, Parte II). Mas a eternidade não pode ser explicada pela duração (Definição VIII, Parte I e sua explicação). Logo, a mente não tem, na medida em que concebe a existência presente do seu corpo, o poder de conceber as coisas como possuindo uma espécie de eternidade. Mas como é da natureza da razão conceber coisas do ponto de vista da eternidade (pelo Corolário 2 da Proposição XLIV, Parte II), e pertence à natureza da mente conceber a essência do corpo do ponto de vista da eternidade (Proposição XXIII), não havendo exteriormente a essas duas maneiras de conceber os corpos nada que pertença à essência da mente, essa potência de conceber do ponto de vista da eternidade não pertence à mente, a não ser na medida em que concebe a essência do corpo do ponto de vista da eternidade.

ESCÓLIO

As coisas são por nós concebidas como atuais de dois modos: ou na medida em que concebemos a existência com relação a um tempo e a um lugar determinados, ou como contidas em Deus, seguindo-se da necessidade da natureza divina. As que são concebidas como verdadeiras ou reais da segunda maneira, nós as concebemos do ponto de vista da

ÉTICA, DEMONSTRADA À MANEIRA DOS GEÔMETRAS 369

eternidade, e suas ideias envolvem a essência eterna e infinita de Deus, como mostramos na Proposição XLV, Parte II, vendo-se ainda seu Escólio.

PROPOSIÇÃO XXX

Nossa mente, na medida em que se conhece a si mesma e conhece o corpo do ponto de vista da eternidade, tem necessariamente o conhecimento de Deus, e sabe que ela está em Deus e por ele é concebida.

DEMONSTRAÇÃO

A eternidade é a própria essência de Deus na medida em que envolve a existência necessária (Definição VIII, Parte I). Portanto, conceber as coisas do ponto de vista da eternidade é concebê-las na medida em que se concebem como coisas reais pela essência de Deus, quer dizer, que em virtude da essência de Deus elas envolvem a existência. E assim nossa mente, ao conceber-se a si mesma e conceber as coisas do ponto de vista da eternidade, tem necessariamente o conhecimento de Deus, e sabe etc.

PROPOSIÇÃO XXXI

O terceiro gênero de conhecimento depende da mente como de sua causa formal, na medida em que a mente é em si eterna.

DEMONSTRAÇÃO

A mente nada concebe do ponto de vista da eternidade, senão na medida em que concebe a essência do seu corpo desse ponto de vista (pela Proposição XXIX), quer dizer, na medida em que é eterna (proposições XXI e XXIII). Assim (pela Proposição precedente), ela possui o conhecimento de Deus. E tal conhecimento é necessariamente adequado (pela Proposição XLVI, Parte II). Por conseguinte, a mente, enquanto eterna, está apta a conhecer tudo o que se segue desse conhecimento (Proposição XL, Parte II), ou seja, conhecer as coisas pelo terceiro gênero de conhecimento

(ver sua Definição no Escólio 2 da Proposição XL, Parte II).
Assim, a mente (Definição I, Parte III), na medida em que
é eterna, é a causa adequada ou formal.

ESCÓLIO

Quanto mais alguém se eleva nesse gênero de conhecimento, melhor está consciente de si e de Deus, quer dizer,
mais se aperfeiçoa e se beatifica, o que claramente se evi-
denciará na sequência. Mas é preciso notar aqui, estando-se
certo de que a mente é eterna na medida em que concebe as
coisas do ponto de vista da eternidade, e, a fim de explicar
mais facilmente e fazer compreender o que queremos mostrar na sequência, que nós sempre a consideramos (como o
fizemos até esse momento) como se ela começasse a existir
atualmemte e concebesse as coisas do ponto de vista da eternidade. O que nos é permitido fazer, sem nenhum perigo
de erro, desde que tenhamos a precaução de nada concluir
além de premissas claramente percebidas.

PROPOSIÇÃO XXXII

O que quer que compreendamos pelo terceiro gênero de
conhecimento, com ele nos alegramos e isso acompanhado
da ideia de Deus como sua causa.

DEMONSTRAÇÃO

Desse gênero de conhecimento pode-se dar a máxima tranquilidade da mente (pela Proposição XXVII), quer dizer,
origina-se a alegria (Definição XXV das afecções), e isso
acompanhada da ideia de si mesmo (Proposição XXVII) e,
consequentemente, da ideia de Deus como sua causa (Proposição XXX).

COROLÁRIO

Do terceiro gênero de conhecimento se origina necessariamente o amor intelectual de Deus. Pois desse terceiro
gênero (Proposição precedente) nasce uma alegria que
acompanha a ideia de Deus como causa, quer dizer (pela
Definição VI das afecções), o amor de Deus, não como se o

ÉTICA, DEMONSTRADA À MANEIRA DOS GEÔMETRAS 371

imaginássemos como presente, mas (pela Proposição xxix) como se o discerníssemos como eterno. Este é o que chamo o amor intelectual de Deus.

PROPOSIÇÃO XXXIII

O amor intelectual de Deus, que nasce do terceiro gênero de conhecimento, é eterno.

DEMONSTRAÇÃO

O terceiro gênero de conhecimento (pela Proposição xxxi e Axioma iii, Parte i) é eterno; logo, o amor que dele se origina é também necessariamente eterno.

ESCÓLIO

Embora este amor de Deus não tenha tido começo (pela Proposição precedente), ele possui, no entanto, todas as perfeições do amor, como se houvesse nascido, tal como fingimos no Corolário da Proposição precedente. E nisso não há diferença, a não ser que a mente possua eternamente essas perfeições às quais fingimos que tem acesso, e isso acompanhada da ideia de Deus como causa eterna. Se a alegria consiste na passagem a uma maior perfeição, a beatitude certamente deve consistir no fato de que a mente está em si predisposta à perfeição.

PROPOSIÇÃO XXXIV

A mente só está submetida às afecções, que se referem a paixões, enquanto dura o corpo.

DEMONSTRAÇÃO

Uma imaginação é uma ideia pela qual a mente contempla uma coisa como estando presente (ver sua Definição no Escólio da Proposição xvii, Parte ii), e indica antes a constituição presente do corpo humano do que a natureza da coisa exterior (pelo Corolário 2 da Proposição xvi, Parte ii). Uma afecção é, portanto, uma imaginação (Definição geral das afecções), na medida em que indica a constituição presente do corpo; assim (pela Proposição xxi), a mente só está submetida às afecções, que se referem a paixões, enquanto dura o corpo.

COROLÁRIO

Segue-se daí que nenhum amor, salvo o amor intelectual, é eterno.

ESCÓLIO

Se tivermos em vista a opinião comum dos homens, veremos que eles estão cônscios da eternidade de sua mente, mas que a confundem com a duração e a atribuem à imaginação ou à memória que creem subsistir após a morte.

PROPOSIÇÃO XXXV

Deus ama a si mesmo com um amor intelectual infinito.

DEMONSTRAÇÃO

Deus é absolutamente infinito (pela Definição VI, Parte I), quer dizer (pela Definição VI, Parte II), a natureza de Deus goza de uma perfeição infinita, e isso acompanhada da ideia de si mesmo, ou seja (pela Proposição XI e Definição I, Parte I), da ideia de sua própria causa e é isso que no Corolário da Proposição XXXII dizemos ser o amor intelectual.

PROPOSIÇÃO XXXVI

O amor intelectual da mente para com Deus é o próprio amor com o qual Deus se ama, não por ser infinito, mas porque pode ser explicado pela essência da mente humana, considerada do ponto de vista da eternidade; quer dizer, o amor intelectual da mente para com Deus é uma parte infinita do amor com o qual Deus se ama.

DEMONSTRAÇÃO

Esse amor da mente deve referir-se às ações da mente (pelo Corolário da Proposição XXXII e Proposição III, Parte III). É, portanto, uma ação pela qual a mente se autocontempla e que é acompanhada da ideia de Deus como causa (pela Proposição XXXII e seu Corolário); em outras palavras, uma ação pela qual Deus, na medida em que pode ser

ÉTICA, DEMONSTRADA À MANEIRA DOS GEÔMETRAS

explicado pela mente humana, contempla-se a si próprio, e que é acompanhada da ideia de si; por conseguinte (pela Proposição precedente), esse amor da mente é uma parte infinita do amor com o qual Deus se ama.

COROLÁRIO

Segue-se daí que Deus, na medida em que se ama, ama os homens e, por conseguinte, que o amor de Deus para com os homens e o amor intelectual da mente por Deus são uma só e mesma coisa.

ESCÓLIO

Por isso conhecemos claramente em que consiste nossa salvação, quer dizer nossa beatitude ou liberdade; quero dizer, num amor constante e eterno para com Deus, ou no amor de Deus para com os homens. Este amor ou beatitude é chamado glória nos livros sagrados, não sem méritos. Que esse amor se refira a Deus ou à mente, ele pode ser corretamente chamado de tranquilidade da alma, não se distinguindo da glória (Definição XXV e XXX das afecções). Na medida em que ele se refere a Deus, é (pela Proposição XXXV) uma alegria, se for permitido ainda empregar esta palavra, que acompanha a ideia de si próprio, e também quando se refere à mente (pela Proposição XXVII). Além disso, dado que a essência de nossa mente consiste apenas no conhecimento, do qual Deus é princípio e fundamento (pela Proposição XV, Parte I, e Escólio da Proposição XLVII, Parte II), percebemos claramente como e em que condições nossa mente resulta da natureza divina quanto à essência e quanto à existência, dependendo continuamente de Deus. Acreditei que valesse a pena notar aqui, para mostrar com esse exemplo, o quanto vale o conhecimento das coisas singulares que denominei intuitivo ou conhecimento do terceiro gênero (Escólio da Proposição XL, Parte II), e como sobrepuja o conhecimento universal que disse ser do segundo gênero. Embora tenha mostrado na primeira parte que todas as coisas (e por consequência a mente humana) dependem de Deus quanto à existência e à essência, por esta Demonstração, entretanto, ainda que seja legítima e fora de dúvida, nossa mente não se vê afetada da mesma maneira do que se tiramos essa conclusão da própria essência de algo singular e que dizemos depender de Deus.

PROPOSIÇÃO XXXVII

Nada é dado na natureza que seja contrário a este amor intelectual ou que lhe possa tolher.

DEMONSTRAÇÃO

Este amor intelectual segue-se necessariamente da natureza da mente, na medida em que a consideramos, pela natureza de Deus, como uma verdade eterna (pelas proposições XXXIII e XXIX). Logo, se algo fosse contrário a esse amor, seria contrário à verdade e, por consequência, o que poderia tolher esse amor faria com que o que é verdadeiro se tornasse falso. Ora, isso (nota-se por si) é absurdo. Assim, nada é dado na natureza... etc.

ESCÓLIO

O Axioma da Parte IV diz respeito às coisas singulares, quando se relacionam a um certo tempo e lugar; disso creio que ninguém duvida.

PROPOSIÇÃO XXXVIII

Quanto mais a mente conhece as coisas pelo segundo e terceiro gêneros de conhecimento, menos ela padece das afecções que são más e menos teme a morte.

DEMONSTRAÇÃO

A essência da mente consiste no conhecimento (pela Proposição XI, Parte II); portanto, na medida em que a mente conhece mais coisas pelo segundo e terceiro gêneros de conhecimento, uma parte maior de si mesma permanece (pelas proposições XXIX e XXIII acima) e, por conseguinte, uma parte maior de si mesma não é perturbada pelas afecções contrárias à sua natureza (pela Proposição

XXX, Parte IV), quer dizer, as más. Logo, quanto mais a mente conhece as coisas pelo segundo e terceiro gêneros de conhecimento, maior é sua parte que permanece ilesa e, consequentemente, menos padece das afecções etc.

ESCÓLIO

Por isso compreendemos aquilo a que me dedico no Escólio da Proposição XXXIX, Parte IV, e que prometi explicar nesta quinta parte. Quero dizer que a morte é tanto menos prejudicial quanto mais há na mente um conhecimento claro e distinto e, por conseguinte, mais amor a Deus. Além do mais, dado que (pela Proposição XXVII) do terceiro gênero de conhecimento se origina a mais elevada tranquilidade que possa haver, a mente humana pode ser de uma natureza tal que a parte que dela perece com o corpo, como mostramos na Proposição XXI, nada seja com respeito ao que permanece. Mas disso falaremos mais.

PROPOSIÇÃO XXXIX

Quem tem um corpo com muitas aptidões, tem uma mente cuja maior parte é eterna.

DEMONSTRAÇÃO

Quem tem um corpo apto para agir em muitas coisas é pouquíssimo sujeito às más afecções (pela Proposição XXXVIII, Parte IV), isto é, às afecções contrárias à nossa natureza, e assim (pela Proposição X) tem o poder de ordenar e concatenar as afecções do corpo conforme uma ordem válida para o intelecto e, por conseguinte, de fazer com que todas as afecções do corpo se refiram a Deus (Proposição XIV). Do que resultará (Proposição XV) ser afetado de um amor para com Deus que deverá ocupar ou constituir a maior parte da mente (Proposição XVI) e, por isso, ter uma mente cuja maior parte é eterna (Proposição XXXIII).

ESCÓLIO

Visto que os corpos humanos são aptos para muitas coisas, não há dúvida de que podem ser de tal natureza que se refiram a mentes que possuam um grande conhecimento de si mesmas e de Deus, e cuja maior parte, ou a parte principal, seja eterna, dificilmente temendo a morte. Mas para se compreender isso mais claramente, é preciso considerar aqui que vivemos em contínua variação e que conforme mudamos para melhor ou pior nos é dito que somos felizes ou infelizes. Quem sendo criança ou jovem passa a cadáver, é dito infeliz e, ao contrário, tem-se por felicidade o ter percorrido o espaço da vida com mente sã num corpo são. Realmente, quem possui um corpo com poucas aptidões, como uma criança ou um jovem, depedente no mais elevado grau de causas externas, tem uma mente que, considerada apenas em si, quase não possui consciência de si, de Deus e das coisas. Ao contrário, quem possui um corpo com numerosas aptidões, tem uma mente que, considerada apenas em si, é cônscia de si, de Deus e das coisas. Portanto, nesta vida fazemos esforço antes de tudo para que o corpo da infância mude, na medida em que sua natureza padeça e que lhe convenha, em outro, possuindo um grande número de aptidões, e que se refira a uma mente cônscia de si, de Deus e das coisas no mais elevado grau; e de tal modo que tudo o que se refira à sua memória ou imaginação seja quase insignificante em relação ao seu intelecto, como disse no Escólio da Proposição precedente.

PROPOSIÇÃO XL

Quanto mais algo tem perfeição, mais age e menos padece; ao contrário, quanto mais age, mais é perfeito.

DEMONSTRAÇÃO

Quanto mais algo é perfeito, mais tem realidade (pela Definição VI, Parte II) e, por conseguinte (Proposição III, Parte III com Escólio), mais é ativo e menos padece. Essa Demonstração se procede do mesmo modo na ordem inversa; do que se segue que uma coisa é tanto mais perfeita quanto mais age.

COROLÁRIO

Disso se segue que a parte da mente que permanece, o quanto for, é mais perfeita do que o resto. Pois a parte eterna da mente (pelas proposições XXIII e XXIX) é o intelecto, única parte pela qual dizemos ser ativos (pela Proposição III, Parte III). A parte que mostramos perecer é a própria imaginação (pela Proposição XXI), única parte pela qual dizemos ser passivos (pela Proposição III, Parte III e Definição geral das afecções). E assim, o quanto for, a primeira é mais perfeita.

ESCÓLIO

Tais são os princípios da mente, sem relação com a existência do corpo, que me propus considerar. Por eles e pela Proposição XXI, Parte I, e ainda outros, aparece que nossa mente, na medida em que compreende, é um modo eterno de pensar, determinado por um outro modo eterno de pensar, e assim ao infinito, de maneira que todos eles, simultaneamente, constituem o intelecto eterno e infinito de Deus.

PROPOSIÇÃO XLI

Mesmo ignorantes de que nossa mente é eterna, a piedade e a religião, e absolutamente tudo o que se refere à animosidade e à generosidade, e que mostramos na Parte IV, nos serão a primeira coisa.

DEMONSTRAÇÃO

O primeiro e único fundamento da virtude e da reta conduta da vida é (pelo Corolário da Proposição XXII e Proposição XXIV, Parte IV) a busca do que nos é útil. Ora, para determinar o que é a razão dita como útil, não tivemos em vista a eternidade da mente, conhecida nesta parte quinta. Embora tenhamos desse modo ignorado que a mente é eterna, aquilo que mostramos e que se refere à animosidade e à generosidade não deixou de ser para nós a primeira coisa. Por isso, embora a ignoremos ainda, da mesma maneira manteremos essas prescrições como a primeira coisa.

ESCÓLIO

A persuasão comum do vulgo parece ser diferente. Com efeito, a maior parte acredita ser livre na medida em que se submete à libido e cede seus direitos quando se obriga a viver conforme as prescrições da lei divina. Creem eles que a piedade e a religião, e absolutamente tudo o que se refere à fortaleza da alma, são fardos dos quais esperam desfazer-se após a morte para receber o prêmio da servidão, da piedade e da religião; e é também o medo de serem punidos com suplícios cruéis após a morte que os induz a viver segundo as prescrições da lei divina, tanto quanto sua pequenez e impotência de vontade o permitam. E se os homens não tivessem essa esperança e esse medo, se, ao contrário, acreditassem que a mente morresse com o corpo, e que aos infelizes, cansados do fardo da piedade, não resta uma nova vida, retornariam à sua disposição natural e quereriam tudo governar segundo sua libido e obedecer à fortuna, antes do que a si mesmos. O que não me parece menos absurdo do que alguém, por não crer que possa nutrir seu corpo com bons alimentos na eternidade, preferisse saturar-se de venenos e de substâncias mortíferas. Ou por não crer que a mente seja eterna ou imortal, amasse ser demente e viver sem razão. Coisas tão absurdas que mal valem ser mencionadas.

PROPOSIÇÃO XLII

A beatitude não é o prêmio da virtude, mas a própria virtude; e dela não gozamos porque restringimos a libido, mas, ao contrário, gozamos porque podemos restringir a libido.

DEMONSTRAÇÃO

A beatitude consiste no amor de Deus (pela Proposição XXXVI com seu Escólio) e esse amor se origina do terceiro gênero de conhecimento (pelo Corolário da Proposição XXXII); assim (pelas proposições LIX e III, Parte III), esse

ÉTICA, DEMONSTRADA À MANEIRA DOS GEÔMETRAS

amor deve referir-se à mente na medida em que é ativa e, por conseguinte (pela Definição VIII, Parte IV), é a própria virtude. Além disso, quanto mais a mente goza desse amor divino ou dessa beatitude, mais ela compreende (Proposição XXXII), quer dizer (pelo Corolário da Proposição III), maior é seu poder sobre as afecções, e menos padece sob as que são más (Proposição XXXVIII); e pela mente gozar do amor divino ou da beatitude, tem ela o poder de restringir a libido. E como a potência do homem para restringir as afecções consiste apenas no intelecto, ninguém goza da beatitude pela restrição da libido, mas, ao contrário, o poder de restringir as afecções se origina da beatitude.

ESCÓLIO

Concluí tudo o que queria demonstrar da potência da mente sobre as afecções e sua liberdade. Por aí aparece quanto vale o sábio e o quanto supera o ignorante que se conduz apenas pela libido. O ignorante, além de ser sacudido de muitas maneiras por causas exteriores, jamais possuindo a verdadeira tranquilidade, vive quase sempre insciente de si, de Deus e das coisas, e tão logo deixa de padecer, deixa também de ser. Ao contrário, o sábio assim considerado jamais conhece a perturbação interior, pois sendo cônscio de si, de Deus e das coisas nunca deixa de possuir a verdadeira tranquilidade de alma. Se a via que mostrei aqui e que a ela conduz parece extremamente árdua, ainda assim podemos nela entrar. E certamente deve ser árduo o que só raramente se encontra. Como seria possível que a salvação, estando bem perto e a ela se pudesse chegar sem esforço, fosse negligenciada por quase todos? Mas tudo o que é notável é tão difícil quanto raro.

COMPÊNDIO DE GRAMÁTICA
DA LÍNGUA HEBRAICA

Tradução e notas:
J. Guinsburg e Gita K. Guinsburg

PREFÁCIO À EDIÇÃO BRASILEIRA
DO *COMPÊNDIO DE GRAMÁTICA
DA LÍNGUA HEBRAICA* DE BARUKH SPINOZA

Alexandre Leone

O *Compêndio de Gramática da Língua Hebraica* escrito por Barukh Spinoza é, dentre todos os seus livros, o menos notório. Anthony Klijnsmit chama-o de "a gramática desconhecida de um homem muito conhecido". É interessante a peculiaridade de sua transmissão no contexto da obra spinoziana. Apesar de fazer parte da primeira edição de suas obras póstumas, publicada em Amsterdã em 1677 por Jan Rieuwertsz, ao longo dos séculos não recebeu a mesma divulgação do restante da obra spinoziana. Conta M. A. Rodrigues que, em 1953, o professor Ferdinand Alquié iniciou seu curso sobre o pensamento de Spinoza lembrando que havia um livro desconhecido, não incluído na versão das *Obras Completas*, que então circulava nos meios acadêmicos franceses.

Além de desconhecida, sua gramática é uma obra inacabada, pois, ao que parece, devido às vicissitudes de sua vida e de seu falecimento prematuro, Spinoza não conseguiu finalizar seu projeto. Falta-lhe assim a parte que seria dedicada à sintaxe. Mesmo incompleta ela é muito interessante, pois permite vislumbrar como Spinoza pensa o idioma hebraico, o que clarifica seus argumentos em muitas passagens do *Tratado Teológico-Político* em que ele faz a crítica da várias interpretações tradicionais judaicas do texto bíblico. Um exemplo se dá quanto ao sentido de palavras específicas. No *Tratado* discute-se se na passagem em que Jacó abençoa os netos a palavra empregada é *mitá* (cama) ou *maté* (cajado). Ambas as palavras são escritas em hebraico com as mesmas letras, mas são vocalizadas de modo diferente. Spinoza diverge da vocalização recebida da tradição massorética e propõe como mais racional a opção *mitá*. Outro exemplo contido no *Compêndio de Gramática da Língua Hebraica* que nos esclarece como Spinoza faz sua crítica à tradição massorética liga seu longo comentário sobre os *taamei hamikrá*, os acentos fonético-sintáticos com os quais o texto bíblico é lido de acordo com a tradição oral, com a reinterpretação do texto bíblico feita por ele no *Tratado*.

Seu trato com a língua hebraica é fruto tanto de sua formação nas academias rabínicas da Amsterdã do século XVII, quanto de sua crítica a essa mesma tradição, que é um tema importante de sua obra. Em vez de compreender o hebraico como língua sagrada a partir do texto bíblico, ele propõe outra abordagem e a entende primeiramente como língua da nação judaica. É nesse preciso sentido que ele abandona a ideia do hebraico como *safá keduschá*, língua sagrada. É a língua da nação antes de ser a do texto. Um exemplo dessa abordagem encontrado neste *Compêndio de Gramática da Língua Hebraica* está na discussão sobre a pronúncia de certos pares de letras semelhantes, como, por exemplo, as letras *alef* e *ain*, *samekh* e *zain* e *tet* e *tav*; sua hipótese é de que essa variação ocorre pelo "fato de que a Escritura foi escrita por homens de diversos dialetos, e que agora os dialetos não são reconhecíveis, isto é, de que tribo este ou aquele dialeto proveio". Aqui está sua crítica central à tradição massorética e também sua inovação (*hidusch*) no campo da filosofia da linguagem aplicada ao hebraico. Em resumo, ele afirma que o hebraico é uma língua de homens e, da mesma forma, o texto bíblico é também escrito por homens

PREFÁCIO À EDIÇÃO BRASILEIRA DO *COMPÊNDIO DE GRAMÁTICA*... 385

e, como tal, ambos devem ser estudados. Assim, ele aplica essa posição tanto à língua quanto ao principal texto escrito nela[1].

O exemplo que Spinoza fornece em seguida é muito interessante. Ele cita uma passagem da Escritura, dos *Juízes*, na qual é mencionado que os membros da tribo de Efraim trocavam o *samekh* pelo *schin*. Apesar de querer descrever o hebraico como língua dos homens antes de ser língua da *Bíblia*, ele recorre a um exemplo retirado desta. Seu estudo do idioma continua fortemente atrelado ao texto bíblico e praticamente todos os exemplos de palavras por ele citados são retirados daí. Também em seu extenso comentário e descrição dos *taamei hamikrá*, eles são evidência dessa relação entre a língua e o texto. No entanto, o hebraico não aparece nem como língua da liturgia nem como textos mischnaicos e medievais. Seu objetivo é demonstrar que a Escritura é produto de situações, como diríamos hoje, histórico-culturais da nação judaica do passado. Dessa forma, sua gramática pretende auxiliar outra leitura e outra visão da *Bíblia* divergente da tradicional.

Spinoza demonstra grande proficiência nas fontes rabínicas medievais e renascentistas que o precederam. Ele cita e demonstra conhecer os comentários de Rashi (França, século XI), de Abraão ibn Ezra (Espanha, séculos XI e XII), de David Kimhi e de seu irmão Moisés Kimhi (Espanha, século XII) e Abraham de Balmes (Itália, séculos XV e XVI). Esse último compilou uma gramática hebraica e foi o primeiro que tentou tratar filosoficamente a construção da língua hebraica. Nesse intuito, De Balmes refuta as opiniões de David Kimhi, cuja gramática havia se tornado muito aceita nas academias rabínicas. Spinoza, por sua vez, irá criticar certos aspectos do modo como Abraham de Balmes diferencia duas vogais muito próximas, o *kibutz*, a vogal *u* breve, e o *suruk*, a vogal *u* longa. É importante notar que em meio a essa tradição de gramáticos do hebraico,

---

1. M. A. Rodrigues, Algumas Notas Sobre o *Compendium Gramaticaes Hebraeae* de Baruch Spinoza. Separata de *Helmantica*, v. XLIX, n. 148-149, Enero- Agosto 1998, Universidad Pontifícia de Salamanca, p. 117

Spinoza se posiciona como mais um debatedor, ou seja, alguém que fala de dentro dessa mesma tradição.

A própria comunidade judaica de Amsterdã no século XVII foi frutífera na produção de tratados de gramática. Duas delas foram escritas por seus professores na academia rabínica e interessantemente circularam em português: o *Libro yntitulado sapha berura, hoc est labia clara da grammatica hebrea*, de Menassé ben Israel, de 1647, que não foi impresso, mas circulou como manual escolar manuscrito pelos alunos na academia; e a *Epitome da Gramatica Hebrayca*, de Mosse Rephael D'Aguilar, de 1660. A primeira provavelmente foi usada por Spinoza enquanto estudante e tem como aspecto interessante relacionado à sua própria gramática o trato dos acentos. A segunda, apesar de só publicada depois do *herem* (excomunhão, banimento), que ocorreu em 1556, não deixa de ser relevante, pois foi escrita por D'Aguilar, que fora seu professor e também um daqueles participantes do *beit din* (tribunal rabínico) que o baniu da comunidade. Nela D'Aguilar deixa claro que fará uma abordagem do hebraico como língua sagrada. Ambos os tratados fornecem o contexto de como Spinoza aprendeu a língua.

Um exemplo interessante de como ele demonstra sua proveniência da tradição rabínica aprendida nas academias Etz Haim e Keter Torá de Amsterdã é o uso que faz de uma popular referência encontrada na literatura rabínica. Para explicar por que para os hebreus as vogais não são letras e sim um signo colocado na letra para indicar uma determinada vocalização dela, ele escreve que as vogais são a alma das letras (que em hebraico são todas consoantes), assim as letras sem vogais são como corpos sem alma. Esse exemplo é oriundo de uma passagem do *Midrasch*, isto é, da tradição rabínica, que se encontra em Sifrei, Piska 17, em que a *Halakhá*, o sistema jurídico, é comparado ao corpo da *Torá* e a *Agadá*, a narrativa sapiencial-teológica, é comparada à alma. Ao mesmo tempo que ele demonstra ser versado na literatura rabínica talmúdica e medieval, também rejeita essa mesma tradição, empregando várias vezes ao

PREFÁCIO À EDIÇÃO BRASILEIRA DO *COMPÊNDIO DE GRAMÁTICA...* 387

longo de seu texto expressões duras e pejorativas contra ela. Para tanto ele se refere aos rabinos como fariseus. Podemos observar isso em passagens como "os fariseus supersticiosamente o imitaram" ou "deixarei as minúcias aos fariseus e aos massoretas ociosos".

O termo "fariseu" é empregado nessas passagens, tal como no *Tratado Teológico-Político*, sempre num sentido pejorativo. É sabido que esse termo adquiriu na tradição cristã oriunda do Novo Testamento um sentido pejorativo, mas isso nunca ocorre na tradição rabínica, que é oriunda da corrente farisaica. No entanto, na comunidade judaica de Amsterdã do século XVII, o termo já tinha sido usado de modo negativo por Uriel da Costa, que poucos anos antes de Spinoza também fora banido da comunidade por um *herem* decretado pelo tribunal rabínico local em virtude de suas ideias. Uriel da Costa e sua família viviam como criptojudeus no Porto e para poder abraçar abertamente sua religião fora para Amsterdã, porém, uma vez lá, ele rapidamente se desencantou com a prática do judaísmo rabínico halákhico. Para ele, esse judaísmo era consumido pelo ritualismo e pelo seu caráter legalista. Assim, em 1624, ele publicou o livro intitulado *Um Exame das Tradições dos Fariseus*, em que questionava a ideia da imortalidade da alma. Para ele, essa crença não estaria fortemente enraizada no judaísmo bíblico, antes tendo sido formulada primeiramente pelos rabinos. Além disso, ele apontou o que, em seu entender, seriam outras discrepâncias entre o judaísmo rabínico e o bíblico. Em sua opinião, o modo de vida rabínico em geral baseava-se em um acúmulo de cerimônias e práticas mecânicas e completamente desprovidas de conceitos espirituais e filosóficos. Essas eram as tradições dos fariseus. Uriel da Costa, cujo pai fora padre católico, possivelmente conhecia o sentido do termo "fariseu" no imaginário cristão. Ao usar o mesmo termo em um contexto semelhante, Spinoza demonstra, nesse aspecto, certa coincidência com as críticas de Uriel da Costa à tradição rabínica. Ele está ciente de que o termo "fariseu"

388 SPINOZA: OBRA COMPLETA IV

passara também a ter um sentido negativo em certos círculos dos judeus portugueses de Amsterdã, que viviam a tensão entre as práticas marranas, as quais eram forçados a deixar para trás, e o modo de vida centrado na *halakhá* rabínica e nas tradições orais, que agora reaprendiam na nova terra para se reorganizar como comunidade de judeus públicos.

Isso gerou entre os marranos portugueses, tanto na Amsterdã do século XVII quanto em Belmonte do século XX[2], enormes tensões. As tradições judaicas talmúdicas e medievais, agora distantes, aparecerão como vazias e mecânicas, ainda mais se a liderança rabínica não entendeu a situação das famílias que passaram pelo criptojudaísmo em suas diversas formas. Eram marranos entre os católicos e agora também entre os rabinos. Isso se refletia tanto nas práticas da vida cotidiana quanto nos ritos da sinagoga e da casa de estudos. Na crítica feita por Spinoza, essas práticas e ritos são as minúcias e superstições dos fariseus. No contexto do *Compêndio de Gramática da Língua Hebraica* as minúcias e superstições se referem também ao modo como a tradição rabínica se relaciona com a língua hebraica, isto é, com a língua sagrada da Escritura, da literatura sapiencial e do ritual.

O uso do termo "fariseu" para designar crítica e pejorativamente a tradição rabínica decerto que se tornara de conhecimento geral entre os judeus da "nação", e provavelmente seria entendido tanto pelos críticos quanto pelos representantes dessa tradição na Amsterdã do século XVI. Seu uso por Spinoza mostra o quão imerso ele estava nas referências culturais locais dos judeus portugueses do seu tempo. Isso pode ser percebido de

---

2. Belmonte tem a mais famosa comunidade criptojudaica ibérica. Sua história veio à luz quando o engenheiro metalúrgico judeu polonês Samuel Schwarz (1880-1953), descobriu sua existência, em 1917 (tornando-a pública em *Os Cristãos-Novos em Portugal no Século XX*, separata da revista da Associação dos Arqueólogos Portugueses, *Arqueologia e História*), ainda mantendo secreta sua tradição, transmitida de forma oral, conscientes de não serem cristãos, mas sem saber que eram judeus, e isso mesmo depois de extinta em Portugal a distinção entre cristãos-novos e cristãos-velhos, pela "Carta de Lei, Constituição Geral e Édito Perpétuo" (de 1773), e do fim oficial da Inquisição (em 1821).

PREFÁCIO À EDIÇÃO BRASILEIRA DO *COMPÊNDIO DE GRAMÁTICA...* 389

outros modos no *Compêndio*. Por exemplo, logo no começo do livro, no capítulo II, na definição da transliteração que Spinoza faz dos sons das 22 letras hebraicas, é possível notar que seu sotaque hebraico era aquele dos judeus sefarditas portugueses, modo de falar esse que de Amsterdã, Hamburgo e Londres espalhou--se, através do ritual, da recitação das orações e da leitura pública dos textos sagrados, pelo Caribe, América do Norte e Gibraltar. Nesse modo de pronunciar o hebraico, mais um sotaque que um dialeto, a letra *beit* é sempre pronunciada apenas como *b*. Essa é uma idiossincrasia típica dos judeus portugueses, não seguida por outros sefarditas, ou pelos judeus asquenazitas, iemenitas, italianos, greco-romanos ou *mizrakhim* (orientais em geral). Entre eles o *beit* admite dois sons, o forte *b* e o fraco *v*. Interessante que essa indefinição entre os sons *b* e *v* é uma característica do português pronunciado no Porto e no norte de Portugal e em modos locais do falar típicos dos dialetos de certas regiões da Espanha. Teria o modo de falar o português influenciado o modo como os judeus portugueses pronunciam o hebraico até hoje? O certo é que Spinoza não demonstra nem mesmo saber que o *beit* admite o som fraco *v*, muito mais comum entre outros grupos judaicos. Por exemplo, o nome próprio Jacó (no português mais antigo, Jacob), em hebraico normalmente pronunciado Iaakov, seria pronunciado por Spinoza como Iaakob. Quem se der ao trabalho de observar os fac-símiles dos escritos redigidos em português por outros judeus em Amsterdã ou no Brasil desse tempo verá que isso é consistente em seu modo de pronunciar e transliterar o hebraico. Do mesmo modo, para Spinoza a letra *ain*, que expressa uma vogal qualquer pronunciada guturalmente e que ele translitera como *hg* (na presente edição esta letra será transliterada como ʽ) é, portanto, pronunciada de modo diferente do *alef*, que é a vogal palatal. Ele também diferencia dois sons para a letra *tav*, os de *t* e de *th*. Essa é também uma divergência de pronúncia que diferencia os judeus portugueses dos outros grupos de sefarditas que não distinguem dois sons para o *tav* e só o pronunciam como *t*.

No capítulo III é possível notar ainda que Spinoza, ao contrário do que já foi escrito em certos artigos[3], pronuncia os sinais vocálicos ao modo dos judeus portugueses e não como as vogais asquenazitas. Spinoza, aliás, não demonstra conhecer as distinções de pronúncia regional do hebraico do seu tempo. E ele não teria de viajar muito para conhecê-las, pois mesmo em Amsterdã, em sua época, havia uma comunidade asquenazita cuja sinagoga não ficava muito longe da Esnoga[4]. O importante aqui é que, quando ele faz referência às diferenças de pronúncia, recorre ao texto bíblico, à passagem sobre os efraimitas. E isso faz pensar que é possível que, apesar de ele ter vontade de elaborar uma abordagem da língua do povo anterior à sua transposição para texto, de certo modo a prefigurar ou inaugurar a gramática hebraica moderna, e também buscar fazer a distinção entre a língua e o texto da Escritura, ele ainda não tem elementos suficientes para realizar seu intuito. É nesse sentido que seu *Compêndio* é inacabado, apesar de ao mesmo tempo inovar no estudo da língua.

Além do seu modo específico de pronunciar o hebraico, à maneira dos judeus portugueses, Spinoza demonstra seu regionalismo hebraico quando nomeia cada um dos *taamei há-mikrá*, os acentos fonético-sintáticos da massorética. Ele os nomeia sempre e coerentemente chamando-os pelos seus nomes segundo a tradição sefardita.

Por volta do ano 400 EC, a tradição oriunda das academias de Tiberíades finalizou a elaboração dos sinais diacríticos para facilitar a leitura da Escritura. São sinais gráficos que se colocam sobre, sob ou através de uma letra para alterar a sua realização fonética, isto é, o seu som, ou para marcar qualquer outra característica linguística em cada passagem do texto da Escritura. Os sábios de Tiberíades fixaram os sinais por escrito,

---

3. Anthony J. Klijnsmit, *Some Seventeenth-Century Grammatical Descriptions of Hebrew in Histoire Épstemologie Langage*, tomo 12, fascículo 1, 1990, p. 77 -101.

4. Termo pelo qual se costuma designar a Sinagoga Portuguesa de Amsterdã e, por extensão, pequenas "sinagogas" não oficiais, como foi o caso, no início, na Holanda.

PREFÁCIO À EDIÇÃO BRASILEIRA DO *COMPÊNDIO DE GRAMÁTICA...* 391

mas diversos aspectos continuaram transmitidos por meio das diversas versões da tradição oral. Asquenazitas e sefarditas chamam os sinais por nomes diferentes e possuem tradições melódicas próprias e regionalizadas, entoadas durante a leitura pública do texto na sinagoga. Spinoza ouviu a leitura do texto na Esnoga com a melodia dos judeus portugueses, a mais harmoniosamente ocidentalizada dentre as dos sefarditas. Essas minúcias da tradição ele, no entanto, deixa aos fariseus e massoretas ociosos e detém-se mais longamente em comentar acerca da razão da existência de tão grande número de acentos.

De início argumenta que eles talvez servissem para expressar "afecções da alma, que costumamos manifestar pela voz ou pela expressão do rosto". Assim seu uso no texto bíblico poderia servir para dramatizar a narrativa. No entanto, ele em seguida abandona essa teoria, pois, segundo sua opinião, o sistema dos acentos mais confunde as afecções da alma e o sentido das orações do que lhes serve como auxílio para entender o texto. Ele considera confuso, por um lado, o mesmo acento poder indicar afecções da alma como ironia ou simplicidade e, por outro, um determinado acento ter ao mesmo tempo propriedade de ponto, de vírgula e de dois pontos. Ele teoriza então que os acentos foram, em primeiro lugar, introduzidos na leitura pública da Escritura para evitar que fosse lida com "demasiada rapidez", como costumam fazer aqueles que recitam orações sem emoção de modo repetitivo e mecânico.

Seria essa a prática que ele testemunhou ou viveu em sua juventude? Em segundo lugar, ele nota que "os acentos servem para separar e unir orações e, ao mesmo tempo, para elevar ou deprimir o tom de uma sílaba". Assim ele conclui que "em um versículo as partes do período distinguem-se por acentos". O estudo pormenorizado ao qual ele então adentra, teorizando as razões de ser de cada um, será utilizado no *Tratado* para ler os versículos da Escritura e interpretá-los, e esse aspecto apenas já torna bastante importante o estudo da gramática hebraica de Spinoza, pois através dela é possível entender o modo como ele o faz.

O *Compêndio* demonstra não apenas a relação de Spinoza com a tradição dos gramáticos judeus recebida nas academias rabínicas, mas também seu conhecimento das gramáticas hebraicas acessíveis ao leitor do século XVII, originadas do mundo cristão, a cujos eruditos seriam mais acessíveis aquelas escritas em latim por hebraístas cristãos ou por judeus com obras desse tipo traduzidas para o latim ou para alguma língua vernácula. Logo no começo do livro ele cita por nome o *Thesaurus grammaticus linguæ sanctæ hebrææ*, escrito pelo hebraísta cristão João Buxtorf Sênior, que viveu entre os séculos XVI e XVII, e depois revista por seu filho João Buxtorf Júnior, contemporâneo de Spinoza e professor na Universidade da Basileia, que manteve inúmeros contatos com judeus na Itália, Alemanha e Holanda. Provavelmente a obra dos Buxtorf era a mais acessível e conhecida por seus amigos do mundo cristão, a quem ele dedica a elaboração da gramática. É bom lembrar que a gramática é escrita por ele em latim e dirigida a este público.

Spinoza demonstra também conhecer as obras escritas por outros hebraístas cristãos como Johann Reuchlin e Sebastian Münster[5]. Possivelmente ele pode ter chegado a conhecer as obras de Thomas Erpenius e de Sixtinus Amama[6], que por lecionarem em universidades holandesas tinham, por certo, suas obras mais disponíveis ao público local no XVII. O reflexo dessas gramáticas no *Compêndio* é evidente, por exemplo, em sua discussão sobre as partes do discurso em que ele questiona se o hebraico teria ou não, nesse caso, as mesmas divisões do latim. Estudar o hebraico a partir do modo do estudo do latim era então usual nas gramáticas hebraicas feitas entre os cristãos, tanto católicos como luteranos e calvinistas. Tal era o paradigma e a abordagem usada nessa época na Europa.

É a partir de sua teoria dos nomes, isto é, dos substantivos, que ele buscará resolver essa questão. Por "nome" Spinoza entende "uma palavra à qual significamos ou indicamos algo que cai sob

5. M. A. Rodrigues, op. cit., p. 117.
6. A. Klijnsmit, op. cit., p. 77-101.

PREFÁCIO À EDIÇÃO BRASILEIRA DO *COMPÊNDIO DE GRAMÁTICA...* 393

o entendimento". Segundo sua afirmação, tratar-se-ia de "coisas ou atributos de coisas, modos e relações, ou ações e modos de ações", e tudo isso será entendido a partir da teoria dos nomes. É sabido que, para Spinoza, o que "cai sob o entendimento" é ou pensamento ou extensão, assim, há quem veja nos exemplos que ele traz a seguir evidências dessa posição, pois acrescenta que o homem pode ser sábio (atributo do pensamento) ou grande (atributo de extensão). Será mesmo que outros aspectos do seu pensamento podem ter-se feito presentes na composição de sua gramática, além da relação mais imediata que ela mantém com o *Tratado Teológico-Político*? Isso é certamente interessante, mas é algo que exige maior investigação para ser estabelecido. O mais seguro é que Spinoza parece entender as raízes hebraicas primeiramente como raízes de nomes e secundariamente como raízes de verbos; mesmo o infinitivo verbal é tratado por ele como sendo um nome. Esse é mais um debate no qual ele toma partido dentro da tradição gramatical do hebraico, evidenciando sua relação jamais interrompida com o pensamento e a filosofia judaica. Na medida em que participa do debate dessa tradição sapiencial, ele certamente se mostra vinculado a ela, sua preocupação se externa como voz no debate. A raiz (*schoresh*), a partir da qual são formadas as palavras hebraicas, tanto verbos quanto nomes, não alude a um conceito definido ou a uma ideia clara e distinta, cartesiana, mas antes ela melhor poderia ser descrita como um feixe de ideias que se entrelaçam. Assim, por exemplo, da raiz *schim lamed mem* se originam nomes como *schalom* (paz) e *schlemut* (perfeição, completitude) e o verbo *schalam* (pagar um débito). Muitos entendem que as raízes se relacionam principalmente a ações ou situações e por isso as consideram antes de tudo verbais. Por exemplo, da terceira pessoa do presente *schomer* (ele guarda) derivaria a palavra *schomer* (aquele que guarda). Spinoza, no entanto, parece defender que a raiz pensada como ideia é antes coisa e depois ação. A ideia de "guarda" é anterior à ação de "guardar". Teria essa posição relação com sua teoria da substância e dos seus modos? São linhas de pesquisa que certamente decorreriam do estudo de sua gramática.

Mas o que significa afirmar que o infinitivo em hebraico é puro nome? No capítulo v, ele começa a discussão, em primeiro lugar não reconhecendo a existência do infinitivo verbal. Spinoza afirma que somente o infinitivo absoluto hebraico – o exemplo que fornece é *halokh* (ir caminhar) –, segundo seu entendimento, "é o nome de uma ação que não tem nenhuma relação com o tempo", sobretudo não tem nenhum resquício do presente, como no latim, nem do passado, como a raiz hebraica; ele não reconhece nenhum tempo, e por isso não é a ação, mas sua ideia, a ideia da ação. Assim, a ação que cada verbo representa, sua ideia, é fundamentalmente um nome. A ideia absoluta da ação é limitada no tempo, isto é, torna-se verbal quando se refere a uma ação em particular finita referida no discurso. Ele continua essa elaboração sobre o infinitivo no capítulo XIII, quando vai distinguir os diversos nomes infinitivos, ou seja, as diversas ideias de ação, que são por ele analisadas em relação ao agente e ao paciente ou como ação ativa ou passiva (construções verbais *paal* e *nifal*), ação causal imediata (*paal* e *piel*), causal principal (*hifil*) e, por fim, a ação reflexiva (*hitpael*).

Infelizmente, a conclusão dessa trajetória teórica é prometida por Spinoza para a parte de sua gramática que seria dedicada à sintaxe e que nunca foi escrita. No entanto, talvez seja possível vislumbrar o que seria sua sintaxe do hebraico, e elementos de suas ideias sobre o discurso, ao relacionar duas partes da gramática que chegaram até nós: a teoria do nome e do infinitivo com seu extenso e preciso comentário sobre os *taamei hamikrá*, acentos diacríticos fonético-sintáticos. Possivelmente este vislumbre seja bem menos do que uma reconstrução de sua teoria da sintaxe. O consolo para o pesquisador é que justamente nos elementos da teoria gramática hebraica que nos chegaram está uma chave para entender certas partes do *Tratado Teológico-Político*, em especial sua ideia de que o texto da Escritura foi escrito na língua dos homens, porque essa língua veio

PREFÁCIO À EDIÇÃO BRASILEIRA DO *COMPÊNDIO DE GRAMÁTICA...* 395

antes do texto. Com essa abordagem, Spinoza inclui-se naquela corrente da tradição judaica de leitura do texto bíblico – que a partir de Rabi Ischmael (séc. ii), a quem é atribuído o dito "dibrá *Torá* kilschon bene adam" ("a *Torá* fala na linguagem humana"), tem como três de seus mais importantes continuadores medievais, Saadia Gaon (séc. x), Ibn Ezra (séc. xi) e Maimônides (séc. xii)[7] – em defesa da leitura racionalista do texto bíblico baseada na humanidade da língua e do entendimento do discurso do texto bíblico. Diante desse contexto, a posição de Spinoza pode ser entendida como a radicalização das opiniões de seus antecessores, pois em seu pensamento a abordagem do hebraico como língua da nação sustentará uma leitura da Escritura que afasta a ideia de revelação.

A presente publicação desta tradução do *Compêndio de Gramática da Língua Hebraica* é um marco para o público de língua portuguesa em geral e para os pesquisadores do pensamento de Spinoza em particular, que passam a ter agora acesso ao texto que, juntamente com sua correspondência, vem de fato completar a obra do filósofo disponível em nosso idioma. O leitor tem em mãos uma cuidadosa tradução feita diretamente do latim no qual seu autor a redigiu, juntamente com uma igualmente cuidadosa transliteração e revisão dos termos hebraicos. A esperança é que os pesquisadores e interessados em geral possam com ela aprofundar seu conhecimento das relações entre o pensamento spinoziano e a tradição judaica, da qual é ao mesmo tempo receptor e crítico, em especial no que tange seu entendimento da língua na qual foram escritos os principais textos dessa cultura. Que o leitor use-a com saúde!

---

7. Cf. Abraham J. Heschel, *Torá Min Ha-Shamaim Be-Aspaklalia Schel Ha-Dorot*, London: Soncino, v. 1, 1962; v. 2, 1965, p. 30 (em hebraico). Ver também Gordon Tucker, Heschel's Torah Min ha-Shamayim: Ancient Theology and Contemporary Autobiography a Twenty-fifth Yahrtzeit Tribute, *Conservative Judaism*, v. 50, p. 48-55, winter-spring 1998.

Benedictus de Spinoza, Judeu e Ateísta

COMPÊNDIO DE GRAMÁTICA DA LÍNGUA HEBRAICA

Advertência ao Leitor

A composição deste *Compêndio de Gramática da Língua Hebraica* que aqui te é oferecida, benévolo leitor, foi empreendida por seu autor a pedido de alguns amigos seus mui desejosos de estudar a língua sagrada. Dela imbuído desde sua primeira infância, e tendo-se dedicado posteriormente a estudar suas obras com afã, possuía esse gênio que permite compreendê-la, sendo extremamente versado nela e conhecendo-a à perfeição. E isso hão de sabê-lo todos os que se consagram a ela e não desdenhem ler estes poucos escritos que, como muitos outros, a morte inesperada do autor deixou inacabados. Seja como for, benévolo leitor, queremos tornar-te partícipe dela e não duvidamos de modo algum que a obra do autor e o nosso esforço para prestar-te serviço te serão gratos.

Capítulo 1
DAS LETRAS E DAS VOGAIS EM GERAL

Uma vez que as letras e as vogais são os fundamentos de qualquer língua, devemos antes de tudo dizer quais são, em hebraico, as letras e as vogais. A letra é o signo de um movimento da boca que provoca a audição de um certo som. Por exemplo, א indica que a origem do som que se ouve está na abertura da garganta; ב, em troca, que a origem do som que se ouve está na abertura dos lábios; ג, por sua vez, que a origem do som que se ouve está na ponta da língua e no palato etc.

A vogal é o signo que indica certo e determinado som. Daí compreendemos por que, para os hebreus, as vogais não são letras, e por isso, entre eles, *as vogais são a alma das letras* e as *letras sem vogais são corpos sem alma.*

Na verdade, para que a diferença entre letras e vogais seja compreendida de maneira mais clara, pode-se explicá-la muito bem com o exemplo da flauta dedilhada para tocar. As vogais e sua música são o som da flauta, os furos dedilhados são as letras. Mas isso já é suficiente.

COMPÊNDIO DE GRAMÁTICA DA LÍNGUA HEBRAICA 399

Capítulo II
DA FORMA, DO VALOR, DOS NOMES, DAS
CLASSIFICAÇÕES E DAS PROPRIEDADES DAS LETRAS[1]

Os hebreus têm 22 letras, cuja forma e ordem, como ocorrem
entre os escribas mais antigos, é a seguinte:
י ט ח ז ו ה ד ג ב א etc.

א, [‘]	Não se pode explicar por nenhuma outra letra de uma língua europeia. Indica, como dissemos, a abertura da garganta. Seu nome é Alef.
ב, *b*, *v*	Seu nome é Bet. [A pronúncia corrente distingue ב = *b* de ב = *v* ou *b*].
ג, *g*	G[u]imel. Se não tiver um ponto no interior é fraca.
ד, *d*	Dálet. Sem ponto é fraca.
ה, *h*	Chama-se He. Indica que a origem do som está na parte mais profunda da garganta [som de *h* aspirado].
ו, [*w*], *u*	*Waw* [Vav] ou também *u*, e creio que os antigos nunca a pronunciaram de outro modo; e tampouco é uma vogal, mas uma letra que indica que o som ouvido tem sua origem nos lábios.
ז, *z*	Zain.
ח, [*ḥ*]	Het [na transliteração de Spinoza, *gh* = *h*, gutural aspirada mais forte que o ה e menos do que o *kh*, como o *j* em castelhano].
ט, *t*	Tet.

---

1. A transliteração de Spinoza obedecia padrões comuns à época em textos escritos
em latim, mas distintos daqueles atualmente em uso, principalmente no que concerne
às letras ק, כ, ע, י, ח, א, bem como na pronúncia das vogais. Nesses casos, atualizamos
a transliteração, optando por formas mais úteis para que o leitor de língua portuguesa
entenda sua distinção fonética. Elas aparecem indicadas entre colchetes na apresentação do alfabeto hebraico feita por Spinoza nesta página e na seguinte. Deve-se considerar que, ao longo de todo o texto, Spinoza está tratando com o hebraico bíblico, o
qual difere substancialmente do hebraico falado hoje em Israel.

ק, [y, i]   *Yod*. Indica que a origem do som ouvido está no meio da língua e no palato e, como o ו *waw* é *u*, o ק também é *i*, sem que seja uma vogal.

כ, k, [kh]   Kaf, se tem um ponto no interior; do contrário, tem o valor do [kh] aspirado ou do χ grego [ך final].

ל, l   Lamed.

מ, m   Mem [ם final].

נ, n   Nun [ן final].

ס, s   Samekh.

ע, [ʻ]   Ain [gutural; na transliteração de Spinoza *hg*].

פ, p, f   *Pe*, se tem um ponto no interior; do contrário, tem o valor de *ph* [f] [ף final].

צ, tz   Tzade [ץ final].

ק, [q]   Qof.

ר, r   Resch, fraca no meio da palavra, áspera no início da dicção.

ש, sch, s   Schin, se o ponto está sobre a perna direita; se estiver sobre a esquerda, é como *Samekh* (isto é, tem o valor de *s*).

ת, th, t   *Thaw*. Fraca; com ponto no interior ת tem o valor de *t*.

Note-se que entre essas letras há cinco que são escritas de maneira distinta, conforme se encontrem no começo ou no meio e diferentemente no fim de uma palavra, a saber, צ נ פ מ כ. Assim, se *Kaf* ocorre no fim da palavra, sua perna inferior é alongada do seguinte modo: ך. *Mem*, por sua vez, é fechada na parte inferior: ם. As três restantes, como o כ, são da mesma maneira alongadas ץ ף ן. Enfim, os hebreus, para abreviar, costumam compor א e ל assim ﭏ; esse caráter siríaco, Esdras escolheu de preferência às antigas letras hebraicas, e os fariseus, supersticiosamente, o imitaram em seus escritos sagrados. Na verdade, os autores usam com frequência outros caracteres. Vide o *Thesaurus* de Buxtorf[2].

---

2. João [Johannes] Buxtorf, o Velho (1564-1629). Hebraísta cristão, foi professor de hebraico na Basileia durante 39 anos, cognominado, por seu saber, mestre dos rabis.

COMPÊNDIO DE GRAMÁTICA DA LÍNGUA HEBRAICA   401

Mais adiante os gramáticos dividiram, com grande utilidade, as letras em cinco classes, a saber, guturais, labiais, dentais, linguais e palatais. ע ח ה א *'ahaḥa'* são chamadas guturais; ף מ ו ב *bumaf*, labiais; ק כ י ג *g[u]ikaq*, palatais; ת נ ל ט ד *datlenath*, linguais; ש צ ר ס ז *zastzerasch*, dentais.

Cada letra no meio de uma palavra deve ter uma vogal, ou longa ou breve ou brevíssima, exceto estas quatro: י ו ה א *ehevi*, que por causa disso são chamadas mudas ou quiescentes.

Segue-se daí que, quando uma consoante entre duas vogais deve ser duplicada, ela não é expressamente duplicada, mas a duplicação é indicada por um ponto, que se chama ש ג ד *dag[u]esch* (aramaico: "picar"); assim se escreve *deqqip* פְּקַד, "ele examinou", em lugar de פְּקֵקַד *piqed*.

As guturais entre duas vogais não podem ser duplicadas, pois indicam certa abertura da garganta, e certo modo de aspirar; assim, como para a letra H entre os latinos, entre duas vogais não se pode duplicar as guturais hebraicas. Também a letra ר *r*, que é sempre doce no meio de uma palavra, não costuma ser duplicada entre duas vogais, e por isso as cinco letras ר ע ח ה א nunca levam no interior um ponto *dag[u]esch*. Além disso, cabe notar que, embora o *dag[u]esch* indique a duplicação de uma letra entre duas vogais, nem sempre é verdade vice-versa, isto é, que todo *dag[u]esch* indique a duplicação da letra. O mesmo ponto é também usado para transformar, como já mostramos no devido lugar, as letras doces ת פ כ ד ג ב *begadkhefath* em duras. Enfim, inscreve-se às vezes um ponto na letra ה quando ocorre no fim da palavra por motivos que explicarei no devido lugar; mas então ele não é chamado *dag[u]esch*, porém ק י פ מ *mapiq* (aramaico: "que faz ressaltar").

As letras ת פ כ ד ג ב no início de uma palavra são duras, isto é, levam um ponto *dag[u]esch*, a não ser que a última letra da palavra precedente seja uma das quiescentes. Pois então em

Suas contribuições compreendem os textos bíblicos, rabínicos e exegéticos. A obra citada por Spinoza é o seu célebre *Thesaurus grammaticus linguae sanctae hebraeae*, impresso em 1609, e depois revisto por seu filho, de mesmo nome, também hebraísta eminente.

402 SPINOZA: OBRA COMPLETA IV

geral são doces, a não ser quando a quiescente é ה com um *mapiq*, ou quando a última letra da palavra precedente tem um acento forte (disjuntivo). Enfim, as letras de um mesmo órgão [da fala] são muitas vezes na Escritura substituídas uma pela outra, como א por ע, ם por ז, ב por פ, ט por ת etc. Isso se deve, penso, ao fato de que a Escritura foi redigida por homens de diversos dialetos, e que agora os dialetos não são reconhecíveis, isto é, de que tribo este ou aquele dialeto proveio. Que esta língua tinha isso em comum com as outras consta da própria Escritura[3]. Pois, os efraimitas substituíam em toda parte o ם *samekh* pelo ש *schin*, letras que realmente são articuladas pelo mesmo órgão. Razão pela qual, embora conste que na Sagrada Escritura as letras do mesmo órgão sejam às vezes trocadas uma pela outra, não é lícito atualmente imitar isso. Pois, do contrário, os dialetos confundiriam a língua.

---

3. Vide *Juízes* 12, 6 ["Então, dize: 'Chibolet'. Ele dizia: 'Cibolet', porque não conseguia pronunciar de outro modo].

COMPÊNDIO DE GRAMÁTICA DA LÍNGUA HEBRAICA 403

Capítulo III
DAS VOGAIS, DE SUAS FORMAS CONHECIDAS, NOMES, VALORES E PROPRIEDADES

As vogais, como dissemos, não são letras para os hebreus, mas como que as almas das letras. Elas, portanto, são subentendidas ou expressas por meio de pontos adicionados às letras do seguinte modo:

בַּ   Se uma linha é traçada sob a letra, isso significa que se ouve após a letra o som *a*, que é chamado פ ת ח *pathaḥ*, "abertura".

בָּ   Se for, porém, uma linha com um ponto, isso significa um som composto de *a* e *o*, e é chamado ק מ ץ *qametz* (ou *qametz*), "compressão".

בֶּ   Se há três pontos, o som é *e*, ou, como muitos acreditam, aproxima-se muito do η dos gregos, que é chamado ס ג ו ל *segol*, "cacho".

בֵּ   Se dois pontos estão colocados lado a lado, isso significa um som composto de *a* e *i*, que se chama צ ר י *tzere*, "fenda".

בְּ   Se, entretanto, eles estão colocados um sobre o outro, o som indicado é *e* breve *ᵉ*, e chama-se ש ו א *schᵉwaʻ*, "nada".

בִּ   Em seguida, se um único ponto for escrito sob a letra, isso significa que se deve ouvir o som *i* após a letra, que se chama ח י ר ק *ḥireq*, "rangido".

בֹ   Mas, se o ponto estiver escrito sobre o ápice superior da letra, o som indicado é *o*, e se chama ח ל ם *ḥolem*, "plenitude, fecho".

בֻּ   Se forem três os pontos sob a letra, dispostos a partir da letra em linha oblíqua e inclinada para a direita, o som indicado é *ûpsilón u*, e se chama ק ב ו ץ *qibutz* [*qubutz*, na leitura atual] , "reunião, junção de lábios".

בּוּ   Enfim, se uma letra *waw* com um ponto no meio é acrescentada, o som indicado é composto de *o* e *u*, ou da letra dos gregos υ, e se chama ש ו ר ק *schureq*, "sopro, assobio".

O ditongo *ai* indica-se com um *pataḫ* seguido de um י *yod*, como em דְּבָרַי *d^evarai*, "minhas palavras", a menos que tenha um acento grande, do qual o capítulo sequente tratará. O ditongo *au* se indica com um *qametz* ָ seguido de *yod* e *waw*, como דְּבָרָיו *d^evarau*, "suas palavras", e também com *pataḫ*, como em קַו *qau*, "linha". Mas os judeus portugueses costumam pronunciar *d^ebarav*. Finalmente, o ditongo *eu* se expressa com *waw* depois do *tzere*, como em שָׁלֵו *schaleu*, "calmo". Se havia outros ditongos a mais não posso dizer ao certo, pois ignoramos em grande parte o modo de pronunciar dos antigos.

Todas as vogais ou sons são sempre ouvidos depois da letra, a menos que ao fim da dicção apareça uma letra do grupo das guturais החע após um *tzere*, um *ḫireq* ou um *ḫolem*, ou um *schurek*. Pois então elas são pontuadas com um *pataḫ* ַ , que se ouve antes da letra e que por essa razão os gramáticos costumam chamar de *furtivo*, como em שֹׁמֵעַ *schomea'*, "o que escuta, ouvinte", גָּבוֹהַּ *gaboah*, "elevado", פָּתוּחַ *patuah*, "aberto" etc.

O uso frequentemente exige a duplicação de uma letra entre duas vogais por certas razões; e, como já dissemos, isso é indicado inserindo-se um ponto *dag*[*u*]*esch* na letra a ser duplicada, e muitas vezes ocorre que a letra que o uso da língua exige que seja duplicada é uma das guturais que não podem ser duplicadas, como advertimos no capítulo II. Quando isso sucede, então é a vogal antecedente que muda do seguinte modo: se a vogal que antecede a gutural a ser duplicada for *pataḫ* ַ , então o ponto *dag*[*u*]*esch*, que devia ser inserido na letra gutural, é posto debaixo do *pataḫ* e se transforma em *qametz* ָ , como em הָעוֹבֵר *ha'over* em lugar de הַעוֹבֵר *ha'over*, "aquele que passa"; e nos nomes, o *pataḫ* ַ antes do ח *h* e ע ' muda em segol ֶ ,como em הֶעָנָן *he'anan* em lugar de הַעָנָן *ha'anan*, "a nuvem". Se for um *ḫireq*, se lhe adiciona um ponto, e isso fará um *tzere* ֵ , como em מֵהֶם *mehem* em lugar de מִהֶם *mihhem*, "dentre eles". Enfim, se for *qibutz* ֻ a vogal que precede a letra gutural a ser duplicada, muda em *ḫolem* וֹ ou em *schurek* וּ. Mas isso não é geral, às vezes a vogal permanece inalterada; pois a letra ר

COMPÊNDIO DE GRAMÁTICA DA LÍNGUA HEBRAICA   405

r após um *qibutz* pode ser redobrada. Daí é claro por que as vogais *qametz* ָ , *tzere* ֵ , *segol* ֶ , *holem* וֹ e *schurek* וּ nunca ocorrem antes de uma letra duplicada entre duas vogais, isto é, antes de um ponto *dag[u]esch*, que serve para duplicar a letra.

As sílabas dividem-se apropriadamente em longas e breves; assim, um *patah* ַ é *a* breve, mas um *qametz* ָ é uma sílaba tanto longa como breve. Tem, pois, o valor de um longo *a* ou de um curto *o*; assim, em פָּקְדָה *paq*dah*, "ela visitou", cada um dos *a*s é longo, mas em גָּרְנִי *gorni*, "minha granja", o *qametz* ָ sob o *g[u]imel* é pronunciado como *o* curto. Um *segol* ֶ é breve, enquanto um *tzere* ֵ é longo, e *schewa*, é uma sílaba brevíssima; porém, um *hireq*, se for seguido de um *yod* quiescente, o *i* é longo, do contrário, é breve; um *holem* וֹ é um *o* longo, e em geral é seguido de um ו *waw* quiescente e às vezes de um ה *h* ou de um א ('). Um *qibutz* ֻ é breve e, por fim, um וּ *schurek* é longo. Sei que esta divisão desagrada a certo rabi Abraão de Balmes[4], mas na verdade sem nenhuma razão; pois que o uso a estabeleceu assim é evidente pelo que segue; e em primeiro lugar o que se faz notar aqui é que a letra que se costuma compensar pelo ponto דגש *dag[u]esch*, pode também ser compensada mudando-se a sílaba precedente, de breve para longa; isso, mesmo quando a letra a ser duplicada é outra que não a gutural, como em הֵתֵל *hethel*, em vez de הִתֵּל *hitel* ou de הִתְתֵּל *hiththel*, "ele é escarnecido".

A sílaba *schewa* ְ , que é brevíssima, às vezes é contraída e adere à sílaba precedente, e às vezes é pronunciada; por isso, no primeiro caso, é chamada pelos gramáticos hebreus נָח *nah*, "quiescente" e, no segundo, נָע na ', "móvel".

O *schewa* ְ é pronunciado quando ocorre no início de uma palavra, ou no meio após uma sílaba longa, como em בְּרֵאשִׁית

---

4. Abraham ben Meir de Balmes (1440-1523), médico e tradutor italiano. Verteu do hebraico para o latim obras de astronomia e filosofia árabes. Autor do *Miikneh Abram*, ou seja, na edição latina, *Peculium Abrae Grammatica Hebraea*, publicado postumamente e acompanhado de um tratado sobre os acentos hebraicos, em 1523. Nesse compêndio, abordou em termos filosóficos a construção da língua bíblica, sendo o primeiro a incluir a sintaxe como parte da gramática.

bᵉre'schith, "no começo, gênese", em que o *schewa* sob o בּ é pronunciado, porque ocorre no início da palavra; também como nas seguintes, porque elas ocorrem no meio de uma palavra, após sílabas longas, a saber, em פָּקְדָה *paqᵉdah*, "ela visitou", בֵּרְכוּ *berᵉkhu*, "eles foram abençoados", יִירְאוּ *yirᵉʿu*, "eles temerão", פּוֹקְדִים *poqᵉdim*, "visitante", הוּבְאוּ *huv'u*, "fizeram com que eles viessem". Se, ademais, dois *schewa* se seguem um ao outro no meio da palavra, o segundo é pronunciado como em תִּפְקְדוּ *tifqᵉdu*, "vós enumerareis", em que o primeiro *schewa* se contrai e o segundo se pronuncia. Segue-se daí que o *schewa* notado sob uma letra pontuada com um *dag[u]esch* também se pronuncia, como em פִּקְּדוּ *piqqᵉdu*, "eles examinaram". Pois o ponto no interior do ק *q* denota que o ק é duplicado e o primeiro *schewa* contraído. E pela mesma razão também o *schewa* é pronunciado quando uma letra está no meio de uma palavra, mas não é duplicado entre duas vogais, como em הִנְנִי *hinᵉni*, "eis-me aqui", em que o *schewa* debaixo do primeiro נ *n* é pronunciado. Pois se fosse contraído, o נ também deveria ser contraído e teria de aderir ao *ḥireq* da sílaba precedente e, em lugar de הִנְנִי *hinᵉni*, ter-se-ia de escrever הִנִּי *hinni*.

Quanto ao resto, os *schewa* remanescentes são sempre contraídos, e seja notado, nós o mostramos expressamente, que todo *schewa* pronunciado ocorre ou no início ou no meio da palavra. Nunca é pronunciado no fim. Para entender melhor isso, é preciso notar aqui que todo *schewa* é uma sílaba completa[5] que não pode ser ouvida isoladamente, mas que sempre deve aderir à sílaba antecedente ou à seguinte; e assim é que nenhum monossílabo é pontuado com *schewa*. Donde resulta que o *schewa* quiescente nada mais é do que um brevíssimo *e* aderido à sílaba precedente; entretanto, o *schewa* pronunciado não é outra coisa senão o *e* brevíssimo aderido à sílaba seguinte; eis por que, quando ouvido antes da sílaba, sua pronúncia é ainda mais distinta. Donde se segue que é impossível no início da palavra aderir

---

5. A bem dizer, o *schewa* vocaliza uma sílaba completa.

COMPÊNDIO DE GRAMÁTICA DA LÍNGUA HEBRAICA   407

à sílaba precedente; no fim, ao contrário, é impossível aderir à sílaba seguinte, de modo que no fim da palavra, seja após uma sílaba longa, seja após uma breve, seja sob uma letra com *dag[u]esch*, seja sob uma letra fraca, seja, por fim, com um só *schewa* ou se ocorrem dois, ele é sempre quiescente. Entretanto, quando o *schewa* sobrevém no meio da palavra após uma sílaba longa, a regra de pronunciação postula que ele adira à sílaba seguinte e, se ocorrerem dois *schewa*, o primeiro aderirá à silaba precedente e o segundo à seguinte. Daí também fica patente que no início de uma palavra nunca ocorrem dois *schewa* e tampouco no meio da palavra, depois de uma sílaba longa. Pois dois *schewa* não podem aderir à sílaba seguinte.

As guturais não podem ter um *schewa* pronunciado, e raramente têm um *schewa* contraído; mas, em seu lugar, dispõem de três sílabas[6] intermediárias entre as breves e as brevíssimas, assim notadas: ּ ֳ ֲ e elas são chamadas חֲטֵפִים *h*ª*tefim*, "rápidas". A primeira denota uma sílaba mais breve do que *patah*; a segunda, uma sílaba mais breve do que o ֳ *qametz* breve ou *o* curto; a terceira, enfim, é intermediária entre ֲ segol, *e* breve, e o ְ *schewa*, *e* brevíssimo. E essas sílabas se distinguem dos *schewa* porque nunca ocorrem antes de um *schewa* simples, e porque nem no início, nem no meio, nem no fim de uma palavra jamais duas dentre elas seguem uma à outra; no restante, entretanto, todas elas se assemelham ao *schewa*, e também no fato de que nunca ocorrem sozinhas, nem têm acento debaixo de si.

Tais são as regras a serem observadas sobretudo a respeito das vogais e, em particular, como dissemos antes acerca do emprego do *schewa*, nunca ocorrem dois *schewa* no começo da palavra e as guturais nunca têm um ְ *schewa* pronunciado e raramente um *schewa* contraído, debaixo de si. Pois todas essas regras são de uso destacado.

---

6. Tratam-se, em essência, de vogais. Lembrando que toda vogal é uma sílaba *per se*.

Capítulo IV
DOS ACENTOS[7]

As regras que se costuma transmitir a respeito dos acentos embaraçam mais do que ajudam os que estudam a língua hebraica; elas seriam toleráveis se abrissem a via para o conhecimento da língua ou à eloquência. Mas se consultas os mais peritos nisso, todos confessariam unanimemente ignorar a causa de tão grande número de acentos. De minha parte, creio que isso decerto não se fez sem alguma razão; eu próprio pensava outrora que, se o seu autor os introduziu no uso, foi não tanto para elevar ou baixar [o tom] das sílabas e distinguir as orações, mas também para exprimir as afecções da alma, que costumamos manifestar pela voz ou pela expressão do rosto. Pois não temos a mesma entonação quando falamos com ironia do que quando falamos com simplicidade; nosso tom não é o mesmo quando louvamos, quando admiramos, quando vituperamos ou, enfim, quando desprezamos, e a razão disso é que, em cada afecção, nossa voz e nosso rosto se modificam; e os inventores das letras deixaram de indicar esses signos, é por esse fato que podemos exprimir melhor de viva voz nosso estado mental do que por escrito. Suspeito, portanto, que o inventor dos acentos hebraicos queria corrigir esse defeito comum. Mas, depois de examiná-los, não pude descobrir nada disso; porém, ao contrário, eles confundem não só as afecções da alma como as

---

7. A cantilenação da Escritura deve ser efetuada segundo signos denominados *ta'amei ha-mikrá* ou *teamim* (literalmente, "os sabores do que é lido", chamados também de "acentos" ou, ainda, em ídiche, *trop*), cujo uso é tanto sintático como exegético e musical. Os *teamim* são universalmente admitidos por todos os judeus. Os acentos massoréticos de Tiberíades são classificados em dois sistemas gráficos: o primeiro em uso nos *Salmos*, nos *Provérbios* e na parte central do livro de *Jó*; o segundo serve para os 21 outros livros da *Bíblia* hebraica e é o único retido para a leitura pública e cerimonial. Ele contém 29 signos, uns anotados acima e outros abaixo das consoantes. São classificados em disjuntivos ("reis"), assinalando o fim dos versículos e a divisão em frases, membros e submembros de frases; e conjuntivos ("servidores"), ligando as palavras no interior das divisões ou subdivisões dos versículos. Há oito tradições principais de cantilenações.

COMPÊNDIO DE GRAMÁTICA DA LÍNGUA HEBRAICA   409

próprias orações. Com efeito, a Escritura serve-se dos mesmos acentos quando fala com ironia ou com simplicidade; de outro lado, o mesmo acento tem a propriedade de ponto e também de vírgula e de dois pontos, e nisso se vê a penúria de acentos em meio a tanta abundância. Por isso creio que os acentos foram introduzidos depois que os fariseus tomaram o costume de ler a *Bíblia* em assembleia pública a cada sábado a fim de evitar que fosse lida com demasiada rapidez (como costuma acontecer com as preces que se repetem muitas vezes). E por essa razão deixarei as minúcias aos fariseus e aos massoretas[8] ociosos e notarei aqui apenas aquilo que parece ter alguma utilidade.

Os acentos servem para separar ou unir orações, e ao mesmo tempo para elevar ou deprimir o tom de uma sílaba. Não há nenhum acento para significar o fim do versículo ou do período; no entanto, costuma-se indicá-lo com dois pontos, como em: הָאָרֶץ *ha'aretz*, "terra", cujo signo se denomina סְלוּק *siluq* ("fim" de versículo), e em geral, não sempre, como já mencionamos, denota que a oração está completa. Em um versículo as partes do período distinguem-se por acentos. E entendo aqui por partes do versículo não só os verbos, mas também os casos dos nomes. Por certo, o acento, que aqui e ali tem a propriedade de uma vírgula, é também empregado para distinguir o nominativo, e o verbo do acusativo e dos outros casos: entenda-se,

8. "Fariseus", do hebraico *peruschim*, plural de *perusch* "comentário, exegese". Literalmente, o termo designa, pois, comentadores ou hermeneutas da Escritura. Suas interpretações do texto bíblico, em ligação com a Tradição Oral, constituíram a base e, no correr do tempo, o corpo da hermenêutica da *Mischná* e do *Talmud*. No âmbito histórico, eles compõem, no período do Segundo Templo, uma das correntes ou escolas que, sob o nome de saduceus, essênios e da facção dos zelotas, marcaram a vida espiritual, teológica e política da Judeia e da Diáspora. A denominação veio a impregnar-se de um caráter polêmico e de uma acepção pejorativa, na medida em que seus ensinamentos de estrita observância da letra da *Torá* entraram em choque às vezes frontal com as pregações dos primeiros movimentos messiânicos e cristão e, sob esse ângulo, encontraram-se no centro da contestação neotestamentária.

"Massoretas", vem do hebraico *massor*, palavra com várias acepções, das quais as duas mais aceitas são as de "contar" (o número exato de letras de cada livro da *Bíblia* judaica), ou de "transmitir" (a tradição). Isto levou os seus praticantes, os massoretas, a estabelecer, no texto da Escritura, seu sistema de regras ortográficas e gramaticais, em conjunto com os acentos e sinais diacríticos de vocalização e cantilenação para a leitura e recitação pública – ou seja, a edição massorética.

isso quando o acusativo segue o nominativo; mas, se o acusativo se interpõe entre o verbo e o nominativo, então o verbo, o acusativo e o nominativo constituem uma só parte do versículo, de modo que são como dois verbos unidos pela conjunção *e*, que não têm interposto entre eles nenhum nome em outro caso além do nominativo. E se um versículo apresenta apenas uma parte a ser distinguida, ela é distinguida por um acento denominado טַרְחָא *tarḥaʿ* (modulação lenta), que é notado assim debaixo da palavra: כָ. Se houver duas partes a serem distinguidas, então a primeira é marcada pelo טַרְחָא *tarḥaʿ*, a segunda por um verdadeiro acento chamado אַתְנָח *ʿatnaḥ* (que faz repousar), que se denota sob a palavra do seguinte modo: הָ , como em אֱלֹהִים *ᵉlohim*; na verdade, esse acento é o mais importante de todos os acentos que servem para distinguir as partes do versículo, como se tornará mais claro no que segue. Cada versículo possui apenas um *ʿatnaḥ*, com exceção de um pequeníssimo número de versículos que possuem dois. Se houver três partes a distinguir, então a primeira é marcada por um טרחא *tarḥaʿ*, a segunda por um אתנח *ʿatnaḥ* e na terceira se repete o טרחא *tarḥaʿ*. Se houver quatro, a primeira em geral é denotada com dois pontos sobre a palavra, como em דֶּשֶׁא *désche* (grama), cujo acento se costuma chamar זָקֵף קָטוֹן *zaqef qaton*, "pequena elevação", a segunda pelo טרחא, a terceira por אתנח e na quarta se repete o טרחא. Continuando, se houver cinco partes a distinguir no versículo, então a primeira deve ser notada por um ponto sobre a palavra, que se chama רָבִיעַ *raviaʿ*, "que se estende", como em אֱלֹהִים *ᵉlohim*, depois a segunda com זָקֵף קָטוֹן *zaqef qaton*, a terceira com אַתְנָח *ʿatnaḥ*, a quarta de novo com זָקֵף קָטוֹן *zaqef qaton* e a quinta enfim com טרחא *tarḥaʿ*; se por último forem seis, então a primeira se denota com רָבִיעַ *raviaʿ*, a segunda com זָקֵף קָטוֹן *zaqef qaton*, a terceira com טרחא *tarḥaʿ*, a quarta com אַתְנָח *ʿatnaḥ*, a quinta de novo com זָקֵף קָטוֹן *zaqef qaton* e finalmente a sexta com טרחא *tarḥaʿ*; e de igual modo, quando é preciso distinguir mais partes, costuma-se usar muitos outros acentos,

COMPÊNDIO DE GRAMÁTICA DA LÍNGUA HEBRAICA   411

porém de forma diferente, mas que possuem as mesmas propriedades do זָקֵף קָטוֹן *zaqef qaton* e do רְבִיעַ *ravia'*; isso porque são empregados amiúde em lugar desses dois últimos acentos; mas não vou falar deles e tampouco dos que são utilizados para indicar o acento que separa a parte da frase onde eles se encontram da subsequente, razão pela qual são chamados de *servis* pelos gramáticos. Cabe notar que טרחא não serve tanto para distinguir as partes das orações, como para indicar סִלּוּק e אַתְנָח. Porquanto, depois do טַרְחָא não se pode colocar nenhum acento disjuntivo que não seja אַתְנָח ou סִלּוּק, e inversamente não há nenhum אַתְנָח ou סִלּוּק que não seja precedido de טרחא; e logo mais diremos qual a causa disso. Quando a palavra não tem acento nem em cima nem embaixo, costuma-se ligá-la à palavra seguinte por um traço que os gramáticos chamam de מקף *maqaf*, "que liga, aproxima", como em כִּי טוֹב *ki-tov*, "porque ele é bom".

Os acentos servem, como dissemos, para elevar ou baixar (o tom) da sílaba. Assim, como já mostramos nesses mesmos exemplos precedentes, eles devem ser colocados ou em cima ou embaixo da letra da palavra cuja sílaba deve ser elevada ou deprimida. Pois em דֶּשֶׁא *desche'*, o זקף קתון está sobre o ד *d*, que devemos pronunciar *désche'* e não *desché'*, "erva, relva"; mas, ao contrário, em אֱלֹהִים o acento רְבִיעַ está sobre o הֵ *h* e deve-se ler *'elohím* e não *'elóhim*. Toda palavra cujo acento está embaixo ou em cima da última sílaba chama-se מִלְרַע *mill^era'* (oxítona), que significa *embaixo*; se, entretanto, estiver embaixo ou em cima da penúltima, a palavra é denominada מִלְעֵיל *mill^e'el* (paroxítona), que significa "em cima". Mas quando o *siluq* não é notado nem embaixo nem em cima, porém depois da palavra, como também o *makaf*, então a palavra antes do *siluq* e do *makaf* é marcada por um pequeno traço vertical debaixo da sílaba, como em הָאָרֶץ *ha'aretz*, onde, antes do *siluq*, há um pequeno traço sob o אָ indicando que o acento deve cair sobre a vogal que tem o *qametz*. De igual modo, עֹשֶׂה-פְּרִי *'oseh-f^eri*, "que dá fruto", leva um pequeno traço sob o עֹ (')

antes do *makaf*, indicando que o *ḥolem* deve ser acentuado; esse sinal costuma ser chamado de גַּעְיָא *gaʿya* (elevação da voz). Costuma-se negligenciá-lo também quando a palavra anterior ao *makaf* tem uma vogal, como em כִּי־טוֹב, *ki-tov*.

Os polissílabos costumam ter dois acentos, um certamente na última ou penúltima sílaba, um que indica se a palavra é *milᵉʿel* ou *millᵉraʿ* (oxítona ou paroxítona); o outro recai na antepenúltima ou na sílaba antecedente, indicando que a sílaba deve ser elevada, como em בְּמוֹעֲדֵיכֶם *bᵉmoʿᵃdekhem* e em הַגֹּעֲדִים *hagoʿadim*[9]. Esse acento é geralmente o *gaʿyaʿ*, isto é, que sempre se coloca antes do *schewa* composto. Observar-se-á, além disso, que não raramente os polissílabos têm três acentos, como em וַיְבָרֲכֵהוּ *wayᵉbarᵉkhehu*, "e eles o abençoaram".

E para saber que sílabas devem ser elevadas ou alongadas, ou quais palavras são notadas por dois ou três acentos, as seguintes regras devem ser observadas: toda vogal ante um *schewa* pronunciado, do qual já falamos no capítulo precedente, é marcada com גַּעְיָא *gaʿyaʿ*, ou seja, é alongada ligeiramente para melhor indicar que o *schewa* que a segue adere à sílaba sequente. Decorre daí que toda vogal que precede um *schewa* composto, seja ela breve ou longa, deve ser marcada com esse acento, como em נַעֲשֶׂה *naʿᵃseh*, "nós faremos". Com efeito, o *schewa* composto nunca é contraído, isto é, ele nunca adere à sílaba precedente, mas à seguinte. A segunda consequência é que uma vogal longa seguida de um *schewa* simples deve ser acentuada, ou deve ser marcada com esse acento (*gaʿyaʿ*), de maneira que se perceba claramente que o *schewa* não adere a ela, mas à sílaba que segue esse *schewa*; donde בֵּרְכוּ *berᵉkhu*, "eles abençoaram", הוּבָאוּ *huvᵉʾu*, "foram levados", פָּקְדָה *poqᵉdah*, "ela visitou", שֹׁמְרִים *schomᵉrim*, "os que guardam", são notadas com acento גַּעְיָא *gaʿyaʿ*, e o mesmo se dá com הִנְנִי *hinᵉni*, "eis eu aqui", em que a vogal, embora breve, é acentuada porque é

---

9. A palavra correta, conforme *Números* 14, 35, é הַנּוֹעָדִים *hanoadim* (aqueles que se reuniram) e não הַגֹּעֲדִים *hagoadim*; בְּמוֹעֲדֵיכֶם *bemoadekhem* (nas vossas solenidades), *Números* 15, 3.

COMPÊNDIO DE GRAMÁTICA DA LÍNGUA HEBRAICA   413

seguida de um *schewa* que se pronuncia. Embora se pronuncie o *schewa* quando está sob uma letra com *dag[u]esch*, não se deve notar a vogal antecedente ao *schewa* com o *ga'ya'*, a menos que a letra em questão não admita o ponto *dag[u]esch*, isto é, a duplicação, a cujo respeito vide o cap. ɪɪ. E penso que isto se segue do fato de que o *dag[u]esch* indica que a letra e o *schewa* contraído, que o *dag[u]esch* subentende, se ligam à sílaba precedente, de modo que a vogal anterior a um *schewa* que se pronuncia por causa de um *dag[u]esch* deve ser considerada como uma vogal seguida de dois *schewa*: o primeiro dos quais, como dissemos acima, se contrai, e o segundo se pronuncia, ou seja, o primeiro adere à sílaba precedente e o segundo à seguinte.

Além disso, se uma vogal, após qualquer *schewa*, deve ser alongada, então a vogal que antecede esse mesmo *schewa* também é alongada; e essa regra é geral, seja o *schewa* expresso ou subentendido. Por exemplo, הַכְּנַעֲנִי *hakkᵉna'ᵃni*, "o cananeu", uma vez que o *patah* depois do *schewa* simples deve ser alongado por causa do *schewa* composto que o segue; pela mesma razão também o *patah* anterior ao mesmo *schewa* simples é alongado (acentuado). Assim, וַיִּשְׁתַּחֲווּ *wayyischthah*ᵃwu*, "e eles se prosternaram", תִּתְנַחֲלוּ *tithnah*ᵃlu*, "vós recebereis em herança" etc., por essa mesma causa cada qual tem dois *ga'ya'*. E eu digo que deve ocorrer o mesmo quando o *schewa* é subentendido, como em מִמָּחֳרַת *mimmohorath*, "a partir de amanhã", onde debaixo de cada מ *m* há um *ga'ya'*, porque a palavra deve ser lida מִמְּמָחֳרַת *mimᵉmohorath*; o *qametz* de fato leva um *schewa* diante de si, que é compensado pelo ponto דָּגֵשׁ *dag[u]esch*, e por causa do *schewa* composto que o segue, esse *qametz* deve ser alongado; a vogal anterior a esse *schewa*, compensada por um ponto דָּגֵשׁ *dag[u]esch*, também é alongada. Assim, הַנַּעֲרָה *hanna'ᵃrah*, "a moça", וִיבָרְכֶךָ *wiyvar*ᵉkhekha*, "e ele te abençoou"[10], הַמַּעֲשֶׂה *hamma'ᵃseh*, "o fato", בַּמַּחֲנֶה

---

10. Os tradutores da *Gramática Hebraica* de Spinoza grafam essa palavra de outro modo, pois não a encontram na Escritura com essa forma.

bammah^aneh, "no acampamento", e muitos outros desse modo que são notados com dois *ga'ya'*.

Duas vogais longas sem acento ou *ga'ya'* na mesma palavra não ocorrem. Se a penúltima e a antepenúltima sílabas forem longas, ou se deve haver um acento na antepenúltima, ou na última, então a antepenúltima tem um *ga'ya'*, como em אָנֹכִי *'anokhi,* "eu", cujo qametz é alongado quando o acento da palavra está na última sílaba; de outro modo, isto é, quando está na penúltima, ele é omitido, como em דָּן אָנֹכִי *dan 'anokhi,* "eu julgo". Assim, וַהֲקִימֹותִי *wah^aqimothi,* "e eu fortalecerei", נְשִׂיאֵיהֶם *n^esi'ehem,* "seus chefes", הַכֹּוכָבִים *hakkokhavim,* "as estrelas", levam um *ga'ya'* na antepenúltima. Mas se uma palavra apresentar muitas vogais longas, observar-se-á sempre que duas longas nunca ocorrem sem um acento ou um *ga'ya'*, como em בְּשָׁבֻעֹותֵיכֶם *b^eschavu'othekhem,* "em vossas semanas"[11].

E note-se aqui o seguinte, um *qibutz* substitui às vezes um *schureq,* e então deve ser considerado longo, como em מִשְׁבֻעָתִי *mischsch^evu'athi,* "de minha promessa", onde, por ter sido mudado para *qibutz,* o *schureq* do nome שְׁבֻעָה *sch^evu'ah,* "promessa", mudou em *qibutz,* produzindo uma vogal longa; de outro modo, ele é sempre breve.

Cabe notar igualmente que uma vogal breve à qual adere um *schewa* deve ser considerada longa, como em מֵנִקְתָּה *meniqtah,* "sua ama", מֹולַדְתִּי *moladti,* "minha pátria" etc., em que uma longa antes de uma breve, à qual adere um *schewa,* é alongada, como diante de uma longa que não tem acento. Assim também, as duas primeiras vogais em הִתְיַצְּבוּ *hithyatztz^evu,* "erguei-vos", são longas, porque um *schewa* adere a cada uma delas, sendo a primeira expressa e a ulterior, no entanto, compensada pelo *dag[u]esch* no צ *tzade.* Excetuam-se as vogais breves que tomam amiúde o lugar do *schewa* simples a fim de que não ocorram dois *schewa* no início de uma palavra, como indicamos no cap. III; por exemplo, a primeira vogal em תִּפְקְדוּ

---

11. Em *Números* 28, 26 a palavra é registrada de outro modo.

tifqᵉdu, "vós enumerareis", é breve porque ocupa o lugar de um *schewa*. Acontece então que uma vogal breve antes de outra breve é alongada porque a segunda vogal breve é posta no lugar de um *schewa* composto, o qual sempre é antecedido, como já dissemos, por um *gaʻyaʻ*, como em וַיֶּחֶרְדוּ *wayyeḥerᵉdu*, "e eles tremeram", porque está escrito no lugar de וַיֶּחֶרְדוּ *wayyeḥerᵉdu*.

Finalmente, ו *waw* diante de י *yod* com *pataḥ* é denotado indiferentemente com ou sem *gaʻyaʻ*, como em וַיְדַבֵּר e וַיְדַבֵּר *wayᵉdaber*, "e ele falou".

Tais são as principais regras desse acento que se pode conhecer somente a partir das vogais. Resta ainda outra que se reconhece a partir das preposições[12], que explicaremos no devido lugar.

Quanto ao mais, não vou me deter no fato de que os judeus transladam agora o *gaʻyaʻ* para uma sílaba antecedente, por causa do acento musical ∿ que chamam de *zarkha*, "que debulha, desfia [as notas]", procedimento que não deve ser imitado por aqueles que desejam falar hebraico e não realmente entoá--lo em cantilena.

Contudo, nota-se que muitas vezes outro acento usurpa o lugar do *gaʻyaʻ*; mais ainda, algumas palavras têm dois acentos, com o que se alonga uma de suas sílabas que, do contrário, não seria alongada pelas regras precedentes.

E isso, digo eu, ocorre porque dois acentos disjuntivos, que acentos servis costumam preceder, ao invés, seguem imediatamente um ao outro raras vezes; por exemplo, após um *ʻatnaḥ* não segue de imediato um *siluq*, nem um זָקֵף קָטוֹן *zaqef qaton*; e vice-versa, depois de um *siluq* não segue imediatamente um *zaqef qaton*, a não ser raras vezes, nem tampouco um *ʻatnaḥ*. Se, entretanto, a palavra que segue um desses acentos deve levar um deles, então cumpre marcá-la com dois acentos, e costuma-se alongar sua sílaba, ainda que de outro modo ela não fosse alongada, como em *Isaías* 7, 18, יְאֹרֵי מִצְרַיִם וְלַדְּבוֹרָה

---

12. Na verdade, essa regra será formulada no capítulo XI, p. 452 relativo aos pronomes.

y^{e}ore mitzrayim w^{e}ladd^{e}vorah, "dos canais do Egito e a abelha", em que וְלַדְּבוֹרָה *w^{e}ladd^{e}vorah* tem outro acento sobre o ל *l* por causa do *zaqef qaton*, e essa sílaba, contrariamente à regra comum, é alongada (acentuada), devido ao *'atnaḥ* precedente. Como também em *Números*, capítulo 28, versículos 20 e 28, a palavra וּמִנְחָתָם *uminhatham*, "e sua oblação", que segue imediatamente o *siluq*, tem dois acentos, e a vogal sob o מ *m*, ao contrário da regra geral, está alongada, como também no *Deuteronômio* 12, 1, לְרִשְׁתָּהּ כָּל-הַיָּמִים *l^{e}rischtah kol-hayyamim*, "para possuí-la todos os dias"; e pela mesma razão, também em *Deuteronômio* 13, 12, וְכָל-יִשְׂרָאֵל *w^{e}kol-Isra'el*, contra a regra geral do *maqaf*, há um acento sobre כָּל; e dessa maneira encontram-se muitos exemplos e muito mais onde o *ga'ya'* é mudado em outro acento pela mesma razão.

Enfim, nota-se entre os acentos disjuntivos um que é denominado קַדְמָא *qadma'*, "anterior", que é sempre marcado sobre a palavra e no final dela, do seguinte modo הָעוֹלִים *haolim*, "os que sobem", e por isso se distingue de outro acento servil que se chama אַזְלָא *'azla'*, "que avança", que sempre se assinala sobre a sílaba onde o acento deve estar. Se então a palavra acentuada por este קַדְמָא *qadma'* for notada como *mill^e el*, é preciso outro acento para indicar que o acento deve cair na penúltima sílaba, assim como em יָדַיִם *yadaym*, "as duas mãos"; caso o acento deva ser notado, o אַזְלָא *'azla'* deve ser colocado sobre o ד *dálet* a fim de que se saiba que a palavra é מִלְעֵל *mill^e'el* (paroxítona).

Além disso, encontro outra causa para que uma palavra seja marcada com dois acentos; isto é, quando uma palavra *millera'* (oxítona), por motivos que direi em seguida, passa a ser *mill^e'el* (paroxítona), mantendo as vogais, o acento da última sílaba conserva-se, e a antepenúltima[13] deve também ser notada com um acento. Mas essa regra é inteiramente inútil, dado que o segundo acento não tem nenhum uso.

---

13. Na realidade o acento cai na penúltima e não na antepenúltima sílaba.

COMPÊNDIO DE GRAMÁTICA DA LÍNGUA HEBRAICA   417

E agora já é tempo de mostrar quais palavras têm acento na última sílaba e quais na antepenúltima, ou seja, quais são מִלְעֵל *mill⁽ᵉ⁾el* e quais são מִלְרַע *mill⁽ᵉ⁾raʻ*; mas como não se pode saber disso somente a partir das vogais e das letras, adio a questão para quando tratar dos verbos. Adicionarei aqui tão somente que o ʻ*atnah* e o *siluq* transformam com frequência palavras que são *mill⁽ᵉ⁾raʻ* em *mill⁽ᵉ⁾el*. Isso acontece quando a última e a antepenúltima sílabas forem longas, como se אָנֹכִי *ʼanokhi*, "eu", fosse notada com ʻ*atnah* ou *siluq*; ela deve tornar-se מִלְעֵל *mill⁽ᵉ⁾el*, como em דָּן אָנֹכִי *dan ʼanokhi*, "eu julgo". Mas se a penúltima levasse um *schewa*, que, como já dissemos, nunca tem acento, então os verbos mudariam o *schewa* em *qametz* ◌ָ e os nomes em *segol* ◌ֶ ; assim, se פָּקְדוּ *paq⁽ᵉ⁾du* for marcado com o acento ʻ*atnah*, o *schewa* debaixo de ק muda para *qametz*, e *paq⁽ᵉ⁾du* torna-se פָּקָדוּ *paqadu*, "elas faltaram". Da mesma maneira, se שִׁמְךָ *schim⁽ᵉ⁾kha*, "teu nome" deve ser ʻ*atnah*, o que faz שְׁמֶךָ *schmekha*, "teu nome". Por outro lado, nos particípios do gênero feminino, o *schewa* muda tanto em *segol* ◌ֶ quanto em *qametz* ◌ָ ; e isso também ocorre quando o acento deve ser זָקֵף קָטוֹן *zaqef qaton*. Depois, nota-se que os acentos ʻ*atnah* e *siluq* anulam as propriedades disjuntivas dos acentos precedentes, e como que as arrastam consigo. Daí por que o acento disjuntivo que precede ou o ʻ*atnah* ou o *siluq* é sempre o *tarhá*, o qual sempre indica que o ʻ*atnah* ou o *siluq* seguem-se, e que não têm as propriedades do acento disjuntivo: ele não torna as palavras em מִלְעֵל *mill⁽ᵉ⁾el* (paroxítonas), e pode amiúde ser seguido imediatamente pelo *zaqef qaton* ou por outros acentos disjuntivos, e pode também ser seguido do ʻ*atnah* ou do *siluq*. Por isso, quando dissemos acima que dois acentos disjuntivos não se seguem imediatamente, entende-se que isso vale para todos os acentos disjuntivos, exceto para o טַרְחָא *tarhá*, que, já o dissemos, perde as propriedades disjuntivas devido ao ʻ*atnah* e ao *siluq*.

418 SPINOZA: OBRA COMPLETA IV

Capítulo V
DO NOME

Entre os latinos, a oração é dividida em oito partes[14], mas é duvidoso que os hebreus a dividam em tantas partes. Pois todas as palavras hebraicas, à exceção das interjeições, das conjunções e de uma ou outra partícula, têm o valor e as propriedades dos nomes [substantivos]. Visto não haverem atentado para isso, os gramáticos julgaram irregulares muitas coisas que, de acordo com o uso da língua, são absolutamente regulares, e ignoraram muitas que são necessárias para conhecer e falar a língua. Quer hajam estabelecido, pois, que os hebreus têm tantas partes na oração quanto os latinos ou menos, nós as referiremos todas, à exceção, como dissemos, apenas das interjeições, das conjunções e de uma ou outra partícula, aos nomes, e a razão disso, e quanta facilidade daí decorre para o estudo desta língua, evidenciar-se-á no que segue. Agora, vou explicar o que entendo por nome. Por *nome* entendo uma palavra pela qual significamos ou indicamos algo que cai sob o entendimento. Entretanto, como aquilo que cai sob o entendimento são coisas, ou atributos de coisas, modos e relações, ou ações e modos de relações de ações, é fácil coligir as várias espécies de nomes. O nome אִישׁ *isch*, por exemplo, é "homem", חָכָם *hakham*, "douto", e גָּדוֹל *gadol*, "grande" etc. são atributos de homem; הֹלֵךְ *holekh*, "que anda", יוֹדֵעַ *yodea'*, "que sabe", são modos; בֵּין *ben*, "entre", תַּחַת *tahath*, "sob, debaixo", עַל *'al*, "acima, sobre" etc., são nomes que expressam a relação que o homem tem com outras coisas. Assim, הָלוֹךְ *halokh*, "ir, caminhar", é um nome de uma ação que não tem nenhuma relação com o tempo. Nota-se aqui especialmente que o modo que os latinos chamavam de infinitivo é entre os hebreus um puro,

14. Quatro variáveis (substantivo, adjetivo, pronome e verbo) e quatro invariáveis (advérbio, preposição, conjunção e interjeição).

COMPÊNDIO DE GRAMÁTICA DA LÍNGUA HEBRAICA

imaculado, nome, e por causa disso o infinitivo não conhece nem presente, nem pretérito, nem em absoluto qualquer outro tempo. Por outro lado, מְהֵרָה *m*ᵉ*herah*, "depressa, rapidamente", é um modo de andar; הַיּוֹם *hayyom*, "hoje", מָחָר *mahar*, "amanhã" etc., são relações de tempo que expressam também outros modos, que veremos em outro capítulo[15].

São, portanto, seis as espécies de nomes: 1. o nome substantivo, que se divide em próprio e comum, como foi notado; 2. o adjetivo; 3. o relativo ou a preposição; 4. o particípio; 5. o infinitivo; e 6. o advérbio. A eles se acrescenta o pronome, porque ele toma o lugar do nome substantivo, como אֲנִי *ʿani*, "eu", אַתָּה *ʿattah*, "tu", הוּא *hú*, "ele" etc. Mas disso tratarei em outro capítulo. Quanto ao restante, entretanto, cumpre assinalar que, por meio do nome próprio substantivo, não podemos indicar senão um indivíduo singular. Pois, cada indivíduo tem apenas um nome próprio para si e é o mesmo para cada ação; e daí segue-se que o nome próprio substantivo, assim como o infinitivo e o advérbio, porque são quase como que adjetivos de ações[16], com as quais devem concordar em número, são expressos só no singular; os restantes, por outro lado, são expressos tanto no singular como no plural. Digo os *restantes*, pois as preposições também têm um plural, a cujo respeito vide cap. x. Continuando, os homens, e principalmente os hebreus, costumam dar a todas as coisas atributos humanos, como: *a terra ouviu, foi escutada* etc. E talvez por essa ou outra razão todos os nomes de coisas são divididos em masculinos e femininos. No entanto, como reconhecer isso e por quais razões os nomes são flexionados do singular para o plural, diremos na sequência.

---

15. Capítulo x.

16. Na verdade, o infinitivo é um substantivo de ação e o advérbio é quase um adjetivo de ação, como consta do texto.

Capítulo VI
DA FLEXÃO DOS NOMES DO SINGULAR
PARA O PLURAL

Os nomes são flexionados do singular para o plural acrescentando-se ao masculino um *ḥireq* longo (*i* longo) seguido do ם (*m* final) para o masculino, e para o feminino, um *o* longo com o ת (th). Por exemplo, גַּן *gan*, "jardim", tem o plural גַּנִים *ganim*, que é do gênero masculino. Do mesmo modo, עֵץ *'etz*, "árvore", אָח *'aḥ*, "irmão", fazem עֵצִים *'etzim*, "árvores", אַחִים *'aḥim* "irmãos". Mas אוֹת *'oth*, "signo", porque é do gênero feminino, tem o plural אוֹתוֹת *'othoth*, "signos", assim como נֵר *ner*, "vela" tem o plural נֵרוֹת *neroth*, "velas", e עוֹר *'or*, "pele", עוֹרוֹת *'oroth*, "peles" etc. Ficam excetuados nomes que, embora masculinos, flexionam no plural como femininos e, inversamente, femininos que flexionam como masculinos, e alguns que o fazem de ambos os modos, como אָבוֹת *'avoth*, "pais", a partir do singular אָב *'av*, "pai", que é do gênero masculino. Ao contrário, נָשִׁים *naschim*, "mulheres", é um nome feminino que carece de singular, e que termina como um nome masculino. Mas הֵיכָל *ekhal*, "palácio, templo", termina de um ou de outro modo, ou seja, הֵיכָלִים *hekhalim* e הֵיכָלוֹת *hekhaloth*, "templos". Além disso, note-se, acerca dos nomes neutros, que eles são declinados como os femininos, como גְדוֹלוֹת *gᵉdoloth*, "grandes".

A segunda razão pela qual as vogais se modificam é a presença de três vogais longas em uma palavra que, se não for מלעיל *milleᵉel* (paroxítona), deve, portanto, ter dois acentos; e que diante de *ḥireq* e *ḥolem*, a penúltima sílaba não pode ter o *pataḥ*, a menos que a palavra seja *milleᵉel* etc. De todas essas palavras há um catálogo no fim do livro[17]; julguei que não valia a pena pô-las aqui, pois é mais fácil aprendê-las pelo uso do que pelas regras.

---

17. O catálogo inexiste, uma vez que Spinoza não concluiu esta gramática.

COMPÊNDIO DE GRAMÁTICA DA LÍNGUA HEBRAICA 421

Depois, os nomes que acabam em ה *h*, sejam masculinos ou femininos, perdem o ה *h* ou o ת *th* com a última sílaba, como עָלֶה *'aleh*, "folha", que tem o plural עָלִים *'alim*, e נְקֵבָה *neqevah*, "fêmea", נְקֵבוֹת *neqevoth* e אִשָּׁה *'ischschah*, "mulher", אִשּׁוֹת *'ischschoth*. Cabe aqui notar que os nomes femininos que terminam em ה *h* amiúde mudam o ה *h* em ת *th*, e as duas sílabas antecedentes, em dois *segol* ֶ , ou, se acentuadas com *'atnah* ou *siluq*, em *qametz* ָ e *segol* ֶ . Assim, עֲטָרָה *'atarah*, "coroa", torna-se עֲטֶרֶת *'atereth* e, com *'atnah* ou *siluq*, עֲטָרֶת *'atareth*. Do mesmo modo, a partir de פּוֹקֵדָה *poqedah*, "visitante" (fem.), faz-se פּוֹקֶדֶת *poqedeth* e פּוֹקָדֶת *poqadeth*. Mas, se a penúltima letra for ח *h* ou ע (ʻ), então as sílabas tornam-se *patah*, como em שׁוֹמַעַת *schomaʻath*, "a que ouve", e בֹּרַחַת *borahath*, "a que foge", em lugar de שְׁמְעָה *schomeʻah* e בֹּרְחָה *borehah*, o que ocorre também nos substantivos, como em צַפַּחַת *tzafahath*, "taça, cântaro". Segue-se daí que todos os nomes femininos dessa forma, terminados em ת *th*, flexionam-se no plural da mesma maneira que os terminados em ה *h*.

Além disso, na maior parte das vezes os nomes também mudam as sílabas no plural; se a penúltima for *qametz* ָ , ela muda em geral para *schewa*, como em דָּבָר *davar*, "palavra", דְּבָרִים *devarim*, "palavras", זָקֵן *zaqen*, "ancião, velho", זְקֵנִים *zeqenim*, "anciões", שָׂמֵחַ *sameah*, "alegre, jubiloso", שְׂמֵחִים *semehim*, "alegres", נָקִי *naqi*, "puro", נְקִיִּים *neqiyim*, "puros", רָחוֹק *rahoq*, "longínquo, distante", רְחוֹקִים *rehoqim*, "longínquos", בָּרוּךְ *barukh*, "bendito", בְּרוּכִים *berukhim*, "benditos". Assim, (nos nomes trissílabos), o *qametz* ָ da penúltima sílaba – por exemplo, זִכָּרוֹן *zikkaron*, "memória, lembrança" e גִּלָּיוֹן *gillayon*, "rolo, volume" – muda em *schewa* e faz זִכְרוֹנוֹת *zikhronoth*, "memórias" e גִּלְיוֹנִים *gilyonim*, "rolos". Mas se a última for um *qametz* ou se um nome monossílabo o tiver, então o *qametz* ָ permanece em geral inalterado ou muda às vezes em *patah*; assim, de כּוֹכָב *kokhav*, "estrela", tem-se כּוֹכָבִים *kokhavim*, "estrelas", de שַׂר *sar*, "príncipe", שָׂרִים *sarim*, "príncipes", de יָם *yam*, "mar", יָמִּים *yammim*, "mares", de שׁוֹשָׁן

schoschan, "rosa", שׁוֹשַׁנִּים schoschanim, "rosas". A estas também devem ser referidas aquelas que terminam em ה *h*, que no plural, como já dissemos, perdem simultaneamente a última sílaba e o ה e devem flexionar exatamente como os monossílabos ou como aqueles cuja última sílaba leva *qametz*. Por exemplo, שָׂדֶה *sadeh*, "campo", קָנֶה *qaneh*, "cana, caniço" etc., que no plural perdem o *segol* ֶ com o ה *h*, seguem a regra dos monossílabos e retêm o *qametz* no plural, como em שָׂדוֹת *sadot*, "campos" e קָנִים *qanim*, "canas"; de igual modo, מַמְלָכָה *mamlakhah*, "reino", que no plural perde o último *qametz* com o ה *h*, retém o primeiro e flexiona como os nomes cuja última sílaba é *qametz*: מְמְלָכוֹת *memlakhoth*, "reinos". Por essa mesma razão, os nomes que terminam em ת *th* mantêm no plural o *qametz* da penúltima sílaba, como em תּוֹלַעַת *tolaʻath*, "verme", תּוֹלָעִים *tolaim*, "vermes"; de fato, embora alguns nomes não percam a última sílaba, eles retêm também o *qametz*, como זָוִית *zawith*, "ângulo", זָוִיּוֹת *zawyyoth*, "ângulos", עָמִית *ʻamith*, "sócio, companheiro", עֲמִיתִים *ʻammithim*[18], "sócios, companheiros", גָּלוּת *galuth*, "cativeiro, exílio", גָּלֻיּוֹת *galuyyoth*, "cativeiros, exílios".

Um penúltimo *tzere* também muda para *schewa*, mas diante de *ḥolem* e *schureq* ele é retido, como em עֵנָב *ʻenav*, "uva", עֲנָבִים *ʻanavim*, "uvas", que muda o *tzere* em *schewa*; porém אֵלוֹן *ʻelon*, "carvalho", mantém o *tzere* e flexiona-se em אֵלוֹנִים *ʻelonim*, "carvalhos". Além disso, um nome cuja última sílaba é *tzere* ֵ muda para *schewa* quando a vogal antecedente é uma daquelas que é sempre retida no plural, ou que não mudam em *schewa*, como מַקֵּל *maqqel*, "bordão, báculo", מַקְּלוֹת *maqᵉloth*, "bordões, báculos" פּוֹקֵד , *poqed*, "visitante", פּוֹקְדִים *poqᵉdim*, "visitantes", עִוֵּר *iwwer*, "cego", עִוְרִים *iwwᵉrim*, "cegos". Mas após um *schewa* ou uma sílaba que é mudada em *schewa*, o *tzere* se mantém, como em זָקֵן *zaqen*, "velho, ancião", זְקֵנִים *zᵉqenim*, "velhos, anciões", זְאֵב *zᵉev*, "lobo", זְאֵבִים *zᵉevim*, "lobos" etc.

---

18. A rigor, o *qametz* não é conservado e o plural é עֲמִיתִים *amithim*.

COMPÊNDIO DE GRAMÁTICA DA LÍNGUA HEBRAICA   423

Monossílabos e dissílabos que terminam em ה *h* ou em ת *th* retêm o *tzere*, como נֵר *ner*, "vela", נֵרוֹת *neroth*, "velas", עֵד *'ed*, "testemunha", עֵדִים *'edim*, "testemunhas", רֵעֶה *re'eh*, "amigo", רֵעִים *re'im*, "amigos", שְׁאֵלָה *sch^elah*, "pergunta", שְׁאֵלוֹת *sch^eloth*, "perguntas".

Além disso, há alguns monossílabos cujo *tzere* muda para *ḥireq*, mas nós os reservamos, junto com as outras exceções particulares, ao catálogo prometido para o final do livro.

Um penúltimo *segol* muda em *schewa*, mas um último em *qametz* ֫ , isso porque todos os nomes no plural são *mill^era'* (oxítonos) e todos os outros cuja penúltima tem *segol* ֫ são *mill^el* (paroxítonos). E assim, se o segundo *segol* fosse mantido no plural, deveria haver no plural o acento na penúltima sílaba, ao contrário do uso comum no plural: por essa causa, então, מֶלֶךְ *melekh*, "rei", torna-se מְלָכִים *m^elakhim* "reis", אֶבֶן *'even*, "pedra", אֲבָנִים *'avanim*, "pedras", צֶדֶק *tzedeq*, "justiça", צְדָקוֹת *tz^edaqoth*, "justiças", זֶבַח *zevah*, "sacrifício", זְבָחִים *z^evahim*, "sacrifícios", נֶחָמָה *nehamah*, "consolo", נֶחָמוֹת *n^ehamoth*[19], "consolos", חֵטְא *het'*, "pecado", חֲטָאִים *h^a ta'im*, "pecados", בֹּקֶר *boqer*, "manhã", בְּקָרִים *b^eqarim*, "manhãs". E essa mudança do *segol* da última sílaba em *qametz*, e do *segol* da penúltima em *schewa*, é inteiramente regular. De fato, mostramos que nos polissílabos terminados em ה *h*, muitas vezes o ה *h* muda em ת *th* e as sílabas em dois *segol* ֫֫ como עֲטָרָה *'atarah*, "coroa", muda em עֲטֶרֶת *'atereth*, "coroas", e פְּקֻדָה *poq^edah*, "visitante", em פְּקֻדַת *poqedeth*, "visitantes". Depois, como no caso precedente, cabe notar que os nomes terminados em ה *h* ou ת *th* perdem no plural a última sílaba junto com o ה ou ת, razão pela qual o penúltimo *segol* ganha a última sílaba e muda em *qametz* ֫ , exceto aqueles cujo penúltimo *segol* usurpa o lugar do *schewa*, como se dá com todos os particípios e os nomes que se formam a partir deles. Por exemplo, פְּקֻדַת *poqedeth*, por causa do acento *'atnaḥ* ou *siluq*, em lugar de

---

19. A forma correta seria manter o *segol* na primeira sílaba do plural.

פֿקְדָה *poqᵉdah*, e תּוֹלֶדֶת *toledeth*, em lugar de תּוֹלְדָה *tolᵉdah*, "história"; mas no plural recebem de novo um *schewa*, como פֿוְקְדוֹת *poqᵉdoth*, תּוֹלְדוֹת *tolᵉdoth*. Finalmente, um penúltimo *segol* ao qual adere um *schewa* não pode ser mudado em *schewa*, pois dois *schewa* não devem ocorrer no início de uma palavra; por isso, ele é ou retido no plural, ou mudado em *pathaẖ*, como אֶשְׁנָב *ʻeschnav*, "janela", אֶשְׁנַבִּים *ʻeschna-vim*, "janelas", מֶרְכָּבָה *merkavah*, "carro", מַרְכָּבוֹת *markavoth* "carros". Quando os nomes têm חֹלֶם *ẖolem* antes de *segol*, mudam-no em *schewa*, como בֹּקֶר *boker*, "manhã", no plural בְּקָרִים *bᵉqarim*, "manhãs", אֹהֶל *ʻohel*, "tenda", אֳהָלִים *ʻᵒhalim*, "tendas" etc. São excetuados alguns que constam do catálogo, e alguns, além disso, são monossílabos que às vezes mudam *ẖolem* em *qametz*, como יוֹם *yom*, "dia", no plural יָמִים *yamim*, "dias", רֹאשׁ *roʻsch*, "cabeça", רָאשִׁים *roʻschim*, "cabeças". Mas, com muita frequência, o *ẖolem* é retido. Assim, גּוֹי *goy*, "gente, nação, gentio", faz o plural em גּוֹיִם *goyim*, "gentes, nações, gentios", e אוֹר *ʻor* "luz", em אוֹרִים *ʻorim*, "luzes" etc., e como aqueles terminados em ת *th* e que têm um *segol* duplo, como פֿקֶדֶת *poqedeth*, "visitantes". Um *pataẖ* não muda nunca no plural, a não ser diante do י *yod*, como יַיִן *yayin*, "vinho", יֵינוֹת *yenoth*, "vinhos", זַיִת *zayith*, "azeitona", זֵיתִים *zethim*, "azeitonas"; por fim, בַּהֶרֶת *bahereth*, "mancha branca na pele", faz o plural em בֶּהָרוֹת *beharoth*.

O *ẖireq* permanece sempre inalterado, exceto nos nomes referidos na regra precedente que o omite no plural e, além disso, em pouquíssimos nomes mencionados no catálogo. E eu falo aqui apenas do *ẖireq* ele próprio, mas não daquele empregado no início da palavra antes de um *schewa*, para que não ocorram dois *schewa* no começo, fato que se reconhece nos nomes terminados por um ה paragógico; com efeito, אִמְרָה *ʻimrah*, "palavra, dito", utilizado no lugar de אֹמֶר *ʻomer* que faz o plural em אֲמָרוֹת *ʻᵃmaroth*, "palavras, ditos". Do mesmo modo, דִּמְעָה *dimʻah*, "lágrima", que toma o lugar de דֶּמַע *demaʻ*, que faz o plural em דְּמָעוֹת *dᵉmaʻoth*, "lágrimas". De

COMPÊNDIO DE GRAMÁTICA DA LÍNGUA HEBRAICA 425

fato, como já mostramos, o *segol* ֶ da última sílaba muda em *qametz* ָ e o último *qametz* deve ser retido no plural; mas o penúltimo *ḥolem* e o penúltimo *segol* mudam em *schewa*.

O *qibutz* e o *schureq* nunca mudam no plural; entretanto, a respeito desse *schureq* deve-se notar que as palavras terminadas em וּת *uth* nem sempre perdem o *schureq* no plural, mas os nomes restantes terminados em ה *h* e ת *th* , como já dissemos, perdem sempre a vogal da última sílaba no plural. Com efeito, מַלְכוּת *malkhuth*, "reino", tem como plural מַלְכֻיּוֹת *malkhuyyoth*, e חָנוּת *ḥanuth*, "loja, tenda", faz o plural em חֲנֻיּוֹת *ḥanuyyoth*.

Finalmente, o *schewa* não pode mudar por nenhuma outra causa senão a de que não ocorram um duplo *schewa* no início da palavra. Pois, vimos que a maioria das mutações das vogais converte as longas em breves. Todavia, o fato de que o פְּרִי *pⁱri*, "fruto", tenha o plural em פֵּרוֹת *peroth*, e כְּלִי *kⁱli*, "vaso, utensílio", em כֵּלִים *kelim*, mostra apenas que a letra י *yod* no singular é paragógica, e que ela mudou em *schewa* o *tzere* que aquelas palavras deveriam ter, e que por isso, como o י *yod* no plural desaparece, o *tzere* no plural é retido, ou, se se prefere, é retomado.

Por essas regras, qualquer pessoa pode facilmente flexionar quase todos os singulares em plurais, e a partir dos plurais investigar os singulares. Resta agora adicionar algo acerca do *número dual*.

Além do plural, certos nomes também flexionam em número dual, adicionando-se, seja no masculino, seja no feminino, as letras י *yod* e ם *mem*, e as vogais *pathaḥ* e *ḥireq*, como יוֹם *yom*, "dia", cujo plural é יָמִים *yamim* e o dual יוֹמַיִם *yomaim*, "dois dias", ou שָׁנָה *schanah*, "ano", que faz שְׁנָתַיִם *schⁱnathayim*, "dois anos". E desse modo poderíamos, servindo-nos das regras precedentes, flexionar todos os nomes, não tivessem os posteriores [autores pós-bíblicos] negligenciado isso, visto que empregaram essa terminação para exprimir o plural de numerosas coisas que são naturalmente duais ou que consistem de duas partes, como יָד *yad*, "mão", plural יָדַיִם *yadaim*, "mãos", em vez do plural יָדוֹת *yadoth*; אֹזֶן *'ozen*, "orelha", plural אָזְנַיִם *'oznayim*, e assim com as demais coisas que nós temos e que são duais. Além disso, porque pinças se compõem de duas partes, elas se chamam מֶלְקָחַיִם *melqahayim*, e tesouras, מִטְפָּרַיִם *mitparayim*[20].

Por essa causa já não é lícito usar essa terminação para significar o número dual, exceto naqueles nomes que se encontram na *Bíblia* assim flexionados com significação dual.

---

20. É como consta da Escritura, mas a forma correta é מִסְפָּרַיִם *misparayim* .

COMPÊNDIO DE GRAMÁTICA DA LÍNGUA HEBRAICA

Capítulo VII
DO GÊNERO MASCULINO E FEMININO

Os nomes que indicam seres machos ou coisas pertinentes a machos são *masculinos*. Em contrapartida, aqueles nomes que indicam fêmeas ou coisas pertinentes a fêmeas são *femininos*. Por outro lado, os que servem para exprimir outras coisas são *comuns*, e a maioria deles sempre se encontra na *Bíblia* ou no masculino ou no feminino, conforme convenha ao caso. Alguns aparecem apenas uma vez no feminino e em todas as outras, sempre no masculino e, ao contrário, alguns aparecem só uma vez no masculino. Por exemplo, כָּנָף *kanaf*, "asa", que é em toda parte do gênero feminino, exceto duas vezes no capítulo 3 do livro 2 das *Crônicas*, e que é por isso tido pelos autores como do gênero comum (dos dois gêneros). Se nos houvesse faltado este livro das *Crônicas*, eles não duvidariam em colocar a referida palavra entre os nomes femininos e, se tivéssemos outros mais, talvez todas as regras mudassem e aqueles que agora figuram entre as exceções seriam regulares e, contrariamente, muitos regulares seriam exceções. Pois, para dizê-lo em uma palavra, há muitos que escreveram uma gramática da Escritura, porém nenhum que haja escrito uma gramática da língua hebraica. Mas voltemos ao assunto. Vimos também que a Escritura refere na mesma oração um nome a um gênero e a outro indistintamente, como em *Gênesis* 32, 9: אִם יָבוֹא עֵשָׂו אֶל הַמַּחֲנֶה הָאַחַת וְהִכָּהוּ *'im yavo' 'esaw 'el ha-maḥ{ª}neh ha-'aḥath w{e}hikkahu*, "se Esaú chega a um dos acampamentos e o ataca"; nisto concordo em tudo com R. Schelomo Jarhi (Raschi)[21], que estatui

---

21. A referência é a Rabi Schlomo bar Itzkhak (Troyes, c. 1040-1105), cujo acrônimo Raschi é um dos mais célebres da hermenêutica judaica. A transcrição errônea da abreviatura em latim perdurou até o início do século XIX e o tomava, equivocadamente, como sendo o Rabi Schelomo Jarí de Lunel. Cabe notar ainda que a frase, na sequência do texto, não se encontra nem nos comentários bíblicos nem nos talmúdicos desse exegeta, sendo atribuída, pelos estudiosos, a Abraão ibn Ezra (1092-1167).

כָּל דָּבָר שֶׁאֵין בּוֹ רוּחַ חַיִּים זָחֲרֵהוּ וְנַקְּבֵהוּ *kol davar sch'en bo ruaḥ ḥayyim zoḥrehu w*ᵉ*naq*ᵉ*vehu,* "toda coisa que não tem sopro de vida exprima-a tanto no gênero masculino quanto no feminino". Vide o seu comentário no local referido.

Os adjetivos do gênero masculino passam para o feminino adicionando-se-lhes ת *th* ou ה *h* com *qametz* ⊤, e mudando--se as sílabas segundo as regras precedentes; por exemplo: חָכָם *ḥakham*, "sábio", חֲכָמָה *ḥ*ᵃ*khamah*, "sábia", גָּדוֹל *gadol*, "grande" (masculino hebraico), גְּדוֹלָה *g*ᵉ*dolah*, "grande" (feminino hebraico), בָּרוּךְ *barukh*, "bendito", בְּרוּכָה *b*ᵉ*rukhah*, "bendita", פָּקֵד *poqed*, "visitante" (masculino), פּוֹקְדָה *poq*ᵉ*dah*, "visitante" (feminino), אִישׁ *'isch*, "varão, esposo", אִישָׁה *'ischah*, "mulher, esposa", גְּבִר *g*ᵉ*vir*, "senhor", גְּבִירָה *g*ᵉ*virah*, "senhora".

Excetuam-se aqueles que têm dois *segol* ⁚ que devem mudar em *schewa* ⦂. Mas visto que dois *schewa* não podem ocorrer no início de uma palavra, o primeiro deve mudar em *pataḥ*, como em מֶלֶךְ *melekh*, "rei", מַלְכָּה *malkah*, "rainha", que, segundo as regras precedentes, deveria ser מְלָכָה *m*ᵉ*lakhah*.

Os masculinos que acabam em ה *h* mudam a última sílaba em *qametz* ⊤ para formar o feminino, como יָפֶה *yafeh*, "belo", יָפָה *yafah*, "bela", רֹאֶה *ro'eh*, "o vidente", רֹאָה *ro'ah* "a vidente" etc.

Em continuação, os masculinos que acabam em י *yod* mudam no feminino ou do mesmo modo que os precedentes, ou adicionando-se-lhes simplesmente um ת *th*, como שֵׁנִי *scheni*, "segundo", שְׁנִיָּה *sch*ᵉ*niyyah* ou שֵׁנִית *schenith*, "segunda". Isso acontece principalmente com aqueles adjetivos que indicam o povo ou a região de alguém, como עִבְרִי *'ivri*, "hebreu", עִבְרִיָּה *'ivriyyah* ou עִבְרִית *'ivrith*, "hebreia". Nota-se, com efeito, que o gênero masculino de todos esses adjetivos é formado acrescentando-se-lhes um י *yod* precedido por um *ḥireq* em todos os nomes próprios pátrios ou de progênie, e mudando-se as sílabas segundo as regras do capítulo seguinte a respeito do estado de regime dos nomes: por exemplo, יִשְׂרָאֵל *yisra'el*, "Israel", faz יִשְׂרְאֵלִי *yisr*ᵉ*eli*, "israelita"; עֵבֶר *'ever*, "Eber", faz עִבְרִי *'ivri*, "hebreu"; חֶבֶר *hever*, "Heber", faz חֶבְרִי *hevri*, "da família de

Heber"[22]; כּוּשׁ *kusch*, "Etiópia", faz כּוּשִׁי *kuschi*, "etíope"; יְרוּשָׁלֵם *y^eruschalem* (ou יוּשָׁלַיִם) "Jerusalém", faz יְרוּשַׁלְמִי *y^eruschalmi*, "jerosolimita". Para o plural desses nomes masculinos adiciona--se somente um מ *mem*, como em עִבְרִים *'ivrim*, "hebreus", כּוּשִׁים *kuschim*, "etíopes". Se os nomes a partir dos quais esses adjetivos (pátrios) se formam têm terminação no plural, esta deve ser abandonada (para formar o adjetivo). Por exemplo, de מִצְרַיִם *mitzrayim*, "Egito", se faz מִצְרִי *mitzri*, "egípcio". E estes, como eu disse, mudam para o feminino adicionando--se no final apenas ת *th* ou ה *h* precedido de *qametz* ָ . Mas no plural eles flexionam sempre como os femininos que terminam em ה *h*, como מִצְרִיּוֹת *mitzriyyoth*, "egípcios", עִבְרִיּוֹת *'ivriyyoth*, "hebreus" etc.

Assim, pois, as terminações do singular em ה *h* precedidas de um *qametz* ou em ת *th* e a terminação plural em וֹת *oth* são próprias dos adjetivos femininos; esse fato parece mostrar que os hebreus se habituaram em geral a considerar como sendo do gênero feminino todos os substantivos que terminam em ה *h* ou ת *th* no singular e em וֹת *oth* no plural, isso porque talvez tenham sua origem em adjetivos desse gênero. Mas a esse respeito é o suficiente.

---

22. Proveniente da tribo de Ascher.

Capítulo VIII
DO REGIME DOS NOMES

As coisas são expressas ou de forma absoluta ou em relação a outras coisas, a fim de que sejam indicadas com clareza e de modo expressivo. Por exemplo, em *o mundo é grande*, mundo é expresso em estado absoluto; em *o mundo de Deus é grande*, aqui o mundo está em estado relativo, que o exprime de forma mais eficaz ou que o indica de modo mais claro, e isso é o que se chama estado de regime[23]. Agora vou expor ordenadamente de que maneira se costuma exprimir isto, começando primeiro pelo *singular*.

Os nomes que terminam em ה *h* precedido de *qametz* ou de *holem* mudam o ה *h* em ת *th* e o *qametz* em *patah*. Assim, תְּפִילָה *tᵉfilah*, "prece", tem no estado de regime a forma תְּפִילַת *tᵉfilath*, que significa "a prece de alguém". Também עָשָׂה *'asah*, "o ato de fazer", *tò facere*, tem no estado de regime a forma עֲשׂוֹת *ᵃsoth*, "o fazer de alguém", *tò alicujus facere*. Do mesmo modo, יוֹם עֲשׂוֹת יְהוָה אֱלֹהִים *yom 'ᵃsoth yhwh ᵉlohim*, "o dia, produto da ação do Senhor Deus", *dies toũ facere Domini Dei*.

As palavras que têm dois *qametz* ou apenas um trocam, no estado de regime, o *qametz* da penúltima sílaba por *schewa*, e da última por *patah*, como em דְּבַר *dᵉvar* "palavra" (em estado de regime), a partir de דָּבָר *davar* "palavra", em estado absoluto; כִּכַּר זָהָב *kikkar zahav* "talento de ouro" (moeda), a partir de כִּכָּר *kikkar* "talento"; חֲכַם *hᵃkham*, "sábio", a partir de חָכָם *hakham*, como em Jó 9, 4, em que Deus é chamado חֲכַם לֵבָב *hᵃkham levav*, "sábio de coração". Assim, בָּרוּךְ *barukh*, "bendito", שָׁלוֹם *schalom*, "paz", פָּקוֹד *paqod*, "visitar", זָקֵן *zaqen*, "ancião, velho" etc., mudam o *qametz* da penúltima sílaba em *schewa*. Assim também צְדָקָה *tzᵉdaqah*, "justiça", בְּרָחָה *bᵉraha*,

---

23. Spinoza, como os gramáticos hebraicos da Idade Média, usava essa denominação para designar o que hoje recebe o nome de estado construto.

COMPÊNDIO DE GRAMÁTICA DA LÍNGUA HEBRAICA   431

"bênção", mudam o último *qametz* em *patah*, o penúltimo em *schewa*, e o ה *h* final em ת *th*, como já dissemos, dando lugar a צִדְקַת *tzidqath*, בִּרְכַּת *birqath*. Quanto ao primeiro *schewa*, ele muda em *hireq* simplesmente porque dois *schewa* não podem ocorrer no início de uma palavra; esse é sempre o caso e, para não repeti-lo tão amiúde, nós o afirmamos a respeito de todo *hireq* e *patah* diante de um *schewa*.

Um penúltimo *tzere* é às vezes mudado em *schewa*, e um último, somente em *patah*, como em שְׂעַר *sᵉʿar*, "cabelo de" a partir de שֵׂעָר *seʿar*, "cabelo"; e פְּאַת *pᵉʿath*, "ângulo de", a partir de פֵּאָה *peʿah*, "ângulo", זְקַן *zᵉqan*, "velho de" a partir de זָקֵן *zaken*, "velho, ancião", מַקַּל *maqqal*, "bordão de", a partir de מַקֵּל *maqqel*, "bordão". Porém, com mais frequência, tanto o último quanto o penúltimo *tzere* permanecem inalterados. Na verdade, estes e muitos outros da mesma forma são inteiramente incertos. Às vezes um nome muda o *tzere* e às vezes o retém, o que mostra que na Santa Escritura os dialetos se misturam. Assim, cada um pode à vontade ou mudar ou reter tanto o *tzere* quanto o *qametz* na última sílaba, exceto, porém, o *tzere* antes de י *yod*, que deve ser retido por causa do uso comum da língua, como em הֵיכָל *hekhal*, "templo", por exemplo; e a palavra אַשְׁמוּרָה *ʿaschmurah*, "vigília", tem em toda a parte da Escritura o estado de regime sob a forma de אַשְׁמֹרֶת *ʿaschmoreth*, e תְּלָאוּבָה *talʿuvah*, "seca" (estado absoluto) e תַּעֲלוּמָה *taʿlumah*, "segredo" (estado absoluto), têm as formas תְּלָאוּבַת *talʿuvath* e תַּעֲלוּמַת *taᵃʿlumath*; por isso digo que é lícito a cada um escrever אַשְׁמוּרַת *ʿaschmurath* em lugar de אַשְׁמֹרֶת *ʿaschmoreth* e תַּלְאוֹבֶת *talʿoveth* em lugar de תְּלָאוּבַת *talʿuvath*, ainda que nenhuma das duas se encontre na Escritura. E o que digo aqui do *tzere* e do *qametz* serve para tudo aquilo que não segue uma regra definida. Mas disso tratarei abundantemente em outro lugar; contudo, adicionarei ainda algo de muita importância para o que eu disse até aqui, bem como para a compreensão deste capítulo e para o conhecimento universal desta língua.

No capítulo anterior dissemos que as terminações do feminino em הָ *ha* e ת *th*, e no plural em תוֹ *oth*, são próprias dos adjetivos e dos particípios, sem dúvida porque um e mesmo nome-adjetivo é atribuído tanto a um ser masculino como a um feminino, e deve, portanto, possuir as duas terminações. Isso não tem lugar no caso dos substantivos, e somente o uso fez com que substantivos, que não expressam nem machos nem fêmeas, sejam referidos sempre ao gênero feminino quando acabam em ה *h* ou ת *th*, ou talvez também (como dissemos) porque derivam sua origem de adjetivos femininos. Mas há outra coisa que eu quero dizer aqui: do mesmo modo que essas terminações dos substantivos se originam de adjetivos e particípios, suas variações, que os nomes padecem em estado de regime, derivam sua origem das mutações dos infinitivos e dos particípios. Pois todos os nomes hebraicos (como sabem todos os peritos nesta língua) formam-se a partir de modelos verbais. Cumpre notar primeiro e precipuamente que o uso de nomes substantivos é para indicar as coisas de modo absoluto e não de modo relativo. De fato, este último repugna aos nomes próprios, os quais nunca se encontram em estado de regime; pelo contrário, as ações dificilmente se explicam sem relação com o agente ou o paciente, por isso raramente aparecem em estado absoluto. Seja como for, a partir dos modos em que variam os nomes infinitivos e particípios é fácil depreender as variações dos substantivos; assim, não há dúvida de que estes últimos têm sua origem naqueles. Eis por que estabeleço aqui os modelos dos infinitivos e os modos em que variam no estado de regime, assim como as normas de variação de todos os nomes, pois podem ser facilmente confiados à memória.

COMPÊNDIO DE GRAMÁTICA DA LÍNGUA HEBRAICA   433

Modelos dos Infinitivos[24]

Estado Absoluto		Estado de Regime
Visitar[23]	פָּקוֹר paqod	פְּקוֹד pᵉqod e פְּקָד־ pᵉqod (qam. ḥat.) e פְּקוֹדֶת pᵉqodeth a partir de פָּקְדָה poqᵉdah (qam. ḥat.)
Ser visitado	נִפְקוֹד nifqod (sempre em est. abst.) e תִּפְּקֵד tipqed	הִפָּקֵד hipaqed
Visitar frequentemente	פַּקֵּד paqqed e פִּקֵּד piqqed	פַּקֵּד paqqed
Ser visitado frequentemente	פֻּקַּד puqqod	פֻּקַּד puqqod
Fazer ou constituir alguém em visitante	הַפְקֵד hafqed	הַפְקִיד hafqid
Ser constituído em visitante	הָפְקֵד hofqed	הָפְקַד hofqed
Constituir-se em visitante	הִתְפַּקֵּד hithpaqqed	הִתְפַּקֵּד hithpaqqed
Aproximar-se	נָגוֹשׁ nagosch	גֶּשֶׁת gescheth
Descobrir	גָּלֹה galoh, גָּלוֹת galoth	גְּלוֹת gᵉloth גְּלוֹת gᵉloth
Rodear	סוֹב sov	סוֹב sov e סָב־ sov (ḥatuf com *maqqaf*)
Encontrar	מָצוֹא matzó	מְצוֹא mᵉ tzó e מְצֹאת mᵉtzóth em lugar de מָצוֹאֶת mᵉtzoéth (ver acima פְּקוֹדֶת pᵉqodeth)
Abrir	פָּקוֹחַ paqoaḥ	פְּקֹחַ pᵉqaḥ

---

24. O infinitivo no estado absoluto coincide muitas vezes com o pretérito. Assim, דָּבֵר *diber*, "o fato de falar", *tò loqui*, "o ato de falar", também significa: "ele falou"; גָּדֵל *gadel*, "crescer", e בָּשֵׁל *baschel*, "cozinhar", têm a forma do pretérito, como mostrarei no devido lugar. Por isso, não duvido de que os modelos de infinitivo foram פָּקֵד *paqad*, com dois *qametz*, e פָּקַד *paqad*, com *qametz* e *patah*; a partir desses modelos, ou seja, de פָּקֵד *paqed*, פָּקֵד *paqad* e פָּקַד *paqad*, se formou פְּקַד *pᵉqad*, em estado de regime. E isso basta para o momento, pois será desenvolvido mais extensamente quando tratarmos das conjugações. (B. de S.)

434 SPINOZA: OBRA COMPLETA IV

Estes são os principais modelos e variações dos infinitivos. Passo agora aos particípios.

Modelos dos Particípios

Ativo[25]

Estado de Regime	Estado Absoluto	
פֹקְדִי *poqᵉdi* e פָקַר *poqad* e פֹקֵד *poqed* פֹקְדֵי *poqᵉde*	פֹקֵד *poqed*	*visitante*, masc. sing.
	פֹקְדִים *poqᵉdim*	masc. plur.
	פֹקְדָה *poqdah* e	fem. sing.
פֹקֶדֶת *poqedeth*	פֹקֶדֶת *poqᵉdeth*	fem. sing. ou פָקַדְתְ *poqadᵉt* ou פָקַדְתִי *poqadᵉti*
פֹקְדוֹת *poqᵉdoth*	פֹקְדוֹת *poqᵉdoth*	fem. plur.
מְפַקֵד *mᵉfaqqed*	מְפַקֵד *mᵉfaqqed*	masc. sing., *que visita frequentemente*[24]
מְפַקְדֵי *mᵉfaqqᵉde*	מְפַקְדִים *mᵉfaqqedim*	masc. plur.
מְפַקֶדֶת *mᵉfaqqedeth*	מְפַקְדָה *mᵉfaqqᵉdah* e מְפַקֶדֶת *mᵉfaqqedeth*	fem. sing.
מְפַקְדוֹת *mᵉfaqqᵉdoth*	מְפַקְדוֹת *mᵉfaqqᵉedoth*	fem. plur.
מַפְקִד *mafqid*	מַפְקִד *mafqid*	masc. sing., *fazer alguém visitante*
מַפְקִידֵי *mafqide*	מַפְקִידִים *mafqidim*	masc. plur.
מַפְקֶדֶת *mafqedeth*	מַפְקִידָה *mafqidah* e מַפְקֶדֶת *mafqedeth*	fem. sing.
מַפְקִידוֹת *mafqidoth*	מַפְקִידוֹת *mafqidoth*	fem. plur.

25. Não se encontra na Escritura este particípio em estado de regime e nem parece que o sentido em que ele é sempre empregado possa ser expresso de modo relativo; mas visto que este modelo aparece algumas vezes empregado com a mesma significação que a forma simples, nada impede supor a existência do estado de regime do modelo citado. (B. de S.)

COMPÊNDIO DE GRAMÁTICA DA LÍNGUA HEBRAICA   435

Reflexivo

Estado de Regime	Estado Absoluto	
מִתְפַּקֵּד *mithpaqqed*	מִתְפַּקֵּד *mithpaqqed*	masc. sing., *visitando-se ou comportando-se como visitante*
מִתְפַּקְּדֵי *mithpaqqᵉ de*	מִתְפַּקְּדִים *mithpaqqᵉim*	masc. plur.
	מִתְפַּקְּדָה *mithpaqqᵉdah* e	fem. sing.
מִתְפַּקֶּדֶת *mithpaqqedeth*	מִתְפַּקֶּדֶת *mithpaqqedeth*	
מִתְפַּקְּדוֹת *mithpaqqᵉdoth*	מִתְפַּקְּדוֹת *mithpaqqᵉdoth*	fem. plur.
גְּדָל *gedel* e גְּדָל *gᵉdal*	גָּדֵל *gadel*	masc. sing., *crescente*
גִּדְלֵי *gidle*	גְּדֵלִים *gᵉdelim*	masc. plur.
גִּדְלַת *gidlath*	גְּדֵלָה *gᵉdelah*	fem. sing.
גִּדְלוֹת *gidloth*	גְּדֵלוֹת *gᵉdeloth*	fem. plur.
בָּא *ba'*	בָּא *ba'*	masc. sing., *que vem*
בָּאֵו *ba'e* (atualmente, בָּאֵי *ba'e*)	בָּאִים *ba'im*	masc. plur.
בָּאַת *ba'ath*	בָּאָה *ba'ah*	fem. sing.
בָּאוֹת *ba'oth*	בָּאוֹת *ba'oth*	fem. plur.
גֹּלֵה *goleh*	גֹּלֵה *goleh*	masc. sing., *que descobre*
גֹּלֵי *gole*	גֹּלִים *golim*	masc. plur.
גֹּלַת *golath*	גֹּלָה *golah*	fem. sing.
גֹּלוֹת *goloth*	גֹּלוֹת *goloth*	fem. plur.

E assim:

מַגְלֶה *magleh*	מַגְלֶה *magleh*	masc. sing., *que faz descobrir*
מַגְלֵי *magle*	מַגְלִים *maglim*	masc. plur.
מַגְלַת *maglath*	מַגְלָה *maglah*	fem. sing.
מַגְלוֹת *magloth*	מַגְלוֹת *magloth*	fem. plur.

שׁוֹמֵעַ *schoma'*	שׁוֹמֵעַ *schomea'* e שׁוֹמֵעַ *schoma'*	masc. sing., *que ouve*
שׁוֹמְעֵי *schom⁶'e*	שׁוֹמְעִים *schom⁶'im.*	masc. plur.
שׁוֹמַעַת *schoma'ath*	שׁוֹמְעָה *schom⁶'ah* e שׁוֹמַעַת *schoma'ath*	fem. sing.
שׁוֹמְעוֹת *schom⁶'oth*	שׁוֹמְעוֹת *schom⁶'oth*	fem. plur.

Assim também:

שְׂבַע *s⁶va'*	שָׂבֵעַ *savea'*	masc. sing., *que sacia, saciado*
שְׂבְעֵי *s⁶ve'e*	שְׂבֵעִים *s⁶ve'im*	masc. plur.
שְׂבְעַת *s⁶ve'ath*	שְׂבֵעָה *s⁶ve'ah*	fem. sing.
שִׂבְעוֹת *siv⁶'oth*	שְׂבֵעוֹת *s⁶ve'oth*	fem. plur.

Passivo

Estado de Regime	Estado Absoluto	
נִפְקַד *nifqad*	נִפְקָד *nifqad*	masc. sing., *visitado*
נִפְקְדֵי *nifq⁶de*	נִפְקָדִים *nifq⁶dim*	masc. plur.
נִפְקֶדֶת *nifqedeth*	נִפְקָדָה *nifq⁶dah* e נִפְקֶדֶת *nifqedeth*	fem. sing.
נִפְקְדוֹת *nifq⁶doth*	נִפְקָדוֹת *nifqadoth*	fem. plur.
	etc.	
מְפֻקַּד *m⁶fuqqad*	מְפוֹקָד *m⁶foqad* e מְפֻקַּד *m⁶fuqqad*	masc. sing., *ser visitado frequentemente*
מְפֻקְּדֵי *m⁶fuqqade*	מְפֻקָּדִים *m⁶fuqqadim*	masc. plur.
מְפֻקֶּדֶת *m⁶fuqqedeth*	מְפֻקָּדָה *m⁶fuqqadah* e מְפֻקֶּדֶת *m⁶fuqqedeth*	fem. sing.
מְפֻקְּדוֹת *m⁶fuqqadoth*	מְפֻקָּדוֹת *m⁶fuqqadoth*	fem. plur.

COMPÊNDIO DE GRAMÁTICA DA LÍNGUA HEBRAICA

	מֻפְקָד *mufqad*	masc. sing., *ser constituído visitante*
	מֻפְקָגדים *mufqadim*	masc. plur.
	מֻפְקָדָה *mufqadah* e מֻפְקֶגֶת *mufqedeth*	fem. sing.
	מֻפְקָדוֹת *mufqadoth*	fem. plur.
פְּקוּד *pᵉqud*	פָּקוּד *paqud* e פָּקֻג *paqud*	masc. sing., adjetivo verbal, *visitado*
פְּקוּדִי *pᵉqude*	פְּקוּדִים *pᵉqudim* e פְּקֻדִים *pᵉqudim*	masc. plur.
פְּקֻדַת *pᵉqudath*	פְּקוּדָה *pᵉqudah* e פְּקֻדָה *pᵉqudah* e פְּקֹדֶת *peqodeth*	fem. sing.
פְּקוּדוֹת *pᵉqudoth*	פְּקוּדוֹת *pᵉqudoth* e פְּקֻדוֹת *pᵉqudoth*	fem. plur.
	פּוּקַד *puqqad* e פֻּקַד *puqqad*	masc. sing., adj. verbal, ser visitado frequentemente
	פּוּקָדִים *puqadim* e פֻּקָדִים *puqadim*	masc. plur.
	פּוּקָדָה *puqadah* e פֻּקֶדֶת *puqedeth* e פֻּקֹדֶת *piqodeth*	fem. sing.
	פּוּקָדוֹת *puqqadoth* e פֻּקָדוֹת *puqadoth*	fem. plur.

Além disso, há outros modelos de particípios, mas julgo que, para o momento, estes são suficientes a fim de que cada um aprenda facilmente a passar os nomes do estado absoluto para o de regime, desde que se observe que as vogais retidas no estado absoluto não mudam no estado de regime: isto é claro para os monossílabos e se repete também para os dissílabos cuja vogal da primeira sílaba é *schewa*, como כְּתָב *kᵉtav*, "escrito", זְאֵב *zᵉev*, "lobo" etc., e acontece o mesmo para os dissílabos que levam um duplo *segol, patah, hireq* e *schewa*; o *holem* é retido na maioria das vezes, porém diante de um *maqqaf*, "traço de união", vemos que ele muda em *o* breve. Por fim, raríssimas vezes, ou quase nunca, o *schureq* é mudado; e quando ocasionalmente um *qibutz* usurpa seu lugar, isso não se produz por causa do estado de regime, mas porque é lícito tomar um pelo outro, visto que o *schureq* é uma sílaba composta de *holem* e *qibutz*, e por isso vemos com frequência um *holem* ou um *qibutz* em lugar do *schureq*. Mas a razão pela qual עָוֶל *'awel*, "falta", אָוֶן *'awen*, "vício", מָוֶת *maweth*, "morte", e outros do mesmo tipo têm como estado de regime a forma עֶוֶל *'ewel*, אֶוֶן *'ewen*, מֶוֶת *meweth* etc., o que é conforme ao uso comum da língua. Com efeito, dissemos acima que *qametz* antes do *segol* substitui outro *segol* no fim ou no meio da sentença para distinguir uma parte da outra, como em עֲטָרֶת *'ªtareth* em lugar de עֲטֶרֶת *'ªtereth*, "coroa", e פּוֹקָדֶת *poqadeth* em lugar de פּוֹקֶדֶת *poqedeth*, "visitante". Por essa razão, עָוֶל *'awel* etc., em estado absoluto, assume a forma עֶוֶל *'ewel* em estado de regime.

Mas cabe notar que nesta língua não se costuma, no mais das vezes, tornar o ו *waw* quiescente, mudando as sílabas em *holem*, o que é de uso muito frequente e parece ter prevalecido com respeito a esses nomes que acabamos de ver, porque na Escritura se encontra somente uma vez o estado de regime עֶוֶל *'ewel*; de outro modo, em toda parte, de עָוֶל *'awel*, "falta", se faz עוֹל *'ol*; de אָוֶן *'awen*, "vício", se faz אוֹן *'on*; e assim no restante dessas formas.

Finalmente, adicionarei algo também acerca das terminações do plural; vemos que a terminação do plural em וֹת *oth* sempre se conserva no estado de regime; no entanto, em יִם *im* o ם *m* (final) desaparece e o *hireq* muda em *tzere*; o mesmo ocorre com a forma do estado de regime do dual יִם *ayim*, que analogamente omite o ם *m* (final) com *hireq* e muda o *patah* pelo *tzere*, assim como, de עֵנַיִם *'enayim*, "olhos", se faz עֵנֵי *'ene* em estado de regime; e isso me leva a crer que todo

COMPÊNDIO DE GRAMÁTICA DA LÍNGUA HEBRAICA

pataḥ antes de um **י** *y yod* com *ḥireq* aceita esse modelo em estado de regime, como de בַּיִת *bayith*, "casa", se faz בֵּית *beth* e de יַיִן *yayin*, "vinho", se faz יֵין *yen* etc.

Agora, antes que eu prossiga, quero aqui notar em especial que entendo por nomes todos os gêneros de nomes. Assim, pois, todos esses nomes, exceto (como já dissemos) o nome próprio, regem o genitivo ou são por ele regidos e, precipuamente, o nome relativo ou preposição que sempre é expresso em relação, que por essa razão sempre rege o genitivo, e é muitas vezes por ele regido. Tudo isso, para maior clareza, ilustrarei com exemplos.

בֵּית אֱלֹהִים *bet ᵉlohim*	*Casa de Deus.*	Ambos são substantivos.
לֵב חָכָם *lev ḥakham*	*Coração de sábio.*	O primeiro termo é substantivo, o segundo adjetivo.
חֲכַם לֵבָב *ḥᵃkham levav*	*Sábio de coração.*	Contrário ao caso anterior.
גְדוֹל הָעֵצָה *gᵉdol ha-ʿetzah*	*Grande em conselho.*	
אוֹהֲבֵי טוֹב *ʿohᵃ ve tov*	*Amantes do bem.*	O primeiro termo de ambos é um particípio.
רוֹאֵי הַשָּׁמֶשׁ *róe ha-schamesch*	*Vedores do sol.*	
בְּרֹא אֱלֹהִים *bᵉró ᵉlohim*	*O criar de Deus.*	O primeiro termo é um infinitivo.
יוֹם בְּרֹא אֱלֹהִים *yom bᵉró ᵉlohim*	*O dia do criar de Deus.*	O infinitivo rege e é regido.
מַשְׁכִּימֵי קוּם *maschkime qum*	*Os que se levantam cedo, depressa.*	
מַשְׁכִּימֵי בַּבֹּקֶר *maschkime ba-boqer*	*Os que se levantam de manhã.*	A preposição está no genitivo e o particípio no estado de regime.
לִפְנֵי יְהֹוָה *lifne yhwh*	*Diante de Deus.*	A preposição em estado de regime provém de לְפָנִים *lᵉfanim*, "antes", do mesmo modo que תּוֹךְ *tokh*, "dentro de", provém de תָּוֶךְ *tawekh*, "interior".

עֲדֵי עַד *'ade 'ad*	*Até* (para sempre).	Aqui a preposição rege e é regida.
מַכַּת בִּלְתִּי סָרָה *makath bilti Sarah*	*Praga sem fim, isto é, praga que não termina.*	O advérbio não é regido.
אֵין חָכְמָה *'en ḥokhmah*	*Sem (não há) sabedoria.*	Aqui, pelo contrário, אֵין *'en*, "sem", rege, pois, no estado absoluto אַיִן *'ain*, do mesmo modo que בַּיִת *bayith* muda, como já dissemos, o *pataḥ* e o *ḥireq* em *tzere*.

De resto, quero chamar vossa atenção de novo para que considereis com cuidado o exposto no cap. v acerca dos nomes. De fato, ninguém poderá cultivar essa língua com proveito, se não se compreender bem o que ali dissemos, isto é, que os verbos, como os particípios, as preposições e também os advérbios são, entre os hebreus, pura e simplesmente nomes.

COMPÊNDIO DE GRAMÁTICA DA LÍNGUA HEBRAICA   441

Capítulo ix
DO DUPLO USO DO NOME E DE SUAS DECLINAÇÕES

Por nome apelativo queremos designar seja um ou vários indivíduos indefinidos seja um ou vários indivíduos definidos e conhecidos, algo que entre os latinos não faz nenhuma diferença, mas que entre os hebreus e outros faz grande diferença. De fato, אִישׁ *'isch* ou אִישִׁים *'ischim* significam *um homem* ou *vários homens* quaisquer. Mas se alguém quer designar um homem ou vários homens dos quais já se falou antes, ou dos quais se supõe já denotados, deve-se prepor ao nome um הַ e duplicar a primeira letra do nome, isto é, inserir-lhe um *dag*[*u*]*esch*; se essa primeira letra for uma das que não podem ser duplicadas, então o ה *h* deve levar o *qametz* em vez de *patah*, como em וְהָאִישׁ גַּבְרִיאֵל *w*ᵉ*ha'isch gavri'el*, "e o homem Gabriel" (*Daniel* 9, 21). Note-se também que tanto o *dag*[*u*]*esch* quanto o *qametz* podem ser compensados por um *ga'ya'*, como em הַמְכַסֶּה *ham*ᵉ*khasseh*, "que esconde, cobre", e הַחִוִּי *hahiwwi* (nome de um povo de Canaã) etc. E este ה *h* costuma ser chamado de ה do "conhecimento", הַיְדִיעָה *hayy*ᵉ*di'ah*, porque indica a coisa conhecida e por isso mesmo eu o chamarei de ה *h* indicativo.

De fato, na verdade este ה *h* só pode ser usado em apelativos, adjetivos e particípios; e não em nome próprios, infinitivos, e não, enfim, em advérbios, pois com estes significamos apenas uma coisa singular, e não muitas do mesmo gênero; e no que diz respeito aos nomes relativos (preposições), eles nunca são usados em estado absoluto, mas somente em estado de regime. Mas note-se primeiro que este ה *h* nunca é aprefixado a um nome que o genitivo rege; e a razão disso eu apresentarei mais abaixo neste mesmo capítulo.

Além disso, como todos os nomes entre os hebreus são inclináveis, exprimem-se os casos, em geral, somente com a preposição e sua significação. Digo *significação*. Com efeito, as preposições, como já dissemos, regem realmente o genitivo (elas também são nomes); mas, assim como entre os gregos, as preposições do ablativo regem o genitivo, e só por sua significação o genitivo toma o lugar do ablativo, assim entre os hebreus todas as preposições regem o genitivo, e somente por seu significado o genitivo toma o lugar dos casos restantes.

As preposições que servem geralmente para indicar os casos são as seguintes: ל *l* (para), אל *'el* (para, em direção de), ב *v* (com), מ *m* (de [na forma contraída]), e מן *min* (de [na forma corrente]), עם *'im* (com) etc. Destas, ל e ב se afixam aos nomes e são pontuadas com *schewa*; também o מ, quando usurpa o lugar do מן, é pontuado com o *hireq*, e o נ *n* é compensado por um ponto דגש *dag[u]esch* na letra seguinte, como se poderá ver nos exemplos abaixo.

Além disso, ל *l* com *schewa* e אֶל *'el* indicam o dativo; בְ *bᵉ*, מְ *mi*, מֶן *min* e עֶם *'im* indicam o ablativo; o acusativo não tem nenhuma preposição, mas o seu lugar costuma ser ocupado pela partícula אֵת *'eth* (esta partícula não se traduz, ela distingue o objeto do sujeito), que nunca rege o genitivo, mas sempre rege o acusativo. Os casos restantes não têm preposições. Por isso, quando dissemos acima que o genitivo toma o lugar dos casos restantes, entenda-se que ele toma o lugar do dativo e do ablativo, porque são os casos expressos por preposições. Mas tudo isso ficará mais claramente compreendido pelos exemplos seguintes:

Exemplo de Nomes Apelativos Indefinidos

	Singular	
Nom.	דָּבָר *davar*	"palavra".
Gen.	דָּבָר *davar*	É reconhecido pelo estado de regime do nome precedente, de qualquer espécie que seja seu gênero.

COMPÊNDIO DE GRAMÁTICA DA LÍNGUA HEBRAICA

Dat.	לְדָבָר *leʿdavar*	Entende-se que a preposição, em estado de regime, expressa o dativo, e que o nome está no genitivo. De outro lado, note-se que, quando ל *l* indica a direção visada [*terminum ad quem*], ele pode ser substituído por ה *h* no fim da palavra, como אַרְצָה *ʿartzah* em lugar de לְאָרֶץ *leʿeretz* ([*ad terram*], "em direção à terra").
Ac.	דָּבָר *davar*	É reconhecido pelo verbo ativo.
Voc.	דָּבָר *davar*	
Abl.	מִדָּבָר *middavar*	Entenda-se aqui como no dativo acima.

Plural

Nom.	דְּבָרִים *deʿvarim*	
Gen.	דְּבָרִים *deʿvarim*	
Dat.	לִדְבָרִים *lideʿvarim*	
Ac.	דְּבָרִים *deʿvarim*	}
Voc.	דְּבָרִים *deʿvarim*	
Abl.	בִּדְבָרִים *bideʿvarim* ou מִדְּבָרִים *middeʿvarim*	

Exemplo de Nome com ה *h* Indicativo

Singular		Plural	
Nom.} Gen.}	הַדָּבָר *haddavar*	Nom.} Gen.}	הַדְּבָרִים *haddeʿvarim*
Dat.	לַדָּבָר *laddavar* em lugar de לְהַדָּבָר *leʿhaddavar*	Dat.	לַדְּבָרִים *laddeʿvarim* em lugar de לְהַדְּבָרִים *lehaddeʿvarim*
Ac.	אֶת-הַדָּבָר *ʿeth-haddavar*	Ac.	אֶת-הַדְּבָרִים *ʿeth-haddeʿvarim*
Voc.	הַדָּבָר *haddavar*	Voc.	הַדְּבָרִים *haddeʿvarim*
Abl.	בַּדָּבָר *baddavar* em lugar de בְּהַדָּבָר *beʿhaddavar*	Abl.	בַּדְּבָרִים *baddeʿvarim* em lugar de בְּהַדְּבָרִים *beʿhaddeʿvarim*

Exemplo de Substantivo e Adjetivo no Masculino

		Com ה h indicativo	
Nom.⎱ Gen.⎰	אֵל גָּדוֹל 'el gadol, "Deus grande"	Nom.⎱ Gen.⎰	הָאֵל הַגָּדוֹל ha'el haggadol
Dat.	לְאֵל גָּדוֹל lᵉ'el gadol	Dat.	לָאֵל הַגָּדוֹל la'el haggadol
	etc.	Ac.	אֶת הָאֵל הַגָּדוֹל 'eth ha'el haggadol

Exemplo do Gênero Feminino

		Com ה h indicativo	
Nom.⎱ Gen.⎰	מְנוֹרָה יָפָה mᵉnorah yafah, "belo candelabro"	Nom.⎱ Gen.⎰	הַמְּנוֹרָה הַיָּפָה hammᵉnorah hayyafah
Dat.	לִמְנוֹרָה יָפָה limᵉnorah yafah	Dat.	לַמְּנוֹרָה הַיָּפָה lammᵉnorah hayyafah
	etc.	Ac.	אֶת הַמְּנוֹרָה הַיָּפָה 'eth hammᵉnorah hayyafah
			etc.

Exemplo de Nome Relativo (Preposição)

Nom.⎱ Gen.⎰	תּוֹךְ tokh, "no meio de, entre".
Dat.	אֶל תּוֹךְ 'el tokh, לְתוֹ lᵉtokh, "para dentro de".
Ac.	תּוֹךְ tokh.
Abl.	בְּתוֹךְ bᵉtokh, מִתּוֹךְ mittokh, "no interior de, do interior de".

Note que תּוֹךְ *tokh* se encontra em estado de regime, e é formado a partir de תָּוֶךְ *tevekh*, "entre", assim como de עָוֶל *'ewel*, "falta", provém de עוֹל *'ol*. Escolhi um exemplo no estado de regime porque, como eu disse, dificilmente as preposições

COMPÊNDIO DE GRAMÁTICA DA LÍNGUA HEBRAICA 445

podem ser tomadas em estado absoluto e, portanto, nunca declinam com ה *h* indicativo [artigo definido]. Com efeito, este ה *h* supõe geralmente uma coisa já explicada e conhecida, e em estado de regime, por outro lado, o genitivo supõe uma coisa a ser explicada e determinada, isto é, uma coisa ainda não conhecida. E ainda mais, digo, para o ה *h* e o estado de regime, quase sempre; mas eu não disse que se deve supor isso sempre. De fato, com grande elegância é permitido substituir o estado de regime pelo ה *h* indicativo e o ה pelo estado de regime; por exemplo, é mais elegante dizer כָּל-נְבִיאֵי *kol-nᵉviᵉe*, "todos os profetas", em lugar de כָּל-הַנְּבִיאִים *kol-hannᵉviᵉim*; pois הַנְּבִיאִים *hannᵉviᵉim* significa profetas já conhecidos e נְבִיאֵי *nᵉviᵉe* em estado de regime, com o genitivo subentendido, significa profetas de uma coisa já conhecida, isto é, de Deus, da verdade etc. Do mesmo modo, é mais elegante dizer הַשֹּׁותִים בְּמִזְרָקֵי יַיִן *haschschothim bᵉmizrᵉqe yayin*, "os que bebem vinho em páteras", em lugar de בַּמִּזְרָקִים *bammizraqim*. Mas isso será desenvolvido na sintaxe. Aqui basta notar em geral que o estado de regime tem o mesmo valor que o ה *h* indicativo quando o genitivo ou a coisa conhecida podem ser subentendidos, o que não pode ocorrer nas preposições.

Outro Exemplo de Nome Relativo (Preposição)

	Singular		Plural
Nom.⎱ Gen.⎰	קֶדֶם *qedem*, "antes".	Nom.⎱ Gen.⎰	קַדְמֵי *qadme* "muito antes".
Dat.	לְקֶדֶם *lᵉqedem*.	Dat.	לְקַדְמֵי *lᵉqadme*.
Ac.	קֶדֶם *qedem*.	Ac.	קַדְמֵי *qadme*.
Abl.	מִקֶּדֶם *miqqedem*.	Abl.	מִקַּדְמֵי *miqqadme*, "antes de tudo".

Provérbios 8, 23, מִקַּדְמֵי אָרֶץ *miqqadme ᵉeretz* "antes do começo da terra".

Outro Exemplo de Nome Relativo (Preposição)

חוּץ *ḥutz*, "fora de".

מחוּץ *miḥutz*, "parte que se encontra fora".

Declina-se como um nome do seguinte modo:

Nom.⎤ Gen.⎦	מחוּץ *miḥutz*, "de fora".
Dat.	אֶל מחוּץ *'el miḥutz*, "para fora".
Ac.	מחוּץ *miḥutz*.
Abl.	בְּמחוּץ *bᵉmiḥutz*, e assim sucessivamente.

Outro Exemplo de Advérbios

Nom.⎤ Gen.⎦	מָתַי *matay*, "quando".
Dat.	לְמָתַי *lᵉmathay*, "para quando", isto é, "para este tempo".
Ac.	מָתַי *mathay*.
Abl.	בְּמָתַי *bᵉmathay* etc.

Nom.⎤ Gen.⎦	חִנָּם *ḥinnam*, "em vão".
Dat.	אֶל חִנָּם *'el ḥinnam*, "para algo em vão, sem proveito etc."

Nom.⎤ Gen.⎦	עוֹד *'od*, "ainda".
Dat..	לְעוֹד *lᵉod*, "por ora".
Ac.	Ac. עוֹד *'od*.
Abl.	בְּעוֹד *bᵉod*, מֵעוֹד *mᵉod*, "a partir de agora, no agora, no tempo e ao tempo".

COMPÊNDIO DE GRAMÁTICA DA LÍNGUA HEBRAICA 447

Exemplo de Infinitivo

Nom. Gen. }	פָּקוֹד	*paqod*, "o fato de visitar".
Dat.	לִפְקֹד	*lifqod*.
Ac.	פָּקוֹד	*paqod*
Abl.	מִפְּקֹד *mifqod*/ בִּפְקוֹג *bifqod*.	

Os particípios se declinam como os adjetivos.

Exemplos de Advérbio

Nom. Gen. }	אֵל *ló*, "não".		Nom. Gen. }	טֶרֶם *terem*, "ainda não, apenas".	
Dat..	אֵלֵּל *l^eló*, "para não".		Dat.	לְטֶרֶם *leterem*, "para ainda não, para apenas".	
Ac.	אֵל *lo'*.		Ac.	טֶרֶם *terem*.	
Abl.	אֵלְמ *miló*, "de não".		Abl.	בְּטֶרֶם *b^eterem*/ מִתֶּרֶם *mitterem*, "de ainda não, de apenas, isto é, no tempo ou a partir do tempo em que, ainda não ou apenas".	

Por estes exemplos, cada um pode ver facilmente segundo qual método se declinam todos os nomes, de qualquer gênero que sejam. Note-se, porém, que é mais elegante omitir o caso das preposições quando não podemos cair em ambiguidade a respeito do sentido, como em *Provérbios* 22, 21, לְהָשִׁיב אֲמָרִים אֱמֶת לְשֹׁלְחֶיךָ *l^ehaschiv 'amarim 'emeth l^escholhekha*, "para responder palavras com verdade àqueles que te enviam". Com efeito, visto que אֲמָרִים *'amarim* se encontra em estado absoluto, o genitivo אֱמֶת *'emeth* não pode estar regido por ele, mas estará necessariamente aprefixado pela preposição בְּ *b^e*, que é aqui omitida. Assim também em *I Reis* 2, 7, וְהָיוּ בְאֹכְלֵי שֻׁלְחָנֶךָ *w^ehayu* *b^eokhle schulḥanekha*, "e eles estarão entre os que comem à tua mesa", em que a preposição אֶל *'el*, "para", ou עַל *'al*, "sobre", no genitivo, que rege o particípio em estado de regime, está subentendida; e muito mais disso será apresentado na sintaxe.

COMPÊNDIO DE GRAMÁTICA DA LÍNGUA HEBRAICA   449

Capítulo x
DA PREPOSIÇÃO E DO ADVÉRBIO

Dissemos acima, no capítulo v, que as preposições são nomes que expressam a relação que um indivíduo tem com outro. Dissemos também que uma e mesma relação se exprime tanto no singular quanto no plural. No atinente à primeira afirmação, isto é, de que as preposições são nomes, creio que isso já consta suficientemente dos dois capítulos precedentes. Por outro lado, a de que elas têm plural, muitos talvez a considerem absurda. Mas por que não o teriam, uma vez que também são nomes? Dir-se-á por certo que as relações não são espécies que tenham sob si muitos indivíduos, daí que elas possuam em comum com os nomes próprios a carência de plural. Mas, mesmo que uma espécie não disponha de muitas relações, as preposições, no entanto, flexionam do singular para o plural. De que modo isso pode ser feito é o que pretendo explicar aqui brevemente.

Por mais que as preposições não possam indicar simultaneamente várias relações, elas flexionam também do singular ao plural, tanto em estado absoluto quanto em estado de regime. Mas as preposições em estado absoluto nada mais são do que as próprias relações concebidas ou expressas de modo abstrato; mas então elas exprimem não tanto a relação como o lugar ou o tempo em relação a alguma coisa. Por exemplo, בֵּין *ben,* "entre", faz o plural em בֵּינוֹת *benoth,* que não indica a relação de um indivíduo com o outro, porém significa os intervalos entre as coisas (ver a esse respeito *Ezequiel* 10, 2) ou, como eu disse, é a própria preposição ou relação concebida de modo abstrato; assim como a partir da preposição אָחוֹר *ʻaḥor,* "detrás", faz--se o plural אֲחוֹרִים *ʻaḥorim,* "detrases" [latim: *posteriora*], ou com um vocábulo latino um tanto forçado *posterioritates:* da mesma maneira se pode formar muitas preposições e advérbios, embora nunca apareçam com essa forma na Escritura.

Ademais, estas mesmas preposições em estado de regime também se declinam tanto no singular quanto no plural, isto é, na medida em que indiquem relações, o que ocorre ou porque se concebe a relação como muito frequente, ou porque ela deve ser expressa como intensa. Por exemplo, אַחַר *'aḥar*, "depois", tem como plural אַחֲרֵי *'aḥᵃre*, que significa "muito depois", como os rabis[26] notaram muito bem. Assim, אֶל *'el*, "a, para, até" (indica direção – latim *ad*) tem como plural אֵלַי *'ᵉle*, "muitos até" (latim: *multum ad*), isto é, dirigir-se a um lugar tanto quanto se possa fazê-lo. De igual modo, עַל *'al*, "sobre", faz plural em עֲלֵי *'ᵃle*, e de עַד *'ad*, "até", tem-se עֲדֵי *'ᵃde*. Por isso עֲדֵי עַד *'ᵃde 'ad* significa "pela eternidade, eternamente", isto é, tudo o que podemos conceber até o infinito (latim *usque* τοῦ *usque*). Do mesmo modo, מִקַּדְמֵי אֶרֶץ *miqqadme 'eretz* que significa "desde a origem da terra" (latim: *ab omni ante terrae*). E, desse modo, pode-se declinar quase todas as preposições, tanto no singular quanto no plural.

Mas a preposição לִפְנֵי *lifne*, "antes", é excluída por não ter singular. Pois ela é declinada no plural porque é formada a partir do substantivo פָּנִים *panim*, "rosto" (ou parte anterior), que carece de singular.

Por último, dissemos que os advérbios também eram nomes que determinam a ação em razão do modo, do tempo, do lugar, do agente, da ordem etc. Por exemplo, *bem, mal, apressadamente, amanhã, ontem, dentro, fora, simultaneamente, em primeiro lugar, em segundo lugar* etc.; a razão indica que carecem de plural. Ao contrário das preposições, eles não podem ser concebidos abstratamente, como é evidente *per se*; e ainda que os latinos amiúde intensifiquem os advérbios, como, por exemplo, *perbenigne*, "com muita bondade", *multo mane*, "muito

---

26. Trata-se dos comentaristas rabínicos, da época talmúdica ou anteriores, que deram às suas interpretações do *Pentateuco* um caráter mais metafórico e poético, recheado de histórias, parábolas e ditos, razão pela qual foram denominadas "agádicas", do hebraico *agadá*, "relato", em contraposição aos comentários de natureza mais legal e jurídica, "halákhica", de *halakhá*, lei tradicional, norma. No caso específico, Spinoza refere-se aos autores do *Midrasch Rabá*, literalmente "Grande Glosa".

COMPÊNDIO DE GRAMÁTICA DA LÍNGUA HEBRAICA   451

cedo pela manhã" etc.; no entanto, se por essa causa os hebreus devessem expressá-los no plural, como costuma ser o caso das preposições, isso lhes pareceria absurdo. Pois as preposições que indicam relações podem, como os nomes substantivos, ter atributos ou ser expressas com maior intensidade. Os advérbios, porém, que representam modos da ação, são quase como os adjetivos dos verbos. Por meio deles, portanto, não se pretende nada mais do que excogitar atributos dos atributos ou adjudicar adjetivos aos adjetivos. Segue-se que os advérbios que, como dissemos, são quase adjetivos dos verbos, devem concordar em número com seu substantivo, isto é, com seu verbo, que nunca está senão no singular. Por exemplo, "ele se levantou muito cedo pela manhã" se exprime em hebraico "ele madrugou muito em seu levantar-se"; e "ele agiu com grande bondade", "ele agiu inteiramente com bondade", como explicarei no seu devido lugar na sintaxe.

Mas note-se que os advérbios, como os adjetivos de substantivos, às vezes se substantivam. É verdade, porém, que eles não flexionam no plural, costumam ser apenas repetidos, como מַעְלָה מַעְלָה *ma'lah ma'lah*, "acima, acima", isto é, "para cima, num grau cada vez mais elevado"; e, ao contrário, מַיָּה מַיָּה *mattah mattah*, "abaixo, abaixo", significa "para baixo, num grau cada vez mais baixo". Assim, מְאֹד *m^eod*, que significa "muito", e מְאֹד מְאֹד *m^eod m^eod*, que significa "no máximo grau, muito e com excesso"; e também מְעַט *m^eat*, "pouco", e מְעַט מְעַט *m^eat m^eat*, "pouco a pouco, paulatinamente"; e acontece da mesma maneira com os outros advérbios.

Capítulo xi
DO PRONOME

Antes de passar às conjugações, é necessário falar do pronome. Pois, sem este dificilmente aquelas podem ser ensinadas. O que o pronome é e em quantas classes se divide, é coisa conhecida por todos. Vou, pois, de outra parte, expor aqui, em ordem, de que maneira eles flexionam do singular para o plural, como distinguir o masculino do feminino, e de que forma são declinados.

Pronomes Primitivos (Pessoais)

	Singular	Plural		
Eu	אֲנִי *ᵃni*	אֲנַחְנוּ *ᵃnaḥnu* ⎫ Nós		O gênero é comum, como na primeira primeira pessoa, pois a própria fala
	אָנֹכִי *'anokhi*	נַחְנוּ *naḥnu* ⎬ אָנוּ *ᵃnu* ⎭		indica suficientemente se é masculina ou feminina.
Tu	אַתָּה *'atah,* masc.	אַתֶּם *'attem* Vós		masc.
Tu	אַתְּ *'at,* fem.	אַתֶּן *'atten,* fem. Vós		e com ה paragógico אַתֵּנָה *'atenah*
Ele	הוּא *hu'*	הֵם *hem* Eles		e com ה paragógico הֵנָּה *hemmah*
Ela	הִיא *hí*	הֵן *hen* Elas		e com ה paragógico הֵנָּה *hennah.*

Assim, as terminações do plural diferem muito do plural da norma comum. Pois, nem os pronomes masculinos acabam em יִם *im*, nem os femininos em וֹת *oth*. Além disso, a terminação deles no feminino difere também da dos adjetivos. Por fim, vemos que o feminino אַתְּ *'at* teria sido אַתִּי *'ati*, e o pronome do feminino הִיא *hi'* teria sido הוּא *hu'*, que se distinguia do

COMPÊNDIO DE GRAMÁTICA DA LÍNGUA HEBRAICA

masculino por vogais diferentes. Pois, na *Bíblia* isso se encontra com frequência assim escrito, o que os massoretas corrigiram por toda parte, sem dúvida porque eram formas obsoletas.

Pronomes Indicativos ou Demonstrativos

Este	זֶה *zeh* זוּ *zu* לָז *laz*	carecem de plural
Esta	הֹז *zoh* אתֹז *zóth* זוֹ *zo*	
Estes, Estas	אֵלֶּה *'elleh* אֵל *'el*	carecem de singular

O ה *h* indicativo serve para o pronome relativo tanto no singular quanto no plural, ou então se usa em seu lugar שֶ *sche* com *dag[u]esch* na sequência; mas é frequente encontrar na *Bíblia* אֲשֶׁר *ªscher*, "que".

Os pronomes possessivos não são dados em separado, mas são afixados aos nomes no estado de regime do seguinte modo:

Exemplo de Nome Substantivo דָּבָר (*davar*, "palavra"),
de cujo estado de regime דְּבַר (*devar*, "faz-se"):

Tanto os nomes quanto os afixos estão no singular

דְּבָרִי *d^evari*	"Palavra de mim" e "minha palavra"	
רְדֶּדָ *d^evar^ekha*	"Palavra de ti"	masc.

e se a palavra for acentuada com אתנך *'atnakh*
ou סילוק *silluk*: דְּבָרֶךָ *d^evarekha*

דְּבָרֶךְ *d^evarekh* e דְּבָרֵךְ *d^evarakh*	"Palavra de ti"	fem.
דְּבָרוֹ *d^evaro*	"Palavra dele"	masc.
דְּבָרָהּ *d^evarah*	"Palavra dela"	masc.

454 SPINOZA: OBRA COMPLETA IV

Com Afixo no Plural

דְּבָרֵנוּ *devarenu*	"Palavra de nós"	
דְּבַרְכֶם *devarekhem*	"Palavra de vós"	masc.
דְּבַרְכֶן *devarekhen*	"Palavra de vós"	fem.
דְּבָרָם *dᵉvaram*	"Palavra deles"	masc.
דְּבָרָן *devaran*	"Palavra delas"	fem.

A Partir do Plural do Estado de Regime דְּבְרֵי *divre*:

דְּבָרַי *devaray*	"Palavras de mim" e "minhas palavras"	
דְּבָרֶיךָ *devarekha*	"Palavras de ti"	masc.
דְּבָרַיִךְ *dearaikh*	"Palavras de ti"	fem.
דְּבָרָיו *devaraw*	"Palavras dele"	
דְּבָרֶיהָ *devareha*	"Palavras dela"	

N.B.: Não se coloca *qametz* ⟨ ָ ⟩ sob o ר *r*, nem quando o acento (da palavra) for *'atnaḥ* ou *siluq*; no lugar do ⟨ ָ ⟩, pontua-se com *pataḥ*.

Nomes e Afixos no Plural

דְּבָרֵינוּ *dᵉvarenu*	"Palavras de nós", "nossas palavras"	
דְּבָרֵיכֶם *dᵉvarekhem*	"Palavras de vós" masc.	
דְּבָרֵיכֶן *dᵉvarekhen*	"Palavras de vós" fem.	
דְּבָרֵיהֶם *dᵉvarehem*	"Palavras deles"	
דְּבָרֵיהֶן *dᵉvarehen*	"Palavras delas"	

N.B.: Quando o nome está no plural, sempre se adiciona ao plural do estado de regime os (afixos) na segunda e terceira pessoas (do plural).

Assim, a partir do estado de regime תְּפִילַת *tᵉfilath*, "a oração de alguém", se faz תְּפִילָתִי *tᵉfilathi*, תְּפִילָתְךָ *tᵉfilathᵉkha* etc. Do mesmo modo, a partir do estado de regime בֵּית *beth* do nome substantivo בַּיִת *bayith*, "casa", se forma בֵּיתִי *bethi*, "minha casa",

COMPÊNDIO DE GRAMÁTICA DA LÍNGUA HEBRAICA 455

e do estado de regime no plural בָּתֵּי *bate* se faz יְרָבָּתֶ *batekha*, "tuas casas" etc.

Exemplo de Particípio Singular
Tanto o Nome Quanto o Afixo no Singular

Exemplo de Masculino פּוֹקֵד *poqed*

פּוֹקְדֵנִי *poqᵉdeni* e פּוֹקְדִי *poqᵉdi*	"Visitante de mim" e "meu visitante"
פּוֹקֶדְךָ *poqedkha*	"Visitante de ti" — masc.
פּוֹקֵדֵךְ *poqedekh*	"Visitante de ti" — fem.
פּוֹקְדוֹ *poqᵉdo*	"Visitante dele"
פּוֹקְדָהּ *poqᵉdah*	"Visitante dela"

Exemplo de Feminino פּקֶדֶת *poqedeth*

פְּקַדְתִּי *poqadti*	"Visitante de mim", "minha visitante"
פְּקַדְתְּךָ *poqadtᵉkha*	"Visitante (fem.) de ti" (masc.)
פְּקַדְתֵּךְ *poqadᵉtekh*	"Visitante (fem.) de ti" (fem.)
פְּקַדְתוֹ *poqadᵉto*	"Visitante (fem.) dele" (masc.)
פְּקַדְתָּהּ *poqadᵉtah*	"Visitante (fem.) dela" (fem.)

Exemplo de Masculino Plural פּקְדֵי *poqᵉde*

פְּקָדַי *poqᵉday*	"Visitantes (masc.) de mim", "os que me visitam"
פְּקָדֶיךָ *poqᵉdekha*	"Visitantes (masc.) de ti" (masc.)
פְּקָדַיִךְ *poqᵉddaikha*	"Visitantes (masc.) de ti" (fem.)
פְּקָדָיו *poqᵉdaw*	"Visitantes (masc.) dele"
	etc. como nos substantivos

Exemplo de Feminino Plural פּקְדוֹת *poqᵉdoth*

פְּקֻדוֹתַי *poqᵉdothay*	"Visitantes (fem.) de mim", "as que me visitam"
פְּקֻדוֹתֶיךָ *poqᵉdothekha*	"Visitantes (fem.) de ti" (masc.)
פְּקֻדוֹתַיִךְ *poqᵉdothaikh*	"Visitantes (fem.) de ti" (fem.)
	etc., como nos substantivos

Exemplo do Estado de Regime do Infinitivo פְּקֹד *peqod* com *qametz ḥatuf* (*o* vogal breve)

פָּקְדִי *poqdi*	"Visitar de mim", a ação de visitar de mim
פָּקְדְךָ *poqdekha*	"Visitar de ti" (masc.)
פָּקְדֵּךְ *poqdekh*	"Visitar de ti" (fem.)
פָּקְדוֹ *poqdo*	"Visitar dele"
פָּקְדָהּ *poqdah*	"Visitar dela"
פָּקְדֵנוּ *poqdenu*	"Visitar de nós"
פָּקְדְכֶם *poqdekhem*	"Visitar de vós" (masc.)
פָּקְדְכֶן *poqdekhen*	"Visitar de vós" (fem.)
פָּקְדָם *poqdam*	"Visitar deles"
פָּקְדָן *poqdan*	"Visitar delas"

Exemplo de Relativo Singular בֵּין *ben*, "estar entre" (em latim, *tò inter*), preposição

בֵּינְנִי *beneni* e בֵּינִי *beni*	"Entre mim, no meio de mim"
בֵּינְךָ *benekha*	"Entre ti" (masc.)
בֵּינֵךְ *benekh*	"Entre ti" (fem.)
בֵּינוֹ *beno*	"Entre ele"
בֵּינָהּ *benah*	"Entre ela"
בֵּינֵנוּ *benenu*	"Entre nós"
בֵּינְכֶם *benekhem*	"Entre vós" (masc.)
	etc.

Exemplo de Relativo Plural בֵּינַי *bene*, "estar entre várias coisas" (em latim, *tà inter*)

בֵּינַי *benay*	"Entre mim"
בֵּינֶיךָ *benekha*	"Entre ti" (masc.)
בֵּינַיִךְ *benaikh*	"Entre ti" (fem.)
בֵּינָיו *benaw*	"Entre ele"
בֵּינֶיהָ *beneha*	"Entre ela"
בֵּינֵינוּ *benenu*	"Entre nós"
בֵּינֵיכֶם *benekhem*	"Entre vós" (masc.)
בֵּינֵיכֶן *benekhen*	"Entre vós" (fem.)
בֵּינֵיהֶם *benehem*	"Entre eles"
בֵּינֵיהֶן *benehen*	"Entre elas"

COMPÊNDIO DE GRAMÁTICA DA LÍNGUA HEBRAICA 457

Assim, a partir do singular תַּחַת *taḥath* "sob, debaixo", e do plural תַּחְתַּי *taḥte*, faz-se:

Singular	Plural
תַּחַת *taḥath* "sob"	תַּחְתַּי *taḥte* "as coisas sob"
תַּחְתֵּנִי *taḥteni* "sob mim"	תַּחְתַּי *taḥtay* "as coisas sob mim"
תַּחְתְּךָ *taḥtᵉkha* "sob ti"	תַּחְתֶּיךָ *taḥtekha* "as coisas sob ti"
תַּחְתָּן *taḥtekh* "sob ele"	תַּחְתָּיִךְ *taḥtaikh* "sob eles"
etc.	etc.

Mas אֶל *'el*, "para", עַל *'al*, "sobre", אַחַר *'aḥar*, "atrás", עַד *'ad*, "até", não possuem afixos no singular. No plural, no entanto, eles se formam a partir de:

עֲלֵי *'ᵃle*, "sobre"	אֱלֵי *'ele*, "para, na direção de"	אַחֲרֵי *'aḥᵃre*, "após"	עֲדֵי *'ᵃde*, "até"
עָלַי *'alay*, "sobre mim"	אֵלַי *'elay*, "para mim"	אַחֲרַי *'aḥᵃray*, "após mim"	עָדַי *'ᵃday*, "até mim"
עָלֶיךָ *'alekha*	אֵלֶיךָ *'elekha*	אַחֲרֶיךָ *'aḥᵃrekha*	etc.
עָלַיִךְ *'alaikh*	אֵלַיִךְ *'elaikh*	אַחֲרַיִךְ *'aḥᵃraikh*	
etc.	אֵלָיו *'elaw*	etc.	
	אֵלֶיהָ *'eleha*		
	אֵלֵינוּ *'elenu*		
	etc.		

Por outro lado, as preposições inseparáveis (da palavra) não têm plural.

A partir de

בְּ *b*, "em" e	לְ *l*, "para"	מִן *min*, "de", se faz
בִּי *bi*, "em mim, me"	לִי *li*, "para mim, me"	מִמֶּנִּי *mimmeni*, מִנִּי *minni*, "de mim"
בְּךָ *bᵉkha* "em ti" (masc.)	לָךְ, לְךָ *lakh, lᵉkha* "para ti" (masc.)	מִמְּךָ *mimmᵉkha* "de ti" (masc.)
בָּךְ *bakh* "em ti" (fem.)	לָךְ *lakh* "de ti" (fem.)	מִנֵּךְ *mimmekh*" (fem.)
בּוֹ *bo* "nele"	לוֹ *lo*, "para ele"	מִנֶּנּוּ *mimmenu*, מִנְהוּ *min'hu*, מִנְהוּ *mᵉnehu*

בָּה *ba* "nela"	לָה *lah*, "para ela"	מִמֶּנָּה *mimmennah*
בָּנוּ *banu* "em nós"	לָנוּ *lanu* "para nós"	מִמֶּנּוּ *mimmenu*
בָּכֶם *bakhem* "em vós", masc.	etc.	מִנְּכֶם *mimmᵉkhem*, מִכֶּם *mikhkhem*
בָּכֶן *bakhen* "em vós", fem.		מִנְּכֶן *mimmᵉkhen*, מִכֶּן *mikhen*
בָּהֶם *bahem* "neles"		מִנְהֶם *mimmᵉhem*, מֵהֶם *mehem*, מִנְהֶם *minnᵉhem*
בָּהֶן *bahen* "nelas"		מִנְהֶן *mimmᵉhen*, מֵהֶן *mehen*, מִנְהֶן *minnᵉhen*

Exemplo de Advérbios

A partir de:

כְּמוֹ *kᵉmo*, "como"	הַאִי *'ayyeh*, "onde?"	הִנֵּה *hinneh*, "eis", se faz:
כָּמוֹנִי *kamoni*, "como eu"		הִנְנִי *hinnᵉni*, "eis-me"
כָּמוֹךָ *kamokha* "como você" (masc.)	אִיֶּכָה *'ayyekah*, רַאֶ *'ayyekha*, "onde (estás) tu?", masc.	הִנְךָ *hinnᵉkha*, "ele aqui"
כָּמוֹנוּ *kamonu*, "como nós"		הִנֵּנוּ *hinnenu*, הִנּוֹ *hinno*, "ela aqui"
etc.	רַאֵי *'ayyekh*, "onde (está) ela?"	etc.
	אַיּוֹ *'ayyo*, "onde (está) ele?"	
	אַיֶּכֶם *'ayyekhem*, "onde (estais) vós?", masc.	
	אַיֶּכֶן *'ayyekhen*, "onde (estais) vós?" fem.	
	אַיָּם *'ayyam*, "onde (estão) eles?" masc.	
	אַיָּן *'ayyan*, "onde (estão) elas?" fem.	

COMPÊNDIO DE GRAMÁTICA DA LÍNGUA HEBRAICA   459

A partir do estado de regime do advérbio אַיִן *'ayin*, "não", que dissemos ser אֵין *'en*, se forma:

אֵינֶנִּי *'enenni*, "eu não" (sou ou estou)	אֵינֶנּוּ *'enennu*, "nós não" (somos ou estamos)
אֵינְךָ *'enekha*, "tu não" (és ou estás), masc.	אֵינְכֶם *'enekhem*, "vós não" (sois ou estais)
אֵינֵךְ *'enekh*, "tu não", fem.	אֵינְכֶן *'enekhen*, "vós não"
אֵינֶנּוּ *'enennu*, אֵינוֹ *'eno*, "ele não" (é ou está), masc.	אֵינְהֶם אֵינֶם *'enehem*, "eles não" (são ou estão),
אֵינֶנָּה *'enennah*, אֵינָהּ *'enah*, "ela não" (é ou está), fem.	אֵינְהֶן *'enehen*, "elas não" (são ou estão)

A partir de עוֹד *'od*, "ainda, até", se faz:[27]

עוֹדִי *'odi*, "eu ainda" (sou ou estou)	עוֹדֵנוּ *'odenu*, "nós ainda" (somos ou estamos)
עוֹדְךָ *'odekha*, "tu ainda" (és ou estás), masc.	עוֹדְכֶם *'odekhem*, "vós ainda" (sois ou estais)
עוֹדֵךְ *'odekh*, "tu ainda" (és ou estás), fem.	עוֹדְכֶן *'odekhen*, "vós ainda" (sois ou estais)
עוֹדֶנּוּ *'odennu*, עוֹדוֹ *'odo*, "ele ainda" (é ou está), masc.	עוֹדָם *'odam*, "eles ainda" (são ou estão)
עוֹדָהּ *'odah*, עוֹדֶנָּה *'odennah*, "ela ainda" (é ou está), fem.	עוֹדָן *'odan*, "elas ainda" (são ou estão)[26]

E o restante é declinado da mesma maneira. Que as vogais do estado de regime não sejam retidas, mas modificadas de vários modos, isso se deve ao fato de que os nomes são aumentados de ao menos uma sílaba, a qual traz consigo o acento longo; tal é a única causa por que as vogais, ao adicionar no plural outra sílaba longa acentuada, mudam em brevíssima. Pois, do contrário, דָּבָר *davar*, "palavra", certamente teria o plural em דָּבָרִים *davarim*, e assim as demais palavras; elas

---

27. As pessoas do verbo *ser* são indicadas entre parênteses porque em hebraico esse verbo não é usado no presente. A relação entre sujeito e predicado é efetuada pelo pronome pessoal da terceira pessoa ou pelo advérbio de presença ou existência.

deveriam necessariamente levar duplo acento (como consta do que mostramos no cap. IV) e a sílaba precedente deveria ser alongada, o que não se pode fazer com tanta frequência sem maior embaraço.

Nessas circunstâncias, as mutações das vogais causadas pelos sufixos são as mesmas das que seguem tanto do plural quanto do estado de regime. Reconheço, na verdade, que, quando se adiciona à palavra um sufixo com acento, as vogais deverão ser modificadas segundo as regras do plural do estado de regime; não me é fácil dizer a causa disso, por que isso não é feito. Pois, se a partir de מַלְכֵי *mal^{e}khe*, "reis de", (estado de regime no plural do nome מֶלֶךְ *melekh*, "rei", masc. sing.) se forma מַלְכִּי *malki*, "rei de mim, meu rei", do mesmo modo, a partir de דִבְרֵי *divre*, "palavras de mim", estado de regime no plural do nome דָבָר *davar*, "palavra", deveria formar-se דִבְרִי *divri*, "minha palavra" e não דְבָרִי *d^{e}vari*, a partir do estado absoluto דְבָרִים *d^{e}varim*, "palavras", uma vez que o nome com sufixo tem realmente o significado do estado de regime. Sei que assim se evita não raras vezes anfibologias, que seriam frequentes, se seguíssemos sempre as regras do estado de regime. Pois, se a partir de דִבְרֵי *divre* se formasse דִבְרִי *divri*, "minha palavra", e a partir de זִכְרֵי *zikhre*, estado de regime de זָכָר *zakhar*, masc., se fizesse זִכְרִי *zikhri*, confundir-se-iam estes nomes com דֶבֶר *dever*, "peste", e זֶכֶר *zekher*, "memória"; destarte, entenderíamos דִבְרִי *divri* como "minha peste" e זִכְרִי *zikhri* como "minha memória" e, de igual modo, se produziriam muitas outras confusões, se os nomes seguissem sempre as regras do estado de regime no plural quando se lhes acrescenta um sufixo. E, no entanto, embora essa razão pareça ter peso, não ouso também afirmar com certeza que os hebreus quisessem evitar essa confusão. Pois, os hebreus parecem que se preocuparam pouco em evitar ambiguidades; eu poderia mostrar numerosos exemplos disso, se não julgasse serem supérfluos. Por isso creio mais facilmente que os sufixos tanto no singular quanto no plural são adicionados ao estado de regime do nome no singular, e que דְבָרִי *d^{e}vari*, "minha palavra", e זְקָנִי *zᵉqani*, "minha barba" etc., se formam a partir de דְּבַר *dᵉvar* e זְקַן *zᵉqan*, isto é, do estado de regime no singular de דָּבָר *davar* e זָקָן *zakan*; e que também o *qametz* do estado absoluto se mantém porque a penúltima sílaba antes do *ḥireq* e do *ḥolem* deve levar *qametz*, a menos que o nome seja מִלְעֵיל *millᵉel* (palavra acentuada na penúltima sílaba), como זַיִת *zayith*, "azeitona", בַּיִת *bayith*, "casa", ou que a letra que leva o *ḥireq* ou o *ḥolem* esteja pontuada com um דָּגֵשׁ *dag[u]esch*, como סַפִּיר *sapir*, "safira", ou רִיּוֹק *rattoq*, "cadeia, corrente". Do mesmo modo, a partir do estado de regime חֲצַר *ḥᵃtzar*, "átrio", se faz חֲצֵרוֹ *ḥᵃtzero*, "seu átrio", retendo, como se vê, o *tzere* do estado absoluto חָצֵר *ḥatzer*, pois, como já dissemos, se a penúltima sílaba for seguida de *ḥolem* e *ḥireq*, não pode levar *pataḥ*; e dessa maneira, todas as palavras cuja última sílaba no estado de regime for *pataḥ* e a penúltima *schewa* conservam com os sufixos a última vogal do estado absoluto. Porém, se a penúltima vogal do estado de regime não for *schewa*, mas uma das que se mantém no plural, seja um *pataḥ*, *ḥolem* não acentuado, *ḥireq* etc., então os sufixos são adicionados aos nomes segundo as regras do plural do estado de regime, como a partir do פֹּקְדֵי *poqᵉde*, "os visitantes de" – estado de regime do plural do particípio פֹּקֵד *poqed*, "visitante" – se faz פּוֹקְדִי *poqᵉdi*, "meu visitante", e partir de מַקְלוֹת *maqloth*, "bordão de" – estado de regime no plural do substantivo מַקֵּל *maqqel*, "bordão" – se faz מַקְלִי *maqli*, "meu bordão, bastão" etc.

Além disso, os monossílabos, quando se lhes adicionam sufixos, seguem as regras do estado de regime no plural. Assim, a partir de שָׂרֵי *sare*, "príncipes de", חִצֵּי *ḥitze*, "flechas de", עֵדֵי *'ede*, "testemunhos de" etc., do estado de regime no plural dos substantivos שַׂר *sar*, "príncipe", חֵץ *ḥetz*, "flecha", עֵד *'ed*, "testemunha" etc., têm-se שָׂרִי *sari*, "meu príncipe", חִצִּי *ḥitzi*, "minha flecha", עֵדִי *'edi*, "minha testemunha" etc.

Por último, os nomes que são מִלְעֵיל *millᵉel*, cujo acento, como dissemos, passa para a penúltima sílaba ao se adicionar um sufixo, devem seguir a regra do estado de regime no plural. Entre eles se notam aqueles cuja penúltima é um *segol* ou um *ẖolem* que precede um *segol*. Assim, a partir do estado de regime no plural dos substantivos מַלְכֵי *malkhe*, "reis de", צִדְקֵי *tzidqe*, "justiças de", זִבְחֵי *zivẖe*, "sacrifícios de", cujo estado de regime do substantivo no plural é מֶלֶךְ *melekh*, "rei", צֶדֶק *tzedeq*, "justiça" e זֶבַח *zevaẖ*, "sacrifício", se faz מַלְכִי *malkhi*, "meu rei", צִדְקִי *tzidqi*, "minha justiça" e זִבְחִי *zibẖi*, "meu sacrifício"; e a partir de אָזְנֵי *ozne*, "orelhas de", cujo estado de regime no plural do substantivo é אֹזֶן *ozen*, "orelha", se faz אָזְנִי *ozni*, "minha orelha, meu ouvido"; e do mesmo modo, a partir dos estados de regime no plural dos substantivos גֹּדֶל *godel*, "grandeza", רֹחַב *roẖab*, "largura", אֹרֶךְ *orekh*, "comprimento" etc., se formam גָּדְלִי *godli*, "minha grandeza, extensão", רָחְבִּי *roẖbi*, "minha largura" e אָרְכִּי *orki*, "meu comprimento" etc.

A seguir, quanto aos nomes que terminam em ה *h* e que costumam mudar em ת *th*, e as duas sílabas anteriores em *segol*, não é senão nessa segunda forma que os afixos lhes são acrescentados, modificando cada um dos *segol* da mesma maneira que nos casos precedentes. Por exemplo, em lugar de תִּפְאָרָה *tif'arah*, "glória", עֲטָרָה *'atarah*, "coroa", גְּבִירָה *gevirah*, "senhora" etc., emprega-se a forma mais elegante תִּפְאֶרֶת *tif'ereth*, עֲטֶרֶת *'atereth*, גְּבֶרֶת *gevereth*, os quais somente nesta segunda forma têm sufixos, mudando enfim cada *segol* do mesmo modo como os nomes que possuem duplo *segol* costumam fazer o plural no estado de regime, isto é, o primeiro *segol* é mudado em *pataẖ* ou *ẖireq* e o segundo em *schewa*. Portanto, a partir de תִּפְאֶרֶת *tif'ereth* forma-se תִּפְאַרְתִּי *tif'arti*, "minha glória", de עֲטֶרֶת *'atereth* faz-se עֲטַרְתִּי *'atarti*, "minha coroa" e de גְּבֶרֶת *gevereth* resulta גְּבִרְתִּי *gevirti*, "minha senhora". Assim, em lugar de קְטוֹרָה *qetorah*, "incenso", usa-se a forma קְטוֹרֶת *qetoreth* para acrescentar-lhe sufixos, o que faz קְטָרְתִּי *qetorti*, "meu incenso", como nos nomes cuja penúltima sílaba *ẖolem* muda em *ẖatef qametz*. Os particípios não têm sufixos adicionados à forma פּוֹקְדָה *poqedah*, mas somente à forma פּוֹקֶדֶת *poqedeth*, como já mostramos no exemplo dos particípios.

COMPÊNDIO DE GRAMÁTICA DA LÍNGUA HEBRAICA   463

No restante, os nomes terminados em ה *h* que não costumam se modificar segundo os exemplos precedentes, aqueles em que apenas o afixo ה *h* é mudado em ת *th*, retêm a forma do estado de regime, mas o último *qametz* é mantido e não muda em *patah* como no estado de regime, cuja causa já explicamos. Assim, a partir de תְּפִלָּה *tefillah*, cuja forma de estado de regime é תְּפִלַּת *tefillath*, se forma תְּפִלָּתִי *tefillathi*, "minha oração", e a partir de בַּקָּשָׁה *baqaschah*, cujo estado de regime é בַּקָּשַׁת *baqaschath*, se forma בַּקָּשָׁתִי *baqaschathi*, "minha petição", e do mesmo modo se adicionam os demais sufixos ao estado de regime no singular.

A seguir, algumas das terminações em ה *h*, que o retêm em estado de regime, omitem-no quando recebem sufixos, como שָׂדֶה *sadeh*, "campo", שָׂדְךָ *sadekha*, "teu campo", מַעֲשֶׂה *maʻaseh*, "obra", מַעֲשִׂי *maʻasi*, "minha obra", e assim as restantes que não mudam o ה *h* em ת *th* no estado de regime. Eu disse, de fato, que o ה *h* em geral, mas não de um modo absoluto, é omitido, porque na terceira pessoa do singular ele costuma ser retido, como em שָׂדֵהוּ *sadehu*, "seu campo", מַעֲשֵׂהוּ *maʻasehu*, "sua obra" etc. Esse é o modo pelo qual os sufixos se adicionam aos nomes singulares na forma aceita; agora direi com brevidade de que maneira eles se acrescentam de forma aceitável no plural.

Nos nomes plurais que acabam em וֹת *oth*, os sufixos, quer no singular quer no plural, se adicionam ao estado de regime sem mutações tanto na primeira quanto na segunda e terceira pessoas. Por exemplo, בְּרָכָה *berakhah*, "bênção", tem como plural בְּרָכוֹת *berakhoth*, cujo estado de regime é בִּרְכוֹת *birekhoth*, de onde se faz בִּרְכוֹתַי *birekhothay*, "minhas bênçãos", בִּרְכוֹתֶיךָ *birekhothekha*, "tuas bênçãos", בִּרְכוֹתָיו *birekhothaw*, "suas bênçãos" etc. Assim também אֹרַח *ʻorah*, "via, caminho", tem como plural אֲרָחוֹת *ʻorahoth*, cujo estado de regime é אָרְחוֹת *ʻorhoth*, daí אָרְחוֹתַי *ʻorhothay*, "minhas vias", אָרְחוֹתֶיךָ *ʻorhothekha*, "tuas vias" etc; e ocorre o mesmo com os demais nomes que terminam em וֹת (fem. plur.).

Mas os nomes que terminam em יִם *im* (masc. plur.), os quais seguem o estado de regime no singular, conservam a mesma forma no plural, quando o sufixo é do singular ou da primeira pessoa do plural; mas os sufixos da segunda e da terceira pessoas do plural se acrescentam à forma do estado de regime no plural sem nenhuma modificação, como mostramos no primeiro exemplo de nome substantivo דָּבָר *davar*, "palavra".

Finalmente, aqueles que no singular têm os sufixos sob a forma do estado de regime no plural, como מֶלֶךְ *melekh*, "rei", זֶבַח *zevaḥ*, "sacrifício", שֶׁמֶן *schemen*, "óleo, azeite" etc., no plural adicionam sufixos do mesmo modo que os nomes com duplo *qametz*. Assim, מֶלֶךְ *melekh* tem o plural em מְלָכִים *mᵉlakhim*, como דָּבָר *davar* em דְּבָרִים *dᵉvarim*. Daí se faz מְלָכַי *mᵉlakhay*, "meus reis", מְלָכֶיךָ *mᵉlakhekha*, "teus reis", מְלָכָיו *mᵉlakhaw*, "seus reis", מַלְכֵיהֶם *malᵉkhehem*, "os reis deles" etc., tal como em דָּבָר *davar*. Do mesmo modo שֹׁרֶשׁ *schoresch*, "raiz", tem o plural em שָׁרָשִׁים *schoraschim*; de onde resulta שָׁרָשַׁי *schoraschay*, "minhas raízes", שָׁרָשֶׁיךָ *schoraschekha*, "tuas raízes", שָׁרָשָׁיו *schoraschaw*, "suas raízes", que retêm em toda parte o duplo *qametz* e, portanto, duplicam o acento. Até aqui vimos os pronomes possessivos.

Resta pouco a acrescentar acerca das declinações dos pronomes, dos quais, com exceção dos indicativos (demonstrativos) e do relativo אֲשֶׁר *ᵃscher*, "que, quem, o qual" (latim: *qui, quae, quod*, no singular, e *qui, quae, quae*, no plural) e o prefixo שֶׁ *sche*, "que", nenhum se declina. Mas eles são compensados da seguinte maneira:

Nominativo

הוּא *hu'*, "ele"	אַתָּה *'attah*, "tu"	אֲנִי *ᵃni*, "eu"

Dativo

לוֹ *lo*, "para ele"	לְךָ *lᵉkha*, "para ti", (masc.)	לִי *li*, "para mim"

COMPÊNDIO DE GRAMÁTICA DA LÍNGUA HEBRAICA

465

O acusativo é suprido com a partícula אֶת 'eth do seguinte modo:

אתוֹ 'otho, "a ele"	תְרָא 'othᵉkha, "a ti"	תִיא 'othi, "a mim"

Ablativo

בוֹ bo, "nele"	בְּךָ bᵉkha, "em ti"	בִּי bi, "em mim"

E do mesmo modo no plural.

Os pronomes indicativos são declinados como os nomes:

	Sing. Masc.		Sing. Fem.
Nom.	זֶה zeh e הַזֶּה hazzeh, "este"	Nom.	אתז zóth e אתהַז hazzóth, "esta"
Gen.		Gen.	
Dat.	לַזֶה lazzeh	Dat.	תלְז אתלְז lᵉzóth e תלַזֹא lazzóth
Ac.	הַזֶה hazzeh		
Abl.	מִזֶה mizzeh, בַּזֶּה bazzeh etc.		

	Plur.
Nom.	אֵלֶה 'elleh e הָאֵלֶה ha'elleh "esses, aqueles; essas, aquelas"
Gen.	
Dat.	לְאֵלֶה lᵉelleh e לָאֵלֶה la'elleh

Pronome Relativo

	אֲשֶׁר 'ᵃscher		e		שֶׁ sche
Nom.	אֲשֶׁר 'ᵃscher	"que foi"	Nom.	שֶׁהָיָה schehayah
Gen.			Gen.	
Dat.	אֲשֶׁרַל la'ᵃscher		Dat.	לְשֶׁהָיָה lᵉschehayah
	etc.			etc.	

466 SPINOZA: OBRA COMPLETA IV

Capítulo XII
DO NOME INFINITIVO,
DE SUAS DIFERENTES FORMAS E ESPÉCIES

Os nomes infinitivos ou de ação exprimem uma ação relacionada a um agente ou a um paciente. Assim, "visitar alguém" (*tó visitare alicujus*) refere-se ao agente e "ser visitado por alguém" (*tó visitari alicujus*), ao paciente. Por outro lado, esses nomes exprimem a ação referida ou ao agente ou ao paciente, seja de maneira simples seja de maneira intensiva (*afectum*); como "ir ver" (*visere*) e "visitar" (*visitare*), "quebrar" (*frangere*) e "despedaçar" (*confringere*); destes, os primeiros exprimem uma ação simples de "ir ver" (*visendi*) e "quebrar" (*frangendi*) e os segundos, em troca, uma ação mais forte ou frequente (*visendi et frangendi*), de "visitar" e "despedaçar".

As formas hebraicas, que exprimem uma ação simples referida ao agente, são פָּקוֹד *paqod*, פָּקֵד *paqed*, פָּקַד *paqad* e פָּקַד *paqad*, cujos estados de regime são (como dissemos no cap. VIII) פְּקוֹד *peqod* e פְּקַד *peqad*. Por seu lado, aquelas que exprimem uma ação simples relacionada ao paciente são נִפְקוֹד *nifqod*, הִפָּקֵד *hipaqed* e הִפָּקוֹד *hipaqod*. As formas que exprimem a ação intensiva ou frequentativa referidas ao agente são פָּקֵד *paqqed*, פִּקֵּד *piqqed* e פַּקּוֹד *paqqod*. Estas formas se distinguem principalmente das primeiras pelo fato de que a segunda letra da raiz se duplica e sempre tem o ponto דָגֵשׁ *dag[u]esch*. Por último, a ação intensiva referida ao paciente se expressa na Santa Escritura com קִבּוּץ *qibutz* ·· e חוֹלָם *holem*, retendo na segunda letra o דגש *dag[u]esch*, como em גֻנָּב *gunnov*, "ser objeto de roubo ou sequestro".

De outro lado, os hebreus costumam referir a ação à sua causa principal, isto é, aquela que faz com que uma ação seja executada por qualquer um ou que uma coisa realize sua função; por exemplo, פָּקוֹד *paqod* significa "visitar", הִפְקִיד *hafqid*, הִפְקֵד *hafqed* ou הִפְקִיד *hifqid*, significam "constituir alguém em visitante". Do mesmo modo, מָלוֹךְ *malokh*, que significa "reinar", הַמְלִיךְ *hamlikh*, que significa "constituir alguém em rei". Assim, a partir de אָכֹל *'akhol*, "comer", se forma הַאֲכִיל *ha'akhil*, "fazer com que alguém coma", e a partir de בּוֹא *bo'*, "vir", tem-se הָבִיא *havi'*, "fazer vir ou conduzir". De יָדוֹעַ *yadoa'*, "saber", se faz הוֹדִיעַ *hodia'*, "fazer saber ou revelar". Essas formas também fazem a passiva em הָפְקַד *hofqad*, "ter sido levado a visitar", הָמְלַךְ *homlekh*, "haver sido levado a reinar" etc.

Não apenas nomes de ações, mas também nomes de coisas podem ser referidos desse modo à causa que, como eu disse, faz com que algo desempenhe sua função. Assim, de מָטָר *matar*, "chuva", se faz הַמְטִיר *hamtir*, "fazer com que haja chuva" ou "fazer com que chova"; e de אֹזֶן *'ozen*, "ouvido", se forma הַאֲזִין *ha'azin*, "fazer com que o ouvido cumpra sua função", isto é, "escutar"; e de שָׁלוֹם *schalom*, "paz", se faz הַשְׁלִים *haschlim*, "estatuir a paz" ou "estabelecer a paz"; e do mesmo modo para muitos nomes mais desta maneira.

Assim, pois, as espécies de infinitivo, na medida em que se referem somente ao agente ou somente ao paciente, são seis. A primeira certamente é פָּקֹד *paqod* etc., "visitar"; a segunda, הִפָּקֵד *hipaqed*, נִפְקֹד *nifqod* etc., "ser visitado"; a terceira, פַּקֵד *paqqed* etc., "visitar frequentemente"; a quarta é פֻּקֹד *puqqod*, "ser visitado frequentemente"; a quinta, הַפְקִיד *hafqid* etc., "fazer com que alguém visite" ou "constituir alguém em visitante"; a sexta, finalmente, הָפְקַד *hofqed*, "ser constituído como visitante". E essas, como dissemos, exprimem espécies de ação quer relacionadas somente com o agente, quer somente com o paciente.

Mas porque acontece amiúde que o agente e o paciente sejam uma só e mesma pessoa, foi necessário aos hebreus formar uma nova e sétima espécie de infinitivos que exprimissem a ação referida simultaneamente ao agente e ao paciente, isto é, que tivesse a forma ativa e passiva. Por exemplo, "visitar-me a mim mesmo" (*visitare me ipsum*) não se pode expressar em hebraico por nenhum tipo de pronome pessoal. Com efeito, פָּקֹד אוֹתִי *paqod᷾othi* significa que "outro me faz visita" (*τό visitare mei alterius*), isto é, que "alguém me visita"; e פָּקְדִי *poq͒di* ou פָּקְדִי *paqodi*, "meu visitar a outro" (*τό visitare mei alterum*), isto é, "que eu faço visita a alguém" (*quod ego alterum visito*). Por causa disso, foi preciso excogitar outra espécie de infinitivos que exprima a ação referida ao agente enquanto causa imanente, o que se costuma expressar prepondo a sílaba הִת *hith* à terceira espécie de infinitivos que leva *dag[u]esch*, como em הִתְפַּקֵּד *hithpaqqed*, que, como dissemos, significa "visitar-se a si próprio", ou "constituir-se em visitante", ou, enfim, "mostrar-se como visitante", como explicaremos com mais pormenor na sintaxe.

COMPÊNDIO DE GRAMÁTICA DA LÍNGUA HEBRAICA   469

Capítulo XIII
DA CONJUGAÇÃO

Até aqui mostramos as mudanças que o nome infinitivo exprime, na medida em que não está relacionado com o tempo, assim como as que ele sofre por causa do estado de regime ou da adição de preposições ou de sufixos ou, finalmente, devido aos vários sentidos em que se costuma empregá-lo. Falta explicar as causas das restantes modificações particulares a esse gênero de nomes. Que os modos infinitivos variam de diversas formas no tocante ao tempo a que se referem e ao modo em que se exprimem, isso é algo comum a todas as línguas; e visto que escrevo isso para aqueles que são versados em outras línguas, não explicarei aqui o que são o tempo e o modo, e ensinarei o que é próprio aos hebreus a esse respeito.

Os hebreus não costumam referir as ações a nenhum outro tempo senão ao passado e ao futuro. A razão disso parece ser que eles reconheciam somente essas duas partes do tempo, e que consideravam o tempo presente como um ponto, isto é, um ponto no fim do pretérito e no começo do futuro; digo, parece que consideravam o tempo como uma linha cujos pontos eram o final de uma parte e o começo de outra parte. Os signos pessoais que se antepõem ou se pospõem (futuro e passado) às formas do infinitivo já expostas distinguem precipuamente esses tempos. Digo *precipuamente*, pois a terceira pessoa (sing. masc.) do pretérito só se reconhece porque não tem nenhum signo de pessoa. Por exemplo, פָּקַד *paqad*, פָּקֹד *paqad*, פָּקֹד *paqod* e פָּקֵד *paqed* são as formas da primeira espécie de infinitivos, e têm o valor do nome substantivo; mas na fala são empregados como adjetivos que concordam em gênero, número e caso com o nominativo, e referem uma ação relacionada ao tempo pretérito. Assim, הוּא פָּקַד *huʻ paqad*, הוּא יָכוֹל *huʻ yakhol*, הוּא חָפֵץ *huḥafetz*, que significam "ele visitou", "ele

pôde" e "ele quis", respectivamente; e הִיא פָּקְדָה *hi' paqᵉdah,*
הִיא יָכְלָה *hi' yakhᵉlah,* הִיא חָפְצָה *hi'ḥafᵉtzah,* que significam
respectivamente "ela visitou", "ela pôde", "ela quis". Daí é claro
que as formas do infinitivo são como que adjetivos substantivados, mas quando determinados pelo tempo e pela pessoa são
qual adjetivos que devem concordar com seu nominativo, tal
como o substantivo, já o dissemos, em gênero, número e caso.
Portanto, esta terceira pessoa pretérita do gênero masculino
(singular) se reconhece apenas porque carece das características de pessoa; mas as restantes, isto é, a primeira e a segunda
pessoas têm características particulares que se pospõem como:
פָּקַדְתָּ *paqadta,* "tu, homem, visitaste", פָּקַדְתְּ *paqadt,* "tu,
mulher, visitaste" e פָּקַדְתִּי *paqadti,* "eu visitei" etc., como se
verá na sequência.

Por seu lado, as formas do estado de regime do infinitivo
são פְּקֹד *pᵉqod* e פְּקַד *pᵉqad;* e a elas se prepõem as características de pessoas, seja como adjetivos, como para o pretérito, que
indicam o futuro, a exemplo de: אֶפְקֹד *'efqod* ou אֶפְקַד *'efqad,*
"eu visitarei", תִּפְקֹד *tifqod,* "tu visitarás" etc., e como se verá na
sequência. Isso quanto aos infinitivos, na medida em que se
referem a determinado tempo.

Vejamos agora que mutações experimentam esses nomes
quando se exprimem em um ou outro modo. Ainda que isso, de
fato, não haja preocupado muito os hebreus. Pois, assim como se
reconhece (em hebraico) o caso somente pelas preposições ou
pela construção da oração, assim também na maioria das vezes
só se reconhecem os modos a partir dos advérbios. E com razão
quase todas as nações por negligência, como algo totalmente
supérfluo, deixaram de modificar os nomes segundo o caso. A
distinção dos modos parece também ser totalmente supérflua.
Pois nenhuma nação, que eu saiba, distinguiu o modo inter-
rogativo do indicativo, nem vimos tampouco que daí tenha se
originado confusão, nem entre os hebreus, quando sua língua flo-
resceu, podia originar-se alguma confusão do fato de que todos
os modos, tirando o imperativo, coincidissem com o indicativo.

COMPÊNDIO DE GRAMÁTICA DA LÍNGUA HEBRAICA 471

Os hebreus, portanto, só distinguem o imperativo dos modos restantes, tomando o estado de regime do infinitivo sem nenhum signo de pessoa e nem de relação de tempo, flexionando-o da seguinte maneira: פְּקֹד *p^eqod* ou פְּקַג *p^eqad*, "visita tu (masc.)", פִּקְדִי *piqdi*, "visita tu (fem.)", פִּקְדוּ *piqdu*, "visitai vós (masc.)", פְּקֹדְנָה *p^eqodnah*, "visitai vós (fem.)". Mas esse modo, demasiado imperioso, não podia ser por isso mesmo empregado com um igual e muito menos com um de grau superior; mas em seu lugar costuma-se usar o futuro. Donde, é lícito afirmar que o passado e o futuro, modos de que acabamos de falar, não são mais próprios do indicativo do que dos restantes modos pelos quais uma ação pode ser expressa relacionada ao tempo.

Mostramos as causas por que os nomes infinitivos se modificam de diversos modos. Chamaremos essas modificações, com as restantes, de *conjugações*, e os nomes infinitivos, na medida em que são assim conjugados, de *verbos*. Do número dessas conjugações diremos pouco. Pois nem todos os infinitivos (defeito que é comum a todas as línguas) se conjugam da mesma maneira.

Os gramáticos costumam dividir as conjugações em sete, porque em uma e mesma ação se encontram igual número de tipos de infinitivos, como mostramos no capítulo precedente. É verdade que se essa divisão fosse boa, então os latinos teriam apenas duas, a saber, uma ativa e outra passiva, e os gregos, três conjugações, isto é, ativa, passiva e média; e por essa razão, os verbos anômalos são confundidos com os regulares, como de fato procedem os gramáticos comuns que seguem essa ordem.

Mas se eles dizem que esses sete gêneros de infinitivos têm muitas vezes a mesma força, e por isso não diferem por sua natureza, porém somente pelo modo de se conjugar, os latinos, em consequência de seus verbos depoentes, que são os únicos a diferir dos verbos ativos na maneira de conjugar-se, só têm duas conjugações.

Assim, para ensiná-las em uma ordem mais fácil, vamos dividi-las em oito, das quais a *primeira* será a dos verbos cujo infinitivo não possui nenhuma letra gutural nem quiescente; a *segunda*, a dos verbos cujo infinitivo termina em א (ʾ); a *terceira*, a dos verbos cujo infinitivo termina em ה *h*; a *quarta*, a dos infinitivos que acabam em ח *h*, ע (ʿ) ou ר *r*; a *quinta*, aquela cujo infinitivo tem י *yod* como primeira letra; a *sexta*, a dos verbos cujo infinitivo tem na sua posição média[28] letras quiescentes, como ו *w*, י *y* ou א (ʾ); a *sétima*, a dos infinitivos que têm como primeira letra ה, (ʾ) א *h*, ח *h* ou ע (ʿ): a *oitava* é aquela cujo infinitivo tem no meio uma das seguintes letras guturais ח *h* ou ע (ʿ), ou então א (ʾ) ou ה *h* não quiescentes. Creio que o que eu disse em geral acerca do tempo, modo e conjugação é suficiente.

Mas para muitos que estão acostumados com outras línguas, eles talvez considerem absurdo que eu tenha dito que os verbos relacionados ao passado e ao futuro e também ao modo imperativo sejam adjetivos, e que, em minha opinião, os infinitivos não sejam outra coisa senão adjetivos substantivados. Por outro lado, o que parece absurdo, digo eu, é que nomes rejam o acusativo. Na verdade, a língua hebraica mostra que isso não repugna à natureza do nome e, mesmo quando os nomes exprimem a ação de maneira abstrata, eles regem o acusativo, ou outro caso exigido pelo verbo. Por exemplo, "O amor de Deus para com os filhos de Israel" é assim expresso na Escritura: אהבת יהוה את בני ישראל *ahavath yhwh ʿeth bᵉne Israʿel*, "Deus ama os filhos de Israel" (*Amor Dei filios Israëlis*). Logo, o nome *amor* rege o acusativo, assim como o verbo אהב *ʾahav*, "amar"; e do mesmo modo se encontrará muitos outros exemplos, dos quais trataremos na sintaxe.

Mas com isso não se deve de maneira alguma passar por cima do fato de que por essa causa os próprios nomes podem ser empregados em lugar dos infinitivos: לְאַהֲבָה אֶת יְהֹוָה *lᵉahᵃvah ʿeth yhwh*, "pelo amor de Deus" (*amori Deum*) em vez

---

28 De maneira geral, em hebraico, a raiz de uma palavra possui três letras.

de "para amar Deus" (*ad amandum Deum*), לְיִרְאָה אֶת יְהוָה
l*e*yir'ah 'eth yhwh, "pelo temor de Deus" (*timori Deum*) em
lugar de "por temer a Deus" (*ad timendum Deum*), לְאַשְׁמָה בָהּ
l*e*aschmah bah, "por esta dívida", e muitos outros desta maneira.

474   SPINOZA: OBRA COMPLETA IV

Capítulo xiv
DA PRIMEIRA CONJUGAÇÃO DOS VERBOS

Paradigmas. O Verbo Ativo Simples

As formas do infinitivo em estado absoluto, como dissemos muitas vezes, são דְּקֹד *paqod*, פָּקַד *paqad*, פָּקַד *paqad* e פָּקֵד *paqed*; no estado de regime são דְּפֹק *peqod* e פְּקַד *peqad*. A partir do estado absoluto o pretérito se forma do seguinte modo:

Fem.	Masc.		Fem.	Masc.
קָדְהָפ *paqedah*	פָּקַד *paqad*	ela, ele visitou	קָדְהָפ *paqedah*	דְּפָק *paqod*
פָּקַדְתְּ *paqadt*	פָּקַדְתָּ *paqadta*	tu visitaste	דְתְּפָק *paqodt*	דְתָּפָק *paqodta*
פָּקַדְתִּי *paqadti*		eu visitei, gên. com.		דְתִּיפָק *paqodti*
	קָדוּפ *paqedu*	eles, elas visitaram, gên. com.		קָדוּפ *paqedu*
פְּקַדְתֶן *peqadten*	פְּקַדְתֶם *peqadtem*	vós visitastes	דְתוּפְק *peqodten*	דְתֶמפְּק *peqodtem*
	פָּקַדְנוּ *paqadnu*	nós visitamos	דְנוּפָק *paqodnu*	

פָּקֵד *paqed* e פָּקַד *paqad* seguem
a primeira forma פָּקַד *paqad* para as demais pessoas.

O imperativo faz-se a partir da forma do estado de regime, do seguinte modo:

Fem.			Masc.		
פְּקֵדִי *poqedi*	e	פִּקְדִי *piqdi*	דְּפֹק *peqod*	e פְּקַד *peqad*,	visita tu
דְנָהֹפְק *peqodnah*	e	דְנָפְק *peqodna*	פִּקְדוּ *piqdu*	e פְּקֵדוּ *poqedu*	visitai vós.

COMPÊNDIO DE GRAMÁTICA DA LÍNGUA HEBRAICA 475

O futuro forma-se a partir do imperativo, do seguinte modo:

Fem.	Masc.		Fem.	Masc.
	אֶדְאָק *'afqod*	eu visitarei		אֶפְקַד *'efqad*
תִּפְקְדֵכ *tifqᵉdi*	דְּתִּפְק *tifqod*	tu visitarás	תִּפְקְדִי *tifqᵉdi*	תִּפְקַד *tifqad*
דְּתִּפְק *tifqod*	דְּיִּפְק *yifqod*	ela, ele visitará	תִּפְקַד *tifqad*	יְפְקַד *yifqad*
	דְּנִפְק *nifqod*	nós visitaremos		נִפְקַד *nifqad*
דְּנָהתִּפְק *tifqodnah*	{ תִּפְקְדוּ *tifqᵉdu*	vós visitareis	תִּפְקַדְנָה *tifqadnah*	{ תִּפְקְדוּ *tifqᵉdu*
	{ יִפְקְדוּ *yifqᵉdu*	eles visitarão		{ יִפְקְדוּ *yifqᵉdu*

e יִפְקֹדְנָה *yifqodnah* (terceira pessoa do plural feminino),
como em דְּנָהמַלְכָיוֹת יַעַם *malkhuyyoth yaʻ ᵃmodnah*, "reinos se erguerão",
Daniel 8, 22, e em *I Samuel* 6, 12: וַיִּשַׁרְנָה הַפָּרוֹת *wayyischscharnah haparoth*,
"e as vacas tomaram o caminho direto" etc.

Anotações Sobre o Infinitivo

Mostramos no devido lugar que os infinitivos se declinam como os outros nomes. A isso acrescento apenas que seus casos são indicados pelas preposições inseparáveis ל *l*, ב *v*, כ *k*, מ *m*; mas também por quaisquer outras preposições, como em לִפְנֵי שַׁחֵת יְהֹוָה *lifne schaheth yhwh*, "antes de Deus perder Sodoma" (*ante τοῦ perdere Dei Sodomam*), isto é, "antes que Ele perdesse" (*antequam perderet*); como em עַד אֲבֹוד *'ad ᵃvod*, "até o perecer" (*usque τοῦ perire*), em vez de "até que perecessem" (*donec perierint*) etc.

Além disso, o fato de que cada verbo possua tantas formas do infinitivo mostra que o mesmo verbo usa ora esta ora aquela forma, como גָּדֵל *gadel*, *Números* 6, 5, e גָּדֹול *gadol*, *II Samuel* 5, 10, "crescer", e דַּבֵּר *diber* e דַּבֵּר *daber*, "falar", e outros desta maneira; isso é assim a tal ponto que, embora não se encontre na Escritura um infinitivo com dois *qametz* ָ (deparamos em *Isaías* 47, 14 לַחְמָם *lahmam*, "aquecer"), não duvido que os hebreus possuíssem essa forma de infinitivo, bem como aquelas de que já falei. Com efeito, como já disse, entre os hebreus os verbos são adjetivos que concordam com seu nominativo em gênero, número e caso; e esses adjetivos tomados de forma absoluta, sem nominativo, empregados como substantivos, como se não tivessem gênero, indicam o infinitivo. Daí por que o infinitivo fica expresso quando se toma o pretérito ou o imperativo na forma absoluta sem nominativo. Também os particípios, como mostrarei no devido lugar, podem transformar-se em substantivos e substituir o infinitivo. N.B.: שֹׁדֵד כַּהֲתִימְךָ *kahᵃthimᵉkha schoded*, "quando terminares de pilhar", *Isaías* 33, 1.

De outro lado, costuma-se acrescentar ao infinitivo a letra paragógica ה *h*, a qual no estado de regime é mudada em ת *th*. Assim, a partir de קְרוֹב *qᵉrov* se forma קָרְבָה *qorᵉvah*, "aproximar", cujo estado de regime é קְרוֹבַת *qᵉroveth*, ao qual se acrescentam os sufixos do seguinte modo: קָרְבָתִי *qorᵉvathi;* קָרְבָתְךָ *qorᵉvathᵉkha;* קָרְבָתוֹ *qorᵉvatho*, "aproximar de mim; aproximar de ti; aproximar dele" etc. Assim, a partir de יְכוֹל *yᵉkhol*, "poder", se faz יְכְלָה *yokhlah*, cujo estado de regime é יְכֶלֶת *yᵉkholeth*, como em מִבְּלְתִּי יְכֹלֶת יהוה *mibilti yᵉkholeth yhwh*, "por causa do não poder de Deus" (*Números* 14, 16) e, adicionando-se os sufixos pronominais, temos: יְכָלְתִּי *yᵉkholti*, "poder de mim, meu poder", יְכָלְתְּךָ *yᵉkholtᵉkha*, "poder de ti, teu poder", יְכָלְתּוֹ *yᵉkholto*, "poder dele, seu poder" etc.

Podemos, ademais, acrescentar ao infinitivo a letra נ *n* em vez de ה *h*, cujo exemplo vemos no livro de *Ester* 8, 6, que, em vez de אֲבֹד *'avod*, temos אֲבְדָן *'avᵉdan*, "perecer".

Além disso, o estado de regime פְּקֹד *pᵉqod* muda o ḥolem em qametz ḥatuf quando o acento é deslocado, como em לִפְנֵי מָלָךְ-מֶלֶךְ *lifne mᵉlakh-melekh*, "antes do reinar de um rei".

Por fim, em *Esdras* 10, 16, lá onde se encontra לְדַרְיוֹשׁ *lᵉdaryosch* em lugar de לִדְרֹשׁ *lidrosch*, "para inquirir, para investigar"; e que os gramáticos anotam como caso singular; para mim, isso parece assemelhar-se a um monstro, e não me atrevo a decidir qualquer coisa a respeito.

COMPÊNDIO DE GRAMÁTICA DA LÍNGUA HEBRAICA 477

Anotações Sobre o Pretérito

As formas do passado פָּקַד *paqad*, פָּקָד *paqad*, פָּקֹד *paqod* e פָּקֵד *paqed* diferem dos infinitivos, como dissemos, porque no pretérito estão no gênero masculino e no singular, enquanto que no infinitivo não apresentam nenhuma referência nem de gênero, nem de número, e a diferença se reconhece facilmente pelo próprio contexto da oração.

O feminino פָּקְדָה *paqᵉdah*, quando o acento é אתנה *'athnah* ou סִילוּק *siluq*, troca o *schewa* pelo *qametz* ou pelo *holem* ou pelo *tzere*, ou seja, o ה *h* é acrescentado à forma do masculino sem nenhuma modificação vocálica, de modo que o feminino de פָּקַד *paqad* se torna פָּקָדָה *paqadah*, ou de פָּקֹד *paqod* se faz פָּקֹדָה *paqodah*, e o feminino de פָּקֵד *paqed* se torna פָּקֵדָה *paqedah*.

A palavra פָּקַדְתְּ *paqdeta* tem a letra ת *th* como característica da segunda pessoa, a qual provém do pronome אַתָּה *'attah*, "tu", pronome cujo ה *h* é mantido em בָּגַדְתָּה *bagadtah*, "ser infiel", mas na maioria das vezes é omitido.

Os verbos que terminam em ת *th* perdem esta letra na primeira pessoa do mesmo modo que na segunda, e a compensam com o *dag[u]esch* na letra ת *th* seguinte, como em כָּרַת *karath*, "cortar", que forma כָּרַתָּ *karatta*, כָּרַתְּ *karatt*, "tu cortaste", כָּרַתִּי *karatti*, "eu cortei". A palavra da segunda pessoa do feminino פָּקַדְתְּ *paqadt* tem uma terminação proveniente do pronome do gênero feminino אַתְּ *'att*, "tu (fem.)", e a forma obsoleta אַתִּי *'atti*, que anotamos acima, se origina da forma em desuso פָּקַדְתִּי *paqadti* em lugar de פָּקַדְתְּ *paqadt*, como em *Rute* 3, 3, וְשָׁכַבְתִּי *wᵉschakhavti*, "tu dormirás" (fem.), em lugar de וְשָׁכַבְתְּ *wᵉschakhavt*, e muitas outras do mesmo modo, que os massoretas notaram, e que são, sem dúvida, obsoletas.

פָּקַדְתִּי *paqadti* tem uma terminação proveniente do pronome אֲנִי *'ᵃni*, "eu". O seu gênero é comum como sempre na primeira pessoa.

Em פָּקְדוּ *paqᵉdu*, "eles, elas visitaram", a terminação no plural é a mesma que nos pronomes que acabam no plural, nós o

478 SPINOZA: OBRA COMPLETA IV

notamos acima, em ו *u* e não em יִם *im*, como nos demais adjetivos. Essa forma também se encontra, por causa da eufonia, com o ן *n* paragógico, como em יָדְעוּן *yadeʿun*, "eles souberam". Creio que os antigos costumavam distinguir aqui o masculino do feminino por meio das letras quiescentes א (ʾ) e ה *h*, como, por exemplo, em פָּקְדוּא *paqeduʾ*, "eles visitaram", e פָּקְדָה *paqe-duh*, "elas visitaram". Encontram-se exemplos disso na Escritura, como em *Deuteronômio* 21, 7, יָדֵנוּ לֹא שָׁפְכֻה *yadenu loʿ schafekhuh*, "nossas mãos não derramaram", e em *Josué* 10, 24, אַנְשֵׁי הַמִּלְחָמָה הֶהָלְכוּא *ʾansche hammilḥamah hehalekhuʾ*, "os guerreiros que marcharam". Mas, na verdade, posteriormente, visto que na pronúncia não se podia perceber nenhuma diferença sensível, e como se podia confundi-las com as letras paragógicas, parece que as quiescentes foram negligenciadas.

Ademais, quando o acento é אתנה *ʿatnah* ou סילוק *siluq*, o *schewa* da penúltima sílaba, como o da terceira pessoa do singular feminino, muda em *qametz*, *tzere* ou *ḥolem*, e faz, em lugar de פָּקְדוּ *paqedu*, פָּקָדוּ *paqadu*, פָּקֹדוּ *paqodu* ou פָּקֹדוּ *paqedu*.

Enfim, as terminações de פְּקַדְתֶּם *peqadtem*, פְּקַדְתֶּן *peqadten* e פְּקַדְנוּ *paqadnu* provêm dos pronomes אַתֶּם *ʿattem*, "vós (masc.)", אַתֶּן *ʿatten*, "vós (fem.)" e אֲנַחְנוּ *ʿanaḥnu*, "nós (masc. e fem.)".

Anotações Sobre o Imperativo

Coloquei o imperativo antes do futuro, porque este se forma a partir do imperativo e porque se emprega muitas vezes o futuro em lugar do imperativo, de modo que é permitido afirmar que entre os hebreus o futuro corresponde tanto ao modo imperativo quanto ao indicativo.

Dissemos que as formas do imperativo são פְּקֹד *peqod* e פְּקַד *peqad* e, se apraz, também פְּקַד *peqad*: a elas se adiciona amiúde o ה *h* paragógico, e de פְּקֹד *peqod* se faz פָּקְדָה *poqedah*, e de פְּקַד *peqad*, פִּקְדָה *piqedah*, "visita tu (masc.)". Daí a forma do infinitivo יִרְאָה *yirʿah*, "temer", הַאֲבָה *ʾahaʿvah*, "amar", e com o

COMPÊNDIO DE GRAMÁTICA DA LÍNGUA HEBRAICA

acento *atnah* ou *siluq* se forma פְּקָדָה *pᵉqadah*; mas se o acento se desloca, como no infinitivo, o *holem* muda em *qametz hatuf*, como em פְּסָל-לְךָ *pᵉsal-lᵉkha*, "cinzela-te, modela-te".

Anotações Sobre o Futuro

אֶפְקֹד *'efqod* e אֶפְקַד *'efqad*, quando o ה *h* paragógico lhes é acrescentado, mudam o *holem* e o *patah* em *schewa*, o que faz אֶפְקְדָה *'efqᵉdah*, "eu visitarei". Mas quando a palavra é acentuada com אתנח *'atnah* ou סילוק *siluq*, o *holem* se mantém, e o *patah* muda em *qametz* ָ , o que faz אֶפְקֹדָה *'efqodah* e אֶפְקָדָה *'efqadah*.

תִּיפְקְדִי *tifqᵉdi*, com o ן *n* paragógico dá lugar a תִּיפְקְדִין *tifqᵉdin*, "tu visitarás (fem.)", e a partir da forma תִּפְקַד *tifqad* se faz תִּפְקָדִין *tifqadin*, isto é, mudando o *patah* em *qametz* ָ por causa do *hireq* seguinte.

נִפְקֹד *nifqod*, quando se adiciona o ה *h* paragógico, o *holem* muda em *schewa*, o que faz נִפְקְדָה *nifqᵉdah*; mas, como na primeira pessoa do singular, o הֹלֶם *holem* é retido com os acentos אתנח *'atnah* e סילוק *siluq*, e o *patah* é mudado para *qametz*.

תִּפְקְדוּ *tifqᵉdu* com ן *n* paragógico forma תִּפְקְדוּן *tifqᵉdun*, תִּפְקָדוּן *tifqadun* e תִּפְקֹדוּן *tifqodun*. Mas se levarem, na verdade, um acento disjuntivo, as formas do singular são mantidas, o que faz תִּפְקֹדוּ *tifqodu* e תִּפְקָדוּ *tifqadu*, "vós visitareis (masc.)". Além disso, diante de um monossílabo é permitido empregar o *schureq* em lugar do *holem*, porque o acento deve estar na penúltima sílaba, como em יִשְׁפּוּטוּ הֶם *yischputu hem*, "eles julgaram". Finalmente, creio que no *Levítico* 21, 5 לֹא יִקְרְחָה קָרְחָה *lo' yiqrᵉhuh qorhah*, "eles não se barbearão", o escriba errou ao escrever com pressa duas vezes קָרְחָה *qorhah*.

תִּפְקֹדְנָה *tifqodnah* e תִּפְקַדְנָה *tifqadna*: pode-se omitir o ה *h*, como em תִּלְבַּשְׁנָ *tilbaschna*, "elas vestiram", assim como a partir do feminino singular תִּפְקֹד *tifqod* se pode formar a terceira pessoa do plural תִּפְקְדוּ *tifqᵉdu*, de modo que a terceira pessoa do gênero feminino plural coincida com a segunda do masculino, como em *Jeremias* 49,11 וְאַלְמְנוֹתֶיךָ עָלַי תִּבְטָחוּ *weᶜalmᵉmenothekha ʿalay tivtaḥu*, "e tuas viúvas confiarão em mim", em lugar de תִּבְטַחְנָה *tivtaḥnah*. O ט *t* leva *qametz* ָ em lugar de *schewa* ְ, o que se faz em toda parte por causa do סילוק *siluq*, como dissemos.

COMPÊNDIO DE GRAMÁTICA DA LÍNGUA HEBRAICA   481

Capítulo xv
DO VERBO PASSIVO

A característica (signo) do passivo é נ *n* prefixado ao verbo, que deve amiúde ser compensado por um *dag[u]esch*, porque nunca duas características prefixam um verbo. Logo, suas formas do infinitivo são נִפְקֹוד *nifqod*, נִפְקַד *nifqad*, הִפָּקֵד *hipaqed* e הִפָּקֹוד *hipaqod*. Nestes dois últimos, por causa da característica ה *h*, o נ *n* é compensado por um *dag[u]esch*. A partir das duas primeiras, as formas se moldam do seguinte modo:

Pretérito

Fem.		Masc.	
נִפְקְדָה *nifqᵉdah*		נִפקַד *nifqad* ou נִפְקֹוג *nifqod*, "ele foi visitado"	3. sing.
נִפְקַדְתְּ *nifqadt*		נִפְקַדְתָּ *nifqadta*	2.
		נִפְקַדְתִּי *nifqadti*	1.
		נִפְקְדוּ *nifqᵉdu*	3. plur.
נִפְקַדְתֶּן *nifqadten*		נִפְקַדְתֶּם *nifqadtem*	2.
		נִפְקַדְנוּ *nifqadnu*	1.

Imperativo

Fem.		Masc.	
קְדִיהֻפָּ *hipaqᵉdi*		הִפָּקֵד *hipaqed*	
הִפָּקַדְנָה *hipaqednah*		קְדוּהֻפָּ *hipaqᵉdu*	

482   SPINOZA: OBRA COMPLETA IV

Outra Forma de Imperativo

Fem.	Masc.
נִפְקְדִי *nifqᵉdi*	נִפְקַד *nifqad*
דְּנָהִנְפְּק *nifqodnah*	נִפְקְדוּ *nifqᵉdu*

Futuro

Fem.	Masc.	
	אֶפָּקֵד *'ipaqed* e אֶפָּקֵד *'eppaqed*	1. sing.
תִּפָּקְדִי *tipaqᵉdi*	תִּפָּקֵד *tipaqed*	2.
תִּפָּקֵד *tipaqed*	יִפָּקֵד *yipaqed*	3.
	נִפָּקֵג *nipaqed*	1. plur.
תִּפָּקַדְנָה *tipaqednah* e	קְדוּתִּפָּ *tipaqᵉdu*	2.
תִּפָּקַדְנָה *tipaqadnah*	קְדוּיִפָּ *yipaqᵉdu*	3.

Anotações

Ainda que na Escritura nunca se encontre o infinitivo נִפְקַד *nifqad*, é claro também, a partir do que foi dito acima, que todas as formas do infinitivo em todos os modos o exprimem, quando empregados de maneira absoluta como substantivos, que não são de nenhum gênero; e não há na verdade nenhuma razão pela qual essa forma de pretérito seja menos capaz de exprimir o infinitivo do que a outra forma נִפְקֹד *nifqod*, especialmente quando no pretérito é permitido usar tanto um quanto outro, como em נַחְתּוֹם *naḥtom* e נֶחְתַּם *neḥtam*, "foi selado".

Ademais, verbos que terminam em תּ *th* omitem-no nas primeiras e segundas pessoas, compensando-o com um *dag[u]esch*, como se observará na sequência toda vez que ocorra a necessidade de duplicar um תּ *th* ou qualquer outra letra, ou que a primeira de duas letras duplicadas deva ter um *schewa* quiescente, como em תִּצְפֹּנָה *titzponnah*, "vós escondereis", em

COMPÊNDIO DE GRAMÁTICA DA LÍNGUA HEBRAICA

lugar de תִּצְפֹּנֶנָה *titzpon*e*nah*, "elas esconderão". Pois, se isso não fosse assim (como foi dito no cap. III), dever-se-ia pronunciar o *schewa*, que, ao invés, é sempre contraído. Observe-se, a seguir, que, quando o verbo tem o acento אתנח *'atnaḥ* ou סילוק *siluq*, a última sílaba, se for longa, mantém-se, e não é mudada em *schewa*, como, aliás, é costume. Digo, se for longa, pois se fosse *pataḥ*, mudaria em *qametz*; por exemplo, a partir da forma do futuro אֶפָּקֵד *'ipaqed*, quando acrescida de um ה *h* paragógico, faz אֶפָּקֵדָה *'ipaqe*d*ah*, "eu serei visitado". Se o verbo tivesse um acento disjuntivo, o *tzere* seria retido, o que daria אֶפָּקֵדָה *'ipaqedah*. Mas se נִפְקְדָה *nipqe*d*ah*, "ela foi visitada", tivesse também tal acento disjuntivo, o *pataḥ* do masculino נִפְקַד *nipqad* não seria conservado, porém mudaria em *qametz*, o que faz נִפְקָדָה *nipqadah*: ao contrário, o *ḥolem* do masculino נִפְקֹד *nifqod*, que é vogal longa, se mantém, formando נִפְקֹדָה *nifqodah*, regra que se observa em todos os verbos que tem um *schewa* móvel na penúltima sílaba. Não necessito mencionar isso constantemente.

O imperativo הִפָּקֵד *hipaqed*, que ocorre com frequência na Escritura, é considerado regular; mas, por outro lado, na forma נִפְקַד *nifqad*, נִפְקְדִי *nifqe*d*i* etc., que ocorre apenas uma vez na *Bíblia* (a saber, *Joel* 4, 11), é considerado irregular, ou é completamente negligenciado. Não sei se eles acreditavam que o fim da Escritura era ensinar a língua e não as coisas.

Finalmente, ao futuro dessa conjugação pode-se adicionar por elegância o ה *h* paragógico, como אִכָּבְדָה *'ikkave*d*ah* em vez de אִכָּבֵד *'ikkaved*, "eu serei honrado"; nem é inelegante acrescentar no plural, depois do ו *u*, um ן *n* (final), como em יִכָּרְתוּן *yikkare*t*hun* em lugar de יִכָּרְתוּ *yikkare*t*hu*, "eles serão cortados, separados", que é empregado também nas conjugações que vêm a seguir.

484   SPINOZA: OBRA COMPLETA IV

Capítulo xvi
DO VERBO PONTUADO COM *DAG[U]ESCH* OU INTENSIVO E NA SUA FORMA ATIVA

Acima abordamos brevemente a significação desse verbo porque queríamos tão somente mostrar sua origem; mas uma vez que ele tem vários usos é necessário explicá-los acuradamente, já que seus usos estão em pauta. O principal e o mais comum dos empregos desse verbo é o de intensificar o verbo simples; o que se faz de vários modos, a saber, ou tornando ativo um verbo neutro, ou empregando-o em um sentido mais amplo, ou expressando-o com paixão etc. Por exemplo, שָׂמַח *samah*, significa "estar alegre"; שִׂנֵּח *simmeh* transforma em ativo este verbo neutro e significa "encher alguém de alegria"; isso também se refere aos verbos nominais (derivados de um nome), como דִּבֶּר *diber*, "proferir palavras ou falar", que provém de דָּבָר *davar*, "palavra". שָׁלַח *schalah* significa "enviar algo a alguém", mas שִׁלֵּח *schileh* quer dizer "despedir, despachar alguém ou algo", por exemplo "encerrar uma reunião" ou "demitir um servidor" etc. Continuando, שָׁבַר *schavar* significa simplesmente "romper" (em flamengo[29], *schillen*), porém שִׁבֵּר *schiber* quer dizer "romper com força" ou "despedaçar".

Além disso, este verbo (intensivo) tem significação contrária ao verbo simples, como em חָטָא *hatha'*, "ele pecou", e חִטֵּא *hitta'*, "ele expiou"; mas visto que esse uso particular parece ter desaparecido da língua, não é lícito criar novos verbos, senão os que já se encontram na Escritura. Por outro lado, suas formas de infinitivo são פַּקֵּד *paqqed*, פִּקֵּד *piqqed*, פַּקּוֹד *paqqod* e פִּקּוֹד *piqqod*.

---

29. "Belga" no original.

Pretérito			Imperativo		Futuro		
Fem.	Masc.		Fem.	Masc.	Fem.	Masc.	
פִּקְדָה *piqqᵉdah*	פִּקֵד *piqqed*	3. sing.	פַּקְּדִי *paqqᵉdi*	פַּקֵּד *paqqed*		אֲפַקֵּד *ᵃfaqqed*	1. sing.
פָּקַדְתְּ *piqqadt*	פָּקַדְתָּ *piqqadta*	2. sing.	פַּקֵּדְנָה *paqqednah*	פַּקְּדוּ *paqqᵉdu* תְּפַקֵּדִי *tᵉfaqqᵉdi*		תְּפַקֵּד *tᵉfaqqed*	2. sing.
	פָּקַדְתִּי *piqqadti*	1. sing.			תְּפַקֵּד *tᵉfaqqed*	יְפַקֵּד *yᵉfaqqed*	3. sing.
	פִּקְדוּ *piqqᵉdu*	3. plur.				נְפַקֵּד *nᵉfaqqed*	1. plur.
פְּקַדְתֶּן *piqqadten*	פְּקַדְתֶּם *piqqadtem*	2. plur.			תְּפַקֵּדְנָה *tᵉfaqqᵉdnah*	תְּפַקֵּדוּ *tᵉfaqqᵉdu*	2. plur.
	פָּקַדְנוּ *piqqadnu*	1. plur.			תְּפַקֵּדְנָה *tᵉfaqqᵉdnah*	יְפַקֵּדוּ *y'faqq'du*	3. plur.

Anotações Sobre o Infinitivo

À forma infinitiva פַּקֵּד *paqqed* é adicionado por elegância o ה *h* paragógico, o que faz פַּקְּדָה *paqqᵉdah* e, com acento *'atnaḥ* ou *siluq*, פַּקֵּדָה *paqqedah*, "visitar com frequência", mudando o *schewa* em *tzere*.

Além disso, a esse gênero de infinitivo prepõe-se o ה *h* indicativo (o artigo definido) e enfático, como em וְהַקֵּיר אֲשֶׁר יְקַטֵּרוּן *wᵉhaqqitter 'ᵃscher yᵉqittᵉrun*, "e esse queimar incenso que queimava" ("et illud suffumigare, quod suffumigabant", em flamengo), *en dat geduurig wierooken, Jeremias* 44, 21. Assim, הַדִּבֵּר *haddiber*, "o falar" (*illud loqui*), *dat hoog spreken, dat kaekelenzal kaekelen zal gedaan zijn.* [Em flamengo, o sublime discurso / os sons como cacarejo.] O ה *h* serve aqui não tanto para indicar uma ação definida, como para expressá-la com indignação, reprovação, aversão ou algum outro afeto; e por essa causa, creio que este ה *h* indicativo não se prepõe exceto ao verbo com *dag[u]esch*.

A seguir, se a letra mediana do radical for ר *r*, que não aceita o *dag[u]esch*, então a sílaba prévia muda de breve para longa, isto é, de *pataḥ* - em *qametz* ⊤ e o *ḥireq* em *tzere*, como em בָּרֶךְ *barekh*, em vez de בַּרֵךְ *barekh* e em בֶּרֶךְ *berekh* em vez de בִּרֵךְ *birrekh*, "bendizer, abençoar" (vide *Números* 23, 20).

A maior parte dos gramáticos pensa que o *dag[u]esch* pode ser substituído pelo *ḥolem*, quando o radical do meio é ר *r* ou qualquer outro que costuma levar *dag[u]esch*. Mas eles estão errados; porque os verbos desta conjugação que têm *ḥolem* e *tzere* não são intensivos; porém verbos simples, cujo infinitivo, como já dissemos, costuma ter a forma do particípio, considerando, é claro, o particípio sem nenhuma relação de gênero. Assim, זֹעֵם *zo'em*, "detestar", é um verbo simples, cujo infinitivo é o próprio particípio empregado sem substantivo e, quando se lhe adiciona um ה *h* paragógico, faz זֹעֲמָה *zo'ᵃmah*, que se emprega também no lugar do infinitivo, tal qual os infinitivos שָׁמוֹר *schamor*, "observar" e זָכוֹר *zakhor*, "guardar", de que falaremos na sintaxe. Mas aqui falo expressamente de verbos desta conjugação. Quanto às conjugações de verbos que têm como radical do meio *waw* ou *yod*, como בִּין *bin*, "compreender", קוּם *qum*, "levantar", as intensivas não levam *dag[u]esch*, porque o radical médio é duplicado em lugar da segunda letra, o que faz בּוֹנֵן *bonen* a partir de בִּין *bin*, e קוֹמֵם *qomem* a partir de קוּם *qum*. Mas disso falarei em seu devido lugar. O que enganou os gramáticos não é outra coisa senão que não acreditavam que existisse um verbo simples neutro שָׁרַשׁ *scharasch*, "deitar raízes"; e assim, consideraram o seu particípio, שֹׁרֵשׁ *schoresch*, que se tem em *Isaías* 40, 24, como pretérito do verbo intensivo da primeira conjugação, e confundiram--no com o passivo שֹׁרַשׁ *schorasch* do verbo intensivo שֵׁרֵשׁ *scheresch*. A isso contribuiu não pouco a dupla significação do verbo, uma francamente contrária a outra (se há de se dar fé àqueles que pontuaram a *Bíblia*). Em *Jó* 31, 8, ela significa "desenraizar, erradicar", e em *Jeremias* 12, 2, "enraizar, arraigar". Na verdade, duvido que o pontuador, nessa passagem de Jeremias, tivesse pontuado שֹׁרָשׁוּ *schoraschu* em vez de שָׁרָשׁוּ *scharaschu*. Mas disso basta.

COMPÊNDIO DE GRAMÁTICA DA LÍNGUA HEBRAICA

Por outro lado, em פַּקֵּד *paqqed* o acento *tzere* ‑‑ é mudado em *segol* ‑, como em לְךָ-דַּבֶּר *daber-lakh*, "falar-te".

Finalmente, nos verbos, cuja segunda e terceira letras do radical são as mesmas, a forma intensiva costuma duplicar a primeira letra e esta é interposta entre a segunda e a terceira, como em קִלְקֵל *qilqel* a partir de קָלַל *qalal*, "ser polido", סִכְסֵךְ *sikhsekh*, "proteger", a partir de סָכַךְ *sakhakh*, "cobrir", גִּלְגֵּל *g[u]ilg[u]el*, "revolver, fazer rolar", a partir de גָּלַל *galal*, "volver, rolar", e assim por diante para outros verbos.

Anotações para o Pretérito

O pretérito muda quase sempre o *tzere* em *pataḥ*, como em שִׁבֵּר *schiber* e שִׁבַּר *schibar*, "ele quebrou em pedaços", ou em *segol*, como em דִּבֵּר *diber*, "ele falou".

Anotações para o Imperativo

O imperativo também muda o *tzere* em *pataḥ* e, antes do *maqqaf*, em *segol*, o que faz de פַּקֵּד *paqqed*, פַּקַּד *paqqad* ou פַּקֶּד *paqqed*, e de פַּקֵּדְנָה *paqqednah* faz פַּקַּדְנָה *paqqadnah*. Para os demais, o imperativo coincide em tudo com o infinitivo.

Anotações para o Futuro

De אֲפַקֵּד *ᵃfaqqed*, com a adição do ה *h* paragógico, se forma אֲפַקֵּדָה *ᵃfaqqᵉdah*, e com acento *ᶜatnaḥ* ou *siluq*, se faz אֲפַקֵּדָה *ᵃfaqqedah*. Em troca, quando se acrescenta o נ *n* paragógico a יְפַקְּדוּ *yᵉfaqqᵉdu*, תְּפַקְּדוּ *tᵉfaqqᵉdu* forma-se יְפַקְּדוּן *yᵉfaqqedun*. Portanto, o ה *h* paragógico transforma a penúltima sílaba, de longa em breve, mas o נ *n*, ao contrário, restitui a partir da breve a longa. Por fim, em lugar de תְּפַקֵּדְנָה *tᵉfaqqednah*, tem- -se amiúde, como no imperativo, תְּפַקַּדְנָה *tᵉfaqqdnah*.

488   SPINOZA: OBRA COMPLETA IV

Capítulo XVII
DO VERBO INTENSIVO PASSIVO

Infinitivo	Pretérito		Futuro	
	Fem.	Masc.	Fem.	Masc.
פֻּקֹּד *puqqod*	פֻּקְּדָה *puqqᵉdah*	פֻּקַּד *puqqad* 3. sing.		אֲפֻקַּד *ᵃpuqqad* 1. sing.
	פֻּקַּדְתְּ *puqqadt*	פֻּקַּדְתָּ *puqqadta* 2.	תְּפֻקְּדִי *tᵉpuqqᵉdi*	תְּפֻקַּד *tᵉpuqqad* 2.
		פֻּקַּדְתִּי *puqqadti* 1.	תְּפֻקַּד *tᵉpuqqad*	יְפֻקַּד *yᵉpuqqad* 3.
		פֻּקְּדוּ *puqqᵉdu* 3. plur.		נְפֻקַּד *nᵉpuqqad* 3. plur.
	פֻּקַּדְתֶּן *puqqadten*	פֻּקַּדְתֶּם *puqqadtem* 2.	תְּפֻקַּדְנָה *tᵉpuqqadnah*	תְּפֻקְּדוּ *tᵉpuqqᵉdu* 2.
		פֻּקַּדְנוּ *puqqadnu* 1.		יְפֻקְּדוּ *yᵉpuqqᵉdu* 1.

Carece de imperativo

O emprego desta forma de verbo é muito raro, nem se encontra na Escritura nenhuma outra forma dele no infinitivo, além do acima citado; mais ainda, não me lembro de tê-lo visto aí senão uma vez; mas também não duvido que o futuro אֲפֻקַּד *ᵃpuqqad* seja feito a partir de outra forma do mesmo verbo פֻּקַּד *puqqad* e, em consequência, que os hebreus tenham tido, além de פֻּקֹּד *puqqod*, o infinitivo פֻּקַּד *puqqad*. Pois, mostramos que o futuro é formado sempre a partir do infinitivo; ao lado disso, no resto das conjugações, como veremos, os infinitivos do verbo tenham um *patah* na última sílaba, no que essa conjugação também coincide com as restantes. Donde não duvido de que possuam uma terceira forma פֻּקָּד *poqqad* com *qametz hatuf*, o que é também observado em outras conjugações, e que o *qibutz* ֻ e o *qametz* ָ *hatuf* têm a mesma força, como veremos abaixo no capítulo. XIX.

COMPÊNDIO DE GRAMÁTICA DA LÍNGUA HEBRAICA

De outro lado, quando a letra do meio é ר *r*, que não admite *dag[u]esch*, o *schureq* ֻ muda em *ḥolem*, como em טוֹרַף *toraf*, "despedaçar".

Enfim, como essa forma passiva se distingue suficientemente da forma ativa pelas vogais, por esse motivo a letra נ *n*, característica sem dúvida do passivo, é muitíssimas vezes negligenciada nesta conjugação. Entretanto, costuma-se adicioná-la e, em lugar de פֻּקַּד *puqqad*, escrever com regularidade נִפֻּקַּד *n*ᵉ*fuqqad*, como em יְדֵיכֶם נְגוֹאֲלוּ בַדָּם *y*ᵉ*dekhem n*ᵉ*go*ʻ*ᵃlu vaddam*, "vossas mãos foram manchada de sangue"[30], cujo ג *g* de נְגוֹאֲלוּ *n*ᵉ*go*ʻ*ᵃlu* é pontuado com חֹלֶם *ḥolem*, por causa do א (ʻ) seguinte, que não pode levar *dag[u]esch*; pois, por ocorrer mui raramente na Escritura, esta forma verbal passiva simples e intensiva é chamada pelos gramáticos de irregular. Com efeito, como dissemos, os gramáticos por certo escreveram uma gramática para a Escritura e não para a língua. Creio, todavia, que na conjugação do futuro essa letra נ *n* era negligenciada, pois devido às características dos pronomes pessoais essa letra devia ser substituída pelo *dag[u]esch*; e as letras פ *p* e ק *q* deviam ser duplicadas, o que tornaria difícil a pronúncia.

---

30 Em *Isaías* 39, 3.

Capítulo XVIII
DO VERBO DERIVADO COM SIGNIFICAÇÃO ATIVA

Mostramos acima, no cap. XII, que esse verbo deriva ou se forma a partir do nome das coisas ou das ações, isto é, tanto a partir do nome substantivo, quanto a partir do verbo simples: quando se forma a partir do verbo simples tem um acusativo de agente, a saber, da pessoa visitante, e um nominativo de causa remota, isto é, da pessoa que constitui a outra em visitante. Mas quando se forma a partir de um nome, ele tem o valor de um verbo simples, e a causa disso se compreende facilmente a partir do que se disse aqui. Na verdade, dissemos que com esse verbo se exprime que alguém faz com que alguma coisa cumpra a sua função, isto é, que ela tem seu uso em ato. Portanto, quando esse verbo se forma a partir de um verbo simples, isso significa então que alguém faz com que a causa eficiente, ou aquilo que se entende como sendo o nominativo do verbo, seja ele ativo ou neutro, tenha seu uso em ato. Mas quando esse verbo é formado a partir de um nome, ele não significa outra coisa senão o fato de que simplesmente utiliza uma coisa. Por outro lado, nem sempre esse verbo tem um acusativo de agente, como têm os verbos da primeira forma tanto ativos quanto neutros, cujos múltiplos exemplos mostramos acima. Suas formas do infinitivo são הִפְקִיד *hifqid*, הַפְקִיד *hafqid*, הִפְקֵד *hafqed* e הַפְקַד *hafqad*. A partir delas se formam os tempos do seguinte modo:

COMPÊNDIO DE GRAMÁTICA DA LÍNGUA HEBRAICA   491

Pretérito

Fem.		Masc.		
הִפְקִידָה	hifqidah	הִפְקִיד	hifqid	3. sing.
הִפְקַדְתְּ	hifqadt	הִפְקַדְתָּ	hifqadta	2.
		הִפְקַגְתִּי	hifqadti	1.
		הִפְקִידוּ	hifqidu	3. plur.
הִפְקַדְתֶּן	hifqadten	הִפְקַדְתֶּם	hifqadtem	2.
		הִפְקַדְנוּ	hifqadnu	1.

Imperativo

Fem.		Masc.		
הַפְקִידִי	hafqidi	הַפְקֵד	hafqed	2. sing.
הַפְקֵדְנָה	hafqednah	הַפְקִידוּ	hafqidu	2. plur.

Futuro

Fem.		Masc.		
		אַפְקִיד	'afqid	1. sing.
תַּפְקִיגְדִי	tafqidi	תַּפְקִיד	tafqid	2.
הַפְקִיד	tafqid	יַפְקִיד	yafqid	3.
		נַפְקִיד	nafqid	1. plur.
		תַּפְקִידוּ	tafqidu	2.
תַּפְקֵדְנָה	tafqednah			
		יַפְקִידוּ	yafqidu	3.

ou

תַּפְקֵד tafqed	תַּפְקֵדִי tafqⁱdi	אַפְקֵד 'afqed	1. sing.
2. sing. masc.	2. sing. fem.		

492 SPINOZA: OBRA COMPLETA IV

Anotações

A característica é o ה *h*, que nunca muda em ת *th*, como acreditava a maioria dos gramáticos, enganados pelo texto de *Oseias* 11, 3[31]. De fato, תִּרְגַּלְתִּי *tirgalti*, como Moisés Kimhi[32] entende[33] corretamente, é um nome e é o nominativo do seguinte verbo: קָחַם *qaham*; o *yod* final é uma letra paragógica que se adiciona amiúde ao nominativo para maior elegância. Pois, assim como a partir de אֹהֶבֶת *'oheveth* se faz אֲהַבְתִּי *'ohavti*, de אוֹיֶבֶת *'oyeveth* se faz אוֹיַבְתִּי *'oyavti*, do mesmo modo que a partir de תִּרְגֶּלֶת *tirgelet* se faz תִּרְגַּלְתִּי *tirgalti*, e isso significa "mulher que ensina crianças a andar, a falar etc". Quem entenda outra coisa, ignora o texto por completo. Ademais, os gramáticos creem que a característica desse verbo muda também em א (ʾ), a saber, como em *Isaías* 63, 3. Mas penso que não há exemplo disso na Escritura; mas também não nego que seja possível. Pois um verbo cuja característica é הִת *hit* costuma mudar o ה *h* em א (ʾ), e o *hireq* em *segol* ֶ , como se verá no capítulo xx.

---

31 "E eu guiei os passos de Efraim tomando-o pelos seus braços; mas eles não compreenderam que eu os curava."

32 Moisés Kimhi, (? - c. 1190), de origem andaluza, sua família refugiou-se em Narbona, na Provença, após a conquista almôade. Autor de comentários sobre *Provérbios*, *Esdras*, *Neemias* e *Jó*, sua obra principal é a primeira gramática hebraica, *Mahalakh Schevilé ha-Da'at* (Trilhando as Sendas do Conhecimento), em que propôs uma tabela inovadora para o sistema verbal hebraico, até hoje em uso. Traduzida para o latim por Sebastião Münster, *Líber Viarum Linguae Sacrae* (Paris, 1520), foi amplamente utilizada pelos hebraístas cristãos do século XVI.

33 קחם זכר תרגלתי נקבה על דרך תִּפְלַצְתְּךָ הִשִּׁיא אוֹתָךְ – isto é, a primeira palavra קחם está no masculino e תרגלתי está no feminino do mesmo modo que em *Jeremias* 49, 16 תִּפְלַצְתְּךָ הִשִּׁיא אוֹתָךְ, "tua presunção te enganou". (B. de S.)

Capítulo XIX
DO VERBO DERIVADO PASSIVO

Essas formas do infinitivo são הָפְקֵד *hofqed* e הָפְקַד *hofqad*; e creio que הֻפְקֵד *hufqed* também era; de fato, o passivo se distingue do ativo pelo *qibutz* e pelo *qametz ḥatuf*. Donde:

Pretérito

Fem.	Masc.	
הָפְקְדָה *hafqᵉdah* e הֻהְפְּקְדָ *hufqᵉdah*	הָפְקַד *hofqad* e הֻפְקַד *hufqad*	3. sing.
הָפְקַדְתְּ *hofqadt* e הֻפְקַדְתְּ *hufqadt*	הָפְקַדְתָּ *hofqadta* e הֻפְקַדְתָּ *hufqadta*	2.
	הִפְקַדְתִּי *hofqadti*	1.
etc.	הָפְקְדוּ *hofqᵉdu*	3. plur.
הִפְקַדְתֶּן *hofqadten*	הִפְקַגְתֶּם *hofqadtem*	2.
	הָפְקַדְנוּ *hofqadnu*	1.

Imperativo

Fem.	Masc.	
הָפְקְדִי *hofqᵉdi*	הָפְקַד *hofqad*	2. sing.
הָפְקַדְנָה *hofqadnah*	הָפְקְדוּ *hofqᵉdu*	2. plur.

Futuro

Fem.	Masc.	
	אָפְקַד *'ofqad* e אֻפְקַד *'ufqad*	1. sing.
פְּקְדִיַת *tuf-' tofqᵉdi*[34]	תֻּפְקַד *tufqad*	2.
פְּקַדַת *tuf-' tofqad*	פְּקַדִי *yuf-, yofqad*	3.
	פְּקַדְנ *nuf-, nofqad*	1. plur.
פְּקָדְנֵיַת *tuf-' tofqadnah*	פְּקְדָוַת *tuf-' tofqᵉdu*	2.
	פְּקְדָוִי *yuf-' yofqᵉdu*	3.

---

34. No caso do infinitivo suposto por Spinoza.

O imperativo desse verbo é raríssimo; encontra-se também em *Ezequiel* 32, 19, com o ה *h* paragógico, e em *Jó* 21, 5; e parece significar: "que se faça com que sejas visitado", como em *Ezequiel* רְדָה וְהָשְׁכְּבָה אֶת עֲרֵלִים *rᵉdah wᵉhoschkᵉvah 'eth 'ᵃrelim*, "desce, e que se faça de modo que te deites com incircuncisos". No restante, compreende-se facilmente seu significado no pretérito e no futuro a partir de sua significação ativa, como expliquei fartamente. Entretanto, a razão pela qual muitos (gramáticos) dizem que essa forma de verbo carece de imperativo é porque é evidente que não se pode ordenar a alguém o que depende da ação de outro. De fato, o modo imperativo significa tanto *desejar* quanto *ordenar*; quando Deus disse a Moisés "Morre neste monte", sem dúvida não lhe ordenou que morresse, mas antes expressou Seu decreto e a sentença sobre a vida de Moisés.

COMPÊNDIO DE GRAMÁTICA DA LÍNGUA HEBRAICA   495

Capítulo xx
DO VERBO REFLEXIVO ATIVO

Chamamos esse verbo de reflexivo, porque, como já dissemos, é por ele que exprimimos que o agente é seu próprio paciente, ou antes, porque o caso que segue ao verbo não é algo diferente de seu nominativo, como em: quando *um homem se visita, se restabelece*, quando *reza por si mesmo*, quando *se cuida* etc. Ou ainda, quando *o homem se constitui em visitante de outrem*, ou quando *ele se aplica a andar, a entender* etc.

Donde esses verbos têm dupla significação, uma delas corresponde ao verbo פָּקַד *paqad* e a outra ao verbo הִפְקִיד *hifqid*. Assim, uma vez que פָּקַד *paqad* significa que "alguém visitou outrem", outro verbo foi necessário que pudesse significar que "alguém se visita a si próprio"; e como הִפְקִיד *hifqid* significa que "alguém constituiu outrem em visitante", de igual modo foi necessário um verbo que pudesse significar "que alguém se constituiu a si próprio em visitante".

Esse verbo é reconhecido pela sílaba הִת *hith* anteposta às formas פַּקֵּד *paqqed* e פַּקַּד *paqqad*, como em הִתְפַּקֵּד *hithpaqqed*, "visitar-se" ou "constituir-se em visitante", הִתְיַצֵּב *hithyatztzev*, "pararse (em espanhol)", "deter-se", הִתְהַלֵּךְ *hithhallekh*, "pasearse (em espanhol)", "pôr-se a passear". Essa sílaba também pode ser eliminada devido às características de tempo e é compensada por um *dag[u]esch*, como logo mostraremos.

A seguir, se a primeira letra da raiz for uma das dentais ס *s* ou שׁ *sch*, então o ת *th* do prefixo הִת *hith* é transposto; mas se a primeira letra for ז *z* ou צ *tz*, ela não só se desloca como muda em ד *d* quando estiver junto do ז *z* e muda em ט *t*, junto de צ *tz*. Com efeito, de שָׁמַר *schamar*, "guardar", se faz הִשְׁתַּמֵּר *hischtammer*, "guardar-se" ou "constituir-se em guardião", e de צָדַק *tzadaq*, "ser justo", se forma הִצְטַדֵּק *hitztaddeq*, "justificar-se (em flamengo, *zich ontschuldigen*)" e, por fim, de זְנ

zimmen, "preparar alguma coisa a tempo", se faz הִזְדַּמֵּן *hizdammen*, "preparar-se a tempo".

Finalmente, o ה *h* pode mudar em א (ʼ) e, em consequência, o *ḥireq* em *segol*, como em אֶתְחַבֵּר *ʼethḥabber*, "unir-se", em lugar de הִתְחַבֵּר *hitḥaber*.

As formas desse infinitivo são, pois, הִתְפַּקֵּד *hithpaqqed*, הִתְפַּקַּד *hithpaqqad*, אֶתְפַּקֵּד *ʼethpaqqed*, הִשְׁתַּמֵּר *hischtammer*, הִצְטַדֵּק *hitztadeq* e הִזְדַּמֵּן *hizdammen*, às quais não duvido que se deva acrescentar a forma הִתְפַּקִּד *hithpaqqid*. Pois se constata que essa forma de verbo no pretérito também termina em *ḥireq*; vide *Levítico* 11, 44 e 20, 7, e o último versículo de *Ezequiel* 38. Acrescente-se que, uma vez que a primeira significação desse verbo se refere a פָּקַד *paqad* ou פָּקֵד *paqed* e a segunda a הִפְקִיד *hifqid*, o verbo deveria terminar não menos em *ḥireq* do que em *pataḥ* ou *tzere*.

Pretérito

Fem.		Masc.		
הִתְפַּקְּדָה *hithpaqqᵉdah*		הִתְפַּקֵּד *hithpaqqed* e הִפַּקֵּד *hipaqqed*		3. sing.
הִתְפַּקַּדְתְּ *hithpaqqadt*		הִתְפַּקַּדְתָּ *hithpaqqadta*		2.
		הִתְפַּקַּדְתִּי *hithpaqqadti*		1.
		הִתְפַּקְּדוּ *hithpaqqᵉdu*		3. plur.
הִתְפַּקַּדְתֶּן *hithpaqqadten*		הִתְפַּקַּדְתֶּם *hithpaqqadtem*		2.
		הִתְפַּקַּדְנוּ *hithpaqqadnu*		1.

Imperativo

Fem.		Masc.		
הִתְפַּקְּדִי *hithpaqqᵉdi*		הִתְפַּקֵּד *hithpaqqed*		2. sing.
הִתְפַּקַּדְנָה *hithpaqqadnah*		הִתְפַּקְּדוּ *hithpaqqedu*		2. plur.

COMPÊNDIO DE GRAMÁTICA DA LÍNGUA HEBRAICA 497

Futuro

Fem.	Masc.	
	אֶתְפַּקֵּד *ʾithpaqqed*	1. sing.
תִּתְפַּקְּדִי *tithpaqqᵉdi*	תִּתְפַּקֵּד *tithpaqqed*	2.
תִּתְפַּקֵּד *tithpaqqed*	יִתְפַּקֵּד *yithpaqqed*	3.
	נִתְפַּקֵּד *nithpaqqed*	1. plur.
תִּתְפַּקַּדְנָה *tithpaqqadnah*	תִּתְפַּקְּדוּ *tithpaqqᵉdu*	2.
	יִתְפַּקְּדוּ *yithpaqqᵉdu*	3.

Anotações

Esse verbo tem em comum com os verbos simples e intensivos o fato de que o último *tzere* muda em *pataẖ*; mas retém o *ẖireq*, que não muda em *pataẖ* nas primeiras e segundas pessoas, como em הִפְקִיד *hifqid*. Assim, em *Ezequiel* 38, último versículo, tem-se הִתְגַּדִּלְתִּי *hithgadilti*, "me engrandeci", e הִתְקַדִּשְׁתִּי *hithqadischti*, "me santifiquei"; e em *Levítico* 11, 44, e 20, 7, tem-se וְהִתְקַדִּשְׁתֶּם *wᵉhithqadischtem*, "santifiquei-os".

O *pataẖ* também é retido tanto no pretérito, quanto no imperativo e no futuro, exceto quando se tem como acento o ʿatnaẖ ou o *siluq*. Pois então o *pataẖ* muda em *qametz* ָ .

Donde, os verbos cujo primeiro radical é תְ *th* ou ט *t* ou ד *d* perdem o ת do prefixo הִת *hith*, sendo compensado pelo *dag[u]esch*, como em הִיָּהֵר *hittahar*, "ele se purificou", em vez de הִתְטָהֵר *hithtaher*.

No futuro, o ה *h* do prefixo é completamente omitido por causa da característica das pessoas verbais; mas pode-se compensar o ת *th* pelo *dag[u]esch*, como em תִּנָּבֵא *tinnaveʿ*, em lugar de תִּתְנַבֵּא *tithnabeʿ*, "constitui-te profeta", o que também ocorre no pretérito, como em הִנַּבֵּאתִי *hinnabbeʿti* em vez de הִתְנַבֵּאתִי *hithnabeʿti*, "constituíram-me em profeta" ou "consagrei-me a profetizar".

Quanto ao resto, que o *schewa* móvel perto do ʿatnaẖ ou do *siluq* muda em *qametz* ָ , e que ao número plural que acaba em ו *u* se adiciona ן *n* e que aos infinitivos e a todos os que terminam como os infinitivos se acrescenta o ה *h* por elegância, e por último que no futuro a terceira pessoa do plural do gênero feminino coincide com a segunda pessoa do plural do gênero masculino, como é feito no singular, omitirei tudo isso nesse verbo porque os verbos simples têm todas essas coisas em comum, e elas já foram anotadas quando se tratou deles.

Capítulo XXI
DO VERBO REFLEXIVO PASSIVO

Todos os gramáticos que eu conheço parecem ter ignorado esse verbo, e por isso preferi silenciar a seu respeito até o momento em que se deva expressamente lidar com ele. Embora o significado do verbo reflexivo ativo diga respeito tanto ao verbo פָּקַד *paqad* como ao verbo הִפְקִיד *hifqid*, o verbo reflexivo passivo também nunca corresponde ao נִפְקַד *nifqad*, mas sempre ao הָפְקַד *hofqad*. Portanto, ele nunca significa "visitar-se a si próprio", porém "prestar-se a ser visitado", ou "fazer com que alguém seja visitado por si próprio". A razão disso (como mostrarei na sintaxe) é que entre os hebreus os verbos passivos nunca são seguidos de um agente ablativo. Pois os hebreus não empregam o passivo senão de modo abreviado, isto é, quando não se tem de indicar o agente, mas só o paciente, como em קוֹלִי נִשְׁמַע *qoli nischma'*, "minha voz foi escutada"; mas quando se tem necessidade de indicar ambos, o agente e paciente, como em "minha voz é escutada por Deus", então se usa o verbo com significado ativo, a saber, יְהוָֹה שָׁמַע קוֹלִי *yhwh schama' qoli*, "Deus escutou minha voz", porqueקוֹלִי נִשְׁמַע מֵיְהוָֹה *qoli nischma' meyhwh*, "minha voz tem sido escutada por Deus", seria estranho à língua comum. Nessas circunstâncias, o verbo הִתְפַּקֵּד *hithpaqqed*, na medida em que significa "visitar-se a si próprio", não tem passivo; e na medida em que significa que "alguém se constitui em visitante", tem o passivo na forma הָתְפַּקַד *hothpaqqad*, que significa, como dissemos, "prestar-se a ser visitado" ou "fazer com que se seja visitado", como no penúltimo versículo de *Números* 2, וְהַלְוִיִּם לֹא הָתְפָּקְדוּ *w^ehall^ewiim lo' hothpaq^edu*, "e os levitas não se prestaram a ser contados entre os filhos de Israel"; e em *Deuteronômio* 24, 4, אַחֲרֵי אֲשֶׁר הֻטַּמָּאָה *'ah^are '^ascher huttamma'ah*, "depois que ela se prestou a ser maculada" ou "depois de ter feito de modo a ser maculada", onde ת *th* ao lado de ט *t* é compensado por um *dag[u]esch*, como na forma ativa.

Ademais, esse verbo difere de seu ativo do mesmo modo que o passivo do verbo derivado difere de הִפְקִיד *hifqid*. Com efeito, assim como de הִפְקִיד *hifqid* se fazem os passivos הָפְקַד *hofqad* e הֻפְקַד *hufqad*, a partir de הִתְפַּקֵּד *hithpaqqed* se formam הָתְפַּקֵּד *hothpaqqed* e הֻתְפַּקֵּד *huthpaqqed*, como acabamos de mostrar nos exemplos.

A seguir, como no ativo, o ת *th* desse verbo pode ser substituído pelo *dag[u]esch*, por exemplo: אַחֲרֵי הֻכַּבֵּס אֶת הַנֶּגַע ‘*ahᵃre hukabbes ‘eth hannega‘*, "depois que ele conseguiu que esta chaga fosse lavada", *postquam fecit ut plaga ipsios levaretur*. Note-se que *plaga* (chaga) está no acusativo, coisa que explicaremos na sintaxe.

Finalmente, pode-se substituir o ה *h* pelo נ *n* (característica tanto dos verbos passivos quanto dos simples e também dos intensivos), e compensar o ת *th* pelo *dag[u]esch*, como no *Deuteronômio* 21, 8 וְנִכַּפֵּר לָהֶם הַדָּם *wᵉnikaper lahem hadam*, "e o sangue será oferecido em expiação por eles", em lugar de וְנִתְכַּפֵּר *wᵉnithkaper*. Isso me persuade que a letra נ *n* é a característica universal do passivo, mas ela é omitida em todos os verbos, menos no passivo do verbo simples, pela razão indicada no cap. xvii. As formas desse infinitivo são: הָתְפַּקֵּד *hothpaqqad*, הֻתְפַּקֵּד *huthpaqqed* ou הֻפַּקֵּד *hupaqqed*, נִתְפַּקֵּד *nithpaqqed* ou נִפַּקֵּד *nipaqqed*.

Para os demais, seu pretérito, imperativo e futuro coincidem em tudo com o verbo ativo.

COMPÊNDIO DE GRAMÁTICA DA LÍNGUA HEBRAICA 501

Capítulo XXII
DOS VERBOS DA SEGUNDA CONJUGAÇÃO

Os verbos da segunda conjugação, como dissemos, são os que terminam em א, uma letra gutural e quiescente. E a partir do paradigma seguinte, veremos com clareza em que eles se diferenciam dos da primeira conjugação.

Paradigma do Verbo Simples Ativo

As formas do infinitivo são מְצוֹא *mᵉtzo'*, מְצָא *mᵉtza'*, מוֹצֵא *motze'*, מָצוֹא *matzo'*, מָצֵא *matze'*, מָצָא *matza'* e, com ה *h* paragógico, temos מָצְאָה *motz'ah* e מְצֹאת *mᵉtzo'th* em lugar de מְצֹאֶת *mᵉtzo'eth*.

1. Pretérito

Fem.		Masc.	
מָצָאת *matza'th* ou מָצְאָה *matz'ah*		מָצָא *matza'*	3. sing.
מָצָאת *matza'th*		מָצָאתָ *matza'tha*	2.
		מָצָאתִי *matza'thi*	1.
		מָצְאוּ *matz'u*	3. plur.
מְצָאתֶן *mᵉtza'then*		מְצָאתֶם *mᵉtza'them*	2.
		מָצָאנוּ *matza'nu*	1.

2. Outro Modo

Fem.	Masc.	
מָצְאָה *matzᵉah*	מָצָא *matzeʻ*	3. sing.
מָצֵאת *matzeʻth*	מָצֵאתָ *matzeʻtha*	2.
	מָצֵאתִי *matzeʻthi*	1.
	מָצְאוּ *matzᵉu*	3. plur.
מְצֵאתֶן *mᵉtzeʻthen*	מְצֵאתֶם *mᵉtzeʻthem*	2.
	מָצֵאנוּ *matzeʻnu*	1.

3. Outro Modo

Fem.	Masc.	
מָצְאָה *matzᵉah*	מָצָא *matzaʻ*	3. sing.
מָצֵאת *matziʻth*	מָצָאתָ *matziʻtha*	2.
	מָצָאתִי *matziʻthi*	1.
	מָצוּ *matzu*	3. plur.
מְצָאתֶן *mᵉtziʻthen*	מְצָאתֶם *mᵉtziʻthem*	2.
	מָצָאנוּ *matziʻnu*	1.

A forma פָּקַד *paqad* (terceira pessoa) não se dá aqui, e por isso o *qametz* e o *tzere* da segunda sílaba são retidos nas pessoas restantes, sem mudar em *pataḥ*, como nos verbos da primeira conjugação. Além disso, a forma מָצוֹא *matzoʻ* no pretérito não existe, nem creio que tivesse estado em uso. Por fim, na segunda e terceira formas o א (ʻ) é com frequência omitido, como em מָלֵתִי *malethi* em lugar de מָלֵאתִי *maleʻthi*, "estou cheio".

COMPÊNDIO DE GRAMÁTICA DA LÍNGUA HEBRAICA 503

Imperativo

Fem.	Masc.	
מִצְאִי *mitzʻi*	מְצָא *mᵉtzaʻ* ou מָצוֹא *matzoʻ*	2. sing.
מְצֶאןָ *mᵉtzeʻn* ou מְצֶאנָה *mᵉtzeʻnah*	מִצְאוּ *mitzʻu*	2. plur.

Futuro

Fem.	Masc.	
	אֶמְצָא *ʻemtzaʻ*	1. sing.
תִּמְצְאִי *timtzeʻi*	תִּמְצָא *timtzaʻ*	2.
תִּמְצָא *timtzaʻ*	יִמְצָשׁ *yimtzaʻ*	3.
etc.		

No imperativo com ה *h* paragógico o *schewa* não muda em ḥireq, como nos verbos da primeira conjugação, mas o conserva junto com o qametz, fazendo com que מְצָא *mᵉtzá* dê lugar a מְצָאֶה *mᵉtzáah*, "encontra tu". Isso, e o que notamos acerca do pretérito, são as peculiaridades desse verbo; no restante ele coincide com os verbos da primeira conjugação. Passo, pois, ao paradigma do verbo passivo desta conjugação.

Paradigma do Verbo Passivo Simples

Infinitivo

1.	2.	3.
נִמְצָא *nimtzaʻ*	נִמְצוֹא *nimtzoʻ*	הִנָּצֵא *himmatzeʻ*

Pretérito

I

Fem.	Masc.	
נִמְצָאָה *nimtza‘ah* e	נִמְצָא *nimtza‘* e	3. sing.
נִמְצָאָה *nimtzeʾah* ou	נִמְצָא *nimtze‘*	
נִמְצָאתָה *nimtzeʾathah*		
נִמְצָאת *nimtze‘th*	נִמְצָאתָ *nimtze‘tha*	2.
	נִמְצָאתִי *nimtze‘thi*	1.
	נִמְצָאוּ *nimtzeʾu*	3. plur.
נִמְצָאתֶן *nimtze‘then*	נִמְצָאתֶם *nimtze‘them*	2.
	נִמְצָאנוּ *nimtze‘nu*	1.

II

Fem.	Masc.	
נִמְצָאת *nimtza‘th*	נִמְצָא *nimtze‘*	3. sing.
נִמְצָאת *nimtzi‘th*	נִמְצָאת *nimtzi‘th*	2.
	נִמְצָאתִי *nimtzi‘thi*	1.
	נִמְצָאוּ *nimtzeʾu*	3. plur.
נִמְצָאתֶן *nimtzi‘then*	נִמְצָאתֶם *nimtzi‘them*	2.
	נִמְצָאנוּ *nimtzi‘nu*	1.

III
com o א (‘) omitido

Fem.	Masc.	
נִמְצְתָה *nimtzeʾthah*	נִמְצָא *nimtza‘*	3. sing.
נִמְצֵת *nimtzet*	נִמְצֵתָ *nimtzetha*	2.
	נִמְצֵתִי *nimtzethi*	1.
	נִמְצוּ *nimtzu*	3. plur.
נִמְצֵתֶן *nimtzethen*	נִמְצֵתֶם *nimtzethem*	2.

COMPÊNDIO DE GRAMÁTICA DA LÍNGUA HEBRAICA

		1.
	נִמְצֵנוּ *nimtzenu*	
	ou	
נִמְצֵת *nimtzith*	נִמְצֵתָ *nimtzitha*	
	נִמְצֵתִי *nimtzithi*	

O imperativo e o futuro coincidem em tudo com o imperativo e o futuro da primeira conjugação. Além disso, os verbos restantes desta conjugação diferem, como vimos, dos verbos da primeira, da mesma maneira que estes dois verbos, מָצָא *matzá* e נִמְצָא *nimtzá*, dos verbos פָּקַד *paqad* e נִפְקַד *nifqad*, ou seja, que, em vez de *patah* sempre se escreve *qametz*, ou, em seu lugar, se põe *hireq* na segunda e primeira pessoas, exceto em הִמְצִיא *himtzí*, cujo *hireq*, na primeira e segunda pessoas, muda em *tzere*, como em הִמְצֵאתָ *himtze'tha*, הִמְצֵאתִי *himtze'thi*, הִמְצִיאוּ *himtzí'u*, הִמְצֵאתֶם *himtze'them* etc; também o *tzere* sempre se conserva, como em פָּקֵד *paqed* e פֻּקַד *piqqed*, sem trocar em *patah*, e, por fim, pode-se omitir o terceiro radical א (ʻ).

Capítulo XXIII
DOS VERBOS DA TERCEIRA CONJUGAÇÃO

Esta conjugação, a saber, a dos verbos terminados em ה *h*, não difere muito da precedente; ao contrário, com muita frequência, coincide com ela, isso porque o א (') pode muitas vezes ser usado em lugar do ה *h* e supri-lo, e inversamente o ה *h* pode ser usado em lugar do א ('), e supri-lo. Eles diferem somente em que os verbos terminados em א (') em geral o retêm, e raramente costumam mudar o *qametz* ָ em *ḥireq* nas segundas e nas primeiras pessoas e, ao contrário, aqueles terminados em ה *h* raramente o retêm, e muitas vezes costumam mudar o *qametz* ָ em *ḥireq* longo e raramente em *ḥireq* breve. Ademais, diferem também no fato de que o ponto מַפִּיק *mapiq* pode ser inscrito no ה *h*, e o verbo não é pontuado com um duplo *qametz*, mas com o *qametz* ָ e o *pataḥ* ַ , como nos verbos da primeira conjugação, cujos quatro tipos observamos nos seguintes exemplos, גָּבַה *gavah*, "ele ergueu", כָּמַה *kamah*, "ele desejou", נָגַה *nagah*, "ele resplandeceu" e תָּמַה *tamah*, "ele admirou", que se conjugam como os verbos da primeira conjugação, e por isso eu me refiro a eles. Além disso, alguns desses verbos terminados em ה *h* têm peculiaridades que irei indicar no devido lugar, depois de seus paradigmas; acrescento aqui em geral apenas o que deriva da terminação em ה *h*; primeiro, que o ה *h*, precedido do *ḥireq*, do *tzere* ou do *schureq*, costuma mudar em י *yod*, e que precedido do חוֹלֶם *ḥolem* costuma mudar em ו *waw*; segundo, que o ה *h* final muda em ת *th* ao se adicionar uma sílaba ou por causa do estado de regime etc.; e, finalmente, que as letras quiescentes e guturais podem ser trocadas umas pelas outras, ou mesmo omitidas; de fato, já mostramos acima que na maior parte das vezes se omite o ה *h* após o *schewa*, e que isso se pode constatar tanto com os verbos quanto com os nomes a partir do seguinte paradigma.

COMPÊNDIO DE GRAMÁTICA DA LÍNGUA HEBRAICA 507

Paradigma do Verbo Simples da Terceira Conjugação

O infinitivo tem as seguintes formas: גְּלָה *galah*, גְּלָא *galá*, גְּלֹא *galó*, גָּלוֹ *galo*, גְּלֵי *gᵉle*, גָּלוֹת *galoth*, גְּלֹה *gᵉloh* e גְּלוֹת *gᵉloth*, ou com י *yod* paragógico, גְּלוֹתִי *gᵉlothi*.

Pretérito

Fem.	Masc.	
גְּלְתָ *galᵉtha*, גְּלָה *galah*, גְּלְתָה *galᵉtha*	גְּלָה *galah*	3. sing.
galᵉthah, גְּלִיתְ *galith* e גְּלִית *galith*	גְּלִית *galitha*	2.
	גְּלִיתִי *galithi*	1.
	גְּלָיו *galau* ou גָּלוֹ *galu*	3. plur.
גְּלְתֶן *galithen*	גְּלִיתֶם *galithem*	2.
	גָּלִינוּ *galinu*	1.

Imperativo

Fem.	Masc.	
גְּלִי *gᵉli*	גְּלֵה *gᵉleh*	2. sing.
גְּלֵינָה *gᵉlenah*	גְּלוּ *gᵉlu* ou גְּלָיו *gᵉlau*	2. plur.

Futuro

Fem.	Masc.	
	אֶגְלֶה *'egleh*	1. sing.
תִּגְלִי *tigli*	תִּגְלֶה *tigleh*	2.
תִּגְלֶה *tigleh*	יִגְלֶה *yigleh*	3.
	נִגְלֶה *nigleh*	1. plur.
תִּגְלֶינָה *tiglenah*	תִּגְלוּ *tiglu*	2.
תִּגְלֶינָה *tiglenah*	יִגְלוּ *yiglu*	3.

Anotações

Já notamos que o א (') pode vir no lugar do ה *h*, ou ser totalmente omitido na primeira e na segunda pessoas do pretérito e em todas as pessoas do futuro; e que o *yod* não pode ser posto em seu lugar, mas, qualquer que seja esse verbo, ele se conjuga exatamente como מָצָא *matza'*. Na verdade, notar-se-á aqui antes de tudo que, se o ה *h* do futuro for omitido, seu acento se transfere para a primeira de suas sílabas e o *schewa* muda-se em *segol*, o que faz 1. אֶגֶל *'egel*, 2. תֶּגֶל *tigel*, 3. יֶגֶל *yigel* etc. Mas se o radical médio da raiz for uma das letras mudas ou quiescentes, então se mantém o *schewa*, como em יִשְׁבְּ *yischb* em lugar de יִשְׁבֶּה *yischbeh*, "tomar um cativo", e יִשְׁקְ *yischq*, "beber"; porém, se o ה *h* muda em *yod*, então as sílabas são transpostas, o que faz 1. אֶגְלִי *'egli*, 2. תֶּגְלִי *tegli*, 3. יֶגְלִי *yegli*, em vez de אֶגְלֶה *'egleh*, תֶּגְלֶה *tigleh*, יֶגְלֶה *yigleh*.

Depois, ao se adicionar outro ה *h* ao ה do verbo, ele muda em *yod* e não em ת *th*. Assim, חָסָה *ḥasah* tem como feminino חָסָיָה *ḥasayah*, "ela procurou refúgio", e não חָסְתָה *ḥasᵉthah*. Também, ao se adicionar um ה paragógico a אֶגְלֶה *'egleh*, não se obtém אֶגְלְתָה *'eglᵉthah*, mas אֶגְלִיָה *'eglᵉyah*.

Finalmente, a segunda e terceira pessoas do futuro תֶּגְלוּ *tiglu* e יִגְלוּ *yiglu* não costumam adicionar o נ *n* paragógico; mas a segunda forma destas o têm: תֶּגְלִיוּ *tiglᵉyu* e יִגְלִיוּ *yiglᵉyu*, como em יִרְבִּין *yirvᵉyun*, "eles se recuperarão", ישְׁתָּיוּן *yischthayun*, "que eles possam beber" etc.

COMPÊNDIO DE GRAMÁTICA DA LÍNGUA HEBRAICA 509

Paradigmas do Verbo Passivo da Terceira Conjugação

Formas do Infinitivo

1. נִגְלָה *niglah* 2. נִגְלֹה *nigloh* 3. נִגְלוֹת *nigloth* 4. הַגְלֵה *higgaleh* 5. הַגְלוֹת *higgaloth*

Pretérito

	1.			2.	
Fem.	Masc.		Fem.	Masc.	
נִגְלַת *niglath* e נִגְלְתָה *nigleʿthah*	נִגְלָה *niglah*	ou	נִגְלְתָה *nigleʿtah*	נִגְלָה *niglah*	3. sing.
	נִגְלֵיתָ *nigletha* etc.		נִגְלִית *niglith*	נִגְלִיתָ *niglitha* etc.	2.

Imperativo / Futuro

	Imperativo			Futuro	
Fem.	Masc.		Fem.	Masc.	
הַגְלִי *higgali*	הַגְלֵה *higgaleh*	2. sing.		אֶגְלֶה *ʿeggaleh*	1. sing.
הַגְלֶינָה *higgalenah*	הַגְלוּ *higgalu*	2. plur.	תַּגְלִי *tiggali*	תַּגְלֶה *tiggaleh*	2. plur.
	ou		תִּגְלֶה *tiggaleh*	יִגְלֶה *yiggaleh*	3.
נִגְלִי *nigli*	נִגְלֶה *nigleh*	2. sing.		נִגְלֶה *niggaleh*	1. plur.
נִגְלֶינָה *niglenah*	נִגְלוּ *niglu*	2. plur.	תִּגְלֶינָה *tiggalenah*	תִּגְלוּ *tiggalu*	2.
			תִּגְלֶינָה *tiggalenah*	יִגְלוּ *yiggalu*	3.

Esse verbo nada possui de particular que não tenhamos notado precedentemente, exceto que, suprimindo-se o ה *h*, nem o acento nem as sílabas são por isso modificados. Com efeito, se o ה *h* for suprimido, conjuga-se assim no singular: 1. אֶגַּל *ʿeggal*, 2. תִּגַּל *tiggal*, 3. יִגַּל *yiggal* etc. Para os outros, duvido que as segundas e terceiras pessoas do plural omitam sempre o ה *h*, ou também que ele seja mudado pelo י *yod* na voz ativa. Creio, porém, que a esse verbo se aplique tudo o que assinalamos anteriormente a propósito.

Paradigma do Verbo Intensivo da Terceira Conjugação

As formas do infinitivo são:

1. גִּלָּה *gillah*	2. גַּלֵּה *galleh* ou גַּלֵּי *gallé*	3. גַּלֹּה *galloh*	4. גַּלּוֹת *galloth* e, com י *yod* paragógico, גַּלּוֹתִי *gallothi*

Pretérito

Fem.	Masc.		Fem.	Masc.	
גִּלְּתָה *gill^ethah*	גִּלָּה *gillah*	ou		גִּלָּה *gillah*	3. sing.
גִּלֵּית *gilleth*	גִּלֵּיתָ *gilletha* etc.		גִּלֵּית *gillith*	גִּלֵּיתָ *gillitha* etc.	2.

Imperativo / Futuro

Fem.	Masc.	Fem.	Masc.	
			אֲגַרְלֶה *^agalleh*	1. sing.
גַּלִּי *galli*	גַּל *gal* ou גַּלֵּה *galleh*	תְּגַלִּי *t^egalli*	תְּגַלֶּה *t^egalleh*	2.
		תְּגַלֶּה *t^egalleh*	יְגַלֶּה *y^egalleh*	3.
			נְגַלֶּה *n^egalleh*	1. plur.
גַּלֵּינָה *gallenah*	גַּלְּיוּ *gall^eyu* ou גַּלּוּ *gallu*	תְּגַלֵּינָה *t^egallenah*	תְּגַלְּיוּ *t^egall^eyu* ou תְּגַלּוּ *t^egallu*	2.
		תְּגַלֵּינָה *t^egallenah*	יְגַלְּיוּ *y^egall^eyu* ou יְגַלּוּ *y^egallu*	3. plur.

Quando se omite o ה *h* do futuro, o verbo se converte em מִלְרַע *mill^era'* (o acento do verbo cai na última sílaba) e as sílabas não se modificam. Assim, com o ה *h* suprimido, a primeira, a segunda e a terceira pessoas do singular fazem אֲגַל *^agal*, תְּגַל *t^egal*, יְגַל *y^egal*, respectivamente etc.

COMPÊNDIO DE GRAMÁTICA DA LÍNGUA HEBRAICA   511

Paradigma do Verbo Intensivo Passivo da Terceira Conjugação

Infinitivos

1. גֻּלָּה *gullah*	2. גֻּלֹּה *gulloh* ou	3. גֻּלוֹת *gulloth*

	Pretérito			*Futuro*	
Fem.	Masc.		Fem.	Masc.	
גֻּלְתָה *gullᵉtha*	גֻּלָּה *gullah*	3. sing. ou גֻּלָּה *gullah*		אֲגֻלֶּה *ᵃgulleh*	1. sing.
גֻּלֵּית *gulleth*	גֻּלֵּיתָ *gulletha*	2. גֻּלֵּיתָ *gullitha*	תְּגֻלִּי *tᵉgulli*	תְּגֻלֶּה *tᵉgulleh*	2.
	גֻּלֵּיתִי *gullethi*	1. etc.	תְּגֻלֶּה *tᵉgulleh*	נְגֻלֶּה *nᵉgulleh*	3.
	גֻּלוּ *gullu*	3. plur.		etc.	
גֻּלֵּיתֶן *gullethen*	גֻּלֵּיתֶם *gullethem*	2.			
	גֻּלֵּינוּ *gullenu*	1.			

No cap. XVII notamos que o *qibutz* pode substituir o *qametz ḥatuf*, coisa cujos exemplos abundam, ao contrário dos outros verbos desta conjugação, como em *Provérbios* 24 31, כָּסּוּ פָנָיו *kassu fanaw*, "sua face estava coberta", e *Salmo* 72, último versículo, כָּלּוּ תְפִלּוֹת *kallu tᵉfiloth*, "estão terminadas todas as preces de David".

Pelo fato de que o *qibutz* ·· muda em *ḥolem*, quando a letra média da raiz não pode ser pontuada com *dag[u]esch*, tendo isso em comum com os verbos da primeira conjugação, decidi notar nesta conjugação apenas aquilo em que diferem dos verbos da primeira conjugação.

512   SPINOZA: OBRA COMPLETA IV

Paradigma do Verbo Derivado Ativo
da Terceira Conjugação

As formas do infinitivo são:

1. הִגְלָה	2. הַגְלָה	3. הַגְלֵה	4. הַגְלוֹת	5. הִגְלוֹת
higlah	haglah	hagleh	hagloth	higloth

Pretérito

Fem.	Masc.	
הִגְלְתָה higlᵉthah e הִגְלָת higlath	הֶגְלָה heglah e הִגְלָה higlah	3. sing.
הִגְלֵית higleth	הִגְלֵיתָ higletha	2.
etc.	etc.	
ou		
הִגְלְתָה higlᵉthah	הִגְלָה higlah	3. sing.
הִגְלִית higlith	הִגְלִיתָ higlitha	2.
etc.	etc.	

Imperativo

Fem.	Masc.	
הַגְלִי hagli	הַגְלֵה hagleh	2. sing.
הַגְלֶינָה haglenah	הַגְלוּ haglu	2. plur.

Futuro

Fem.	Masc.	
	אַגְלֶה ʻagleh	1. sing.
תַּגְלִי tagli	תַּגְלֶה tagleh	2.
etc.	etc.	

Quando o ה *h* é omitido, o futuro e o imperativo são pontuados com o *segol* geminado, o que faz אֶגֶל *ʻegel*, תֶּגֶל *tegel* em

COMPÊNDIO DE GRAMÁTICA DA LÍNGUA HEBRAICA 513

lugar de אַגְלֶה *'agleh*, תַּגְלֶה *tagleh* etc. Mas se a letra média da raiz for muda ou quiescente, então o *pataḥ* se mantém, e o *segol* muda para *schewa*, como em יַשְׁק *yaschq* em vez de יַשְׁקֶה *yaschqeh*, "fez beber", isto é, "deu de beber", יַרְא *yarʻ* em vez de יַרְאֶה *yarʻeh*, "fez ver" ou "mostrou" etc.

De outra parte, o passivo deste verbo הָגְלָה *hoglah*, הָגְלֶה *hogleh* ou הָגְלֹות *hogloth* e o passivo reflexivo הִתְגַּלֶה *hithgalleh*, הִתְגַּלָה *hithgallah* ou הִתְגַּלֹות *hithgalloth* têm as mesmas terminações que os verbos precedentes no pretérito, no imperativo e no futuro, e nada têm de singular que não houvéssemos notado no verbo simples desta conjugação.

Capítulo xxiv
DOS VERBOS DA QUARTA CONJUGAÇÃO

O que quer que esses verbos possuam de particular tem sua origem no fato de que ה *h* e ע (ʻ) nunca aderem a uma sílaba longa precedente e, por outro lado, que essas letras jamais podem ser pontuadas com *schewa* após uma vogal longa, ou antes, de outro *schewa* que não se pronuncia, e raramente depois de uma vogal breve. Isso faz com que, quando elas se encontram no final das palavras, após um *tzere*, *ḥireq*, *ḥolem* ou *schureq*, elas levem um *pataḥ* furtivo, do qual falamos no capítulo iii; além disso, a segunda pessoa do gênero feminino, que costuma ter um duplo *schewa* no fim, leva um *pataḥ* em lugar do primeiro *schewa*.

Assim, as formas do infinitivo do verbo simples ativo desta conjugação são: 1. שָׁמוֹעַ *schamoaʻ*, 2. שְׁמֵעַ *schomeaʻ* ou שְׁמַע *schamaʻ*, 3. שְׁמוֹעַ *schᵉmoaʻ* ou שְׁמַע *schᵉmaʻ*, e com ה *h* paragógico שָׁמְעָה *schamʻah* e שְׁמְעָה *schimʻah*. A forma שָׁמַע *schamaʻ* com dois *qametz* não ocorre como em פָּקַד *paqad*, pois, como dissemos, o ה *h* e o ע (ʻ) nunca aderem a uma sílaba longa anterior.

Ao contrário, o pretérito não tem *pataḥ* furtivo, mas apenas um *pataḥ* contraído (vogal breve), como שָׁמַע *schmaʻ*, "ele escutou", שָׁמַעְתָּ *schmaʻta*, "tu (masc.) escutaste" etc. No feminino, שָׁמְעָה *schamᵉʻah*, "ela escutou", שָׁמַעַתְּ *schamaʻat*, "tu (fem.) escutaste", em vez de שָׁמַעְתְּ *schamaʻt*, pois, como dissemos, ה *h* e ע (ʻ), antes de um *schewa* contraído, não admitem outro *schewa*; a esse respeito, ver o final do capítulo iii.

De resto, o pretérito פָּקֵד *paqed* deveria ser aqui שָׁמֵעַ *schomeaʻ*, e em lugar de פָּקוֹד *paqod*, שָׁמוֹעַ *schamoʻ*; mas eles costumam contrair-se, como dissemos, em שָׁמַע *schamaʻ*, do mesmo modo que o imperativo שְׁמוֹעַ *schᵉmoaʻ* se contrai em שְׁמַע *schᵉmaʻ* e o futuro אֶשְׁמוֹעַ *ʻeschmoaʻ*, em אֶשְׁמַע *ʻeschmaʻ*.

COMPÊNDIO DE GRAMÁTICA DA LÍNGUA HEBRAICA 515

Essas regras são observadas nos verbos restantes, e não é necessário explicá-las mais amplamente. Só acrescentarei que em *Isaías* 19, 6, temos הֶאֱזְנִיחוּ *heʿezniḫu* em vez de הָזְנִחוּ *hoznᵉḫu* ou הֻזְנִחוּ *huznᵉḫu*, "ele fará com que seja rechaçado"; duvido que esta forma do verbo derivado passivo seja própria desta conjugação, ou que seja comum a todas elas, e que em lugar de הָפְקַד *hofqad* se possa empregar הֶאֱפְקִיד *heʿefqid*, e que em lugar de הָזְנַח *hoznaḥ* e הָשְׁמַע *hoschmaʿ* se possa usar הֶאֱזְנִיחַ *heʿezniaḫ* e הֶאֱשְׁמִיעַ *heʿeschmiaʿ*.

Capítulo xxv
DOS VERBOS DA QUINTA CONJUGAÇÃO

Os verbos que têm por primeira letra um י *yod* quiescente, com frequência o negligenciam ou mudam-no em ו *waw*. Assim, os verbos simples ativos, em vez dos infinitivos יָשַׁב *yaschav*, יָשֵׁב *yaschev* e יָשׁוֹב *yaschov* ou יְשֹׁב *y^eschov*, amiúde tomam as formas שַׁב *schav*, שֵׁב *schev* e שֹׁב *schov*; além disso, quando se adiciona ה *h* ou ת *th* paragógicos o י *yod* é sempre omitido, o que faz שְׁבָה *sch^evah* em lugar de יָשְׁבָה *yasch^evah*, e שֶׁבֶת *scheveth* em lugar de יְשֶׁבֶת *y^escheveth*. No pretérito, todavia, o י *yod* é sempre retido, no imperativo na maioria das vezes é desdenhado e, enfim, no futuro ele é ou quiescente ou omitido. Por exemplo, a partir das formas יָשַׁב *yaschav* e יָשֵׁב *yaschev* fazem-se no imperativo שַׁב *schav* e שֵׁב *schev*. Portanto, eles diferem dos verbos da primeira conjugação pelo fato de que seu imperativo não se forma a partir do infinitivo יְשֹׁב *y^eschov*, talvez para não confundir com verbos cujo radical médio é ו *waw*, acerca dos quais falaremos no devido lugar. Esses verbos, portanto, se conjugam no imperativo do seguinte modo:

Imperativo

Fem.	Masc.	
שְׁבִי *sch^evi*	שַׁב *schav* ou שֵׁב *schev* ou שְׁבָה *sch^evah*	2. sing.
שֵׁבְנָה *schevnah*	שְׁבוּ *sch^evu*	2. plur.

Futuro

com י *yod* quiescente

Fem.	Masc.	Fem.	Masc.	
	אֶשַׁב *'eschav* ou אֶשֵׁב *'eschev*		אִישַׁב *'ischav* ou אִישֵׁב *'eschev*	1. sing.
תִּשְׁבִי *tesch^evi*	תֵּשַׁב *teschav* ou תֵּשֵׁב *teschev*	תֵּשְׁנִי *tesch^evi*	תִּישַׁב *tischav* ou תִּישֵׁב *teschev*	2. plur.

COMPÊNDIO DE GRAMÁTICA DA LÍNGUA HEBRAICA 517

Os acentos ʿatnaḥ e siluq mudam o schewa desse imperativo em tzere, o que faz שֵׁבָה schevah, שְׁבִי schevi e שְׁבוּ schevu em vez de שְׁבָה schᵉvah, שְׁבִי schᵉvi e שְׁבוּ schᵉvu.

Além disso, embora não se encontrem na *Bíblia* os imperativos יְשֵׁב yᵉschev e יְשַׁב yᵉschav, creio que também estivessem em uso, e que a partir deles se originaram as formas do futuro אִישֵׁב ʿeschev e אִישַׁב ʿischav. Com efeito, o verbo יָרֵא yareʿ, cuja conjugação é composta desta e da segunda conjugações, tem como imperativo יְרָא yᵉraʿ, "teme tu". Assim, a partir de יְכַל yᵉkhal, "faça com que possas", forma-se o futuro mudando o י yod, em וֹ waw, como em אוּכַל ʿukhal, תּוּכַל tukhal, יוּכַל yukhal etc., para que não se confunda com o futuro do verbo passivo reflexivo, futuro de que o verbo יָכוֹל yakhol carece, embora eu não creia que isso valha para outros verbos.

Depois, os verbos passivos mudam o י yod em וֹ waw, e têm no infinitivo a forma הִוָּשֵׁב hiwwaschev em vez de הִיָּשֵׁב hiyyaschev e, salvo erro, נוֹשַׁב noschav, em vez de נִישַׁב nischav; da forma נוֹשַׁב noschav deriva seu pretérito נוֹשַׁב noschav, 3. sing., נוֹשַׁבְתָּ noschavta, 2. sing. etc., e a partir do infinitivo הִוָּשֵׁב hiwwaschev se forma o imperativo,

Fem.		Masc.		
הִוָּשְׁבִי hiwwaschᵉvi		הִוָּשֵׁב hiwwaschev		2. sing.
הִוָּשַׁבְנָה hiwwaschevnah		הִוָּשְׁבוּ hiwwaschᵉvu		2. plur.

e do mesmo modo o futuro אֶוָּשֵׁב ʿewwaschev, 1. sing., תִּוָּשֵׁב tiwwaschev, 2. sing. etc.

Os verbos intensivos, tanto na ativa como na passiva, coincidem em tudo com os da primeira conjugação. E assim conservam o י yod, que nunca é quiescente, e se têm o נ n como característica da passiva (que, como dissemos no capítulo XVII, costuma prefixar-se ao verbo intensivo passivo), nesse caso então trocam o י yod por וֹ waw, como em נוֹלְדוּ nolᵉdu, ("Aqueles que lhe nasceram"), em vez de יֻלְּדוּ yullᵉdu e נוֹלַד nolad em vez de יֻלַּד

yullad. Ademais, na forma ativa, o futuro pode estar contraído e, em lugar de יְיַשֵׁב *yᵉyaschschev*, pode-se encontrar escrito יַשֵׁב *yaschschev* e, em lugar de יְיַבֵּשׁ *yᵉyabesch*, יַבֵּשׁ *yabesch*. Nos verbos derivados, por outro lado, ou o י *yod* é quiescente, ou, o que acontece em geral, muda em ו *waw*. Assim, no infinitivo, eles tomam a forma הוֹשִׁיב *hoschiv* em vez de הַיְשִׁיב *hayschiv*, e הוֹשֵׁב *hoschev* ou הֵישֵׁב *heschev* em vez de הַיְשֵׁב *hayschev*.

A partir da primeira forma הוֹשִׁיב *hoschiv* se constrói o pretérito:

Fem.		Masc.		
הוֹשִׁיבָה *hoschivah*		הוֹשִׁיב *hoschiv*		3. sing.
הוֹשַׁבְתְּ *hoschavt*		הוֹשַׁבְתָּ *hoschavta*		2.
	etc.			

A partir da segunda forma הוֹשֵׁב *hoschev* ou הֵישֵׁב *heschev* se constrói o imperativo:

Fem.		Masc.		
הֵישִׁיבִי *heschivi* e הוֹשִׁיבִי *hoschivi*		הוֹשֵׁב *hoschev* e הוֹשִׁיב *hoschiv*		2. sing.
הוֹשֵׁבְנָה *hoschevnah*		הוֹשִׁיבוּ *hoschivu*		2. plur.

Aqui, ou o י *yod* é quiescente, ou muda em ו *waw*.

Finalmente, a terminação do futuro desses verbos, como nos da primeira conjugação, é *ḥireq* ou *tzere*; mas, como no imperativo, o י *yod* ou é quiescente ou muda em ו *waw* e, com isso, eles têm as seguintes formas de futuro: הוֹשֵׁב *hoschev* e הוֹשִׁיב *hoschiv*, no masculino e, no feminino, הוֹשִׁיבִי *hoschivi* etc.

COMPÊNDIO DE GRAMÁTICA DA LÍNGUA HEBRAICA 519

Futuro

	1.		2.	
Fem.	Masc.	Fem.	Masc.	
	אוֹשֵׁב ʿoschev		אוֹשִׁיב ʿoschiv	1.
תּוֹשִׁיבִי toschivi	תּוֹשֵׁב toschev	תּוֹשִׁיבִי toschivi	תּוֹשִׁיב toschiv	2.
תּוֹשֵׁב toschev	יוֹשֵׁב yoschev		etc.	

	3.		4.	
Fem.	Masc.	Fem.	Masc.	
	אֵישֵׁב ʿeschev		אֵישִׁיב ʿeschiv	1.
תֵּישִׁיבִי teschivi	תֵּישֵׁב teschev	תֵּישִׁיבִי teschivi	תֵּישִׁיב teschiv	2.
	etc		etc	

Nota-se aqui principalmente que não é necessário, nesses verbos, excluir a letra característica do verbo devido à característica do tempo; mas pode-se à vontade reter ou omitir na primeira e segunda formas o יֹ yod e, na terceira e quarta formas, empregá-lo. Assim, em lugar de אוֹשֵׁב ʿoschev, תּוֹשֵׁב toschev, יוֹשֵׁב yoschev etc., pode-se escrever אֱהוֹשֵׁב ʿᵃoschev, תְּהוֹשֵׁב tᵉhoschev, יְהוֹשֵׁב yᵉhoschev etc.; e, em lugar de אֵישֵׁב ʿeschev, תֵּי שֵׁב teschev, יֵישֵׁב yeschev, pode-se escrever אֱיֵשֵׁב ʿᵃyeschev, תְּיֵשֵׁב tᵉyeschev, יְיֵשֵׁב yᵉyeschev etc., mudando, como se vê, a característica ה h por יֹ yod. Assim, também em lugar de אוֹשִׁיב ʿoschiv e אֵישִׁיב ʿeschiv, pode-se escrever com regularidade אֱהוֹשִׁיב ʿᵃhoschiv e אֱיֵשִׁיב ʿᵃyeschiv.

A seguir, nota-se que o verbo derivado de יָשַׁר yaschar, "ser reto", mantém quase sempre o יֹ yod no infinitivo, imperativo e futuro; e, nisso, tais verbos coincidem com os da primeira conjugação. De fato, eles têm por infinitivo הַיְשֵׁר hayscher ou הַיְשַׁר hayschar, por imperativo feminino הַיְשִׁירִי hayschiri e masculino, הַיְשֵׁר hayscher ou הַיְשַׁר hayschar e, por futuro, singular, 1. אַיְשֵׁר ʿayscher, 2. תַּיְשֵׁר tayscher, 3. יַיְשֵׁר yayscher etc.

De modo semelhante, o verbo derivado de יָצָא yatzaʿ, "sair", parece reter o יֹ yod, uma vez que os escribas parecem ter admitido no *Gênesis* 8, 17 as duas formas do imperativo הוֹצֵא *hotze'* e הַיְצֵא *haytze'*. Duvido que apenas nesses dois verbos haja essa singularidade. Isso basta para o verbo derivado ativo.

O verbo derivado passivo muda o י *yod* em ו *waw*, ou o negligencia. Suas formas do infinitivo são הוּשֵׁב *huschev* e הֵשֵׁב *huschev* ou הֵשַׁב *huschav* ou ainda הוּשְׁבַת *huscheveth* e הֵשְׁבַת *huscheveth*; as do pretérito são 3. sing. masc. הוּשַׁב *huschav*, fem. הוּשְׁבָה *husch^evah*, 2. masc. הוּשַׁבְתָּ *huschavta* etc., ou então 3. הֵשַׁב *huschav*, 2. הֵשַׁבְתָּ *huschavta*; do imperativo são 2. masc. הוּשַׁב *huschav*, 2. fem. הוּשְׁבִי *huschivi* etc.; e do futuro, 1. sing. אוּשַׁב *'uschav*, 2. sing. masc. תוּשַׁב *tuschav*, 2. sing. fem. תוּשְׁבִי *tusch^evi* etc.

Os verbos reflexivos ativos desta conjugação ou retêm o י *yod*, e coincidem plenamente com os verbos da primeira conjugação, ou trocam seu י *yod*, por ו *waw*. Assim, têm o infinitivo הִתְיַשֵׁב *hithyaschschev* e הִתְוַשֵׁב *hithwaschschev*, e não diferem em nada dos verbos da primeira conjugação.

Por fim, na passiva os verbos que têm a letra característica נ *n* e costumam compensar o ת *th* com um *dag[u]esch* (como mostramos no capítulo XXI, os verbos reflexivos passivos apresentam, entre outras, esta forma) trocam o י *yod* por ו *waw*, como em וְנִוַּסְרוּ *w^eniwwasru*, "e elas se prestaram a ser instruídas", *Ezequiel* 23, 48. Quanto às formas restantes, נִתְיַשֵׁב *nithyaschschev*, הָתְיַשֵׁב *hothyaschschev* etc., de fato nenhuma se conservou, ao que eu saiba, mas tampouco devem ser por isso rejeitadas.

Para as demais formas, convém assinalar que há alguns verbos cuja primeira letra do radical é tanto י *yod* quanto נ *n*, *nun*, como em יָקַשׁ *yaqasch*, "estender uma armadilha", cujo י *yod* inicial aparece quase sempre como נ *n*, e temos, em lugar de יָקַשׁ *yaqasch*, נָקַשׁ *naqasch*. Uma vez que os verbos cujo primeiro radical é נ *n* são quase sempre defectivos (como mostrarei mais abaixo), isso faz com que os verbos desta conjugação de vez em quando pareçam imitar outros verbos defectivos. Outra razão para isso, e que aqui se faz notar particularmente,

COMPÊNDIO DE GRAMÁTICA DA LÍNGUA HEBRAICA 521

é que as letras de uma mesma raiz não raro se transpõem, como חָתַר *hathar* e חָרַת *harath*, "furar, penetrar", כֶּשֶׂב *kesev* e כֶּבֶשׂ *keves*, "cordeiro". Essa transposição se observa com muita frequência em verbos desta conjugação, como יָעֵף *ya'ef* e עָיֵף *'ayef*, "estar cansado", יָצַר *yatzar* e צָיַר *tzayar*, "dar forma"; vem daí que esses verbos imitam os da sexta conjugação, aos quais falta muitas vezes o radical médio quiescente. Com efeito, se transpusermos o י *yod* de יָצַר *yatzar* temos, como já dissemos, צָיַר *tzayar*, cujo infinitivo צָיוֹר *tzayor* contraído em צוֹר *tzor* tem a forma do infinitivo da sexta conjugação; igualmente, יָגוֹר *yagor*, "temer", com י *yod*, transposto e mudado em ו *waw*, como acima, tem no infinitivo a forma גוֹר *gor*, e יָבוֹשׁ *yavosch*, "enrubescer de vergonha", tem como infinitivo בּוֹשׁ *bosch*. E pela mesma causa, יָצַק *yatzaq*, "verter", יָצַג *yatzag*, "colocar", e outros verbos, cujo primeiro radical é י *yod*, seguem desse modo a sexta conjugação (da qual falaremos adiante) por analogia linguística.

522 SPINOZA: OBRA COMPLETA IV

Capítulo xxvi
DOS VERBOS COMPOSTOS A PARTIR DA QUINTA CONJUGAÇÃO E DAS TRÊS PRECEDENTES

Os verbos compostos, sobre os quais quero aqui falar um pouco, são aqueles em que a primeira letra do radical é י *yod*, e a terceira א ('), ה *h* ou ע ('). Mas como seu modo de conjugação se conhece facilmente a partir dos verbos precedentes, julguei ser de todo supérfluo tratar deles em pormenor e assim aumentar o número de conjugações; entretanto, penso que vale a pena dizer algo a seu respeito.

Aqueles com terminação em א ('), dos quais conhecemos apenas dois, isto é, יָצָא *yatza'*, "sair", e יָרָא *yara'*, "temer", têm sempre a última vogal longa por causa do א (') quiescente, como nos verbos da segunda conjugação; os outros, ao contrário, como יָצָא *yatza'* coincidem com os verbos da quinta conjugação, salvo o infinitivo צֵאת *tze'th* em lugar de צֶאֶת *tze'eth*. Além disso, o verbo יָרָא *yara'* no ativo simples retém sempre o י *yod*, que só é quiescente no futuro. Assim, tem como infinitivo e imperativo יְרָא *yᵉra'* e יְרֹא *yᵉro'* e, com o ה *h* paragógico, יִרְאָה *yir'ah*; e no futuro 1. sing. אִירָא *'ira'*, 2. תִּירָא *tira'*, 3. יִירָא *yira'*.

Quanto aos que terminam em ה *h*, eles mudam, como os verbos da segunda conjugação, o ה *h* ou em י *yod*, ou em ו *waw*. No atinente à letra *yod*, ela é quiescente no ativo simples, ao menos no futuro, ou muda em ו *waw*, mas nunca é omitida. Por exemplo, יָפֶה *yafeh*, יָפֹה *yafoh*, יָפוֹת *yafoth* etc., "ser belo", têm no imperativo a forma de יְפֵה *yᵉfeh*, e no futuro 1. masc., sing., אֵיפֶה *'ifeh*, 2. תִּיפֶה *tifeh*, fem. תִּיפִי *tifi* etc. Por outro lado, suprimindo-se o ה *h*, temos אִיף *'if* 1. sing., תִּיף *tif*, 2. sing. masc., יִיף *yif*, 3. sing. masc. etc. Mas יָרֹה *yaroh*, "lançar", tem como imperativo יְרֵה *yᵉreh*, cujo י *yod*, no futuro, muda em ו *o*, o que faz 1. sing., אוֹרֶה *'oreh*, 2. תּוֹרֶה *toreh*, 3. יוֹרֶה *yoreh*, e com ה *h* omitido se faz אוֹר *'or*, תּוֹר *tor*, יוֹר *yor* etc. As restantes

COMPÊNDIO DE GRAMÁTICA DA LÍNGUA HEBRAICA   523

formas verbais, isto é, a passiva, a derivada e a reflexiva seguem o paradigma da quinta conjugação.

Finalmente, os que terminam em ה *h* ou ע (ʿ) seguem os paradigmas da quarta e quinta conjugações. Por exemplo, יָדֹעַ *yadoaʿ*, יָדֵעַ *yadeaʿ*, "saber, conhecer", se contraem em יָדַע *yadaʿ* e, com a omissão do י *yod*, tornam-se דֵּעַ *deaʿ*, דַּע *daʿ*, דֹּעַ *doaʿ*. Daí o imperativo דַּע *daʿ*, "sabe tu", e o futuro אֵדַע *ʿedaʿ*, תֵּדַע *tedaʿ* e, com ה *h* paragógico, אֶדְעָה *ʿedʿah*. Depois, a passiva simples tem o infinitivo em נוֹדַע *nodaʿ* e הִוָּדַע *hiwwadaʿ*. O relativo ativo (derivado ou causativo) é הוֹדִיעַ *hodiaʿ* e הוֹדַע *hodaʿ*, e o passivo é הוּדַע *hudaʿ*. Enfim, o reflexivo ativo é הִתְוַדַּע *hithwaddaʿ*, e a passiva é הָתְוַדַּע *hothwaddaʿ*, נִתְוַדַּע *nithwaddaʿ* etc. Essas foram as coisas que me pareceram importantes anotar.

Capítulo *xxvii*
DOS VERBOS DA SEXTA CONJUGAÇÃO

Aqueles verbos que possuem como radical médio א (ʻ), י *yod* e ו *waw* quiescentes perdem-nos na maioria das vezes. Entenda-se, quando são verdadeiramente quiescentes, como em קָאם *qoʻm*, "levantar-se", שׁוּב *schov*, "volver", גִּיל *gil*, "alegrar-se"; caso contrário, eles são sempre mantidos, como em שָׁאוֹל *schaʻol*, "perguntar", עֲוֹת *ʻa oth*, "estragar, perverter", אָיֵב *ʻayov*, "inimizar" etc. Por outro lado, uma vez que os que têm א (ʻ) quiescente mudam, na maior parte, essa letra do radical médio em ו *waw*, e que não se conhece mais do que três ou quatro verbos que contenham esse א (ʻ) quiescente, os gramáticos reconhecem dois tipos de verbos com radical médio quiescente, a saber, os que têm como radical médio ו *waw* e os que têm י *yod*.

Ademais, os verbos קָאם *qaʻm*, "levantar-se", רָאם *raʻm*, "estar acima", que só aparecem uma vez na Escritura, e אֲדֹשׁ *ʻadosch*, "triturar", cujo א (ʻ) (como vimos que acontece sempre) está transposto, são considerados anômalos. Mas, na realidade, tanto os que têm א (ʻ) quanto os que têm י *yod* como letra mediana do radical costumam mudá-las em ו *waw*. Assim, em lugar de קָאם *qaʻm* emprega-se קוּם *qum*, "levantar-se", no de שִׁישׁ *sis* se usa שׁוֹשׁ *sos*, "alegrar-se" e, em vez de לִין *lin*, emprega-se mais amiúde לוּן *lun*, "pernoitar" etc; e por esse fato, não duvido que esses três tipos de verbos quiescentes se remetam a um único e, sobretudo, porque o seu modo de conjugação é o mesmo. Com efeito, o infinitivo do verbo simples ativo tem muitas vezes a forma קוֹם *qom* e קוּם *qum* ou, com o ו *waw* omitido, a forma קָם *qam* e קָם *qum*. É muito raro encontrá-lo com א (ʻ) e, como já mostramos, aqueles que têm י *yod*, como שִׁישׁ *sis*, לִין *lin* etc., trocam-no amiúde por ו *waw*. No pretérito, entretanto, perdem quase sempre a vogal quiescente; sua forma habitual é:

COMPÊNDIO DE GRAMÁTICA DA LÍNGUA HEBRAICA 525

Fem.		Masc.		
קָמָה *qamah*		קָם *qam*		3. sing.
קַמְתְּ *qamt*		קַמְתָּ *qamta*		2.
		קַמְתִּי *qamti*		1.
		וְקָם ou מוּק *qamu*		3. plur.
etc.				

Esse pretérito pode ser pontuado com *patah* - , *tzere* ·· e *holem* no lugar de *qametz* ⹁ , como em בָּז *baz*, "ele desprezou", אוֹר '*or*, "ele luziu", בּוֹשׁ *bosch*, "ele se enrubesceu de vergonha", מֵת *met*, "ele morreu". Uma vez que falta a letra média do radical, pontua-se a primeira letra com a mesma vogal e a terceira do radical costuma aderir a ela. Por isso esses verbos têm as mesmas formas de pretérito que os da primeira conjugação, cuja terceira letra da raiz adere à segunda sílaba (como mostramos no capítulo XIV), que é ou *qametz*, ou *patah*, ou *tzere*, ou וֹ *holem*.

Depois, assim como os da primeira conjugação, também os verbos desta conjugação mudam na primeira e segunda pessoas o *qametz* ⹁ e o *tzere* ·· em *patah* - , e retêm o *holem*. De particular, eles têm apenas que, na terceira pessoa do singular do gênero feminino e na terceira do plural, não mudam, como os verbos da primeira conjugação, nem o *holem*, nem o *qametz*, nem o *patah* em *schewa* ⁚ ; mesmo quando o acento não é '*atnah* ou *siluq*. Pois, se mudassem em *schewa* a primeira do radical no pretérito seria uma vogal brevíssima, contra o uso comum do pretérito dos verbos simples.

Além disso, aqueles que têm a letra média do radical em י *yod* costumam conservá-la também no pretérito; por exemplo, רִיב *riv*, "lutar", faz o pretérito em 3. sing. רָב *rav*, 2. sing. masc. רַבְתָּ *ravta* etc.; ou 3. sing. רִיב *riv*, 2. sing. masc. רִיבוֹתָ *rivotha*, 2. sing. fem. ריבות *rivoth*, 1. sing. רִיבוֹתִי *rivothi* etc. Mas há os que creem, e não sem razão, que essa forma é a do verbo intensivo, empregada em lugar de רוֹבֵב *rovev* (do qual tratarei logo mais); outros ainda creem que são verbos reflexivos, e que o ה *h* está omitido, por que razão não sei.

O imperativo tem todas as formas do infinitivo, a saber:

Fem.	Masc.	Fem.	Masc.	Fem.	Masc.	Fem.	Masc.	
וּמִיק	קוּם	קוּמִי	קוּם	מִיק	סק	קָמִי	קָם	sing.
qumi	*qum*	*qomi*	*qom*	*qomi*	*qom*	*qumi*	*qum*	
קוּמְנָה	קוּמוּ		etc.		etc.		etc.	plur.
qumnah	*qumu*							

Donde, as formas futuro são: אָקוּם *'aqum* e אָקֵם *'aqum*, ou אָקֹם *'aqom* e אָקֵם *'aqom*.

A todas essas formas do imperativo e do futuro se adiciona o ה *h* paragógico por elegância, como em קוּמָה *qumah*, "ergue tu", שֻׁבָה *schuvah*, "retorna tu", אָקוּמָה *'aqumah*, "levantar-me-ei" etc.

O passivo mantém a forma do ativo קוֹם *qom*, e הִפְקַד *hipaqed* faz הִקּוֹם *hiqqom*, e creio que, em lugar de נִפְקֹד *nifqod*, tem-se נָקוֹם *naqom*, daí:

Pretérito

Fem.		Masc.		
נָקוֹמָה *naqomah*		נָקוֹם *naqom*		3. sing.
נְקוּמוֹת *nequmoth*		נְקוּמוֹתָ *nequmotha*		2.
		נְקוּמוֹתִי *nequmothi*		1.
		נָקוֹמוּ *neqomu*		3. plur.
נְקוּמוֹתֶן *nequmothen*		נְקוּמוֹתֶם *nequmothem*		2.
		נָקוֹמוֹנוּ *nequmonu*		1.

COMPÊNDIO DE GRAMÁTICA DA LÍNGUA HEBRAICA

Imperativo

Fem.	Masc.	
הַקּוֹמִי *hiqqomi*	הַקּוֹם *hiqqom*	2. sing.
הַקּוֹמְנָה *hiqqomnah*	הַקּוֹמוּ *hiqqomu*	2. plur.

Futuro

Fem.	Masc.	
	אֶקּוֹם *'eqqom*	1. sing.
תִּקּוֹמִי *tiqqomi*	תִּקּוֹם *tiqqom*	2.
תִּקּוֹם *tiqqom*	יִקּוֹם *yiqqom*	3.
etc.	נִקּוֹם *niqqom*	1. plur.
	תִּקּוֹמוּ *tiqqomu*	2.

O radical médio א ('), no verbo intensivo, sendo gutural, não pode ser duplicado; pode ser compensado com uma vogal longa na sílaba anterior; na verdade, é omitido na maior parte das vezes, como também o ו *waw* e o י *yod*; esta última letra raramente é duplicada nos verbos desta conjugação, mas o é muitas vezes na terceira letra do radical. Assim, a partir de קוֹם *qom*, "levantar-se", faz-se קוֹמֵם *qomem*, "erigir", de onde saem o pretérito קוֹמֵם *qomem*, 3. sing. masc., קוֹמְמָה *qomᵉmah*, 3. sing. fem., קוֹמַמְתָּ *qomamta*, 2. sing. masc., קוֹמַמְתְּ *qomamt*, 2. sing. fem. etc., e o imperativo קוֹמֵם *qomem*, 2. sing. masc., קוֹמְמִי *qomᵉmi*, 2. sing. fem. etc. e, finalmente, o futuro, אֲקוֹמֵם *ᵃqomem*, 1. sing., תְּקוֹמֵם *tᵉqomem*, 2. sing. masc., תְּקוֹמְמִי *tᵉqomᵉmi*, 2. sing. fem. etc.

Sua forma passiva só se distingue da ativa pelo *pataḥ*. Assim, a partir da forma ativa קוֹמֵם *qomem*, tem-se a passiva קוֹמַם *qomam*, "ser erigido". Daí o pretérito 3. sing. masc. קוֹמַם *qomam*, 3. sing. fem., קוֹמְמָה *qomᵉmah*, 2. sing. masc., קוֹמַמְתָּ *qomamta*, e o futuro 1. sing. אֲקֹמַם *ᵃqomam*, 2. sing.

masc. תְּקוֹמַם *t^eqomam*, 2. sing. fem., תְּקוֹמְמִי *t^eqom^emi* etc. Tal foi o modo entre os antigos de conjugar os verbos intensivos desta conjugação. Posteriormente, porém, a partir de חוֹב *ḥov*, "dever" ou "devido", inventou-se a forma intensiva חִיֵב *ḥiyyev* (talvez pra não confundir com חוֹבֵב *ḥovev*, "amar") e a partir de קוֹם *qom*, inventou-se קִיֵם *qiyyem*, "reafirmou, estabilizou, consolidou"; e de igual modo outros verbos.

Além disso, não é raro duplicar o primeiro radical, como em כִּלְכֵּל *kilkel* a partir de כּוּל *kul*. Mas sobre isso vide capítulo XXXI.

Alguns atribuem a essa conjugação outra forma intensiva, além das já mencionadas, a saber: 3. sing. masc., קִים *qim*, 2. sing. masc., קִימוֹתָ *qimotha*, 2. sing. fem., קִימוֹת *qimoth*, 1. sing., קִימוֹתִי *qimothi* etc., e não parecem afastar-se da verdade.

Ademais, nos verbos derivados a letra mediana quiescente é omitida e tem o infinitivo em הָקֵם *haqem*, הָקִים *haqim* e הֵקִים *heqim*; no pretérito, por outro lado, os verbos seguem a terminação do verbo simples ativo ou (como se observa frequentemente na *Bíblia*) a do verbo simples passivo. Ou seja:

Pretérito

Fem.	Masc.		Fem.	Masc.	
הֲקִימָה *heqimah*	הֵקִים *heqim*		הֲקִימָה *heqimah*	הֵקִים *heqim*	3. sing.
הֲקִימוֹת *h^aqimoth*	הֲקִימוֹתָ *h^aqimotha*	ou	הֲקַמְתְּ *heqamt*	הֲקַמְתָּ *heqamta*	2. plur.
	הֲקִימוֹתִי *h^aqimothi*		etc.	הֲקַמְתִּי *heqamti*	1.
	הֲקִימוּ *heqimu*				etc. 3. plur.
הֲקִימוֹתֶן *h^aqimothen*	הֲקִימוֹתֶם *h^aqimothem*				2.
	הֲקִימוֹנוּ *h^aqimonu*				1.

COMPÊNDIO DE GRAMÁTICA DA LÍNGUA HEBRAICA

Imperativo

Fem.	Masc.	
הָקִימִי *haqimi*	הָקֵם *haqem* ou הָקִים *haqim*	2. sing.
הָקֵמְנָה *haqemnah*	הָקִימוּ *haqimu*	2. plur.

E daí o futuro:

	I			II	
Fem.	Masc.		Fem.	Masc.	
	אָקִים *'aqim*	1. sing.		אָקֵם *'aqem*	1. sing.
תָקִימִי *taqimi*	תָקִים *taqim*	2.	תְקִימִי *taqimi*	תָקֵם *taqem*	2.
תָקִים *taqim*	יָקִים *yaqim*	3.	תָּקֵם *taqem*	יָקֵם *yaqem*	3.
etc.			etc.	נָקֵם *naquem*	1. plur.
				תָקֵמוּ *taqemu*	2.
				etc.	

Mas quando se translada o acento, a primeira sílaba *tzere* ‥ muda em *segol* ֶ , como em אָקֵם *'aqem*, תָּקֵם *taqem* etc.

O passivo, que também omite a quiescente, tem o infinitivo em הוּקַם *huqam* e הוּקֵם *huqem* ou הֻקֵּם *huqqem*, e o pretérito 3. sing. masc., הוּקַם *huqam*, 2. masc., הוּקַמְתָּ *huqamta*, 2. fem., הוּקַמְתְּ *huqamt*, ou 3. הֻקַם *huqqam*, 2. masc., הֻקַמְתָּ *huqqamta*, e assim por diante; com o que coincide também o futuro. Pois ele é ou 1. sing., הוּקַם *huqam*, 2. sing. masc., תוּקַם *tuqam*, 2. sing. fem., תוּקְמִי *tuqᵉmi* etc., ou 1. אֻקַם *'uqqam*, 2. תֻּקַם *tuqqam* etc.

Enfim, o verbo reflexivo é formado, como nas outras conjugações, a partir da forma intensiva קוֹמֵם *qomem*, prefixando-se-lhe a sílaba הִתְ *hith*, e embora essa forma do intensivo nunca termine em *patah* ַ , mas sempre em *tzere* ‥ , a forma reflexiva pode terminar tanto em *tzere* quanto em *patah*. Assim, tem-se o infinitivo הִתְקוֹמֵם *hithqomem* e הִתְקוֹמַם *hithqomam*, o pretérito 3. masc., הִתְקוֹמֵם *hithqomem* e הִתְקוֹמַם

hithqomam, 3. sing. fem., הִתְקוֹמְמָה *hithqomᵉmah* etc., o imperativo הִתְקוֹמֵם *hithqomem* e הִתְקוֹמַם *hithqomam*, e o futuro אֶתְקוֹמֵם *'ethqomem* e אֶתְקוֹמַם *'ethqomam* etc. Não há nada mais a notar a respeito desse verbo que não apresente algo em comum com os verbos da primeira conjugação.

Afora isso, não há verbos compostos a partir desta e da terceira conjugação; pois os que têm o radical médio ו *waw* ou י *yod* e o terceiro radical ה *h*, o médio não é quiescente, como em טָוָה *tawah*, "tecer", לָוָה *lawah*, "tomar emprestado", הָיָה *hayah*, "ser" etc.

Os verbos desta conjugação que acabam em א (') são tão somente בּוֹא *bo'*, "vir" e נוֹא *no'*, "estar descontente", e suas formas ativas simples no pretérito sempre retêm o *qametz* ָ , porque o א (') é quiescente, como em מָצָא *matza'*, e o imperativo mantém sempre o *ḥolem*, como em 2. sing. masc., בּוֹא *bo'*, 2. sing. fem., בּוֹאִי *bo'i* e בֹּאִי *bo'i*, 2. plur. masc., בּוֹאוּ *bo'u* e בֹּאוּ *bo'u* e 2. plur. fem., בֹּאנָה *bo'nah* e בֹּאֵינָה *bo'enah*. No futuro, além da variante I, 1. אָבוֹא *'avo'*, 2. sing., masc., תָּבוֹא *tavo'*, 2. sing. fem., תָּבֹאִי *tavo'i* etc., tem-se a variante do fem. 1. sing., אָבֹאָה *'avo'ah*, 2. sing. תָּבֹאתִי *tavo'thi*, 3. sing., תָּבֹאתָה *tavo'thah*. As formas I e II carecem de passivo simples e de verbo intensivo, tanto na ativa como na passiva. O causativo termina quase sempre como מָצָא *matza'*; isto é, o pretérito ativo 3. sing. masc., הֵבִיא *hevi'*, 3. sing. fem., הֵבִיאָה *hevi'ah*, 2. sing. masc., הֵבֵאתָ *heve'tha*, 2. sing. fem., הֵבֵאת *heve'th*, 1. sing., הֵבֵאתִי *heve'thi* etc. Mas não raro também assume a forma de 3. sing. masc., הֵבִיא *hevi'*, 2. sing. masc., הֲבִיאוֹתָ *hᵃvi'otha*, 2. sing. fem. הֲבִיאוֹת *hᵃvi'oth*, como הֵקִים *heqim*, הֲקִימוֹתָ *hᵃaqimotha* etc. O passivo, entretanto, é 3. sing. masc., הוּבָא *huva'*, הוּבֵאתָ *huva'tha* etc. Por fim, ambos carecem de reflexivo, ou seja, tanto בּוֹא *bo'* como נוֹא *no'*. De outra parte, e no tocante àqueles verbos cujo terceiro radical é ח *ḥ* ou ע ('), já se observou muita coisa no que foi dito no capítulo XXIV.

COMPÊNDIO DE GRAMÁTICA DA LÍNGUA HEBRAICA 531

Capítulo xxviii
DOS VERBOS DA SÉTIMA CONJUGAÇÃO

Dissemos acima, nos capítulos ii e iii, que as guturais nunca se duplicam; mas isso é compensado pela mudança da sílaba breve precedente em longa. Por isso raramente levam um *schewa* contraído, e nunca um que se pronuncie, mas, ao contrário, substituem-no por um dos três *schewa* compostos. E isso se observa no referente a esta conjugação e às seguintes. E se nota também que o *schewa* composto nunca é seguido de um *schewa* simples: pois ambos deveriam ser pronunciados, o que não é possível pelo que foi dito no capítulo iii.

Seja o paradigma אָזַר *'azar*, "cingir". As formas de seu infinitivo são: 1. אֲזַר *'azar*, 2. אֱזַר *'azar*, 3. אֱזֹר *'azor* e 4. אֲזֹר *'azor*.

Pretérito

Fem.	Masc.	
זָרְהָא *'az^erah*	אָזַר *'azar*	3. sing.
זַרְתְּא *'azart*	אָזַרְתָּ *'azarta*	2.
	etc.	

Imperativo

Fem.	Masc.	
אִזְרִי *'izri*	רֶאֱז *'^azor*	2. sing.
רְנָהָאֱז *'^ezornah*	אִזְרוּ *'izru*	2. plur.

Futuro

Fem.	Masc.	
	רָאֵזֹר *'ᵉᵉzor*	1. sing.
	e com ה *h* paragógico אֶאֱזֹרָה *'ᵉᵉzrah*	
תַּאַזְרִי *ta'azri*	תֵּאָזֹר *ta'ᵃzor*	2.
ou	ou	
רִיתָּאֵז *ta'ᵃzori*	תֵּאֵזֹר *te'ᵉzor*	
	רָנֵאֵזֹר *ne'ᵉzor*	1. plur.
תֵּנָהֹתֵּאֵז *te'ᵉzornah*	תֵּאֵזְרוּ *te'ezru*	2.
	etc.	

O futuro costuma também com frequência levar um א (')
quiescente e omiti-lo na primeira pessoa; mas então ele termina
em *pataḥ* - , como em אֹמַר *'omar*, "eu direi", תֹּאמַר *to'mar*, "tu
dirás", fem. תֹּאמְרִי *to'mri*, "tu dirás" etc.

Depois, o ה *h* no futuro pode ter um *schewa* contraído,
como em תַּחְפֹּץ *taḥpotz*, "tu quererás". E aqui, para evitar que
ocorram dois *schewa* no início da palavra, o primeiro deles não
é mudado em *ḥireq*, como é habitual em outros casos, porém,
na mesma vogal a partir da qual o *schewa* ֵ é composto.

A passiva simples tem as seguintes formas de infinitivo:
הֵאָזֹר *he'azor*, הֵאָזֵר *he'azer*, נֵאֱזֹר *ne'ᵉzor* e נֵאֱזַר *ne'ᵉzar*, donde:

Pretérito

Fem.	Masc.	
נֵאֱזְרָה *ne'ᵉzrah*	נֵאֱזַר *ne'ᵉzar*	1. sing.
נֵאֱזַרְתְּ *ne'ᵉzart*	נֵאֱזַרְתָּ *ne'ᵉzarta*	2.
	etc.	

COMPÊNDIO DE GRAMÁTICA DA LÍNGUA HEBRAICA

Imperativo

Fem.		Masc.		
הֵעָזְרִי *hē͑azri*		הֵעָזֵר *hē͑azer*		2. sing.
	etc.			

Futuro

Fem.		Masc.		
		אֵעָזֵר *͑ē͑aazer*		1. sing.
תֵּעָזְרִי *tē͑aazri*		תֵּעָזֵר *tē͑aazer*		2.
	etc.			

A partir de נֶעֱזְרָה *ne͑ezrah*, quando o acento é *'atnaḥ* ou *siluq*, se faz נֶעֱזָרָה *ne͑͑ezarah*, ou נֶאְזְרָה *ne'zrah* com א (') quiescente e, desse modo, em vez de נֶעֱזְרוּ *ne͑ezru* se forma נֶאְזְרוּ *ne'zru*.

O verbo intensivo, tanto na ativa quanto na passiva, nada tem de particular a ser notado. O derivado ativo, na verdade, apresenta as seguintes formas de infinitivo הַעֲזֵר *hē͑ezir*, *haᵃzer* e הַאֲזִיר *he'zir*.

Pretérito

Fem.		Masc.		
הֶעֱזִירָה *he͑ezirah*		הֶעֱזִיר *he͑ezir*		3. sing.
הֶעֱזִרְתְּ *he͑ezirt*		הֶעֱזִירְתָּ *he͑ezirta*		2.
	etc.			

Imperativo

Fem.	Masc.	
הַאֲזִירִי *haᵃziri*	הַאֲזֵר *haᵃzer* ou הַאֲזִיר *haᵃzir*	2. sing.
הַאֲזֵרְנָה *haᵃzernah*	הַאֲזִירוּ *haᵃziru*	2. plur.

Futuro

Fem.	Masc.	
	אַאֲזִיר *'aᵃzir*	1. sing.
תַּאֲזִירִי *taᵃziri*	תַּאֲזִיר *taᵃzir*	2.
	ou	
	אַאֲזֵר *'aᵃzer*	1. sing.
etc.	תַּאֲזֵר *taᵃzer*	2.

Também aqui o א (') é com frequência quiescente no futuro, o que faz: 1. sing. אֹזִיר *'ozir* ou אַזִיר *'azir* ou אַזֵר *'azer*, 2. sing. תֹזִיר *tozir* ou תַזִיר *tazir* etc.

A passiva tem por infinitivo הָאֱזֵר *hoᵒᵉzer*, donde:

Pretérito

Fem.	Masc.	
הָאֱזְרָה *hoᵒᵉzᵉrah*	הָאֱזֵר *hoᵒᵉzer*	3. sing.
הָאֱזַרְתְּ *hoᵒᵉzart*	הָאֱזַרְתָּ *hoᵒᵉzarta*	2.
etc.		

Imperativo

Fem.	Masc.	
הָאֱזְרִי *hoᵒᵉzᵉri*	הָאֱזֵר *hoᵒᵉzer* ou הָאֱזַר *hoᵒᵉzar*	2. sing.
הָאֱזֵרְנָה *hoᵒᵉzernah*	הָאֱזְרוּ *hoᵒᵉzᵉru*	2. plur.

Futuro

Fem.	Masc.	
	אֶאֱזֹר *'o'ozar*	1. sing.
תָּאֱזְרִי *to'oz'ri*	תָּאֱזֹר *to'ozar*	2.
	etc.	

O verbo reflexivo, tanto na ativa quando na passiva, nada tem de singular a ser indicado. Por último, o modo de conjugar os verbos compostos (desta e das precedentes conjugações) pode ser ensinado facilmente a partir do que já foi dito.

Capítulo xxix
DOS VERBOS DA OITAVA CONJUGAÇÃO

A respeito desses verbos, notaremos especialmente o que se indicou no capítulo precedente, e nem é necessário ilustrá-lo com exemplos; no entanto, esses verbos se distinguem, sobretudo, pelo fato de que na sua forma intensiva carecem totalmente do *dag[u]esch*, isto é, no lugar do ponto *dag[u]esch*, que não admitem de modo algum, não costumam mudar a vogal breve, precedente, em longa. Outros verbos intensivos, como dissemos, costumam duplicar a letra mediana do radical, ou, quando isso não pode ser feito, muda-se a vogal breve, antecedente, em longa, como em בֵּרֶךְ *berekh*, em lugar de בִּרֵךְ *birekh*, e אֲבָרֶךְ *ᵃbarekh* em lugar de אֲבַּרֶךְ *ᵃbarekh*. Mas eu digo que os verbos desta conjugação não podem duplicar o radical médio, nem em geral costumam mudar a sílaba precedente. Assim, שָׂחַק *sahaq*, "jogar, brincar", tem por forma intensiva שָׂחֵק *saheq*, "jogar com, caçoar de", e בָּעַר *ba'ar*, "queimar, arder", que faz בִּעֵר *bi'er*, "incendiar", e טָהַר *tahar*, que faz טִהֵר *tiher*, "purificar", כִּהֵן *kihen*, "servir ou exercer o ofício de sacerdote", נִאֵץ *ni'etz*, "irritar". Entretanto, a maior parte dos que têm א (') como radical médio muda a sílaba precedente em longa, como em בָּאֵר *ba'er*, "explicar", מֵאֵן *me'en*, "não querer", תָּאֵב *ta'ev*, "desdenhar", e assim outros. Enfim, o que se deve notar acerca dos verbos compostos desta conjugação e das precedentes compreende-se facilmente a partir das conjugações anteriores.

COMPÊNDIO DE GRAMÁTICA DA LÍNGUA HEBRAICA 537

Capítulo xxx
DOS VERBOS DEFECTIVOS

Por verbos defectivos entendo aqueles nos quais costuma faltar uma letra do radical, como ocorre nos verbos da segunda e da terceira conjugações ou naqueles em que a primeira letra do radical é י *yod* ou נ *n*, ou naquela em que a letra mediana do radical é א (ʻ), ou ו *waw* ou י *yod*, ou finalmente aqueles nos quais a segunda e a terceira letra do radical são iguais. Dos verbos da primeira e segunda conjugações, assim como aqueles cuja primeira letra do radical é י *yod* ou a mediana é א (ʻ) ou ו *waw*, nós já tratamos nos capítulos xxii, xxiii, xxv, xxvi e xxvii. Só me resta falar dos dois tipos defectivos faltantes, o primeiro dos quais é aquele cuja primeira letra do radical é נ *n*. Destes, eu digo que muitos deles, mas não todos, ou perdem o נ *n* em certos lugares ou o retêm; mas quando se faz possível a compensação ela é feita com um ponto *dag[u]esch*, isto é, esses verbos são defectivos só no tocante à escritura, mas não na pronúncia. Não, digo eu, porque lhes falte algumas vezes por essa razão uma sílaba. Pois os verbos monossílabos, desde que não lhes falte uma letra no radical, não costumam ser chamados de defectivos, como tampouco os polissílabos, por exemplo, יָדֹעַ *yadoaʻ*, costumam ser chamados de redundantes.

Tome-se como paradigma o verbo da primeira conjugação נָגַשׁ *nagasch*, "aproximar-se", cuja forma do infinitivo simples é גַשׁ *gasch*, e com ה *h* paragógico גְּשָׁה *geschah*, e faz, no estado de regime, גֶּשֶׁת *gescheth*.

O pretérito é sempre análogo, isto é, regular.

Imperativo

Fem.	Masc.	
גְּשִׁי geschi ou גְּשִׂי gᵉschi	גַּשׁ gasch ou גֵּשׁ gesch	2. sing.
גַּשְׁנָה gaschnah	גְּשׁוּ gᵉschu	2. plur.

Futuro

Fem.	Masc.	
	אֶגַּשׁ ʻegasch	1. sing.
תִּגְּשִׁי tigschi	תִּגַּשׁ tigasch	2. plur.

E, com ה *ḥ* paragógico, אֶגְּשָׁה ʻegschah, e, com acento ʻ*atnaḥ* ou *siluq*, אֶגְּשָׁה ʻegschah.

O verbo נָתוֹן *naton*, "dar, conceder", tem como infinitivo תֵּת *teth*, em vez de תֶּנֶת *teneth*, e como imperativo תֵּן *ten*, "dá tu", donde deriva o futuro אֶתֵּן ʻ*etten*, תִּתֵּן *titten* etc.

O verbo da segunda conjugação נָשָׂא *nasaʻ*, "levar, carregar", segue o verbo נָגַשׁ *nagasch*.

Os verbos da terceira conjugação têm o ativo simples e o futuro análogo, regular; assim, נָטָה *natah* ou נָטוֹת *natoth* etc., "estender, inclinar", cujo imperativo é נְטֵה *nᵉteh* e cujo futuro é אֶיֶּה ʻ*etteh* etc. e, suprimindo-se o ה *ḥ*, se faz אֵט ʻ*et*, תֵּט *tet*, יֵט *yet* etc.

Os verbos da quarta conjugação seguem o paradigma da primeira, como נָפַח *nafaḥ*, "soprar", פַּח *paḥ*, e, com ה *ḥ* paragógico, פְּחָה *pᵉḥah*, e com ת *th*, פַּחַת *paḥath*.

Os verbos da sexta conjugação são sempre análogos, regulares, como os da oitava, exceto o verbo aramaico נָחַת *naḥath*, "baixar", sobre o qual tenho algumas dúvidas.

O passivo simples é análogo, regular, exceto no pretérito, quando se omite a característica נ *n* por causa do נ *n* no radical, que é compensado por um *dag[u]esch*, como em נִגַּשׁ *niggasch*

COMPÊNDIO DE GRAMÁTICA DA LÍNGUA HEBRAICA   539

em vez de נִגַּשׁ *ningasch*, "ele foi abordado". Mas é patente que esse verbo é regular, como já dissemos no capítulo xv.

A seguir, um verbo intensivo tanto ativo quanto passivo é sempre regular; e tem por derivado הַגִּישׁ *higgisch*, הַגֵּשׁ *haggesch* e הַגִּישׁ *haggisch*, em vez de הִנְגִּישׁ *hingisch*, הַנְגֵּשׁ *hangesch* e הַנְגִּישׁ *hangisch*. Donde

Pretérito

Fem.		Masc.		
הַגִּישָׁה *higgischah*		הַגִּישׁ *higgisch*		3. sing.
הַגַּשְׁתְּ *higgascht*		הַגַּשְׁתָּ *higgaschta*		2.
		הַגַּשְׁתִּי *higgaschti*		1.
	etc.			

Imperativo

Fem.		Masc.		
הַגִּישִׁי *haggischi*		הַגִּישׁ *haggisch* e הַגֵּשׁ *haggesch*		2. sing.
הַגֵּשְׁנָה *haggeschnah*		הַגִּישׁוּ *haggischu*		2. plur.

Futuro

Fem.		Masc.		
		אַגִּישׁ *'aggisch* e אַגֵּשׁ *'aggesch*		1. sing.
תַּגִּישִׁי *taggischi*		תַּגֵּשׁ *taggesch*		2.
תַּגִּישׁ *taggisch*		יַגֵּשׁ *yaggesch*		3.
	etc.			

Assim, o verbo da terceira conjugação נָטָה *natah* tem por derivado הַטֵּה *hatteh*, הַטָּה *hattah* e הַטּוֹת *hattoth*, donde derivam o pretérito הִטָּה *hittah* 3. sing. masc., הִטְּתָה *hitteᵉthah* 3.

sing. fem., הָיִיתָ *hittitha*, 2. sing. masc., o imperativo הַיֵּה *hatteh*, e o futuro אַיֵּה *'atteh* 1. sing., תַּיֶּה *tatteh* 2. sing. masc., תַּיִּי *tatti*, 2. sing. fem. etc., ou, com ה *h* suprimido, אַט *'at*, יֵט *yet* etc. Também o verbo da quarta conjugação נָסַע *nasa'*, "levantar acampamento", tem o seguinte reflexivo הַסִּיעַ *hassia'*, ou na forma contraída הַסַּע *hassa'*, de onde deriva o futuro אַסִּיעַ *'assia'*, אַסַּע *'assa'* etc.

Nota-se, de outro lado, que o verbo derivado carece com muito mais frequência do נ *n* do que o verbo simples, exceto nos verbos da sexta e oitava conjugações que, como dissemos, são sempre regulares. O derivado ativo tem na passiva o infinitivo הֻגֵּשׁ *huggesch* ou הֻגַּשׁ *huggasch*, donde:

Pretérito

Fem.	Masc.	
הֻגְּשָׁה *hugg*e*schah*	הֻגַּשׁ *huggasch*	3. sing.
	הֻגַּשְׁתָּ *huggaschta*	2.
	etc.	

Imperativo

Fem.	Masc.	
הֻגְּשִׁי *hugg*e*schi*	הֻגַּשׁ *huggasch*	2. sing.
		2. plur.
	etc.	

Futuro

Fem.	Masc.	
	אֻגַּשׁ *'uggasch*	1. sing.
תֻּגְּשִׁי *tugg*e*schi*	תֻּגַּשׁ *tuggasch*	2. .
	etc.	

COMPÊNDIO DE GRAMÁTICA DA LÍNGUA HEBRAICA 541

O verbo reflexivo, tanto na ativa quanto na passiva, é regular. Finalmente, cabe mencionar aqui o verbo לָקַח *laqaḥ*, "pegar", por ser o único dos verbos com a primeira letra do radical ל *l* que segue esse paradigma. Todos os outros são regulares.

Capítulo *xxxi*
DE OUTRO TIPO DE VERBOS DEFECTIVOS

Os verbos que têm a mesma letra no segundo e terceiro radical costumam não raro perder uma delas. Por exemplo, סָבַב *savav* "rodear, cercar", tem com frequência o infinitivo סֹב *sov* ou sem acento סָב *sov* com *qametz -̣ ḥatuf*. Além disso, ele apresenta muitas vezes as formas סוּב *suv* e סַב *sav* como em בְּרָן-יַחַד *beran-yaḥad*, "quando eles cantam em conjunto" (*Jó* 38, 7). Daí ter o pretérito, em vez de סָבַב *savav*, frequentemente a forma:

Pretérito

Fem.	Masc.	
סַבָּה *sabah*	סַב *sav*	3. sing.
סַבּוֹת *saboth*	סַבּוֹתָ *sabotha*	2.
	סַבּוֹתִי *sabothi*	1.
	סַבּוּ *sabu*	3. plur.
סַבּוֹתֶן *sabothen*	סַבּוֹתֶם *sabothem*	2.
	סַבְוֹנוּ *sabonu*	1.

COMPÊNDIO DE GRAMÁTICA DA LÍNGUA HEBRAICA 543

Imperativo
em vez de סְבֹב *sᵉvov*

Fem.	Masc.	
סוֹבִי *sobi*	סוֹב *sov*	2. sing.
סֻבֶינָה *subenah*	סוֹבוּ *sobu*	2. plur.
	ou	
סַבִּי *sabi*	סַב *sav*	2. sing.
סַבְנָה *savnah*	סַבּוּ *sabu*	2. plur.
	ou	
סוּבִי *subi*	סוּב *suv*	2. sing.
סוּבֶינָה *subenah*	סוּבוּ *subu*	2. plur.

Futuro

Fem.	Masc.	
	אָסוֹב *'asov*	1. sing.
תָּסוֹבִי *tasobi*	תָּסוֹב *tasov*	2.
תָּסוֹב *tasov*	יָסוֹב *yasov*	3.
	נָסֹב *nasov*	1. plur.
תְּסֻבֶינָה *tᵉsubenah*	תָּסוֹבוּ *tasobu*	2.
תְּסֻבֶינָה *tᵉsubenah*	יָסוֹבוּ *yasobu*	3.

A terceira pessoa do pretérito, tanto no singular quanto no plural, pode levar *ḥolem* em vez de *pataḥ* - , como em סוֹב *sov*, no plural סֹבוּ *sobu*; além disso, o וֹ *waw* é com frequência omitido, o que faz סַבֹּתָ *sabotha*, סֹב *sov*, אָסֹב *'asov* em vez de סַבוֹתָ *savotha*, סוֹב *sov* e אָסוֹב *'asov*. O futuro muitas vezes coincide com o futuro daqueles verbos cuja primeira letra do radical é נ *n*, isto é, em vez de אָסוֹב *'asov*, תָּסוֹב *tasov*, יָסוֹב *yasov* etc., tem a forma אָסֹב *'essov*, תָּסֹב *tissov*, יָסֹב *yissov*, compensando a sílaba longa por um *dag[u]esch*. Finalmente, a partir da forma do imperativo סוּב *suv* também se forma o futuro אָסוּב *'asuv*, תָּסוּב *tassuv*, יָסוּב *yassuv* etc.

O infinitivo passivo dispõe das formas נָסַב *nasav*, הִסּוֹב *hissov* e הִסֵּב *hissev* ou הִסַּב *hissav*.

Pretérito

Fem.	Masc.	
נָסַבָּה/נָסְבָה *nasᵉvah/nasabah*	נָסַב *nasav*	3. sing.
נְסַבּוֹת *nᵉsaboth*	נְסַבּוֹתָ *nᵉsabotha*	2.
	נְסַבּוֹתִי *nᵉsabothi*	1.
	נָסַבּוּ *nasabu*	3. plur.
נְסַבּוֹתֶן *nᵉsabothen*	נְסַבּוֹתֶם *nᵉsabothem*	2.
	סַבּוֹנוּ *sabonu*	1.

Imperativo

Fem.	Masc.	
הִסַּבִּי *hissabi*	הִסַּב *hissav*	2. sing.
הִסַּבְּנָה *hissabenah*	הִסַּבּוּ *hissabi*	2. plur.
	ou	1.
הִסֹּבִּי *hissobi*	הִסּוֹב *hissov*	2. sing.
הִסֹּבֶינָה *hisobebah*	הִסּוֹבוּ *hissobu*	2. plur.

Futuro

Fem.	Masc.	
	אֶסַּב *ʾessav*	1. sing.
תִּסַּבִּי *tisabi*	תִּסַּב *tissav*	2.
etc.	יִסַּב *yissab*	3.
	ou	
	אֶסּוֹב *ʾessov*	1. sing.
תִּסּוֹבִי *tissobi*	תִּסּוֹב *tissov*	2.
	etc.	

COMPÊNDIO DE GRAMÁTICA DA LÍNGUA HEBRAICA 545

O pretérito coincide também com o daqueles verbos cuja primeira letra do radical é נ *n*, o que, em vez de נָסַב *nasav*, נְסַבּוֹת *neſabotha*, faz נַסַב *nissav*, נַסַבְתָּ *nissavetha*; a seguir, a terceira pessoa, tanto no singular quando no plural, também tem *tzere* ‥ ou *ḥolem* em lugar de *pataḥ* ‑ , e assim נֵסַב *nasev* ou נֹסֹב *nasov* no lugar de נָסַב *nasav* e נֵסְבִי *nasebi* ou נֹסְבוּ *nasobu*, em vez de נָסַבִי *nasabi*, נָסַבוּ *nasabu*.

O intensivo é muitas vezes regular, como כִּתֵּת *kiteth*, "golpear", חִלֵּל *ḥilel*, "profanar", e כֵּהָה *kihah*, "enfraquecer, importunar, revestir de envoltório"; mas, amiúde, a primeira letra é duplicada e intercalada entre letras geminadas (como em סְכְסֵךְ *sikhsekh*, "cobrir", em vez de סֵכֵךְ *sikekh*, e גִּלְגֵּל *gilggel*, "revolver, rolar", em lugar de גִּלֵּל *gillel*) principalmente se os verbos com letras geminadas forem da segunda, da terceira ou da quarta conjugação, como em טַאטֵא *te'te'*, intensivo do verbo da segunda conjugação טָאָא *ta'a'*, "varrer", לַהְלֵהַ *lahleha* do verbo da terceira conjugação לֵהָה *lahah*, "estar fatigado", e שַׁעֲשַׁע *schi'ªscha'*, do verbo da quarta conjugação שָׁעַע *scha'a'*, "comprazer-se, divertir-se" e, finalmente, תְּעַתַע *ti'atha'*, do verbo תָּעַע *ta'a'*, "caçoar", e עִרְעַר *'ir'er*, de עָרַר *'arar*, "estar só". Quase sempre tanto o ativo quanto o passivo parecem coincidir com os verbos intensivos da sexta conjugação. Assim, do mesmo modo que a partir de קוּם *qum* se fazem o ativo קוֹמֵם *qomem* e o passivo קוֹמַם *qomam*, também a partir de סוֹב *sov* se formam o intensivo סוֹבֵב *sovev* e o passivo סוֹבַב *sovav*.

Cabe observar que o verbo derivado é raramente regular; ele tem por infinitivo na maior parte das vezes a forma הַסֵב *hasev*, ou הָסַב *hasav* e הֵסַב *hesav*. Donde o:

Pretérito
הֵסֵב hesav ou הֵסֵב hesev

Fem.		Masc.	
הֵסֵבָּה hesebah		הֵסֵב hesev	3. sing.
הֲסִבּוֹת hᵃsiboth		הֲסִבּוֹתָ hᵃsibotha	2.
		הֲסִבּוֹתִי hᵃsibothi	1.
		הֵסֵבּוּ hesebu	3. plur.
הֲסִבּוֹתֶן hᵃsibothen		הֲסִבּוֹתֶם hᵃsibothem	2.
		הֲסִבּוֹנוּ hᵃsibonu	1.

Imperativo

Fem.		Masc.	
הָסֵבִּי hasebi		הָסֵב hasev	2. sing.
הֲסִבֶּינָה hᵃsibenah		הָסֵבּוּ hasebu	2. plur.

Futuro

Fem.		Masc.	
		אָסֵב 'asev	1. sing.
תָּסֵבִּי tasevi		תָּסֵב tasev	2.
תָּסֵב tasev		יָסֵב yasev	3.
		נָסֵב nasev	1. plur.
תְּסִבֶּינָה tᵉsibenah		תָּסֵבּוּ tasebu	2.
תְּסִבֶּינָה tᵉsibenah		יָסֵבּוּ yasebu	3.

Aqui também o *qametz* ָ do futuro, como no verbo simples, costuma ser compensado pelo *dag[u]esch*, tendo-se אָסֵּב *'assev* em vez de אָסֵב *'asev*; por outro lado, quando o acento se translada para a primeira sílaba, o *tzere* ֵ muda em *segol* ֶ , como em יָסֶךְ-לָךְ *yasekh-lakh*, "ele te cobrirá".

COMPÊNDIO DE GRAMÁTICA DA LÍNGUA HEBRAICA 547

O passivo tem o infinitivo em הוּסַב *husav*, הוּסֵב *husev* e הֻסַב *husav*, e com o ה *h* paragógico, mudando o ו *waw* em qametz ḥatuf הָסַבָּה, *hassabah*.

Pretérito

Fem.		Masc.	
הוּסַבָּה *husabah*		הוּסַב *husav*	3. sing.
הוּסַבּוֹת *husaboth*		הוּסַבּוֹתָ *husabotha*	2.
		הוּסַבּוֹתִי *husabothi*	1.
	e		
הָסַבָּה *husabah*		הָסַב *husav*	3. sing.
	etc.		

Imperativo

Fem.		Masc.	
הָסַבִּי *husabi* e הוּסַבִּי *husavi*		הָסַב *husav* e הוּסַב *husav*	2. sing.
הוּסַבֶּינָה *husavenah*		הוּסַבּוּ *husabu*	2. plur.

Futuro

Fem.		Masc.	
		אוּסַב *'usav*	1. sing.
תּוּסַבִּי *tusabi*		תּוּסַב *tusav*	2.
	etc.		
	ou		
		אֻסַב *'usav*	1. sing.
תֻּסַבִּי *tusabi*		תֻּסַב *tusav*	2.
	etc.		

O reflexivo segue na maior parte das vezes o paradigma da sexta conjugação; mas os verbos da segunda, terceira e quarta conjugações formam quase sempre o reflexivo a partir de seu próprio intensivo, como הִשְׁתַּעְשֵׁעַ *hischta'schea'*, "comprazer-se, deleitar-se", הִתְלַהְלֵהַ *hithlahleah*, "fatigar-se", הִתְמַהְמֵהַּ *hithmahmeha*, "impedir-se ou aliar-se por muito tempo". Porém, שָׁחַח *schahah*, "ser oprimido" e כָּהָה *kahah*, "estar encerrado, ser molestado", seguem o paradigma da sexta conjugação.

Como se vê a respeito do que se disse antes, esses verbos defectivos podem ser facilmente confundidos, de modo que amiúde se duvida a respeito de alguns desses defectivos se seu radical é da segunda ou da terceira ou da quinta ou da sexta conjugações; mostrarei aqui brevemente a causa disso, pois, uma vez conhecida, creio que isso lhes ficará mais claro.

Todos os tipos de verbos defectivos costumam compensar a letra faltante duplicando a segunda ou a terceira letra do radical. Por exemplo, בָּזָה *bazah*, que é da segunda conjugação e que significa "pilhar, saquear"; mas muitas vezes o א (') é omitido e, em seu lugar, a letra mediana do radical é dobrada, o que faz בָּזַז *bazaz* ou בּוּז *buz*. Assim também com os verbos da segunda conjugação, זָכָה *zakhah*, que significa "ser puro"; porém, muitas vezes, em lugar do ה *h*, a letra mediana do radical é duplicada, o que faz זָכַךְ *zakhakh*, de onde decorre que esse verbo segue às vezes os da terceira conjugação e às vezes os da conjugação geminada, como סִלָּה *sillah*, "ele repudiou", e סִלְסֵל *silsel*, "ele honrou, glorificou", חָרָה *harah*, "ele queimou", e חַרְחֵר *harher*, "ele inflamou", e do mesmo modo, os verbos geminados seguem os infinitivos da terceira conjugação, como שָׁמוֹת *schamoth*, "assolar, devastar", em vez de שָׁמוֹם *schamom* ou שׁוּם *schum*, חָמוֹת *hamoth*, "aquecer", em vez de חָמוֹם *hamom* ou חוֹם *hom*, e assim para os outros verbos. Igualmente, para o verbo da quinta conjugação יָזַם *yazam*, que significa "pensar, deliberar"; quando perde o י *yod* ele é compensado por זָמַם *zamam* e também como חָמוֹם *hamom* ou חוֹם *hom* no lugar

COMPÊNDIO DE GRAMÁTICA DA LÍNGUA HEBRAICA 549

de יָחֹם *yaḥom*, "aquecer", e רוק *roq*, no lugar de יָרֹק *yaroq*, "cuspir" etc. Daí estes verbos geminados seguirem também a quinta conjugação. Os verbos da sexta conjugação duplicam a terceira letra do radical e, em vez de שֹׁוךְ *schokh*, tem-se שָׁכַךְ *schakhokh*, "cobrir", e no lugar de מָס *mas*, "liquefazer-se, fundir-se", tem-se מָסַס *masas* ou מֹוס *mos*, e no lugar de צַר *tzar*, "ele atou", tem-se צָרַר *tzarar*, "ele ligou". E resulta disso que os verbos geminados seguem também a sexta conjugação (a esse respeito disso, vide o que indicamos no final do capítulo xxv) e vice-versa, os verbos da sexta seguem a conjugação dos geminados, de preferência na forma intensiva, em que muitas vezes duplicam a primeira letra do radical, como costuma acontecer com os geminados. Assim, פּוּר *pur*, "quebrar", tem os intensivos פֹּורֵר *porer* e פִּרְפֵּר *pirper*. A estes se assemelham também os defectivos cuja primeira letra do radical é נ *n*. Na verdade, em vez de נָאַר *ni'er*, "execrar", faz-se אָרַר *'arar*, "maldizer", e a partir de נָקַב *naqav*, "pronunciar", se tem קָבַב *qavav*, e de נָצַל *natzal* se forma צָלַל *tzalal*, cuja terceira pessoa do feminino plural do futuro é תְּצַלֶּינָה *tetzalleinah* e תִּצְלַנָה *titzalnah*, "elas soarão, tilintarão", e em lugar de נָשַׁם *nascham*, faz-se שָׁמַם *schamam*, "assolar, devastar"; e de igual modo para outros do mesmo gênero. Daí por que os verbos geminados e todos os defectivos seguem tanto as regras da conjugação defectiva como das outras. Isso me pareceu valer a pena ensinar aos estudiosos desta língua. Pois, tendo notado isso, os estudiosos da língua poderão investigar as raízes de todos os verbos defectivos, e por um método certo, sem dúvida.

550   SPINOZA: OBRA COMPLETA IV

Capítulo XXXII
DOS VERBOS DEPOENTES E DOS VERBOS QUADRILÍTEROS E, DE PASSAGEM, DOS VERBOS, MODOS E TEMPOS COMPOSTOS

Há apenas dois ou três verbos simples depoentes, a saber, נִשְׁבּוֹעַ *nischboa'*, "jurar", נִלְחַם *nilham*, "lutar, combater", e talvez נִשְׁעַן *nisch'an*, "ser sustentado". Eu digo expressamente, simples; com efeito, não há verbos intensivos, derivados ou reflexivos, que tenham a forma passiva e o significado ativo. E assim, a partir de נִשְׁבַּע *nischba'*, "jurar", forma-se o verbo derivado הִשְׁבִּיעַ *hischvia'*, "fazer jurar", que é ativo tanto na significação quanto na forma.

De outro lado, existem muitos outros verbos cujo radical conta mais de três letras, que me atrevo a examinar aqui, como são os verbos פָּרְשֵׁז *parschez*, no lugar de פּוֹרֵשׂ *poresch*, "que se estende, se expande" (ver *Jó* 26, 9), e יְכַרְסְמֶנָּה *yekharsemennah* em vez de יְרַנְּסֶנָּה *yerammesennah*, "ele a devastou" (ver *Salmos* 80, 14) e מְכֻרְבָּל *mekhurbal* em lugar de מְחֻגָּר *mehuggar*, "cingido, vestido" (ver *I Crônicas* 15, 27). Este último verbo parece ter-se formado a partir do nome (substantivo) aramaico כַּרְבַּלְתָּא *karbalta'*, que significa "manto, gorro de cor vermelha ou crista de galo". Quanto aos primeiros exemplos, pelo contrário, persuado-me facilmente que são erros de cópia. Pois não ocorrem senão uma vez, nem conhecemos nenhum verbo primitivo do qual derivariam, e parece que se referem a um verbo que adquiriu seu significado em comum.

Mas, omitidas essas conjecturas, notemos que em geral não se observa nenhum verbo que, afora as características verbais, de tempo ou de pessoa, tenha mais de três letras no radical, a não ser os intensivos, que se formam a partir de qualquer nome substantivo, ou adjetivo. (Sobre isso dissemos no cap. XVI acima, que os verbos intensivos se formam tanto a partir do verbo simples quanto do nome). Por exemplo, a partir de חֲצֹצְרָה *hatzotzerah*, "trombeta", se faz חִצֹּצֵר *hitzotzer*, "tocar a trombeta", a partir de חֲמַרְמַר *ḥᵃmarmar*, diminutivo de חָמַר *ḥamar*, se faz חֲמַרְמַר *ḥᵒmarmar*, "ter sido enlameado", e de יַפְיָפָה *yafyafah*, diminutivo de יָפָה *yafah*, "bela", tem-se יָפְיָפִיתָ *yofyafitha*, "tu tens sido embelezado". Os verbos que se formam a partir de monossílabos seguem os verbos intensivos da sexta conjugação ou a dos geminados, como קַרְקַר *qarqar*, "demolir uma parede", que se forma a partir de קִיר *qir*, "parede", como שֵׁרֵשׁ *scheresch*, "erradicar, desenraizar", de שֹׁרֶשׁ *schoresch*, "raiz". A esse respeito vide cap. XVI. Mas sobre isso basta.

No tocante às conjugações verbais, resta adicionar poucas coisas sobre os compostos. Os gramáticos chamam de verbos compostos aqueles que se compõem ou de dois verbos de conjugações diferentes, ou de dois de mesma raiz, ou a partir de um nome, de um particípio ou de um verbo; a estes se costuma adicionar outros que exprimem simultaneamente dois modos ou dois tempos; por exemplo, encontram-se dois verbos compostos da quinta e da sexta conjugações, como הוֹשַׁבוֹתִי *hoschᵉvoti*, que se compõem a partir de יָשַׁב *yaschav*, "estar sentado", e de שׁוּב *schuv*, "volver, voltar", aliás, se viesse de יָשַׁב *yaschav*, ter-se-ia הוֹשַׁבְתִּי *hoschavti*, ou הֲשִׁיבוֹתִי *hᵃschivoti* a partir de שׁוּב *schuv*; outro exemplo é הֵיטִיבוֹתָ *hetivotha*, que é composto de יָטַב *yatev* e de טוֹב *tov*, "estar bem", e que deveria ser ou הֵיטַבְתָּ *hetava* a partir de יָטַב *yatev*, ou então הֲטִיבוֹתָ *hᵃtivota* a partir de טוֹב *tov*. O primeiro exprime os dois significados ao mesmo tempo, e parece que o profeta queria indicar ambos; o segundo, seja qual for o modo como foi formado, exprime o mesmo significado; por tudo isso não duvido que nos seja lícito compor de igual modo outros verbos com a quinta e a sexta conjugações.

Além disso, os gramáticos notam outros, em parte por ignorância e em parte enganados por erro de cópia, como em אֶתְקֶנְךָ *'etqenᵉkha* (Jeremias 22, 24), que eles pensam ser composto de נָתַק *nathaq*, "arrancar", e de תִּקֵּן *tiqqen*, "adaptar", embora não raro abunde também o נ *n* prefixado no futuro. Mas מְקַלְלַוְנִי *mᵉqalᵉlawni* (Jeremias 15, 10) em lugar de מְקַלְלַוְנִי

m^eqal^eleni, parece realmente erro de uma pena apressada. E desse modo, mas, sobretudo por ignorância, assinalam muitos compostos de duas formas verbais da mesma raiz; por exemplo, נְכַּפֵּר *nikkaper*, "ele se oferecerá para ser expiado", נוֹסְרוּ *niwwasru*, "eles se deixarão instruir", e נִשְׁתָּוָה *nischtawah*, "ela é igualada"; os gramáticos creem que são compostos do passivo simples e do reflexivo, porque ignoraram por completo a forma passiva do reflexivo, como já mostramos no capítulo XXI. Assim, consideram יֹלַדְתְּ *yoladt*, שֹׁכַנְתְּ *schokhant*, יֹשַׁבְתְּ *yoschavt* e מְקֻנָּנְתְּ *mequnnant* compostos do particípio e do pretérito sem nenhum fundamento. Mas, quem lhes ensinou que o particípio não pode terminar como o pretérito, e que não se pode dizer יוֹשַׁבְתְּ *yoschavt* em vez de יוֹשֶׁבֶת *yoscheveth*? Porém, מִשְׁתַּחֲוִיתֶם *mischtahawithem* em lugar de מִשְׁתַּחֲוִים *mischtahawim* (*Ezequiel* 8, 16) parece claramente erro de uma pena apressada. Por último, eles notam תָּבֹאתִי *tavo'thi* em vez de תָּבֹאִי *tavo'i* como composto do pretérito e do futuro, sem que vejam que o futuro troca o ה *h* paragógico pelo ת *th* com a adição de uma sílaba, como já mostramos no cap. XXVII. Mas não quero cansar os estudiosos com coisas semelhantes; porém, ao contrário, não quero inquietá-los muito com isso.

COMPÊNDIO DE GRAMÁTICA DA LÍNGUA HEBRAICA   553

Capítulo XXXIII
DO NOME PARTICÍPIO

Os particípios são adjetivos que exprimem uma ação ou tudo o que um verbo costuma indicar como afecção de uma coisa ou modo em relação ao tempo. De onde resulta que há tantos tipos de particípios quanto de verbos, ou seja, simples, intensivos, derivados e reflexivos e, ainda, tantos na ativa como na passiva.

Os particípios são formados a partir de seus verbos do seguinte modo. O verbo simples פָּקַד *paqad* também tem a forma פֹקֵד *poqed*, como dissemos, e o particípio vindica esta última para si. E assim o particípio simples masculino é פּוֹקֵד *poqed* e, com י *yod* paragógico, פּוֹקְדִי *poqᵉdi*; e o feminino é פּוֹקְדָה *poqᵉdah*, פּוֹקֶדֶת *poqedeth* ou פּוֹקַדְתְּ *poqadt*, e com י *yod* paragógico, פּוֹקַדְתִּי *poqadti*. A partir do passivo נִפְקַד *nifqad* se faz o particípio masculino נִפְקַד *nifqad*, e com י *yod* paragógico נִפְקְדִי *nifqᵉdi*; seu feminino é נִפְקְדָה *nifqᵉdah* ou נִפְקֶדֶת *nifqedeth*.

A partir do verbo intensivo פַּקֵּד *paqqed* se faz o particípio masculino מְפַקֵּד *mᵉfaqqed*, e o feminino מְפַקְּדָה *mᵉfaqqᵉdah* ou מְפַקֶּדֶת *mᵉfaqqedeth*; e a partir do passivo פֻּקַּד *puqqad* se formam o particípio masculino מְפֻקַּד *mᵉfuqqad* etc., ou ainda פֻּקַּד *puqqad*, e o feminino פֻּקְּדָה *puqqᵉdah*, פֻּקֶּדֶת *puqqedeth* ou פֻּקַּדְתְּ *puqqadt* etc.

De igual modo, a partir do verbo derivado הִפְקִיד *hifqid* faz-se o particípio masculino מַפְקִיד *mafqid*, o feminino מַפְקִידָה *mafqidah*; e a partir de seu passivo הָפְקַד *hofqad* ou הֻפְקַד *hufqad*, forma-se o masculino מָפְקַד *mofqad* ou מֻפְקַד *mufqad*.

E finalmente, a partir do reflexivo הִתְפַּקֵּד *hithpaqqed*, faz-se o particípio masculino מִתְפַּקֵּד *mithpaqqed* etc. Não existe nenhum particípio dos reflexivos passivos, exceto de מִתְנוֹאָץ *mithnoʻatz* (compensado o ת *th* por *dag[u]esch*) ou מִנּוֹאָץ *minnoʻatz*, em que a característica מִת *mith* tem a forma do ativo, e o verbo נוֹאָץ *no'atz* tem a forma do passivo, ao contrário do uso comum desse verbo (acerca do qual vide o cap. xxi); e por isso não me atrevo a decidir nada a esse respeito.

Por outro lado, os particípios simples, que se formam a partir dos verbos neutros, costumam empregar a forma do infinitivo פַּקֵד *paqqed*, como יָשֵׁן *yaschen*, "o dormente", דָּבֵק *daveq*, "aderente, o que se apega" etc.

Depois, os particípios passivos simples formam-se amiúde a partir de seu ativo correspondente, o que de פָּקֵד *paqod* (mudando *holem* em ו *u*) faz פָּקוּד *paqud*, "visitado". Mas esses particípios degeneram com frequência em adjetivos.

No entanto, eu os chamo particípios, porquanto eles significam um modo pelo qual uma coisa é considerada como estando no presente. Na verdade, não é raro que degenerem em puros adjetivos que indicam os atributos das coisas; por exemplo, סוֹפֵר *sofer* é um particípio que significa "homem que conta", isto é, "que está ocupado agora em contar"; mas quase sempre se emprega sem nenhuma relação com o tempo e significa "homem que tem o ofício de contar", ou seja, "escriba". Igualmente, שׁוֹפֵט *schofet*, que significa "homem que agora está ocupado em julgar", e na maior parte das vezes é o atributo do homem que tem por função julgar, isto é, tem o mesmo sentido que entre os latinos *judex*, juiz. Do mesmo modo, o particípio passivo נִבְחָר *nivhar* ("eleito", isto é, "homem ou coisa que neste momento é eleito em ato") amiúde é o atributo de uma coisa destacada, isto é, de coisa claramente eleita por todos; e desse modo os particípios intensivos e todos os demais degeneram com frequência em atributos, ou seja, em adjetivos que não têm nenhuma relação com o tempo.

Para continuar, creio que se deve excluir dos particípios os verbos simples a que está preposto o מ *m*, como em מְשׁוֹפֵט *meschofet*, "o que julga", e מְלוֹשֵׁן *meloschen*, "aquele que ofende com a palavra"; a menos que se queira estatuir que os verbos simples, como os intensivos e os restantes, tiveram a característica מ *m*, ainda que esta houvesse sido negligenciada nos

COMPÊNDIO DE GRAMÁTICA DA LÍNGUA HEBRAICA

verbos simples; ou talvez os particípios intensivos sejam formados a partir dos simples, e isso porque suas raízes carecem de verbo intensivo. Isso no referente aos particípios em geral, e daqueles formados a partir dos verbos da primeira conjugação.

A partir dos verbos da segunda conjugação, os particípios masculinos se formam como os precedentes, mas os femininos não apresentam *segol* geminado, e o א (‘) é na maioria das vezes quiescente, de modo que, em lugar de מֹצֵאֶת *motze'eth*, נִמְצָאֶת *nimtze'eth* etc., faz-se מֹצֵאת *motze'th*, נִמְצֵאת *nimtze'th* etc. O verbo simples é também מְצֵאת *me*tze'th*. Além disso, os particípios desta conjugação costumam negligenciar o א (‘), e sofrem absolutamente todas as alterações que, dissemos, esses verbos sofrem.

Particípios da terceira conjugação com frequência têm *segol* em vez de *tzere* ּ , como גֹּלֶה *goleh*. No feminino, ou omite o ה *h*, como גֹּלָה *golah* em lugar de גֹּלֶהָה *gol*ehah*, ou então o mudam em י *yod*, e o *schewa* ּ em *hireq*, como em פּוֹרִיָה *poriah*, “frutificante”.

Os adjetivos desta e da segunda conjugação, que seguem a forma פָּקוּד *paqud*, mudam o א (‘) ou o ה *h* em י *yod*, como מָצוּי *matzui*, “existente ou achado”, a partir de מָצָה *matza‘*, e גָּלוּי *galuy*, “revelado, manifesto”, a partir de גָּלָה *galah*. Não preciso indicar aqui todos nem cada um dos adjetivos desta conjugação em pormenor, uma vez que eles seguem as regras dos verbos a partir dos quais são formados.

Quanto aos particípios que são formados a partir dos verbos cujo primeiro radical é נ *n*, eles seguem a forma do verbo, isto é, se o pretérito carece do נ *n* do radical, também o particípio carecerá dele, e se, pelo contrário, o pretérito for regular, o particípio também será. Por exemplo, o verbo ativo simples נָגַשׁ *nagasch*, “aproximar”, tem como pretérito נָגַשׁ *nagasch* e como particípio נוֹגֵשׁ *nogesch*; assim, e tanto um quanto outro, vê-se, são regulares; o verbo derivado הַגֵּשׁ *haggesch* tem como pretérito הִגִּישׁ *higgisch* e como particípio מַגִּישׁ *maggisch*; tanto um quanto outro são defectivos, como se vê. Por outro lado, os adjetivos que se formam dos defectivos dos verbos geminados são regulares no ativo dos verbos simples, como סוֹבֵב *sovev*, "envolvente". Os outros seguem o pretérito do verbo. Assim, a partir do verbo passivo simples נָסַב *nasav* se faz o particípio masculino נָסָב *nasav*, e o feminino נָסַבָּה *nasabah*; e a partir do verbo intensivo סָבֵב *sovev* se forma o particípio מְסוֹבֵב *mᵉsovev* e a partir de סוֹבֵב *sovev* se faz מְסוֹבָב *mᵉsovev* e, assim, do derivado no pretérito הֵסֵב *hesev* se forma o particípio מֵסֵב *mesev* e de הוּסַב *husev* se faz מוּסָב *musav*; e, finalmente, a partir do reflexivo הִסְתּוֹבֵב *histovev* se formao particípio מִסְתּוֹבֵב *mistovev*. Além disso, no tocante à flexão dos particípios do singular para o plural, essa segue as regras gerais dos nomes acerca dos quais vide cap. VI.

Falta o resto

Fim

SPINOZA: OBRA COMPLETA
Plano da obra

V. I: **(BREVE) TRATADO E OUTROS ESCRITOS**
(Breve) Tratado de Deus, do Homem e de Sua Felicidade
Princípios da Filosofia Cartesiana
Pensamentos Metafísicos
Tratado da Correção do Intelecto
Tratado Político

V. II: **CORRESPONDÊNCIA COMPLETA E VIDA**

V. III: **TRATADO TEOLÓGICO-POLÍTICO**

V. IV: **ÉTICA E COMPÊNDIO DE GRAMÁTICA DA LÍNGUA HEBRAICA**

Este livro foi impresso na cidade de Cotia,
nas oficinas da MetaSolutions, em 2018,
para a Editora Perspectiva.